本丛书由贵州师范大学政治学博士点建设资金资助出版

本书为2006年度国家社会科学基金西部项目【批准号：06XSS001】最终成果

中国特色政治文明建设研究丛书

东南亚地区民族国家研究

岳蓉 著

DONGNANYA DIQU MINZU
GUOJIA YANJIU

中国社会科学出版社

图书在版编目(CIP)数据

东南亚地区民族国家研究 / 岳蓉著. —北京：中国社会科学出版社，2016.12

（中国特色政治文明建设研究丛书）

ISBN 978-7-5161-9259-7

Ⅰ.①东… Ⅱ.①岳… Ⅲ.①民族国家-研究-东南亚 Ⅳ.①D733

中国版本图书馆 CIP 数据核字（2016）第 266507 号

出 版 人	赵剑英
责任编辑	田 文
特约编辑	席建海
责任校对	董晓月
责任印制	王 超

出　　版	中国社会科学出版社
社　　址	北京鼓楼西大街甲 158 号
邮　　编	100720
网　　址	http://www.csspw.cn
发 行 部	010-84083685
门 市 部	010-84029450
经　　销	新华书店及其他书店
印　　刷	北京君升印刷有限公司
装　　订	廊坊市广阳区广增装订厂
版　　次	2016 年 12 月第 1 版
印　　次	2016 年 12 月第 1 次印刷
开　　本	710×1000　1/16
印　　张	17.5
插　　页	2
字　　数	286 千字
定　　价	66.00 元

凡购买中国社会科学出版社图书，如有质量问题请与本社营销中心联系调换
电话：010-84083683
版权所有　侵权必究

《中国特色政治文明建设研究丛书》
编委会

主　　任：韩　卉　李建军
执行主任：徐晓光　陈华森
委　　员：韩　卉　李建军　徐晓光
　　　　　唐昆雄　陈华森　朱健华
　　　　　杨　芳　欧阳恩良　阳黔花
　　　　　黎　珍　岳　蓉

总　　序

"政者，正也"。政治文明是人类社会政治观念、政治制度、政治行为的进步过程以及所取得的进步成果。高度的政治文明，是有史以来人类共同憧憬的美好梦想。政治文明建设通过上层建筑的能动作用，推动公共权力的规范运行、社会治理体制机制的优化、社会共识的凝聚、社会资源的优化配置、社会力量的整合，为人类社会的持续进步提供丰沛的能量，为人们的社会福祉提供坚强的保障。

在人类文明奔涌不息的历史长河中，中华民族以深邃的政治智慧和深入的政治实践，为世界政治文明作出了独特的巨大贡献。科举考试制度就是古代中国政治文明的创举，并作为西方国家选修的范本，成就了西方的文官制度。新中国建立以来，中国人民立足中国国情、解决中国问题，在政治建设、经济建设、社会建设、文化建设、生态建设进程中，探索、确立、完善人民民主专政的政治进步成果，创造了令世界瞩目的、具有中国特色的政治文明形态和制度体系。如今，"北京共识"获得了国际学界的广泛认可；"言必称孔子"成为西方社会的时尚。

"路漫漫其修远兮，吾将上下而求索"。进一步推进中国特色政治文明建设，以促进物质文明建设、精神文明建设、社会文明建设、生态文明建设，实现中华民族的伟大复兴，仍然是一项长期而艰巨的历史任务，也是每一个中国政治学人义不容辞的历史使命。为此，贵州师范大学聚集了一批年富力强、志趣高远的政治学人，他（她）们以推进中国特色政治文明建设为己任，立足中国现实国情，深入中国现实社会，传承中国政治文明传统，借鉴西方政治文明成果，从丰富的多学科视角展开理论探讨和实践总结。"中国特色政治文明建设研究丛书"的出版，既是其研究成果的展示，更是引玉之砖，欢迎学界同仁批评指正、指点迷津，共同为推进中国特色政治文明建设，为人类命运共同体的发展进步贡献智慧和力量。

本丛书编委会
2016 年 3 月

摘　　要

"民族国家"（Nation-State）一直是当代人文社会科学研究的核心话语之一。东南亚地区各国系世界范围内第三批形成的民族国家形态，具有复杂的历史成因，以及多民族、多元文化等特征，备受学界关注，是世界史研究的重要对象。

本课题综合欧洲中心论及东南亚中心论的研究视角，立足于"主权观念"和"宪政原则"两个民族国家形态的基本构成要素，在厘清东南亚地区民族国家历史形成的基础上，提出以下观点：

第一，"民族国家"概念是特定历史发展的产物，没有绝对的民族国家理论。研究东南亚地区民族国家的形成及其发展问题时，不能一味照搬西方的国家理论，也不能照搬亚洲传统的国家理论。东南亚地区的民族国家往往把"民族建构""国家建构"视为一种"方案或政策"。

第二，东南亚地区民族国家的缘起并非一种简单的社会变迁过程，而是由殖民国家组成的"他者"与东南亚地区各国的"我者"之间互为作用的历史过程。它既包含根植于欧洲历史场域的民族国家理论所内含的种种组成要素，又包含着东南亚地区各国不断诉求主权平等、民族和谐，谋求协作发展，尊重正义以及承担国际义务等时代主题。

第三，在从传统社会向现代社会的过渡中，东南亚地区民族国家形成的特殊历程，使其始终难以与传统社会割裂，也难以与西方世界彻底割裂。这种两难困境主要体现为：一是来自民族隔阂和民族矛盾的种种挑战；二是东南亚地区的领土争端及国际移民问题引发的主权危机。这些困境从一个侧面反映出东南亚各国经济发展滞后、政治体制欠完备、社会管理基础薄弱，以及欠缺国际竞争力等现状。

建立一个和谐而强大的社会，几乎是每一个民族国家积极倡导与努力追求的奋斗目标。东南亚地区各民族国家也不例外。东南亚地区的一些民族国家针对发展过程中所产生的根本问题，做出了一些有益的实践。这些实践无疑为更多的发展中国家提供了较好的借鉴。

关键词： 东南亚　民族国家　国家建设

The Formation and Development of Nation-state in Southeast Asia

Nation-state has ever been a focal topic of the present Humanities and Social Science. The nation-states in Southeast Asia are the third group of nation-states emerged around the world. The intricate originals to the appearance of these states and the variety in their races and cultures provoke scholars of world history into observing the process of the formation and development of nation-states in this area.

Based on tracing the history of the formation and development of nation-states in the area of Southeast Asia, the present project, jointing together the perspectives both of Europe-centric and of Asia-centric, puts forward the following three ideas under the direct of two essential elements composing the concept of nation-state: sovereignty and constitutionalism.

First of all, the reality of the nation-states around this area reveals that the concept of nation-state is a historical one, on which there is no absolute theory. It is only a partial job that just western state theories or Asian traditions in state theories are employed in the study of nation-states of Southeast Asia. The states here generally regard nation-building and state-building as "programmes or policies".

Another belief is that the originals to the appearance of Southeast Asian nation-states can not be simply attributed to a normal social evolution, but rather to the continuing reciprocal affect of the otherness represented by the colonizing states and the selfness embodied by the colonized onto each other in this area. Thus, the states in this area have ever been pursuing the equality in sovereignty, harmonious relationship between/among races, co-operating development, observance of rightness and shouldering of international duties, etc., even they bear some elements stipulated in the western state theories.

The last finding is that the transformation of the traditional society of Southeast Asia to the modern one brings a dilemma facing the new emerged states that they can not easily and thoroughly break with the relationships with their own traditions and the formal suzerains, which is fully displayed in the contradictions and conflicts between/among racial groups and the crisis of sovereignty. These expose on a certain level that the total possession of sovereignty will not be put into effect without well-developed economy and political system, solid foundation of social administration, and international competitiveness, etc., which are absent from or relatively fragile in Southeast Asia.

To build up a strong and harmonious society is highly advocated and vigorously aimed for each nation-state, so is with the Southeast Asian states. Some profiting practices in certain states of this area have been taken to overcome the problems hindering the development of nation-state will offer a good example for the under-developed states.

Key words: Southeast Asia; Nation-State; Development of Nation-State

目 录

绪 论 ……………………………………………………………… (1)

第一部分 东南亚地区民族国家研究：理论基础与研究视域

第一章 "民族国家"的历史场域、形态特征 ………………… (19)
第一节 "民族国家"的缘起及其形态特征 ………………… (19)
 一 民族国家的缘起 ……………………………………… (20)
 二 民族国家：形态及特征 ……………………………… (23)
第二节 民族国家的发展理论及其历史命运 ……………… (27)
 一 民族国家的发展理论 ………………………………… (27)
 二 民族国家的历史命运 ………………………………… (33)
第三节 本书研究视域：主权观念与宪政原则 …………… (38)
 一 国家的"主权"理论 ………………………………… (38)
 二 民族国家的理论基石：国家主权与宪政原则 ……… (45)
小 结 …………………………………………………………… (49)

第二部分 东南亚地区民族国家的缘起及主权建构

第二章 东南亚地区民族国家的缘起 ………………………… (53)
第一节 东南亚地区的殖民势力概述 ……………………… (53)
 一 殖民国家入侵之前的东南亚地区传统社会与政治 … (54)
 二 东南亚地区的殖民势力 ……………………………… (61)
第二节 西方的殖民统治与东南亚地区民族国家的缘起 … (68)
 一 东南亚地区的殖民统治政策 ………………………… (69)
 二 殖民国家的行政整改与西方国家观念的影响 ……… (79)
 三 西方社会观念的影响 ………………………………… (87)
第三节 泰国向民族国家形态的过渡：1855—1932 年 …… (92)

一　西方的冲击及国家观念的变化 ………………………… (93)
　　二　常备军的建立和发展 …………………………………… (97)
　　三　国家机构的建设和发展 ………………………………… (98)
　　四　国家职能的扩展 ………………………………………… (100)
　小　结 ……………………………………………………………… (104)

第三章　东南亚地区主权国家的确立 ………………………………… (105)
　第一节　半岛国家的民族主义运动及其主权独立 ………………… (108)
　　一　民族意识的激发及建国理想 …………………………… (108)
　　二　国际困境与主权独立 …………………………………… (115)
　　三　1932革命与泰国民族国家的确立 ……………………… (120)
　第二节　海岛国家民族意识的崛起与国家主权的独立 …………… (125)
　　一　海岛国家民族意识的崛起 ……………………………… (126)
　　二　印度尼西亚、马来西亚和菲律宾的国家独立 ………… (135)
　小　结 ……………………………………………………………… (142)

第三部分　东南亚地区民族国家发展的困境与挑战

第四章　东南亚地区多族群社会的认同困境及社会失范 ………… (149)
　第一节　东南亚地区少数族群与主流社会的冲突与矛盾 ………… (149)
　　一　东南亚地区族群冲突的历史根源 ……………………… (150)
　　二　殖民政策与族际冲突的激化 …………………………… (154)
　　三　民族国家的发展及其对族群冲突的诱发 ……………… (158)
　第二节　东南亚地区的社会失范：管窥1932—1992年的
　　　　　泰国 ……………………………………………………… (168)
　　一　传统社会权威式微与"社会权威真空" ……………… (170)
　　二　社会制度的变迁与社会群体的竞争 …………………… (172)
　　三　现代意识形态缺失与社会信仰危机 …………………… (175)

第五章　东南亚地区的主权困境与危机 …………………………… (179)
　第一节　国际受援、领土争端对主权的影响 ……………………… (179)
　　一　国际援助与东南亚地区的主权危机 …………………… (180)

二　东南亚地区的领土争端与主权困境的根源 …………… (187)
　第二节　国际移民与东南亚地区的主权困境 ……………… (200)
　　一　政府对国际劳工潮的制度回应 ……………………… (201)
　　二　主权的挑战与政府的态度差别 ……………………… (204)
　小　结 …………………………………………………………… (211)

第四部分　东南亚地区民族国家建设的实践

第六章　泰国华人族群与主流社会融合的启示 …………… (215)
　第一节　静态融合：法律规范 ……………………………… (215)
　第二节　动态融合：社会信任 ……………………………… (219)

第七章　东南亚地区的一体化成就 …………………………… (222)
　第一节　学术界的争论及东南亚地区的国家间相互依赖 … (224)
　第二节　东南亚地区的主权认同与区域认同 ……………… (230)
　小　结 …………………………………………………………… (235)

结束语 ……………………………………………………………… (236)

参考书目 ………………………………………………………… (240)

后　记 …………………………………………………………… (266)

绪　　论

　　东南亚地区的民族国家具有复杂的历史成因及多民族、多元文化等特征。本课题旨在厘清东南亚地区民族国家形成的历史，探讨东南亚地区民族国家的"主权""民族认同""国家认同"等要素的特点，以及国家发展进程中所导致的诸问题。

　　"东南亚地区"指东亚大陆中形成中印半岛的地域，以及包括印度尼西亚和菲律宾在内的广大群岛。① 这一界定，不仅仅具有地理概念的意义，更重要的是具有政治概念的内涵。东南亚地区地处太平洋西岸，位于印度洋到太平洋和亚洲到大洋洲的十字路口，沟通国际海域战略要道，是极其重要的国际交通要冲。其区域内的马六甲海峡、巽他海峡、新加坡海峡、圣贝纳迪诺海峡和苏里高海峡，是联合国秘书处列举的主要海洋国家无沿岸权的八大海峡中的五个。其中，马六甲海峡素有"东方直布罗陀"之称，战略地位显要。本课题涉及的区域范围包括海岛国家（菲律宾、印度尼西亚、马来西亚、新加坡、文莱、东帝汶）和半岛国家（越南、柬埔寨、老挝、缅甸、泰国）两个部分。② 16世纪初以来，西方殖民势力相继入侵，东南亚地区诸国陆续沦为殖民地、半殖民地国家（泰国为英国与法国的"缓冲国"）。1943年8月，英国蒙巴顿将军（Admiral Lord Mountbaten）奉命建立"东南亚盟军司令部"（Southeast Asia Command），"东南亚"一词遂为世界各国普遍采用。③ 东南亚地区极为显要的国际地缘战略地位也随之得以彰显。第二次世界大战时，东南亚地区在世界格局中的重要地位初现端倪。"冷战"期间，东南亚地区已然成为东西方冲突中的"前沿地带"，对国际秩序的重组及美

---

　　① ［英］D. G. E. 霍尔：《东南亚史》，中山大学东南亚历史研究所译，商务印书馆1982年版，第19页。

　　② 2002年，东帝汶经全民公决从印度尼西亚独立出来，成为东南亚地区最年轻的国家。泰国在1939年6月24日以前和1945年9月7日至1949年5月之间称为"暹罗"，本书为方便行文，全部使用"泰国"之称。另外，本书并非按国别进行论述，而是按海岛国家和半岛国家进行分类论述。

　　③ Russell H. Fifield, Southeast Asian Studies: Origins, Development, Future, *Jounal of Southeast Asia Studies*, No. Ⅶ., No. 2 (Sep. 1976): 151—161 & Russell H. Fifield, "The Concept of Southeast Asia", *South-East Spctrum*, No. Ⅳ, No. 1 (Oct. 1975): 42–51.

国、日本在亚太地区的角逐起到举足轻重的作用。今天，东南亚地区是世界上持续时间最长的国际政治与军事热点地区之一，也是当代全球范围内经济社会最有活力、政治影响力日益提升的重要地区之一。

东南亚地区各国系世界范围内第三批形成的民族国家，是世界史研究的重要对象之一。"民族国家"（Nation-State）研究一直是当代人文社会科学研究的热点问题之一。它产生于中世纪后期欧洲的历史困境，在形态特征上，有别于欧洲古代和中世纪封建化时代的国家形态，拥有如"民族""领土""宪政"等许多不可或缺的要素。其领土和制度由一个唯一的、具有同种文化的、在种族方面可定义为民族的成员所掌握。① 在东南亚各国中，"民族国家"（英文，nation-state）一词的表达不尽相同：bansa estado（菲律宾语）、negara bangsa（马来语、印度尼西亚语）、ชนสถานะ（chat banmuang 泰语）、quốc gia nhà nớớc（越语）。② 它们在语义上与西方的"民族国家"一词有较大差异，使人们在理解东南亚地区民族国家的形成及其发展问题上产生一定的歧义。泰语中，"民族国家"一词在拉玛六世王瓦栖差拉兀执政时期备受推崇。"Chat"即英文中的"nation"（民族），侧重于指其 birth（"出生"）的意思，后来才扩展为"community"（"共同体"）之意。国王瓦栖差拉兀借用"民族国家"（chat banmuang, nation-state）一词，强调民族的同源性，以促进民众对王权的忠诚。③ 但是，泰语中的"民族"与"国家"两个词汇之间并没有连字符号，其内涵也是相互独立的。④ 越语也是如此。20 世纪的越语中才出现"quoc gia""dan toc"和"quoc dan"等词汇，它们与英文中的"nation"（民族）一词的概念相对应。⑤ 真正与英文中的"共同体"（community）、"国家"（country）、"民族"（nation）等词汇相对应的越语，直到 20 世纪 50 年代才出现。例如潘佩珠组建的"越南光复会"（dan chu cong hoa，越语），英文即为"Democtatic Republic"。"dan"即表示"人民"（the people）之意。当时在语义的

---

① 邓正来主编：《布莱克维尔政治学百科全书》，中国政法大学出版社1992年版，第490页。
② chat banmuang 为英译泰语。
③ Kullada Kesboonchoo Mead, *The Rise and Deline of Thai Absolutism*, London & New York: RoutledgeCurzon, Taylor & Francis Group, 2004, pp. 139 – 140.
④ Craig J. Reynolds, Nation and State in Histories of Nation-Building, with Special Reference to Thailand, in Wang Gungwu, ed., *Nation – Building: five Southeast Asian Histories*, Singapore: ISAS, 2005, p. 24.
⑤ Grog Lockhart, *Nation in Arms: the Origins of the People's Army of Vietnam*, Wellington: Allen and Unwin, 1989, p. 44.

使用上尚很模糊。① 与半岛国家相比，海岛国家有些差异，如欧洲人入侵之前，印度尼西亚还没有"bangsa"（或"natie"，即"民族"，与英文的"nation"相对应）一词。② 欧洲人入侵之后，印度尼西亚文中的"bangsa""suku"逐渐衍生出"民族"之意，不过，前者系英文中的"nation"，指具有国家属性的民族之意；后者则为英文中的"Race"，系种族意义上的民族。③ 马来语中的"bangsa"（民族）一词也仅侧重于指"自然"社会中依据血统、文化、语言来定义的人；而"negara"则指建立在政治和领土之上的民族。④ 尽管"民族国家"（英文中的 nation-state）一词在语言表达上与西方的概念存在一些差异，不过，在基本内涵上仍具有较大的共通性：一为地域性特征，国家对其主权范围内的领土实施控制；二为国家拥有组织化的层级管理体系；三为国家的主权高于一切，再没有任何凌驾于其上位的其他政治、宗教或合法实体。

在国际学术界对东南亚地区民族国家问题的众多研究中，尽管"欧洲中心论"一词直到1948年才出现，但是早在20世纪30年代荷兰社会历史学家 J. C. 凡·洛尔（J. C. Van Leur）已开始向"欧洲中心论"的研究视角发起挑战。⑤ 1955年英国学者 D. G. E. 霍尔的《东南亚史》出版后⑥，倡导将东南亚作为一个整体进行研究的呼声越来越强烈。学者

---

① Grog Lockhart, *Nation in Arms: the Origins of the People's Army of Vietnam*, Wellington: Allen and Unwin, 1989, pp. 45 – 46.

② 只有王国（英文中的 kingdom 与印度尼西亚文的 Kerajaan 相对应）及种群（英文中的 ethnic group 与印度尼西亚文的 suku 相对应）。Leo Suryadinata, "Nation – Building and Nation-Destroying: the Challege of Globalization in Indonesia", in Suryadinata, Leo, ed., *Nationalism and Globalization: East and West*, Singapore: ISAS, 2000, pp. 38 – 70.

③ 殷亦祖编：《印度尼西亚华裔少数民族问题译文专辑》，《南洋问题资料译丛》1963年第3期，第63—89页。

④ Meredith L. Weiss, *Protest and Possibilities: Civil Society and Coalitions for Political Change in Malaysia*, Stanford: Stanford University Press, 2006, p. 57. Shamsul A. B., A Question of Identity: a Case Study of Malaysian Islamic Revivalism and the Non-Musiln Respone, in Tsuneo Ayabe, ed., *Nation-State, Identity and Religion in Southeast Asia*, Singapore: Singapore Society of Asian Studies, 1998, pp. 55—79.

⑤ John R. W. Smail, On the Possibility of an Autonomous History of Modern Southeast Asia, in Jonathan Rigg, ed., *Southeast Asian Development: Critical Concepts in the Social Sciences*, Vol. I., London & New York: Routledge, Taylor & Francis Group, 2008, pp. 61 – 62.

⑥ 英国著名的东南亚史学家霍尔的论著，史料丰富、叙述系统，对于研究东南亚地区各国的历史演进具有重要的参考价值。书中对"欧洲中心论"和"印度中心论"的批判，以及"东南亚中心论"的倡导，对本书的研究起到重要影响。［英］D. G. E. 霍尔：《东南亚史》，中山大学东南亚历史研究所译，商务印书馆1982年版。

们普遍认为，无论受哪些外来因素的影响，东南亚人民已经出色地将这些外来因素转化为自身特点的一部分。① 以国别而论，较有影响的代表诸如法国学者乔治·赛代斯②、英国学者 D. G. E. 霍尔、美国学者约翰·F. 卡迪③、本尼迪克特·安德森④、新西兰学者尼古拉斯·塔林⑤，以及澳大利亚学者安东尼·米尔纳尔、日本学者滨下武志、东南亚地区学者启霍·本·肯恩、王赓武教授等。⑥ 当然，其中也不乏中国学者。⑦

概括起来，国外学者对东南亚地区民族国家问题的研究，主要集中在

---

① ［新］尼古拉斯·塔林主编：《剑桥东南亚史》，贺圣达等译，云南人民出版社2003年版，第1页。［英］D. G. E. 霍尔：《东南亚史》（上），中山大学东南亚历史研究所译，商务印书馆1982年版，"序言"第7—8页。

② 理论上，赛代斯的主题研究并不属于民族国家范畴。但是他对殖民者入侵之前的东南亚传统社会、政治和国家形态的详尽研究，有助于考察东南亚地区民族国家形成问题中的传统层面的影响。同时，他对于学界过分关注欧洲视角的批判，以及首次将东南亚早期的历史作为一个整体进行研究的方式，促进了人们研究视角的调整。［法］G. 赛代斯：《东南亚的印度化国家》，蔡华、杨保筠译，商务印书馆2008年版。

③ 卡迪站在美国学界的立场，用比较历史学的观点和方法，探析了东南亚地区的殖民主义、民族主义等各大主流思想间的相互矛盾与冲突，剖析各国独立前后的国家政治及国家发展态势、后果。［美］约翰·F. 卡迪著：《东南亚历史发展》，姚楠等译，上海译文出版社1988年版。《战后东南亚史》，上海译文出版社1984年版。

④ 安德森系知名的东南亚研究学者，他站在反帝国主义和反殖民主义的认知立场，辨析历史学与民族主义之间的关系，以及东南亚地区民族国家发展过程中具有国家属性的民族建构。［美］本尼迪克特·安德森：《想象的共同体：民族主义的起源与散布》，吴叡人译，上海世纪出版集团2003年版。Bendict R. O'Gorman Anderson, *Language and Power: Exploring Political Culture in Indonesia*, Ithaca: Cornell University Press, 1990.

⑤ 尼古拉斯·塔林（Nicholas Tarling），曾为新西兰奥克兰大学历史学教授、奥克兰大学新西兰亚洲研究中心研究员。当代东南亚民族国家问题研究的重要代表，其东南亚的民族和国家研究的三部曲，论证了东南亚地区民族国家的产生、建构及特点。他对东南亚地区民族国家形成问题的一些思考，对本书产生了较大影响。［新］尼古拉斯·塔林主编：《剑桥东南亚史》，贺圣达等译，云南人民出版社2003年版。*Nations & States in Southeast Asia*, Cambridge: Cambridge University, 1998. Nicholas Tarling, *Regionalism in Southeast Asia: to Foster the Political Will*, London & New York: Routledge, Taylor & Francis Group, 2006. Nicholas Tarling, *Nationalism in Southeast Asia: If the People are with us*, London & New York: RoutledgeCurzon, 2004. Nicholas Tarling, *Imperialism in Southeast Asia: a Fleeting Passing Phase*, London: Routledge, 2001.

⑥ 滨下武志，日本京都大学东南亚研究所教授，致力于经济史的研究，着重对东南亚华侨、华人的研究。启霍·本·肯恩（Cheah Boon Kheng），系马来西亚科技大学历史学教授。王赓武（Wang Gungwu），新加坡国立大学东亚研究中心主任（Wang Gungwu, ed., *Nation-Building: five Southeast Asian Histories*, Singapore: ISAS, 2005）。

⑦ 姚楠（《战后南洋经济问题》，上海商务印书馆1945年版）、何肇发（译有［苏］格·伊·列文逊的《菲律宾工人运动》，生活·读书·新知三联书店1959年版）等老一辈学者以降，学者们的研究成果可谓层出不穷，且具真知灼见。

以下四个方面：

第一，将东南亚地区民族国家的历史与实践归因于殖民统治，以及随之而来的民族主义运动。

本尼迪克特·安德森立足于文化根源，从印度尼西亚的历史研究中抽绎出"殖民性民族主义"的一般性论证：东南亚地区民族国家的形成与16世纪以来西方殖民国家的统治史有密切联系，具有渐进性特点。① 殖民势力成功侵占印度尼西亚后，为了统治之便，殖民者把殖民地人民禁锢在其任意限定的范围内，建立起一定的统治机制，并施以相应的殖民政策、统治体系，甚至还培植和利用了一批通晓殖民者语言的殖民地精英，来协助和完善殖民统治。在此过程中，欧洲的历史、文化，乃至民族主义的思想、合法性的理念也一并灌输到殖民地。源于欧洲历史经验和实践的"国家"（country）概念和突出政治内涵的"国家"（state）概念，直接对东南亚地区的国家发展产生了重大影响。② 最终，由"殖民政府微妙地，若隐若现地，逐步转型成民族国家"③。

萨德赛、欧文等人则强调，"20世纪改变亚洲和非洲政治外貌的因素中，民族主义无疑是最强有力的因素"④。"民族主义及其规则是东南亚现代历史发展的内在动力。"⑤ 东南亚的历史甚至可以简单化为三个阶段：传统社会、西方世界影响之下的社会及民族主义者的社会。⑥

---

① [美]本尼迪克特·安德森：《想象的共同体：民族主义的起源与散布》，吴叡人译，上海世纪出版集团2003年版，第134—167页。此观点受到学界广泛的关注和认同，诸如 Fred R. von der Mehden, *South-East Asia (1930—1970): the Legacy of Colonialism & Nationalism*, London: Thames & Hudson Ltd., 1974, pp. 27 – 31. Victor Purcell, *South and East Asia since 1800*, Cambridge: Cambridge University Press, 1965, p. 47.

② [新]尼古拉斯·塔林主编：《剑桥东南亚史》，贺圣达等译，云南人民出版社2003年版，第4页。A. H. Johns, The Turning Image: Myth and Reality in Malay Perceptions of the Past, in Anthony Reid and David Marr, eds., *Perceptions of the Past in Southeast Asia*, Hong Kong: Heinemann Educational Books (Asia), Ltd., 1979, pp. 43 – 67.

③ "不仅因为国家人员有着坚实的连续性，也因为经由那些既定的，杂沓纷乱的旅程，官员们得以经历到他们的国家。"[美]本尼迪克特·安德森：《想象的共同体：民族主义的起源与散布》，吴叡人译，上海世纪出版集团2003年版，第136页。

④ [美]萨德赛：《东南亚史》（上），蔡百铨译，台北麦田出版社2002年版，第233页。

⑤ Norman G. Owen, ed., *The Emergence of Modern Southeast Asia: a New History*, Honolulu: University of Hawai'i Press, 2005, p. 252.

⑥ Fred R. von der Mehden, *South-East Asia (1930—1970): the Legacy of Colonialism and Nationalism*, London: Thames and Hudson Ltd., 1974, p. 10.

从西方的历史来看①，民族是"历史的共同的产物，是社会生活中承继的传统、价值和意识的体现。这种共同意识主要来自于共同的生活和思想。种族、语言和文化的影响是次要的"②。民族所具有的政治权力本质，要求参与者具有至高的忠诚，为了获得自由，人们必须认同一个特定的民族；为了保持本色，每个民族必须是自治的；为了和平与正义通行于世界，民族必须是自由的和安全的。③ 理论上，"一个以民族国家为至高无上的规范的世界里"，"即使没有语言的共通性，民族也还是可以被想象出来的"④。尽管语言文化、历史传统这类要素常被视作增进集体认同感的重要特质（民族认同的基础），但是对于后起的民族国家而言，历史文化的因素显然已不再是最主要的因素。对于东南亚地区的新兴民族国家而言，政府才是主导一切的力量，民族的凝聚、经济市场的发展、国家战略的调整等，都与政府的导向相关联。⑤ 政府往往把国家的现代化进程与民族主义、民族解放等理念，通过教育体制、政府舆论、宗教信仰、民主尝试等方式，达成一种民族国家时代市民社会的共有认知与建构。

然而，"民族主义"犹如一把"双刃剑"⑥，一方面，以一种强势的民族聚合力，促进民族国家的构建；但另一方面，民族主义又强化了各种族群的民族意识，客观上对民族国家形成一股向外的离心力，导致狭隘民族主义、地方分裂主义的滋生，对民族国家的统一性造成较大的威胁。因此，从民族主义的视角对东南亚地区的民族国家问题展开研究，难免将种族与民族、民族与国家、民族与领土等核心概念混为一谈，势必影响研究

---

① "十七、十八世纪的西欧国家，要求彻底摧毁封建制度，建立统一的民族市场，使操同一种语言的人所居住的地域用国家形式统一起来，保证商品生产获得完全胜利。这是民族主义运动的基础。民族主义运动的内容取决于提出的各种不同要求。如土地问题，语言及公民权利平等问题，迁徙、开办学校和宗教信仰自由等问题。"徐迅：《民族主义》，中国社会科学出版社1998年版，第23—24页。

② Alfred Cobbon, *The Nation State & National Self-determination*, New York: Thomao-Crowell Company, 1969, p. 122.

③ ［英］安东尼·D. 史密斯：《全球化时代的民族与民族主义》，龚维斌等译，中央编译出版社2002年版，第180—181页。

④ ［美］本尼迪克特·安德森：《想象的共同体：民族主义的起源与散布》，吴叡人译，上海世纪出版集团2003年版，第153页。

⑤ Niels Mulder, *Southeast Asian Images: Towards Civil Society?*, Chiang Mai: Silkworm Books, 2003, p. 218.

⑥ "除了那些民族主义的鼓吹者和代言人外，几乎所有严肃而客观的学者和政治家，都看到了民族主义所具有的双刃剑的作用。"［英］厄内斯特·盖尔纳：《民族与民族主义》，韩红译，中央编译出版社2002年版，"代序"第18页。

的客观性。

第二，质疑民族国家的传统主权观和国家观。民族国家确立以来，东南亚各国纷纷卷入领土主权纷争，泰国、柬埔寨、老挝、越南、缅甸的半岛国家边界领土争端，以及东南亚各国海域、大陆架、专属经济区等的争夺，严重影响到东南亚地区的安全与稳定，直接威胁到国际社会的稳定与和平。学术界普遍把东南亚地区的主权争端归因于"殖民制度的遗迹"①、历史纠葛或国家间利益争夺的结果。②

综观世界形势的变化，主权争端的勃兴既是时代发展的必然结果，也是民族国家发展进程中的一个突出特点。"冷战结束以来，理论家和实践家们都把主权概念看作是最具批判性和最难以捉摸的论题之一。"③ 大多数学者认为，殖民者的任意划分是引起今天东南亚地区的边界争端和领土纷争主要原因之一。源于西方殖民主义时代划定的势力范围，日后几乎都成为东南亚地区各民族国家间的国家边界。④ 西方殖民者为了争夺资源、实现战略储备的殖民活动，客观上将西方的"领土"观念移植到东南亚地区，并产生了深远的影响。随着第二次世界大战后沿海各国对近海石油、天然气、矿藏等资源的大规模开发与利用，东南亚地区的主权纷争变得更加复杂和严峻。因此，从某种意义上看，主权争端未尝不是世界范围

---

① ［日］菊池一雅：《殖民制度的遗迹——越南和柬埔寨的边界》，《东南亚历史译丛》1979 年第 1 期，第 171—182 页。

② Nicholas Tarling, *Nationalism in Southeast Asia: If the People are with us*, London & New York: RoutledgeCurzon, 2004. Nicholas Tarling, *Nations & States in Southeast Asia*, Cambridge: Cambridge University, 1998, pp. 47 – 57 (Colonial and National Frontiers). Eric Taglicozzo, Border permeability & the state in Southeast Asia: contraband and regional security, *Contemporary Southeast Asia*, No. 23, No. 2 (2001): 254 —265. ［日］菊池一雅：《殖民制度的遗迹——越南和柬埔寨的边界》，《东南亚历史译丛》1979 年第 1 期，第 171—182 页。中国学者也多持如此观点。如王正毅：《地缘地带发展论——世界体系与东南亚的发展》，上海人民出版社 1997 年版。胡启生：《海洋秩序与民族国家：海洋政治地理学视角中的民族国家构建分析》，黑龙江人民出版社 2003 年版。

③ ［日］篠田英朗：《重新审视主权：从古典理论到全球时代》，戚渊译，商务印书馆 2005 年版，第 3 页。

④ Nicholas Tarling, *Nationalism in Southeast Asia: If the People are with us*, London & New York: RoutledgeCurzon, 2004, p. 60. C. C. Macknight, Changing Perspectives in Island Southeast Asia, in David G. Marr and A. c. Milner, eds., *Southeast Asia in the 9th to 14th Centuries*, Singapore: ISAS, 1986, p. 215. Damien Kingsbury, *South-East Asia: a Political profile*, Oxford: Oxford University Press, 2001, pp. 415 – 416. Mark T. Berger, Decolonizing Southeast Asia: Nationalism, Revolution and the Cold War, in Mark Beeson, ed., *Contemporary Southeast Asia: Regional Dynamics, National Differences*, New York: Palgrave Macmillan, 2004, pp. 48 – 49.

内的又一场资源及战略储备的争夺。如果仅就主权问题去质疑民族国家的传统主权观或合法性特征,难免会使研究本末倒置。

第三,学者们分别从国家统治、管理形式、精英构成、文化政治形态等方面,着力探讨东南亚摆脱殖民主义的影响及意义。①

复杂的殖民化过程使反殖民主义者在斗争焦点和奋斗目标上变得模糊不清,"无法厘清反帝国主义运动和民族主义运动之间的纠葛关联"②。从技术肌理上看,西方殖民者在征服与统治东南亚地区的过程中,殖民当局并非仅仅依赖于暴力,还偏好植入一种复杂的管理模式(或称官僚系统)。③ 东南亚地区现代观念及其价值观的生成无疑受此影响。新兴的东南亚民族国家不仅延续着欧洲和美国殖民时代的官僚系统,而且也深受欧美世界主流思想的影响。④ 殖民者与殖民地之间,"一方面是西方霸权统治运作的普遍特色;另一方面是欧洲或西方自身的特殊性,再加上不同的殖民统治的特殊性,二者总是纠缠不清"⑤。民族主义者把斗争焦点集中在殖民国家统治机构或统治者本身上⑥,然而,"抨击和谴责外国统治者

---

① 这一论题几乎成为20世纪80年代以来学术界普遍争议的焦点,存在于现代化理论、依附理论、全球化理论等民族国家发展问题的理论与实践,如 W. F. Vella, *The Impact of the West on Government in Thailand*, Berkeley: California University, 1955. Fred W. Riggs, *Thailand: the Modernization of a Bureaucratic Polity*, Honolulu: East-West Center Press, 1966。Fred R. von der Mehden, *South-East Asia (1930—1970): the Legacy of Colonialism & Nationalism*, London: Thames & Hudson Ltd., 1974。Kevin Y. L. Tan, *Constitutional Systems in Late Twentieth Century Asia*, Singapore: Singapore University Press, 1993. Christopher Wake, *The Politics of Colonial Exploitation: Java, the Dutch, and the Cultivation System*, Singapore: Singapore University Press, 1994. Damien Kingsbury, *South-East Asia: a Political profile*, Oxford: Oxford University Press, 2001.

② [英]埃里克·霍布斯鲍姆:《民族与民族主义》,李金梅译,上海人民出版社2000年版,第126页。

③ Nicholas Tarling, *Nationalism in Southeast Asia: If the People are with us*, London & New York: RoutledgeCurzon, 2004, p. 27. Nicholas Tarling, *Nations & States in Southeast Asia*, Cambridge: Cambridge University, 1998, p. 59.

④ Fred R. von der Mehden, *South-East Asia (1930—1970): the Legacy of Colonialism & Nationalism*, London: Thames & Hudson Ltd., 1974, p. 97.

⑤ 许宝强、罗永生选编:《解殖与民族主义》,中央编译出版社2004年版,第72页。也有学者在泰国个案研究中持此观点,见 Chai-Anan Samudavanija, State-Identity Creation, State-Buliding and Civil Society, 1939—1989, in Reynolds, Craig J., ed., *National Identity and Its Defenders: Thailand Today*, Chiang Mai: Silkworm Books, 2002, pp. 49 – 70.

⑥ Robert Elson, Reinventing a Region: Southeast Asia and the Colonial Experience, in Mark Beeson, ed., *Contemporary Southeast Asia: Regional Dynamics, National Differences*, New York: Palgrave Macmillan, 2004, p. 26.

或外国资本很容易,但要准确指出哪些价值观、制度和身份认同是纯粹外来的,是宗主国固有文化的一部分,却极为困难"①。恰如"民族"一词的引入一样,西方历史传统中所赋予的国家意义,作为一种概念的引入很容易,但要真正实施却很困难。② 弗雷德·W. 里格斯在泰国行政的个案中就指出,较之西方的制度,泰国现代行政制度仍具有传统农业社会的特质。公共行政与相应的生态环境之间的内在相互依存关系,使得泰国的私人行为始终混杂在行政行为中,国家权力与经济制度之间根本无法清楚地划分彼此的关系,无论哪一方面都包含着互惠的社会伦理特征。③ 与"自由个人主义、工业化、实行中央集权的民族国家相关联的价值观",往往被人们普遍认为是现代社会的价值观念。④

随着经济全球化与一体化进程的深入,全球流动性的增强,涉及民族、身份认同等民族国家理论的传统语意结构已明显松散,单一的"西方文化政治话语"已经无法满足现实的需要。⑤ 从此意义上看,"东南亚地区目前的政治认同形式已非较早时期民族主义和民族'情绪'的再度复兴"⑥。正如李光耀和马哈蒂尔所走的路一样,已全然不是一种传统民族主义的践行方式。⑦ 在不断抵抗殖民主义的斗争或相关的改造过程中,东南亚各国通过对西方的妖魔化来开启一条跨越现代性的文明之路,并逐

---

① 许宝强、罗永生选编:《解殖与民族主义》,中央编译出版社2004年版,第75页。
② Nicholas Tarling, *Nationalism in Southeast Asia: If the People are with us*, London & New York: RoutledgeCurzon, 2004, p. 163.
③ Fred W. Riggs, *Thailand: the Modernization of a Bureaucratic Polity*, Honolulu: East-West Center Press, 1966.
④ 许宝强、罗永生选编:《解殖与民族主义》,中央编译出版社2004年版,第73页。
⑤ 当代的全球化进程是一个不断融合与发展的过程,一种同质性与异质性并存、断裂与修复并进的过程。阿荣·阿帕杜莱认为,全球化的过程实际上就是一个"想象的棱镜"。全球文化经济的断裂和差异可分解为种群景观、媒介景观、科技景观、金融景观和意识形态景观五种"景观"模式。单一的"西方文化政治话语"已经无法满足现实的需要。参见阿荣·阿帕杜莱《全球化经济的断裂与差异》《文化与公共性》,汪晖、陈燕谷编,生活·读书·新知三联书店1998年版。
⑥ Joel S. Kahn, Southeast Asian Identities: Introduction, in Joel S. Kahn ed., *Southeast Asian Identities: Culture and the Politics of Representation in Indonesia, Malaysia Singapore, and Thailand*, Singapore & London: ISAS, 1998, p. 19.
⑦ Ibid., p. 20.

渐形成自己独特的文化政治形态。① 如依据各自的传统（如传统节日、衣着服饰、饮食文化等文化遗产），重塑各自的政治文化等。东南亚地区已不再用一种简单的标准，来确定身份的归属或国家的认同，相反地，一种差异性、后现代性及后民族主义的特质越来越凸显出来。②

另有一批学者突出宗教文化因素对东南亚各国的影响及作用。③ 他们认为，即便在今天，科学观念与现代化的发展似乎正日益取代宗教的信仰及价值观，但宗教本身仍对东南亚社会产生极其重要的影响。④ 东南亚地区几乎"每一个重大的历史转变都涉及宗教变化的因素"⑤。早在 17 世纪，"现代观察家们认可的东南亚宗教地图已形成。上座部佛教在缅甸、泰国、老挝和柬埔寨的统治地位已基本确立，而伊斯兰教和基督教则在海岛国家建立了牢固的地位。在越南，大乘佛教、道教以及广泛的儒家思想的混合体继续在乡村流行，其间夹杂着一些信仰基督教的小块地区，而上流社会则崇尚儒家思想"⑥。这些宗教文化与东南亚地区各自的统治者、

---

① 持此观点的学者较多，诸如 Joel S. Kahn, Southeast Asian Identities: Introduction, in Joel S. Kahn ed., *Southeast Asian Identities: Culture and the Politics of Representation in Indonesia, Malaysia Singapore, and Thailand*, Singapore & London: ISAS, 1998, pp. 1—27. Marc Frey, Ronald W. Pruessen & Tan Tai Yong, eds., *The Transformation of Southeast Asia: International Perspective on Decolonization*, Armonk, New York: An East gate book, 2003. Mark Beeson, ed., *Contemporary Southeast Asia: Regional Dynamics, National Differences*, New York: Palgrave Macmillan, 2004.

② Joel S. Kahn, Southeast Asian Identities: Introduction, in Joel S. Kahn ed., *Southeast Asian Identities: Culture and the Politics of Representation in Indonesia, Malaysia Singapore, and Thailand*, Singapore & London: Insititute of Southeast Asian Studies, 1998, pp. 17 - 26.

③ Robert W. Hefner & Patricia Horvatich, *Islam in an Era of Nation-State: politics and religious renewal in Muslim Southeast Asia*, Honolulu: University of Hawai'i Press, 1997. Oh Myung-Seok & Kim Hyung-Jun, eds., *Religion, Ethnicity and modernity in Southeast Asia*, Korea: Seoul National University Press, 1998. Sri Kuhnt-Saptodewo, Religion and Identity, in Thomas Engelbert and Andreas Schneider, eds. *Ethnic Minorities and Nationalism in Southeast Asia*, Frankfurt am Main. Berlin. Bern. Bruxelles. New York. Oxford. Wien: Peter Lang Gembh, 2000, pp. 61 - 72. ［新］尼古拉斯·塔林主编：《剑桥东南亚史》（上），云南人民出版社 2003 年版，第五章《公元 1500 年前东南亚的宗教和大众信仰》、第九章《1500—1800 年东南亚宗教的发展》。

④ Oh Myung-Seok & Kim Hyung-Jun, eds., *Religion, Ethnicity and modernity in Southeast Asia*, Korea: Seoul National University Press, 1998, p. 1.

⑤ ［新］尼古拉斯·塔林主编：《剑桥东南亚史》（下），云南人民出版社 2003 年版，第 419 页；Fred R. von der Mehden, *Religion and Nationalism in Southeast Asia: Burma, Indonesia and the Philippines*, Madison, Milwaukee, & London: the University Wisconsin Press, 1968, p. 209.

⑥ ［新］尼古拉斯·塔林主编：《剑桥东南亚史》（上），云南人民出版社 2003 年版，第 440 页。

宫廷之间有着密切联系，共同于17世纪中叶成为权力格局的一个组成部分。① 在此后的反殖民主义的历史洪流中，宗教又以一种强势的特殊力量，促使民族的聚合。②

然而，依靠宗教生活的特殊力量实现的民族认同客观上也会增加国家的不安定因素。东南亚地区分布着基督教、伊斯兰教、佛教这世界三大宗教，再加上复杂的地理环境，以及多民族、多种族、多种语言的分布特点，使得近年来东南亚各国不同程度地遭遇严重的民族和宗教冲突，直接影响到东南亚地区的社会稳定。宗教因素确实是东南亚地区民族国家形成及发展问题研究中不能回避的重要因素。

第四，对影响（甚至左右）东南亚地区民族国家形成与发展的国际因素的考察。

无论是对东南亚地区内部的研究，还是对国际政治的考察都不能回避国际因素的影响。③ 尤其在依附理论和世界体系理论的渲染之下，东南亚地区发展进程中的国际因素更加为学者们所强调。他们认为，西方殖民扩张主义的影响之下，东南亚地区各国不仅被纳入资本主义世界市场，而且，一直被迫处于边缘状态，直到今天仍然难以改变不平等的国际格局。④

总体上看，对东南亚地区民族国家的形成及其发展问题，大多数西方学者仅从西方的现实利益和价值观出发来研究和阐述，具有鲜明的"西方中心论"色彩；一些学者虽然认清了西方大国的新面目，揭示了其干涉东南亚地区事务、争夺战略资源的本质，但面对东南亚地区社会、经济、政治等发展顽疾时，却又显露出对现实世界的无奈心境，以及难以抗拒与改变的两难心态。

比较而言，继何肇发、姚楠、梁英明、戴可来、邹启宇等老一辈学者

---

① ［新］尼古拉斯·塔林主编：《剑桥东南亚史》（上），云南人民出版社2003年版，第448页。

② Sri Kuhnt-Saptodewo, Religion and Identity, in Thomas Engelbert and Andreas Schneider, eds. *Ethnic Minorities and Nationalism in Southeast Asia*, Frankfurt am Main. Berlin. Bern. Bruxelles. New York. Oxford. Wien: Peter Lang Gembh, 2000, pp. 68 – 70.

③ Nicholas Tarling, *Nationalism in Southeast Asia: If the People are with us*, London & New York: RoutledgeCurzon, 2004, p. 28.

④ William Kirk, South-East Asia in the Colonial Period: Cords and Peripheries in Development Processes (pp. 15 – 47), David Drakakis – Smith, Concepts of Development (pp. 48 – 77), in Denis Dvoyer, ed., *Southeast East Asian Development: Geographical Perpectives*, New York: Longman Scientific & Technical Longman Group UK Ltd., 1990.

之后，国内学者对东南亚地区的研究，多集中于两个层面：一是关注东南亚历史与现状的通史性研究。① 如梁志明主编的《殖民主义史：东南亚卷》一书中，以世界资本主义的整体发展及其近代以来的基本矛盾变化为依据，将近代殖民主义视为世界资本主义史的一个有机体系，分阶段地论述了殖民主义在东南亚的发展与兴衰及其特征。② 二是专题性的研究。如梁志明对东南亚地区现代化问题的研究③；贺圣达、王文良、何平就战后东南亚政治、经济、社会的发展个案，对东南亚经济发展、民主与发展的历史考察，以及对第三世界的经济社会发展与政治民主化进程等问题的探讨④；张锡镇通过对东南亚政治的系统研究，探讨了东南亚地区各国内部的政治权力结构、政府运作方式、政治制度模式、政党制度等的构成及其特征⑤；吴凤斌、周南京、庄国土等人对东南亚地区的华人、华侨进行研究，通过考察不同历史时期，华人（华侨）的组成、经济结构、社会地位等要素，突出研究这一特殊群体对其侨居国的融入、发展与历史贡献。⑥ 此外，王正毅与胡启生还分别从大陆与海洋两种不同的地缘要素，以世界体系与政治地理学理论的视域，解构东南亚地区民族国家的生成及其在国际关系中的地位与作用。⑦ 他们的研究可谓成果颇丰，且具真知灼见。

---

① 诸如王民同等主编：《东南亚史纲》，云南大学出版社1994年版。梁英明等：《近现代东南亚（1511—1992年）》，北京大学出版社1994年版。贺圣达：《东南亚文化发展史》，云南人民出版社1996年版。梁志明：《东南亚历史文化与现代化》，香港社会科学出版有限公司2003年版。梁英明、梁志明等：《东南亚近现代史》，昆仑出版社2005年版。

② 梁志明主编：《殖民主义史：东南亚卷》，北京大学出版社1999年版。

③ "殖民统治所带来的是第三世界的边缘化和对宗主国的依附性。殖民时期尽管建立过某些工业，但绝不可能实现工业化和现代化。"东南亚各国的现代化建设首先就要克服殖民主义遗留下的畸形单一的经济结构。梁志明：《东南亚历史文化与现代化》，香港社会科学出版有限公司2003年版，第478页。

④ 贺圣达、王文良、何平：《战后东南亚历史发展（1945—1994年）》，云南大学出版社1995年版。

⑤ 张锡镇：《当代东南亚政治》，广西人民出版社1995年版；《东南亚政府与政治》，台湾杨智文化出版公司1999年版。

⑥ 吴凤斌主编：《东南亚华侨通史》，福建人民出版社1994年版。梁英明：《战后东南亚华人社会变化研究》，昆仑出版社2001年版。周南京：《风雨同舟：东南亚与华人问题》，中国华侨出版社1995年版、《风云变化看世界：海外华人问题及其他》，香港南岛出版社2002年版。庄国土：《二战以后东南亚华族社会地位的变化》，厦门大学出版社2003年版。

⑦ 王正毅：《地缘地带发展论——世界体系与东南亚的发展》，上海人民出版社1997年版；胡启生：《海洋秩序与民族国家：海洋政治地理学视角中的民族国家构建分析》，黑龙江人民出版社2003年版。

然而，东南亚地区民族国家的形成与发展问题复杂而庞大，不可一概而论。"曼陀罗"（Mandala，即印度化的国家）、"帝国"（empire）、"殖民地"（colony）及民族国家等，各种国家形态不仅随着时间的推移而变化，其实质也相应地发生了一些改变。新的国家形态并非总是完全取代旧有的方式，而是有所保留或重新加以利用，彼此间总有一些关联。[①] 尽管史学界已经有许多学者注意到其内含的复杂性因素及过程，但是，对国家职能、国家权威的控制、政府统治，以及社会权力的来源等这样一些非机构非职能性的国家要素，学者们明显未加以深入研究。

本课题拟结合"欧洲中心论""亚洲中心论"及"东南亚中心论"的研究视角[②]，对东南亚地区民族国家的形成及其发展进行研究。理论上，旨在揭示国家主权原则在现代民族国家经济发展、社会进步、国家安全，以及处理国际关系中的历史作用，以丰富和完善传统的民族国家理论。实践上，对东南亚地区民族国家的研究，首先，将有利于科学、客观地估量东南亚地区的地缘战略地位；其次，东南亚地区民族国家的现代转型及经济腾飞的历史经验，将为发展中国家的现代社会转型提供一定的借鉴；再次，辩证地分析东南亚地区民族国家的民族分离主义运动、社会变革及其执政党的统治经验与教训，将有利于实现和维护我国的民族团结和主权统一，反对西方强权以主权、民主、宪政等借口对我国民族团结和主权独立的干涉，对制定既切合我国实际又符合全球化潮流的民族国家政策和发展战略具有借鉴性意义。

本课题立论之一：从历史的观点来看，"民族""民族国家"都是历史发展的产物，其形成与发展必然有一个特定的历史条件。

东南亚地区民族国家的形成是一个复杂的过程，不仅蕴含着复杂的理论基础，也包含着复杂的社会现实；既与传统时代的历史背景相关，也与殖民地时代的特殊背景有关，同样也深受国际社会形形色色变化的影响。东南亚地区民族国家形态的形成及其发展进程中，各国以实用主义的政策为主导，把民族主义视为一种建国工具，草率地解决传统社会向现代社会

---

① Nicholas Tarling, *Southeast Asia: a Modern History*, Oxford: Oxford University Press, 2001, p. 4.

② 斯迈尔也谈到，要想成功扎实地研究好东南亚地区的历史，仅仅以亚洲为中心的研究视角是不够的。John R. W. Smail, On the Possibility of an Autonomous History of Modern Southeast Asia, in Jonathan Rigg, ed., *Southeast Asian Development: Critical Concepts in the Social Sciences*, Vol. Ⅰ., London & New York: Routledge, Taylor & Francis Group, 2008, pp. 61 – 62.

的过渡转型，从而导致民族矛盾与冲突、地方主义的狭隘与纷争成为民族国家发展中难以回避的巨大问题。值得检讨。

本课题立论之二：东南亚地区民族国家形成过程中的复杂性及不均衡性特征，决定了其特殊的发展历程。

东南亚地区的民族国家在排斥西方世界种种束缚的同时，又在现实层面延续着西方的传统。这使得西方的法理传统与东南亚地区的现实主义取向之间始终表现出两种互为矛盾的张力：一是基于西方民族国家主权、公民身份和政治原则的宪政认定，即延续自欧洲殖民统治基础上的主权原则（一种非自主性发展的边界标准）、国家管理体系（诸如宪政原则、行政系统、身份认定等）；二是基于实用主义主导下的认同理念，东南亚地区民族国家在国家认同与民族认同问题上怀有极为复杂的矛盾心理。与其说它是构建独立的、具有鲜明特色的民族国家过程，还不如说它只从西方那里借取"民族主义"的核心价值，始终未脱离西方社会的发展系统与思想体系。① 在传统社会向现代社会的转型进程中，东南亚各国对民族国家所具有的宪政主义特质，明显地表现出陌生感与距离化的特点。就世界范围而言，老的一批民族国家的建立经历了一个较长的时间段，它们付出过较多的艰辛与代价，而新建立的民族国家虽然拥有形成国家要素的很多资源，但是它们缺乏的是时间的锤炼。② 对于东南亚地区各民族国家而言，民族与国家的建设仍是它们面临的共同事业。③

为此，本课题分为四部分共七章展开研究。

第一部分　东南亚地区民族国家研究：理论基础与研究视域

"民族""民族国家"是特定的历史产物。笔者在《英国民族国家研究》一书中，已分别从经典马克思主义、民族维度、国家资源论三个方面论述了"民族国家"的一般理论。④ 无论是恩格斯、列宁等经典马克思主义作家的研究，还是现当代思想家们的研究，都是基于欧洲历史实践，

---

① [加] 詹姆斯·塔利：《陌生的多样：歧异时代的宪政主义》，黄俊龙译，上海世纪出版集团2005年版，第3页。

② Nicholas Tarling, *Nationalism in Southeast Asia: If the People are with us*, London & New York: RoutledgeCurzon, 2004, p. 13. 关于老的一批民族国家与新建立的民族国家的提法，在休·塞顿-华特生那里也有类似的观点。Hugh Seton-Watson, *Nations & States: an Enquiring into the Origins of Nations & the Polities of Nationalism*, London: Methuen, 1977.

③ Nicholas Tarling, *Nationalism in Southeast Asia: If the People are with us*, London & New York: RoutledgeCurzon, 2004, p. 161.

④ 岳蓉：《英国民族国家研究》，贵州人民出版社2004年版，第21—38页。

立足于西方社会历史背景的研究产物，具有"欧洲中心论"的研究特点，存在片面性与局限性。在东南亚地区的历史个案中，民族国家的形成与发展因受不同的政治结构、不同的国内和国际环境的影响，体现出复杂性和特殊性，尤其在法律规范、社会经济发展、民族融合、国际竞争等方面更为突出。为厘清东南亚地区民族国家形成及发展的历史成因，本课题在理论概述"民族国家"的缘起、形态、建构、发展及其历史命运的基础上，立足于"主权观念"和"宪政原则"两大理论基石对东南亚地区进行个案研究，既关注东南亚地区广泛的经济、社会、政治发展的宏观层面，也研究其文化心理等微观层面的历史积淀。

第二部分　东南亚地区民族国家的缘起及主权独立

东南亚地区各民族国家的缘起既要考察与欧美列强殖民活动有关的历史，又要考察东南亚地区的特殊历史环境。自殖民势力入侵以来，东南亚各国主权不同程度地遭到损毁。第二次世界大战后，随着殖民体系的瓦解，东南亚地区各国纷纷独立，确立起民族国家形态。从时间上看，东南亚地区民族国家的形成具有不均衡的特点，各国主权独立的时间跨度较大。本课题拟依据主权国家确立的进程及特点，分类揭示东南亚地区民族国家形成的历史演进及其特点。

第三部分　东南亚地区民族国家发展的困境与挑战

东南亚地区各国的主权地域范围、民族的构成、文化的同一性等方面仍留存大量殖民时代的烙印，给民族国家的建设与发展造成了重大的障碍。此部分主要揭示东南亚地区民族国家发展的两大困境：其一，来自民族隔阂和民族矛盾的种种挑战；其二，东南亚地区的领土争端及国际移民问题引发的主权危机。

第四部分　东南亚地区民族国家建设的实践

民族与国家是两个迥然不同却又息息相关的历史命题，民族的盛衰与国家的兴亡密切相连，主权的获得只是民族国家出现的历史前提，而国家的建设则是缔造民族国家所面临的长期而艰巨的历史使命。本部分主要探讨面对内忧外患，东南亚民族国家所作出的大胆尝试。主要考察泰国华人族群融入主流社会的个案，以及东盟40余年来的历史实践。

本书拟在充分吸纳前人研究成果的基础上，从"主权观念""宪政原则"的视域入手，立足于政治史和社会史研究，采用跨学科的研究方式，以马克思主义的民族国家理论为指导，对东南亚地区民族国家的形成和发展进行系统考察，探讨弱小民族国家所面临的机遇与挑战，辩证地分析东南亚地区民族国家的社会变革及其执政党的统治经验与教训。方法上：（1）运用历史与逻辑相统一的方法，既注重对东南亚地区民族国家的历史发展的考察，又重视对其内在规律的探索和把握；（2）运用历史和价值辩证统一的方法，正确地理解东南亚地区民族国家形成的历史必然性和现实合理性；（3）运用系统—结构方法，对东南亚地区民族国家的形成与发展进行功能结构分析；（4）理论与实际相统一的方法，既注重理论的探讨，又关注现实问题的解决。研究主要分两条线进行。一方面，通过梳理东南亚地区民族国家形成的历史，研究东南亚民族国家的形成和发展，研究它们的显性和隐性特征，并通过与西欧民族国家的形成和发展的对比，突出世界民族国家形成的多元性和存在的合法性；另一方面，借助东南亚地区民族国家在国家建设方面的研究，探讨东南亚地区各民族国家社会变革的成败及其执政党统治的经验与教训。

在今天经济全球化的历史语境下，时值民族国家传统的主权基础、合法性原则遭遇前所未有的挑战之时，对东南亚民族国家的相关研究更具现实的重要性。希望本书的研究能抛砖引玉，激起各位同仁更多的学术交流。课题负责人欲汲深而苦绠短，失误和疏忽在所难免，在此衷心感谢各位学界同仁不吝赐教。

第一部分
东南亚地区民族国家研究：
理论基础与研究视域

"民族国家"（Nation-State）概念历来为学者们以不同的视角所探析。民族国家产生于中世纪后期的欧洲，不同于古代或封建化时代的国家形态，具有以下特征：具有共同的民族文化体系，并与此相适应，形成民族认同；中世纪的教权在国家发展中失去原有的至上权威，政治上世俗王权替代宗教教权扮演主导角色；拥有稳定的政治地域，能完整表达民族利益和国家利益；国家功能上，对内能实施有效控制，对外具有相应的防御机制，等等。

今天，"民族国家"形态已是当代国际体系中最重要和最基本的行为体，备受关注。它对推动历史进程的发展，为实现民族的独立、平等和自由产生过直接或间接的作用。本课题拟从"主权观念"和"宪政原则"视角，探讨东南亚地区民族国家的形成及发展。理论上，"主权观念"和"宪政原则"是维系民族利益与国家利益密切结合的重要枢纽，有利于体现"民族国家"概念中的国家权力与民族性结合的特征。

第一章 "民族国家"的历史场域、形态特征

"民族国家"一词,从词源、概念上看①,绝非一种人文概念与政治概念的简单重合。它更多地体现民族性与国家权力相结合的基本特征,并借此呈现民族利益与国家利益相联系的国家本质。英文中的"Nation"和"State"都有接近于"国家"的语义,不同的是,前者侧重指"人们依赖于共同的责任感、共同的文化、民族意识凝聚成的民众团体"②;后者则强调一种政治集合体,指代"一种政府结构"③"合法的政治组织"④,国民服从于它的权威力量。

第一节 "民族国家"的缘起及其形态特征

15世纪后期起,西欧封建社会的分化,逐渐催生出"民族国家"这种新型政治集合体。它是两种不同的结构和原则融合的产物,"一种是政治和领土的,另一种是历史的和文化的"⑤。其内在的强大实力与崇高威望,使它无可比拟地成为政治实体的最高形式、民族精神的政治外壳,以及民族意识和民族命运的物质体现。⑥ 到了近代,民族国家"对于整个西欧,甚至对于整个文明世界,都是资本主义时期典型的正常的国家形式"⑦。本课题拟通过"民族国家"产生背景的追溯,寻找东南亚地区民

---

① 岳蓉:《英国民族国家理念的缘起:英语中"国家"语境的释读》,《贵州师范大学学报》2002年第5期(人大复印资料《世界史》转载,2002年第12期,第28—31页)。
② Hugh Seton-Watson, *Nations & States: an Enquiry into the Origins of Nations & the Politics of Nationalism*, London: Methuen & Co. Ltd, 1977, p.1.
③ 通常具有独立自主的、足够的权力来贯彻其法令。[美]迈克尔·罗斯金等:《政治科学》(第六版),林震等译,华夏出版社2000年版,第30页。
④ Hugh Seton-Watson, *Nations & States: an Enquiry into the Origins of Nations & the Politics of Nationalism*, London: Methuen & Co. Ltd, 1977, p.1.
⑤ 邓正来主编:《布莱克维尔政治学百科全书》,中国政法大学出版社1992年版,第490页。
⑥ [美]乔治·霍兰·萨拜因著:《政治学说史》,盛葵阳译,商务印书馆1990年版,第704—705页。
⑦ 列宁:《论民族自决权》,中央编译局译,《列宁选集》(第2卷),人民出版社1995年版,第371页。

族国家形成进程中与西方不同的历史成因。

一　民族国家的缘起

"民族国家"是中世纪后期西欧经济社会发展的必然结果。所谓"中世纪",通常指西哥特人攻陷罗马的公元410年到1440年这段历史。① 在此历史阶段,欧洲的社会秩序表现出两大基本特征:一个是名义上存在于"大一统"基督教中的教会体系;另一个是事实上支离破碎的封建体系。② 在此二元统治秩序下,世俗权力相对式微、罗马教皇及教廷控制着社会的政治生活;民众只知有其领主、不知有其国家,尚未对国家产生归属感,也没有"忠诚"于国家的思想;民众之间缺乏凝聚力,没有所谓的"民族情感"之类的特殊情感。英国社会学家安东尼·吉登斯教授认为,在民族国家形成之前,国家最为显著的特征是:只有边陲,没有边界。③ 但是,从15世纪后期起,西欧封建社会内部逐渐发展出一种新型的政治集合体。当时人们从拉丁语 Lo stato ("国家") 中引申出相应的词汇来描述它,即 l'Etat (法语)、der staat (德语)、el estado (西班牙语) 和 the state (英语) 等。虽然它们所表达的语义指向不尽一致,缺乏相应的准确性④,但是都具有一些共同的内涵:即在国家概念中赋予其相应的民族意义;国家不单只强调在一定地域范围内的自主独立,更强调其拥有至高权威,不受任何外来势力的控制。⑤

经典马克思主义理论认为,民族国家是资本主义经济及其随之引发的阶级斗争的必然结果。⑥ 资本主义的发展必然以国家统一、中央集权为后

---

① 意大利史学家、考古学家佛拉维俄·比昂多 (Flavio Biondo, 1388—1463年),最先在《罗马衰亡以来的千年史》中提出"中世纪"一词,借以指代古典文化与文艺复兴两个文化高峰之间的文化。由此沿用至今。

② C. J. H. Hayes & others, *World History*, New York: the MacMillan Company, 1946, p. 23.

③ [英] 安东尼·吉登斯:《民族—国家与暴力》,胡宗泽等译,生活·读书·新知三联书店1998年版,第4页。

④ Kenneth H. F. Dyson, *The State Tradition in Western Europe: a Study of an Idea & Institution*, Oxford: Martin Robertson, 1980, p. 25.

⑤ 如英语中的 state ("国家") 一词,就衍生出多种复杂的含义和理念。其复杂的含义为:一指拥有一定的地域。二指国内拥有组织化的君主统治社会。三指国家主权政府没有凌驾于其上的政治、宗教及合法实体。相应的三种理念则是:人类被划分为种族与民族两种基本组成。英国民族的纯洁性可能会由于外来民族的加入而遭到破坏。英国的语言、法律、风俗习惯 (包括衣着) 都是英国民族性的标志。John Guy, *Tudor England*, Oxford: Oxford University, 1988, p. 352.

⑥ 岳蓉:《英国民族国家研究》,贵州人民出版社2004年版,第22—28页。

盾，并最终瓦解生产资料、财产和人口呈分散状态的封建主义。中世纪后期的西欧，城市在坚硬的城墙与城壕内，"发展了中世纪的手工业十足行会的和小规模的，积累起最初的资本，产生了城市相互之间和城市与外界之间商业来往的需要"①，并因此产生了对商业往来的基本保障。市民社会推动着社会生产、贸易、教育、社会制度和政治制度的时代发展。货币是他们对付封建主义的有力武器。② 随着资本主义经济的深入，货币的社会职能更加膨胀，到中世纪后期，货币逐渐发展成市民阶级"巨大的政治平衡器。凡是在货币关系排挤了人身关系、货币贡赋排挤了实物贡赋的地方，封建关系就让位于资产阶级关系"③，进而促发社会各阶层对经济市场产生争夺。到 15 世纪时，市民已经在西欧社会的舞台上扮演着重要角色，并拥有比封建贵族更为重要的社会地位。④ 最终引发并导致政治界域的纷争，西欧社会因此陷入混乱状态。

在中世纪后期普遍混乱的社会状态下，"王权是进步的因素，这一点是十分清楚的。王权在混乱中代表着秩序、代表着正在形成的民族而与分裂成叛乱的各附庸国的状态对抗"；"在封建主义表层下形成的一切革命因素都依赖王权，正像王权依赖他们一样"⑤。早自 14 世纪初起，为了摆脱教权的羁绊，国王们开始尽力改变具有封建主义性质的军队，他们通过招募或雇佣的方式，建立军队、增强军队的实力。从 1450 年起，王权在整个世俗社会兴起文化运动：统一语言文字、复兴古代文明、推广印刷术、传播知识（思想理论、科学）等，推进社会的整合，客观上"给市民阶级和王权反对封建制度的斗争"带来了好处⑥。无疑，在建立统一国家的历史进程中，王权是"中世纪进步的最重要杠杆之一"⑦，推动着民

---

① 恩格斯：《论封建制度的瓦解和民族国家的产生》，中央编译局译，《马克思恩格斯文集》（第 4 卷），人民出版社 2009 年版，第 215 页。
② "货币在中世纪早期的典型封建经济中几乎是没有地位的。封建主或者是用劳役形式，或者是用实物形式，从他的农奴那里取得他所需要的一切。""每一座封建庄园都自给自足"，"没有商业来往和交换，用不着货币"。同上书，第 216 页。
③ 同上书，第 217 页。
④ "诚然，农业仍旧是广大居民的营生，因而是主要的生产部门。但是，少数分散的在某些地方尚未遭到贵族侵夺的自由农民却充分证明，在农业中最主要的东西并不是贵族的寄生和压榨，而是农民的劳动。"同上书，第 215 页。
⑤ 同上书，第 220 页。
⑥ 恩格斯：《论封建制度的瓦解和民族国家的产生》，中央编译局译，《马克思恩格斯文集》（第 4 卷），人民出版社 2009 年版，第 224 页。
⑦ 同上书，第 219 页。

族的整合与国家的统一。正是所有这些原因的共同作用,"在 15 世纪下半叶保证了对封建制度的胜利,尽管这还不是市民阶级的胜利,而是王权的胜利"。①

统一国家的建立,促进了资本主义经济的发展,并最终导致封建经济的瓦解。中世纪后期那种"各自独立的、几乎只有同盟关系的、各有不同利益、不同法律、不同政府、不同关税的各个地区,现在已经结合为一个拥有统一的政府、统一的法律、统一的民族阶级利益与统一的关税统一的民族"②。从而引发资产阶级关系对封建关系的替代。资产阶级取代了王权的进步性,进一步推进时代的发展。在法国大革命与美国独立战争期间,"民族"语汇被纳入资产阶级的革命浪潮中,建立"单一而不可分裂"的民族国家成为当时风行一时的民族口号③,在这里,"政治与民族的单元"被强调为同一④;民族在国家的实体中找到有形载体。"民族"一词不仅指代同一种拥有共同语言的群体,而且,被赋予更为丰富的内涵:拥有共同的自我意识、凝聚力、共同的态度和观念等,被人们从单一的"种族"语义中抽衍出"国家"的语义,成为"国民"的总称。⑤ 同样,在国家这个政治实体的舞台上,人们在继承其民族的历史文化传统的同时,逐渐产生认同感、归属感,成为可归属的政治共同体的一个组成部分。于是,民族政治的精神就在国家这一政治实体中获得体现。

"民族国家"形态最终在法国大革命的渲染之下,成为一种"具有领土区划范围内的最高管辖权,并以垄断强制性权力的诉求为后盾,其合法性来源于公民最起码的支持和忠诚"⑥ 的政治机器,成为"资本主义的通

---

① 恩格斯:《论封建制度的瓦解和民族国家的产生》,中央编译局译,《马克思恩格斯文集》(第 4 卷),人民出版社 2009 年版,第 457 页。
② 马克思:《共产党宣言》,中央编译局译,《马克思恩格斯选集》(第 2 卷),人民出版社 2009 年版,第 36 页。
③ [英] 埃里克·霍布斯鲍姆:《民族与民族主义》,李金梅译,上海人民出版社 2000 年版,第 21 页。
④ Ernest Gellner, *Nation & Nationalism*, Oxford: Basil Blackwell, 1983, p. 1. 国内学者大多采用这样的观念,如李宏图:《西欧近代民族主义思潮研究:从启蒙运动到拿破仑时代》,上海社会科学院出版社 1997 年版,第 5 页;钱乘旦主编:《欧洲文明:民族的融合与冲突》,贵州人民出版社 1999 年版,第 10 页。
⑤ [英] 埃里克·霍布斯鲍姆:《民族与民族主义》,李金梅译,上海人民出版社 2000 年版,第 21 页。
⑥ [英] 戴维·赫尔德:《民主与全球秩序:从现代国家到世界主义治理》,胡伟等译,上海世纪出版集团 2003 年,第 51 页。

例和'常规'"①。

二 民族国家：形态及特征

"民族国家"形态的出现从根本上改变了欧洲政治地图的性质与形式，其意义和影响不言而喻。1500 年的欧洲还包括 500 个左右独立的政治单元，但是，到 1900 年时，这些政治单元的数目已减少到 25 个左右。②从 17 世纪到 19 世纪初，世界上最早的一批民族国家形态在英国、法国、美国等资产阶级革命浪潮中诞生。这种新型的国家形态结束了中世纪凌驾于世俗权力之上的教会统治，标志着封建等级秩序及教权的终结。"民族"与"国家"通过契合的方式达成一致，"民族自决""民族自治"等概念成为合法化斗争的时代动力。

欧洲在 13 世纪时期已经拥有一些民族国家业已出现的征象：（1）政治同盟或帝国的统治由一个权力中心支配，当然，这种支配能力还是比较弱的；（2）神权的政治国家（共同体）是按照天主教的组织结构结合起来的；（3）贸易网络狭小，缺少强有力的中央政治组织的管理；（4）"封建"统治仍是主体。③ 如果以民族国家形态为临界点，比较 13 世纪与 1500 年以后的欧洲社会，不难发现两个时间段的欧洲社会具有四重差异：第一，版图在空间上受严格界定，并具有持久性特征；第二，国家权力相对集中；第三，国家已经与其社会政治组织形式区分开来；第四，在相应领土内，通过中央集权，实现了权力垄断，巩固国家利益。④ 究其原因，13 世纪时欧洲社会调动国家资源的能力较差。如果一个国家在财政、组织，乃至强制力上的所有资源得以充分调动的话，那么，理论意义上的民族国家形态就会诞生。诸如军事、组织、税收、警察、食物供给、专业人事的形成等要素都隶属于国家资源。它们对于民族国家形态的形成，意义重大。⑤

---

① 列宁：《论民族自决权》，中央编译局译，《列宁选集》（第 2 卷），人民出版社 1995 年版，第 374 页。
② Charles Tilly, ed., *The Formation of National States in Western Europe*, Princeton: Princeton University, 1975, p. 15.
③ Ibid., p. 26.
④ Ibid., p. 625.
⑤ Ibid., p. 6.

民族国家形态中，国家并非只是一种简单的暴力工具，经济增长的关键是国家的存在。国家对产权、保护、司法等制度的安排、调整等举措，都建立在国家利益的基础之上。① 中世纪欧洲"四分五裂的封建社会中，固定的城堡和装备盔甲的骑士都是防御赛中的棋子。由于它们已经让位于新的军事技术（弩、长弩、长矛和火药），最有效的军事单位的最优规模逐渐增大。庄园为了效率必须扩大为一个共同体、一个国家；并且为了存在下去，国家必须得到远远多于它从传统的封建收入来源所能得到的财政岁入。这样国家首脑为了得到税收只得鼓励、增加和扩大贸易，封建城堡不可能为远程贸易提供足够的保护，而现在出现的较大的政治单位或联盟可以比较有效地将商业发展所需要的路线置于保护之下"②。"民族国家"形态更能为个人提供适当的、有效的激励机制，并以此创新来促进经济的迅速增长。从表征上看，它具有六个方面的进步意义：（1）确定与统一的统治体系相一致的国家疆界，"领土"的意义因等同于政治地域概念，而成为民族国家构建的一个核心要件③；（2）重新立法并产生相应的执法机制；（3）集中行政权力；（4）拓展财政管理及其活动；（5）通过外交机构或外交手段，使国家间的关系规范化；（6）建立常备军。④ 可见，民族国家形态中，"法律""共同体""政治"的传统意义发生了根本性变化，"主权""合法性"等概念及其原则被纳入国家机制，并被赋予绝对权威的现代意义。

民族国家形态致力于通过血缘与文化的纽带，将每个成员与相应的民族共同体联系于一体，形成一种无法割断的情感（即民族情感）。基于共同历史经验与共同语言、文化体系基础上的各种认同与合作，促使公民成为民族国家的重要基石。在公民的忠诚与支持下，具有统治的合法化特征；借助强制性垄断权力作后盾，民族国家追求民族的统一、独立和强

---

① ［美］道格拉斯·A. 诺思：《经济史中的结构与变迁》，陈郁译，上海人民出版社 2002 年版，第 20 页。
② ［美］道格拉斯·A. 诺思等：《西方世界的兴起》，厉以平等译，华夏出版社 1999 年版，第 23 页。
③ 根据受其统治之子民所居住的范围而确定的统治范围，是一完整而不可分割的疆土，具有明确的疆界，与邻国壁垒分明。［英］埃里克·霍布斯鲍姆：《民族与民族主义》，李金梅译，上海人民出版社 2000 年版，第 97 页。
④ ［英］佩里·安德森：《绝对主义国家的系谱》，刘北成、龚晓庄译，上海人民出版社 2000 年版；［英］安东尼·吉登斯：《民族—国家与暴力》，胡宗泽等译，生活·读书·新知三联书店 1998 年版。

大，并使其政治权力具有非个人结构的性质。在历史演进中，"民族国家"逐渐确立了三项标志性的基本原则：一是领土原则：国家拥有可标识的统治范围边界，并对边界内制定和行使法律；二是主权原则：这是国家、政府、议会行使政治权力和权威的合法源泉，对内由国家及其代表通过暴力垄断和税收垄断进行统治（当然，部分是以民主合法性的形式来实现的），对外不受任何其他国家的干涉；三是合法性原则：国际协议或国际法必须得到主权国家的认同方能生效，任何国家之间关系的法律权限都不能高于各民族国家内部的法律权限。[①] 民族国家正是依赖于民族属性的皈依，建立起统一的中央集权制政府、整合起民族间统一的阶级利益、形成同质的国民文化体系，在代表本国的统治阶级的基础上，对主权国家进行法律基础上的合法化治理。[②] 它在严格界定的疆界内，行使至高无上的管辖权：对内施行中央集权管理，集金融管理机构和资源分配机构于一体，有新型的立法和执法机构、职业化的常备军、集权化的开战能力；对外，建立起对外交往的管理机构，以便处理国家与国家之间的正式或非正式关系。[③]

历经数世纪的锤炼之后，西方的历史实践及其扩张主义、殖民主义的推动，使民族国家理念在更大范围内产生影响。"几乎所有世界的领土可能都被分割过，整个世界地图可能都以欧洲的色彩标明过：红的表示英国；蓝的代表法国；绿的表示葡萄牙，等等。无论现代的主权在哪里生根，它都建立一个利维坦式的怪物，控制它的社会领域，强加等级制的边界以保护其自身特点的纯粹性，排除所有他者。"[④] "民族国家"形态早已不仅仅包含主权疆界、国民文化、民族情操等因素，其制度模式、管理体

---

① 贝克：《全球化时代民主怎样才是可行的?》，[德] 乌·贝克、尤尔根·哈贝马斯：《全球化与政治》，王学东等译，中央编译出版社 2000 年版，第 11—12 页。英国全球化研究专家自由主义的代表戴维·赫尔德则把民族国家归结为以下四个单元：(1) 领土. 即固有的边界；(2) 暴力手段的控制；(3) 非人格化的权力结构；(4) 合法性。[英] 戴维·赫尔德：《民主与全球秩序：从现代国家到世界主义治理》，胡伟等译，上海世纪出版集团 2003 年版，第 51—52 页。

② 宁骚：《民族与国家：民族关系与民族政策的国际比较》，北京大学出版社 1995 年版，第 269 页。

③ [英] 佩里·安德森：《绝对主义国家的系谱》，刘北成、龚晓庄译，上海人民出版社 2000 年版；[英] 安东尼·吉登斯：《民族—国家与暴力》，胡宗泽等译，生活·读书·新知三联书店 1998 年版；[英] 戴维·赫尔德、安东尼·麦克格鲁：《全球化与反全球化》，陈志刚译，社会科学文献出版社 2004 年版，第 10 页。

④ [美] 麦克尔·哈特、[意] 安东尼奥·奈格里：《帝国：全球化的政治秩序》，杨建国等译，江苏人民出版社 2003 年版，序言第 2 页。

系、科技发展、经济发展、社会发展,以及意识形态或者政治价值观的感召力、塑造国际规则或决定国际议题的能力等抽象的和非物质的权力因素等,① 汇同西方的主流价值体系及资本主义制度,成为国际社会的道德与法律的唯一标准,对世界任何国家、任何民族的历史及其发展阶段给予对与错的评判与解释。②

东南亚地区的个案也是如此。美国独立战争与法国大革命所给予的制度榜样③,在东南亚地区的国家独立进程中同样"闪耀着些许的光芒,时不时地照亮后来者的革命道路"④。1945年9月,胡志明面对成千上万聚集在巴丁广场的人们,大声宣布:"我们,作为越南民主共和国临时政府的成员,庄严地向全世界宣布:越南有权利成为自由和独立的国家,而且已经成为自由和独立的国家。"⑤ 实际上,"主权""宪政""民族认同"等民族国家核心概念,已经随着西方殖民者的侵略扩张,得以在东南亚地区广泛传播。

---

① 美国哈佛大学教授约瑟夫·奈称之为"软权力"(soft power),即相对于"硬权力"(hard power)而产生的概念。所谓"硬权力",指军事和经济力量这类的国家资源,其威力往往能让他人转变立场。"软权力"则指诸如文化、意识形态和制度等抽象资源相关的、决定他人偏好的"软性同化式权力",即(1)文化(culture)吸引力。(2)意识形态(ideology)或政治价值观念(political values)的吸引力。"意识形态"和价值观念同样也是难以定义的概念。奈本人在论及软权力源泉的时候,常常把"理念"(ideas)、"政治价值观念"(political values)等概念和"意识形态"概念加以混用。[美]约瑟夫·奈:《软力量:世界政坛成功之道》,刘晓辉等译,东方出版社2005年版,"前言"第5页;[美]约瑟夫·奈:《硬权力与软权力》,门洪华译,北京大学出版社2005年版。[美]罗伯特·基欧汉、约瑟夫·奈:《权力与相互依赖》,门洪华译,北京大学出版社2002年版。Joseph S. Nye, Soft Power, *Foreign Policy*, Issue 80, (Fall, 1990): 153–171.

② Michael Hardt & Antonio Negri, *Empire*, Cambridge, Massachusetts: Harvard University Press, 2000, pp. 8–11.

③ 邓恩甚至认为:"这对姊妹革命不仅为现代革命领袖们提供了可效仿的剧本——如解放战争、制宪会议、权利法案和政党的创建,也为他们对应该避免的危险浅滩提出了警告——如恐怖行为、极端行为和报复行为。"[美]苏珊·邓恩《姊妹革命:美国革命与法国革命启示录》,杨小刚译:,上海文艺出版社2003年版,第198—199页。

④ [美]苏珊·邓恩:《姊妹革命:美国革命与法国革命启示录》,杨小刚译,上海文艺出版社2003年版,第220页。

⑤ 胡志明的宣言恰与当年杰弗逊的伟大宣言相一致:"我们……作为美利坚合众国的代表……在这里庄严声明并宣布:这些联合的殖民地是,而且理应是,自由和独立的国家。"[美]苏珊·邓恩:《姊妹革命:美国革命与法国革命启示录》,杨小刚译,上海文艺出版社2003年版,第211页。

第二节　民族国家的发展理论及其历史命运

"国家"命题一直是社会科学研究的中心命题之一，为历史学、社会学和政治学等学科领域普遍关注。[①]继英国、法国等最早的一批民族国家确立之后，19世纪上半叶至20世纪初，德国、意大利和南美等一些国家也相继确立了民族国家形态；20世纪初叶的第一次世界大战到"冷战"期间，伴随着非殖民化运动及民族解放洪流，第三批民族国家也相继在欧亚非等许多国家确立起来。[②]民族国家成为"资本主义的通例和'常规'"[③]，以及国际体系基本的行为体。但是与此同时，新兴民族国家的"战后重建""独立建国"也备受学术界关注。本课题拟通过民族国家的发展理论与历史命运的梳理，探析"欧洲中心论"和"亚洲中心论"视角中的民族国家理论。

一　民族国家的发展理论

虽然在殖民者的长期掠夺及统治中，欧洲历史背景下产生的"民族国家"理念，已对新兴的独立国家产生深远的影响。但是，由于此前的殖民者并未致力于为殖民地培养政治决策者、经营管理者及专业技术人才；相反，还因长期的殖民统治，使殖民地社会长期处于低度发达的、不均衡发展的落后状态，因此，当宗主国殖民者从殖民地撤离之后，这些新兴民族国家一方面必须迅速培植国家精英，恢复低落的政府职能，尽快实现富强独立的国家发展；另一方面却又不得不面对冷战时代的美苏对抗。因此，尽快摆脱长久以来的殖民影响及其束缚，实现民族国家的社会转型，缩短与先进国家之间的发展差距，变成了这些新兴民族国家的当务之急。

[①] 第二次世界大战结束后，研究国家的著作及学术流派纷纷出现。20世纪60年代中期，马克思主义重新唤起人们对国家理论研究的兴趣。70年代后期的、以"使国家回到注意中心"为宗旨的运动的集中关注，使国家理论呈现出更多的制度主义的色彩。80年代人们对国家理论研究的兴趣再次降低，兴趣主要集中在对福柯的探讨、女权主义及话语分析方面的理论研究上。[英] B. 杰索普：《国家理论的新进展——各种探讨、争论点和议程》，《世界哲学》2002年第1期，第4—19、51页；2002年第2期，第22—26页。

[②] 李云龙：《21世纪民族国家的命运》，《东南亚研究》2001年第6期，第57—62页。

[③] 列宁：《论民族自决权》，中央编译局译，《列宁选集》（第2卷），人民出版社1995年版，第374页。

20世纪五六十年代，一批来自美国、西欧的西方学者，率先展开对新兴民族国家发展问题的研究。"资本主义""社会结构""价值理念""精英集团"等核心概念，在先验假设及逻辑推理的基础上，通过对欧美民族国家的成功实证性个案研究，将工业革命视为传统社会与现代社会的临界点，由此衍生出一种具有普世主义的、以成就为取向的现代性标识及价值观念[1]，建构出一种适用于所有新兴民族国家的发展理论。诸如奥地利籍经济学家罗森斯坦-罗丹提出的，发展中国家的贫困落后应归罪于其政府与经济部门之间的失调，如果以"大推进"的投资方式，就能实现经济发展的协调性及比例均衡问题[2]；美国经济学家罗斯托著名的五阶段社会发展理论中，将现代社会的演进分为传统社会、起飞准备、起飞阶段、迈向成熟及大量消费五个阶段。[3] 他们把民族国家的发展归纳为一种可量化的渐进式的"单线进化"的发展理论。[4]

在民族国家发展理论的研究中，西方的社会变迁、价值观念等在内的历史实践被视为民族国家发展的成功范式，并藉此作为新兴民族国家独立建国的发展方向、目标及其具体而可行的社会改造。因此，学者们的研究理论，既广泛涉及社会政治的变迁、资本主义的历史演进等宏观层面的研究，也涉足经济增长、政治秩序、公共政策等微观层面的研究。

以较有代表的结构论和价值论为例。马里奥恩·利维、尼尔·斯梅尔塞、艾森斯塔特、亨廷顿等社会结构论者认为[5]，较早形成的民族国家与新兴民族国家之间本质上并无差异，不同的是较早形成的民族国家经过成

---

[1] Talcott parsons, *The Evolutions of societies*, 转引自罗荣渠《现代化新论：世界与中国的现代化进程》，北京大学出版社1997年版，第29页。

[2] 罗森斯坦-罗丹（Paul Rosenstein-Rodan, 1902—1985年）曾以发展中国家为研究对象，提出过"大推进"理论（Big Push Model）。他认为发展中国家的经济发展犹如跑道上的飞机，飞机起飞之前需要强大的动力，同样，经济的发展也是如此，只有通过有计划的大规模投资方案才能赢取经济的发展动力。

[3] ［美］W. W. 罗斯托：《经济增长阶段：非共产党宣言》，郭熙保、王松茂译，中国社会科学出版社2001年版。

[4] 较早形成的民族国家以自身的发展模式，成为新兴民族国家所步入的同一条现代社会的必经之路，而它们长期形成的规范性价值则成为民族国家形态所应该具备的基本原则。庞建国：《国家发展理论：兼论台湾发展的经验》，台北巨流图书公司1994年版，第197页。

[5] Marion J. Levy, Jr., *Modernization and the Structure of Societies: A Setting for International Affairs*, Princeton: Princeton University, 1970. S. N. Eisenstadt, *Patterns of Modernity*, London: Frances Pinter, 1987；［美］塞缪尔·P. 亨廷顿：《变化社会中的社会秩序》，王冠华等译，生活·读书·新知三联书店1992年版。

熟的历史演进，已拥有更为细致的社会分化及更为合理的社会整合。他们基本上沿袭自西方19世纪以来的有机论思想，在迪尔凯姆社会分工论①及帕森斯系统论②思想传统的基础上构建起他们的理论框架。国家的发展被认为是社会组织与社会制度分化与整合的结果，具有历史与文化的连续性序列特征。社会是由一群具有利益追求本性的社会人组成。由于很难界定利益追逐的理性边界，社会人之间常常会出现冲突行为。为了协调社会人之间的冲突、实现其最大利益，社会组织与社会制度应运而生。因此，一个社会功能越发达的社会，其社会的专业化与分层化结构越能满足和协调社会人的利益需求。工业革命促使现代社会与传统社会正式决裂，社会转型为一种现代的社会形态，实现了各个社会部门的功能分化及制度化发展。从结构上看，如果现代社会是人类社会进化发展的最高点，那么，原则上只要具备构成现代社会核心因素的条件，即可从一个传统社会转型成为现代社会。欧美各国大致于17—19世纪完成了现代社会的转型。这些较早形成的民族国家构建的社会变量体系、经验即为现代社会提供了一定的界定指标，提供了现代社会（或现代文明）的最典型范式③，客观上可以称为现代社会发展的标尺。④ 实际上，理论家们所建构的现代民族国家社会是一个朝着欧美型的社会、经济和政治系统演变的过程。

比较之下，以丹尼尔·勒纳、大卫·麦克利兰、亚历克斯·英克尔斯

---

① 大卫·埃米尔·迪尔凯姆（1858—1917年，又被译为爱弥儿·涂尔干）承继了19世纪初期以来的西方社会有机体思想，将文化的（集体意识、集体表象）、结构的（结构的互赖和亚群体的形成）、人际间的（仪式与活跃气氛和社会团结的追求）、认知的（分类、符号化的方式）四个基本类型视为实现社会系统整合的基础。他在评判以前的孔德和斯宾塞的有机观念基础上，把社会视为一个有机整合的系统，各个组成部分则为满足此社会系统基本功能、整体需求的必要条件。[法]爱弥儿·涂尔干:《社会分工论》，渠东译，生活·读书·新知三联书店2000年版；[法]爱弥儿·涂尔干:《宗教生活的基本形式》，渠东等译，上海人民出版社1999年版。

② 塔尔科特·帕森斯（1902—1979年），主张站在客观主义的立场，确立以概念为基础的分析框架，把功能主义的分析方法及经验主义的研究结合起来。他将社会视为一个稳定、均衡、一致的系统，在物理环境和价值规范的制约下，目标、环境和规范等基本要素为实现一定目的发生相应的社会"单位行动"行为。[美]塔尔科特·帕森斯:《社会行动的结构》，张明德等译，译林出版社2003年版。

③ S. N. Eisenstadt, *Patterns of Modernity*, London: Frances Pinter, 1987, p. 3. "不管主观上是否愿意，美国促进了亚洲、非洲和拉丁美洲把群众动员起来进入政治。"[美]塞缪尔·P.亨廷顿:《变化社会中的社会秩序》，王冠华等译，生活·读书·新知三联书店1992年出版，第426—427页。

④ Marion J. Levy, Jr., *Modernization and the Structure of Societies: A Setting for International Affairs*, Princeton: Princeton University, 1970, pp. 9 – 15、35 – 38.

等为代表的学者①,把"理性选择""国民素质""社会精英""成就取向"等概念视为国家发展问题的关键词。他们认为,新兴民族国家的发展问题是一种全面的合理性的发展过程。这个过程不是自然的社会演进,而是有目标、有计划,以较短的时间、最有效的途径,学习、借用和移植较早形成的民族国家的过程。② 价值观念为导向的国家发展论者,继承了马克斯·韦伯"合法化"③的思想,强调国家的发展并非依赖于抽象的社会结构及其功能,而是社会人本身有意义的社会参与及行动。现代社会无疑是社会行为的体现,人们完全可以通过其原因、过程和效用的剖析,了解隐藏其后的阶级、国家、制度、民族这类社会宏观结构背后的社会现实。同时,现代社会并非仅仅是一种社会制度的变迁,它也受到人们观念态度的制约与影响。成就(Need for achievement)、权力(the need for authority and power)、亲和(Need for affiliation)三种社会动机促进了人高层次的需要,决定了个体工作环境的质量。④ "制度的数目及其专门化程度因社会而异。高度文明和现代大规模工业社会的特点,是围绕社会生活的一定问题而组成的制度的高度专门化,和在较大制度内的支体系的广泛的内部复杂化。"⑤ 美国社会学家英克尔斯甚至从中东地区的土耳其、黎巴嫩、埃及、叙利亚、约旦和伊朗六个新兴民族国家的个案中,推导出:仅仅拥有经济的现代化和工业化是不够的,还必须从心理、思想和行为方式层面实现社会人的转型。因此要想摆脱落后的局面,必须先改变其传统的价值、行为模式及各种束缚社会发展的制度,从民族性及社会制度等国家

---

① Daniel Lerner, *The Passing of Traditional Society*, New York: Free Press, 1958. Daniel Lerner & Wilber Schramm (eds.), *Communication and Change in the Developing Countries*, Honolulu: the University Press of Hawaii, 1967. David C. McClelland, *Studies in Motivation*, New York: Appleton-Century-Crofts, 1995. Alex Inkeles, *One World Emerging? Convergence and Divergence in Industrial Societies*, Boulder, Colorado: Westview Press, 1998.

② 罗荣渠:《现代化新论:世界与中国的现代化进程》,北京大学出版社1997年版,第15页。

③ 马克斯·韦伯(1864—1920年)认为,社会只是用来称谓一群人的名称。社会现实从根本上说是由个人及其有意义的社会行动构成。从传统社会向现代资本主义社会的历史性转变过程中,"合法化"(或"合理性")是一个中心命题,它关系到政治权威对资源分配的控制能力。[德]马克斯·韦伯:《经济与社会》,林荣远译,商务印书馆1998年版;[德]马克斯·韦伯:《新教伦理与资本主义精神》,彭强等译,陕西师范大学出版社2002年版。

④ David C. McClelland, *Studies in Motivation*, New York: Appleton-Century-Crofts, 1995.

⑤ [美]亚历克斯·英克尔斯著:《社会学是什么?》,陈观胜等译,中国社会科学出版社1981年版,第99页。

内部真正蜕变为现代社会的民族国家。① 亚历克斯·英克尔斯设计了国家发展的指标参数。他从人均国民生产总值、农业产值占国民生产总值的比重、服务业产业占国民生产总值的比重、非农劳动力占总劳动力的比重、识字人口的比重、每名医生服务的人数、平均预期寿命、城市人口占总人口的比重等方面，列出了可核定的参数标准。② 这些欧美学者的研究，并不仅仅是学术界热烈讨论过程中的一种知识结构的转变，更是第三世界国家跟随西方工业化步伐的一种政策和干预过程的阐释及说明。③

然而，具有典型的西方普世主义价值观的民族国家理论，不能从根本上回应新兴民族国家的历史传统与现实遭遇。从 20 世纪 60 年代中叶起，随着美国社会秩序的动荡及国际影响力的衰退，其直接援助之下的拉丁美洲，在经历短暂的繁荣之后，于 60 年代末期出现失业问题、经济发展停滞、社会分配机制恶化等一系列的发展问题。1973 年的石油危机及非洲粮食危机更使发展中国家陷入全面的困境。于是，一批新兴民族国家的学者们开始反思具有强烈"西方中心论"思想的国家发展学说，以及以欧美国家发展为原型的理想社会建构，并在此基础上，以新兴民族国家"本身既有的和最近重新发现的价值与制度为基础，构建自己的政治、经济和社会组织系统，而不是盲目地、缓慢地模仿西方"的理论探索。④ 人们开始转向"发展中国家中心论"的理论研究。以贡德·弗兰克、萨米尔·阿明等为代表的"依附论"（Dependency theory）⑤ 及以沃勒斯坦为代表的"世界体系论"⑥ 即是发展中国家民族国家理论的重要代表。80 年代的"亚洲四小龙"奇迹之后，新兴民族国家的发展问题更加广泛地涉足于殖民主义与反殖民主义、国家建构的特殊性等领域的综合研究。新兴民族国家发展理论倾向于认为，那些较早形成的民族国家"创立资本

---

① ［美］亚历克斯·英克尔斯：《人的现代化》，殷陆君编译，辽宁人民出版社 1992 年版。
② 转引自孙立平《社会现代化》，华夏出版社 1988 年版，第 24—25 页。
③ Richard Higgott and Richard Robison, eds., *Southeast Asia: Essays in the Political Economy of Structural Change*, London, Boston, Melbourne and Henley: Routlege & Kegan Paul, 1985, p. 17.
④ ［美］霍华德·威亚尔达主编：《非西方发展理论——地区模式与全球趋势》，董正华等译，北京大学出版社 2006 年版，第 1 页。
⑤ ［德］安德烈·贡德·弗兰克：《白银资本：重视经济全球化中的东方》，刘北成译，中央编译出版社 2001 年版；［埃及］萨米尔·阿明：《不平等的发展：论外围资本主义的社会形态》，高铦译，商务印书馆 1990 年版。
⑥ ［美］伊曼纽尔·沃勒斯坦：《现代世界体系》（第 1 卷），罗荣渠等译，高等教育出版社 1998 年版。

主义不是一种荣耀,而是一种文化上的耻辱"①。它们并非"靠自身的经济力量而兴起的,当然也不能归因于欧洲的理性、制度、创业精神、技术、地理"②,而只不过是凭借其世界经济中的特殊地位,将"来自欧洲以外的额外的资源供给""用于欧洲自身的发展"③。在资本主义的扩张主义、殖民主义的推动下,"从亚洲的背上往上爬,然后暂时站到了亚洲的肩膀上"④。比较之下,那些较晚形成的新兴民族国家在确立和发展的进程中,却遭受了资本主义世界体系的束缚,以及国际体系中核心国家的主宰,即所谓的"双轨互斥的图像",即一个是借着宰制和剥削而得以发展;另一个是受到宰制和剥削而难以发展。⑤ 因此,新老民族国家之间在不同的时代背景、社会背景影响下,形成一种不平等的"核心—边缘"或"中心—卫星"发展结构。⑥ 对于新兴民族国家来说,"它们的抉择事实上是这样的:或者是依附性发展,或者是自主中心发展,这在形式上必定是创新的","不能仅仅赶上资本主义模式;它必须超过它"⑦。

"欧洲中心论""发展中国家中心论"两种完全不同研究视角之下的民族国家发展理论,都曾在民族国家的理论与实践中扮演过极其重要的角色。但是,从背景上看,源于欧洲反宗教改革时期以后的整个十八九世纪的民族国家形式,后来又在美国、澳大利亚和加拿大形成。其包含欧洲帝制、城邦和封建社会在内的传统,是新兴民族国家的社会和政治秩序中所不具有的。⑧ 因为新兴民族国家的"中央集权、民族融合、社会动员、经济发展、政治参与、社会福利等,不是依次而至,而是同时发生"⑨。这些客观

---

① [美] 伊曼纽尔·沃勒斯坦:《现代世界体系》(第1卷),罗荣渠等译,高等教育出版社1998年版,第1页。
② [德] 安德烈·贡德·弗兰克:《白银资本:重视经济全球化中的东方》,刘北成译,中央编译出版社2001年版,第26页。
③ 同上书,第26、469页。
④ 同上书,第26页。
⑤ 庞建国:《国家发展理论:兼论台湾发展的经验》,台北巨流图书公司1994年版,第197—198页。
⑥ [德] 安德烈·贡德·弗兰克:《白银资本:重视经济全球化中的东方》,刘北成译,中央编译出版社2001年版,第59页。
⑦ [埃及] 萨米尔·阿明:《不平等的发展:论外国资本主义的社会形态》,高铦译,商务印书馆1990年版,第329页。
⑧ S. N. 埃森斯塔特:《殖民地和传统政治制度对后传统社会和政治秩序发展的影响》,[美] 西里尔·E. 布莱克编:《比较现代化》,杨豫等译,上海译文出版社1996年版,第190—211页。
⑨ [美] 塞缪尔·P. 亨廷顿:《变化社会中的社会秩序》,王冠华等译,生活·读书·新知三联书店1992年版,第43页。

事实与历史实践也是迫使人们在回应发展中国家的历史现实时,必须调整研究视角的一个主要内因。

二 民族国家的历史命运

冷战结束、"华盛顿共识"① 以来,由民族国家体系构成的国际社会发生了很大变化。经济全球化似乎不断把世界统一为一个大市场;以经济一体化为纽带,国际资源在全球范围内得以更为广泛的配置,各民族国家在不断的经济联系与交往中,逐渐形成一种彼此间的内聚与依赖。② 全球化进程正在改变民族国家时代的社会生活,一些民族国家时代的价值观和意识形态亦随之有所改变。由此,民族国家的历史命运再次成为学术界的焦点问题之一。现当代的一批西方思想家们如吉登斯、史密斯、罗尔斯、哈贝马斯、福山等,就民族国家的历史语境及其经济全球化时代下的种种特征,以及民族国家的历史命运问题形成激烈的学术争论。在众多的争论中,根据民族国家回应经济全球化的能力及其历史地位问题,大致可以分为两种截然不同的观点。

一种观点,主要以英国学者安东尼·史密斯、戴维·赫尔德为代表③,认为全球化在很大程度上仍是"一个神话"、充其量不过是"一个哗众取宠的话题"④。虽然民族国家的结构和功能在全球化的冲击之下受到了一些影响,但是,要以一统的全球化来取代民族国家时代,仍然只是

---

① 华盛顿共识(Washington Consensus),1989 年针对拉美国家债务危机,由美国国际经济研究所,协同国际货币基金组织、世界银行、美洲开发银行及美国财政部相关人员,与拉美国家的代表共同提出的 10 项政策举措。它标志着"以市场经济为导向的一系列理论"正式诞生。[美]诺姆·乔姆斯基:《新自由主义和全球秩序》,徐海铭、季海宏译,江苏人民出版社 2000 年版,第 4 页。

② "虽然在使用中缺少明确的含义,但全球化已经成为文明时代的'热门话题'。"戴维·赫尔德:《世界主义:观念、现实与不足》,[英]戴维·赫尔德、安东尼·麦克格鲁主编《治理全球化:权力、权威与全球治理》,曹荣湘等译,社会科学文献出版社 2004 年版,第 453—481、454 页。又及,20 世纪 80 年代晚期,"全球化"这个词在学术界和日常语言中被普遍使用,因为它已经无处不在了。法语中,它是 mondialisation;西班牙和拉丁美洲,它被写作 globalizacion;德语中则为 globlisierung。[英]安东尼·吉登斯:《失控的世界》,周红云译,江西人民出版社 2001 年版,第 2 页。

③ [英]戴维·赫尔德、安东尼·麦克格鲁主编:《治理全球化:权力、权威与全球治理》,曹荣湘等译,社会科学文献出版社 2004 年版;[英]保罗·赫斯特、格雷厄姆·汤普森:《质疑全球化:国际经济与治理的可能性》,张文成等译,社会科学文献出版社 2002 年版。

④ [英]戴维·赫尔德、安东尼·麦克格鲁主编:《治理全球化:权力、权威与全球治理》,曹荣湘等译,社会科学文献出版社 2004 年版,"导言"第 2 页。

一种乌托邦式的幻想。因此，民族国家存在的基础，在相当长的时间内还是不会从根本上动摇的。

持此观点者认为，世界市场的一体化程度被人为地夸大了。保罗·赫斯特和格雷厄姆·汤普森在《质疑全球化：国际经济与治理的可能性》一书中提出①，世界贸易体系从来就不仅仅是一种"经济"，而是一种由其自身规律支配的与众不同的体系。当前这种高度国际化的经济并非没有先例可循，早自19世纪60年代以来，以现代工业技术为基础的经济就逐步推广成不同的国际经济局面或形态。就目前来看，国家间经济仍不过是一种以国家为基础的大制造商和大的金融贸易和服务中心外向型很强的经济，强调国际贸易的表现。真正的跨国公司显然还比较少见。大部分公司以国家为基础、在多国开展贸易，所依靠的主要资产、生产和销售还处在民族国家的范围内，似乎不存在真正的国际公司不断增加的重要趋势。而且，资本自由流动并没有造成投资和就业从先进国家向发展中国家的大规模转移。相反，外国直接投资主要集中在先进的工业体系，第三世界在投资和贸易两方面仍处于边缘地位，只有极少数新兴工业化国家除外。如果要创建一种国际治理或世界调控系统的话，那么，民族国家的作用仍然非常关键，其领土和居民的关系仍占据着典型的中心地位。

另外，尽管大众传媒技术似乎正逐步使世界各国的民族及其文化向同一方向趋同，而且，世界各地也频频爆发全球性的族裔冲突和民族矛盾，"令世界各地的许多人感到震惊和悲哀"；"原本期望世界既没有族裔纷争也没有民族冲突，并相信族裔划分和民族主义正在迅速消失"的人们②，似乎找到了民族国家即将终结的佐证，然而，正如霍布斯鲍姆的观点，当前民族主义的泛滥只是暂时的，尽管民族主义只能扮演较为次要的角色，但它仍会继续存在。③ 因为族裔共同体的历史渊源是如此悠久，而法国、美国资产阶级革命以来，民族主义在世界政治中所形成的意识形态力量又是如此的强大；随着国家的功能和权力从经济和军事向社会和文化、从外部主权向内部和国内控制的转换，使得民族国家的中央集权不得不更加协

---

① ［英］保罗·赫斯特、格雷厄姆·汤普森：《质疑全球化：国际经济与治理的可能性》，张文成等译，社会科学文献出版社2002年版，第2—3、17、21、350、351页。
② ［英］安东尼·D. 史密斯：《全球化时代的民族与民族主义》，龚维斌等译，中央编译出版社2002年版，序第5页。
③ ［英］埃里克·霍布斯鲍姆：《民族与民族主义》，李金梅译，上海人民出版社2000年版。

调和强大。民族国家通过其监视的、规制的和科层的控制,更加直接地、持续地和广泛地干预各种事务。① 因此,人们"不可能看到民族共同历史与命运的过早结束"②。

另一种截然不同的观点以终结取向宣称"民族国家时代结束了"③。持此民族国家终结论者以英国学者安东尼·吉登斯、美国学者福山、德国学者哈贝马斯、美籍日裔学者大前研一为代表④,认为全球化真实地存在着。在全球化过程中,资源配置职能日益将政府排斥在外,国家间的边界为市场的效能所替代,国家的权威因此被削弱,并最终丧失了存在的基础。正是基于全球化对主权、边界、民族认同挑战的基础上,民族国家的终结论者找到了理论的合理性。

经济全球化进程的深入,跨国间的联系与交往变得更加紧密,边界的作用让位于各种经济资源与文化信息的跨国流动,主权因此丧失其传统的权力体系及权威效能。⑤ 其结果直接导致国家及其政府的传统"代理人"身份的丧失。当前以北美、欧洲、日本为中心的世界经济发展机制,随着投资、工业、信息技术及消费者之间的流动"使得经济因素在世界任何地方的发展成为可能。人们无须求助于邻国的资源,也无须依赖政府来从地方吸纳资源"⑥。全球市场力量和跨国公司成为两种最为核心的不可替代力量。它们之间都不受、也不可能受有力的公共治理的支配,能够支配它们的只有市场竞争的逻辑。作为政府,只不过是为全球经济提供公共服务的特殊组织。同时,还因民族国家政府的宏观经济和工业政策干预扭曲了全球范围内"无国家公司"的决策和消费者的自由选择,对市场资源

---

① [英] 安东尼·D. 史密斯:《民族主义:理论、意识形态、历史》,叶江译,上海世纪出版集团 2006 年版,第 131 页。

② [英] 安东尼·D. 史密斯:《全球化时代的民族与民族主义》,龚维斌等译,中央编译出版社 2002 年版,第 172 页。

③ [英] 安东尼·吉登斯:《失控的世界》,周红云译,江西人民出版社 2001 年版,第 4 页。

④ [英] 安东尼·吉登斯:《失控的世界》,周红云译,江西人民出版社 2001 年版;[英] 安东尼·吉登斯:《民族—国家与暴力》,胡宗泽等译,生活·读书·新知三联书店 1998 年版;Kenichi Ohmae, *The End of the Nation State: the Rise of regional Economies*, New York: The Free Press, 1995。M. Horsman and A. Marshall, *After the Nation State*, London: HarperCollins, 1994.

⑤ [美] 吉斯·M. 莱昂斯、迈克尔·马斯坦都诺:《国际干预、国家主权与国际社会的未来》,《国际社会科学杂志》(中文版) 1994 年第 4 期,第 81 页。

⑥ Kenichi Ohmae, *The End of the Nation State: the Rise of Regional Economies*, New York: The Free Press, 1995, p. 4.

的配置过程形成了一种阻碍的作用。因此,在世界经济的发展中,尽管国家资本主义在全球化中仍然起着关键性作用,但是,传统的国家主权已经过时了。① 全球化时代经济和文化的发展,需要更大的政治单位和文化空间,传统的民族国家已经不能满足此新的时代需求。

"民族国家已失去其存在作用"② 的另一个有力证明是欧盟。"欧洲统一过程极有可能证明,对这些放弃货币主权而坚持其他主权的国家来说,缺乏统一的社会福利政策和就业政策的货币联盟所带来的问题将比它所解决的问题更多。原因在于,只有把各主权国家变成一个拥有民主立法权的共同体的成员,才有可能实行统一的社会福利标准和环境标准。"③ 从政治领域上看,由于各种政体自身所具有的严重缺陷及不合理的特征,从而导致其衰落的历史必然。20 世纪的各场灾难形成一种深刻的思想危机。在 19 世纪时,绝大多数欧洲人都还认为,进步就是向民主的方向迈进;而在 20 世纪的绝大部分时间里,对这个问题根本没有形成共识。眼下,对历史进步性可能性的悲观来自于两个相互独立但平行的危机:一个是 20 世纪的政治危机;一个是西方理性主义的思想危机。其中,政治危机导致几千万人被屠杀,几亿人被迫生活在新的更野蛮的奴隶制度下;思想危机则使自由民主制度丧失了捍卫自己的理论基础。然而,当进入 20 世纪 90 年代时,世界作为一个整体并没有出现新的"邪恶"④,"自由民主制度也许是'人类意识形态发展的终点'和'人类最后一种统治形式',并因此构成'历史的终结'"⑤。

综上所述,恩格斯(《论封建制度的瓦解和民族国家的产生》)、列宁(《论民族自决权》)等经典马克思主义者,揭示了民族国家缘起的根源;现当代思想家们如吉登斯对民族国家与暴力问题的研究;埃里克·霍布斯鲍姆等对民族与民族主义问题的研究;罗尔斯从伦理学、政治哲学领域,对现代民族国家社会基本结构的分析;哈贝马斯全球化语境下的多元互

---

① Jan A. Scholte, Global Capitalism and the State, *International Affairs*, 73 (July 1997): 427—445.

② Kenichi Ohmae, *The End of the Nation State: the Rise of Regional Economies*, New York: The Free Press, 1995, p. 4.

③ [德] 哈贝马斯:《超越民族国家?》,[德] 乌·贝克、尤尔根·哈贝马斯:《全球化与政治》,王学东等译,中央编译出版社 2000 年版,第 79 页。

④ [美] 弗朗西斯·福山:《历史的终结及最后之人》,黄胜强等译,中国社会科学出版社 2003 年版,第 8、13、14 页。

⑤ 同上书,"代序"第 1 页。

补、公共商谈理论，以及福山为代表的民族国家"历史终结论"等等。①
他们从不同的学科领域、研究视角揭示民族国家的历史语境及其经济全球化时代下的种种特征，并为民族国家的历史命运是否已经过时而展开激烈的学术争论。这些研究与争论不仅在客观上促进了人们在研究方法、理论基础方面的创新，而且也为进一步科学地理解、把握民族国家这一历史命题起到启发和借鉴作用。然而，在另一方面，这些研究也不可避免地显现出一些缺陷：首先，经典马克思主义者所具有的时代局限性，难以回应东南亚地区这样的发展中国家社会现实。其次，由于部分西方学者本身的阶级属性和民族局限性，直接影响到他们的结论和成果的客观性、科学性，如"民族国家过时论""超越民族国家论""历史终结论"等理论，这类学者站在西方的现实主义精神及其价值立场，考虑更多的是经济和社会福利等因素。其否认或弱化民族国家的当代地位和作用的实质还在于：试图以浓厚的"西方中心论"色彩虚构一个匀质的国际社会（或国际秩序），以便实现西方大国的文化政治入侵；同时，在一定程度上为西方大国（或发达国家）对发展中国家内政外交事务的干涉提供借口，以便为新的历史条件下的侵略行为披上合法外衣。最后，对于民族国家的主题性研究中，学者们往往将研究对象集中于产生得早、发展得较为成熟的欧美民族国家，而对于绝大多数弱小的、后起的民族国家却少有研究，对东南亚地区的民族国家个案研究更是有限。即便在已有的东南亚研究中，也总是囿于传统民族国家（或西方较早成熟的民族国家）的研究套路，以西方的标准来衡量发展中国家的建设问题。因此，对东南亚地区民族国家的研究还得再考虑后续演进的历史发展事实。

---

① ［英］安东尼·吉登斯：《民族—国家与暴力》，胡宗泽、赵力涛译，生活·读书·新知三联书店1998年版；［英］埃里克·霍布斯鲍姆著，李金梅译：《民族与民族主义》，上海人民出版社2000年版；［英］安东尼·D. 史密斯著：《民族主义：理论、意识形态、历史》，叶江译，上海世纪出版集团2006年版；龚维斌等译：《全球化时代的民族与民族主义》，中央编译出版社2002年版；［英］厄内斯特·盖尔纳著：《民族与民族主义》，韩红译，中央编译出版社2002年版；［美］约翰·罗尔斯：《正义论》，何怀宏等译，社会科学文献出版社1998年版；［美］约翰·罗尔斯：《作为公平的正义：正义新论》，姚大志译，生活·读书·新知三联书店2002年版；［德］哈贝马斯：《在事实与规范之间：关于法律和民主法治国的商谈理论》，童世骏译，生活·读书·新知三联书店2003年版；［德］哈贝马斯：《交往行为理论》，曹卫东译，上海人民出版社2004年版；［美］弗朗西斯·福山：《历史的终结及最后之人》，黄胜强等译，中国社会科学出版社2003年版，等等。

第三节　本书研究视域：主权观念与宪政原则

民族国家是特定历史发展的产物，具有强烈的文化与政治情结，也是现代国家中权力合法性的重要来源和依据。"国家的概念以政治的概念为前提"①，要理解国家概念与政治概念的基础，首先得了解"主权"的概念及其内涵。本课题拟将研究视域定位于"主权观念"和"宪政原则"，以便突出"民族国家"概念中的国家权力与民族性相结合的特征，以及形态上与此前的封建化国家形态相迥异的显著差异。

一　国家的"主权"理论②

"主权"（Sovereignty）一词源于古法语中"统治权（或君权）"（souveraineté）概念，最初含义为独裁者统治其王国的权力。封建君主的政治统治中，只有"宗主权"概念，没有"主权"概念。宗主权只是一种世俗权力的有限形式。③"主权"的词义不断扩大，直至后来有了民族国家对其领土的控制权力，即成为其地盘的主人之意。④

法国思想家让·博丹（Jean Bodin, 1530—1596 年）首次赋予"主权"概念以现代意义。⑤他于 1576 年出版的《论国家六卷》（*Six de la République*）一书，以历史事例、统计数字、引语等对法律和制度进行了诠释，并从家庭中的父权概念，引申出国家的主权理论。在博丹看来，国家的核心问题就是权力问题。因此，他的主权理论突出地表现为八项基本内容：最高统治权，正如上帝不可能创造另一个与自己地位同等的上帝一样，君主必须拥有使臣民效忠与服从的最高权威；立法权，即颁布法律或

---

① ［德］卡尔·施密特：《政治的概念》，刘宗坤等译，上海人民出版社 2004 年版，第 128 页。
② 关于"国家的主权理论"，岳蓉在《英国民族国家研究》（贵州人民出版社 2004 年版，第 39—45 页）一书中作过肤浅论述。
③ Sturart Hall, The state in question, in G. Mclenna, D. Held & S. Hall, edited, *The Idea of the Modern State*, Milton Keynes, Philadelphia: Open University Press, 1984, p. 6.
④ ［美］迈克尔·罗斯金等：《政治科学》，林震等译，华夏出版社 2000 年版，第 7 页。
⑤ Jean Bodin, *Six Books of the Commonwealth*, Abridged & translated by M. J. Tooley, Oxford: Basil Blackwell, 1955. 最早由 Richard Knolles 于 1606 年从法文本和拉丁文本译成英文。博丹所说的 République 意指"国家"。施密特认为，让·博丹之所以成为现代国家理论之父，主要是因为他的论著，而非"主权乃是国家绝对的和永恒的权力"的论断。［德］卡尔·施密特：《政治的概念》，刘宗坤等译，上海人民出版社 2004 年版，第 8 页。

中止法律效力的权力；宣战、媾和与缔结权；官吏的任命权，君主可以把权力委托给下属的官员，但是这些官员并不因此就获得了自己的权力；最高裁判权，主权者不仅掌握了最高裁判权，而且他是国内的最高审判官；赦免权；裁定国内使用货币以及度量衡的权力；征税权。①

博丹强调主权是"超乎于公民和臣民之上，不受法律约束的最高权力"，是"国家所具有的绝对的和永久的权力"②。其主权核心在于："取消上帝的委托，而这乃是君权神授论赋予国王以权威的基础。"③ 他认为，主权是"永久的"，即指主权并非临时性的权力，主权者虽然生命有限，但是主权却是永恒的。这是一种无期限、无条件的权力，主权者可以终身拥有，不仅如此，他的继承者也可以自然地受用；而由主权者所授予的代理者的权力，即便是终身的、绝对的，也不能称之为"主权"，因为这种权力是建立在一定条件基础上的。④ 至于主权是"绝对的"，指在整个国家范围内，主权不受任何限制；如果要求君主服从职责与条件，那么这种主权不足以被称为主权或绝对权力；主权的统治权与绝对权力在于君主可以不经过臣民的同意而颁布、实施法律的权力；对君主来说，他不受任何程序性的和实质性的约束，即"国王可以不服从自己的法律"⑤；但他所拟定的法令，所有的臣民都必须接受并遵照执行。再者，主权不能与其他实体共同分享权力，尤其是不能分割或转让国家的领土，国家的"公共疆界是神圣的、不可侵犯的，任何国王和人民都应把它视为普遍的、不可动摇的原则"；甚至主权者也无权违背这一原则，君主可以废除之前的君主的任何法律，但是他不能将国家的领土分割或转让给其他的国家或主权实体。⑥ 不过，博丹也对主权给予一定的限制：其一，"神圣法与自然法"的限制，主权者可以不顾忌人为现实中的法律，乃至教皇的神圣权威，但

---

① Jean Bodin, *Six Books of the Commonwealth*, Abridged & translated by M. J. Tooley, Oxford: Basil Blackwell, 1955, pp. 42–49. Ch. X, *The True Attributes of Sovereignty* 中论述了主权的最基本特征。

② Jean Bodin, *Six Books of the Commonwealth*, Abridged & translated by M. J. Tooley, Oxford: Basil Blackwell, 1955, p. 25. Ch. Ⅷ, *Concerning Sovereignty*.

③ [美] 乔治·霍兰·萨拜因：《政治学说史》，盛葵阳译，商务印书馆1990年版，第461页。

④ Jean Bodin, *Six Books of the Commonwealth*, Abridged & translated by M. J. Tooley, Oxford: Basil Blackwell, 1955, pp. 25、25–27.

⑤ Ibid., pp. 27–29.

⑥ Ibid., p. 186.

不能不顾忌"神圣法与自然法"的权威。① 其二，如上述及，主权者不能转让或分割国家的领土。其三，主权者必须遵守国际条约或协议。博丹认为，"诚信是国家、联盟和个人建立联系的唯一基础与后盾，在任何情况下，要不让非正义得逞，都应该保持信誉的神圣性，以及不可背叛性"②。

当然，博丹的国家主权理论中也存在许多含糊不清、自相矛盾、尚待完善的地方，如博丹宣称主权者具有绝对的权力，从人的角度讲是无限的和无条件地制定、解释和执行法律的权利。他认为，这一权利的存在对任何秩序良好的国家是必要的，是一个发达的政治组织和比较原始的群体社会之间的独特区别。但是，在另一方面他又对主权者提出许多限制。因为他认为对具有正当理由的最高权力的运用，决不像其定义中所表达的那样不受限制，于是，一系列的限制产生了。这些限制的出现反而使"他的论点决不那么简单，而是包含着严重的混乱现象"③。博丹一方面强调主权者权力的无限制性，另一方面又强调主权者与被统治集团之间协调性的重要。而且，博丹作品中的缺憾也反映在他的主权理论内容上，其理论内容颇为贫乏，即只作一种定义似的陈述，而未加以详细论证。虽然博丹"对主权论的论述是16世纪出现的最明确的理论，但它飘浮在空中，只下了个定义，而未加阐明"④。亨斯利评价说："博丹刚确立了主权理论，但他又立即使该理论变得含糊不清。"⑤ 然而，博丹的主权学说确实顺应了当时的时代发展，为当时欧洲初建中央集权的国家统治提供了理论基础。

继博丹之后，主权观念经由霍布斯、洛克、卢梭等西方思想家，广泛地融入国家统治的历史实践之中。

霍布斯⑥面对英国的社会现实，即继亨利八世宗教改革之后，民族意

---

① Jean Bodin, *Six Books of the Commonwealth*, Abridged & translated by M. J. Tooley, Oxford: Basil Blackwell, 1955, p.29. 但是关于"神圣法与自然法"的具体情况，博丹并未展开。

② Jean Bodin, *Six Books of the Commonwealth*, Abridged & translated by M. J. Tooley, Oxford: Basil Blackwell, 1955, p.177.

③ [美] 乔治·霍兰·萨拜因：《政治学说史》，盛葵阳译，商务印书馆1990年版，第464页。

④ [美] 乔治·霍兰·萨拜因：《政治学说史》，盛葵阳译，商务印书馆1990年版，第470页。如关于国家维持秩序的本质、国王与臣民之间关系的处理等方面都需要进一步的论证。

⑤ F. H. Hinsley, *Sovereignty*, Cambridge: Cambridge University, 1986, p.124.

⑥ 托马斯·霍布斯（Thomas Hobbes, 1588—1679年），生长于英国宗教与世俗的权力纷争、王权专制与臣民自由的冲突时代。其论著《利维坦》浓缩了近代转型时代整个欧洲的政治思想精华。"利维坦"（Leviathan）一词来源于《旧约全书·约伯记》，原意表示巨大的海兽，霍布斯的本意是以它来代表拥有巨大权力的国家。[英] 霍布斯：《利维坦》，黎思复等译，商务印书馆1985年版。

识日益觉醒，国家正处于巩固统一与促进民族发展的关键历史时期。新兴资产阶级积极要求废除国内的封建关卡，建立统一的币制、统一的立法和统一的司法体系，乃至一个独立的民族国家。然而与此同时，英国却不得不面对一系列的宗教问题、社会问题，诸如新兴资产阶级正处于发展的初期阶段，唯利是图的本性透过资本积累的方式赤裸裸地表现出来；旧贵族及王党分子随时准备复辟等。封建势力、资产阶级以及劳动人民之间形成剧烈的利益冲突，使得英格兰国家再度经历剧烈的社会动荡和政治变革。此外，欧洲大陆的法国、西班牙等各国之间的领土争夺、宗教纠纷此起彼伏，严重地威胁着英国的统一。在此严峻的国内外形势下，英格兰只有树立一种凌驾于社会之上的绝对权威，才能保证国家的稳定，摆脱无政府状态的干扰。因此，霍布斯首先秉承让·博丹的主权学说，在其论著《利维坦》中，将"主权"单元与欧洲传统的宪法基础相结合。他指出，主权是国家的基本属性，国家的本质就在于：主权者与臣民之间通过订立契约而达成稳固的关系。人们出于"自我的保护"及"共同利益"的谋求，理智地选择建立一种公共权力，因为只有公共权力才可以保护他们不受外来的侵略或避免彼此的伤害，从而获得安全，并可以依靠自己的劳动来养活自己，过上一种满意的生活。① 国家主权本身是单一的、不可分割的；同时又是无限的、不可转让的。主权是人类从自然状态中的个人与个人之间缔结的社会契约的产物，因此，主权者根本不是缔约的一方，而是接受人们协议授予权力和力量的第三者。"一个君主的臣民，不得到君主的允许是不能抛弃君主政体，返回乌合之众的混乱状态，也不能将他们自己的人格从承担者身上转移到另一个人或另一个集体身上的。"② 社会契约一经订立，人们就必须遵从于主权者，不能自动解除契约。否则，人们就会回到原来的混乱状态中去。

霍布斯的权力观是绝对化的③：按契约建立的国家，有组织的少数人必然拥有支配或统治无组织的多数人的权力；君主的权力便应该高于法律之上，因为构成法律的不是法官的慎虑或低级法官的智慧，而是国家的理

---

① Thomas Hobbes, *Leviathan*, in Richard H. Cox, compiled & edited, *The State in International Relations*, San Francisco: Chandler Publishing Company, 1965, pp. 49—50.
② ［英］霍布斯：《利维坦》，黎思复等译，商务印书馆1985年版，第133页。
③ Johann P. Sommerville, *Thomas Hobbs: Political Ideas in Historical Context*, London: Macmillan, 1992, p. 2.

性和命令。① 国家的最高统治者不能受法律的约束，只能受自然法的约束。而自然法却是"由信义、公德等品德以及一切有益于和平与仁爱的思想习惯组成的"②，自然法根本就不属于法的范畴。霍布斯的绝对意义上的主权思想，为英格兰获得独立的主权奠定了重要的理论基础；同时，也为其民族国家的管理形式提供了合法化的保障。

与霍布斯一样，洛克也认为国家起源于自然法和契约论。③ 洛克在厘清英国资产阶级时期各种思想的基础上，为资产阶级的立宪政体提供了合法化的理论保障。自然法被视为"上帝意志的一种宣告""是自然的法律"；而"理性，也就是自然法"④。他借用胡克尔的话说："为了弥补我们在单独生活时必然产生的缺点和缺陷，我们自然地想要去和他人群居并共同生活，这是人们最初联合起来成为政治社会的原因。"⑤ 国家的目的在于"创建一种社会，使个人的能量和能力成为获得权力和财富的关键"⑥；"任何人放弃其自然自由并受制于公民社会的种种限制的唯一的方法，是同其他人协议联合组成一个共同体，以谋他们彼此间的舒适、安全与和平的生活，以便安稳地享受他们的财产并且有更大的保障来防止共同体以外任何人的侵犯。"⑦

不过，关于国家的权力问题，霍布斯与洛克之间的观念截然不同。霍布斯认为"不论政府采取何种形式，服从是不可避免的。所谓契约、代议和责任等观念，除非以主权权力为后盾，否则便毫无意义可言"⑧。洛克则认为，政府的权力不仅受到道德法的限制，而且一个国家所固有的政治传统和风俗习惯都是制约它的因素。"政治权力就是为了规定和保护财产而制定法律的权利，判处死刑和一切较轻处分的权利，以及使用共同体

---

① ［英］霍布斯：《利维坦》，黎思复等译，商务印书馆1985年版，第210页。
② 同上书，第221页。
③ 约翰·洛克（John Locke，1632—1704年）出生于英格兰一个清教徒的商人家庭。他生于英国资产阶级革命时代，资产阶级与封建制度之间通过《权利法案》（1689年）、《王位继承法》（1701年）的签订，达成政治妥协，建立起君主立宪政体。其思想是对英国资产阶级革命的一种经验总结。
④ ［英］洛克：《政府论》（下篇），叶启芳译，商务印书馆1996年版，第6、84、119页。
⑤ 同上书，第12页。
⑥ ［美］乔治·霍兰·萨拜因：《政治学说史》，盛葵阳译，商务印书馆1990年版，第613页。
⑦ ［英］洛克：《政府论》（下篇），叶启芳译，商务印书馆1996年版，第59页。
⑧ ［美］乔治·霍兰·萨拜因：《政治学说史》，盛葵阳译，商务印书馆1990年版，第589页。

的力量来执行这些法律和保卫国家不受外来侵害的权利；而这一切都只是为了公众福利。""现在世界上的统治者要想以亚当的个人统辖权和父权为一切权力的根源的说法中得到任何好处，或从中取得丝毫权威，就成为不可能了。"① 政府是政治社会所不可缺少的，但理应向它所管辖的人民或社会负责。对于一个主权范围内的国家管理形式而言，"制定法律的权归谁"，政府的形式"就决定国家是什么形式"②。在国家的立法权、行政权和对外权三种权力形式中，立法权"是每一个国家中的最高权力"③。政府要证明自己是正当而合法的，就只能以承认和支持个人和社会共有的道义权利为基础。如对于生命、自由和财产等人类的基本权利来说，财产权是最根本的，"未经本人同意，不能取去任何人的财产的任何部分"④。人们追求自由与平等的方式主要体现在对法律的尊重上。"人的自由和依照他的自由的意志来行动的自由，是以他具有的理性为基础的，理性能教导他了解用以支配自己行动的法律，并使他知道他对自己的意志听从到什么程度。"⑤ 霍布斯与洛克在国家权力问题上的理论与实践争议，更凸显西方社会十六七世纪转型时期公民、社会、国家之间的内在关系的矛盾。

  法国思想家让－雅克·卢梭通过与霍布斯一样的社会契约论，阐述社会中公民、社会、主权国家之间的关系。人们出于对财产与安全的考虑摆脱所处的自然状态，并通过一定契约的订立形成一个稳定的群体，于是，人们从一种自然状态进入另一种状态——社会状态；人们进入这种社会状态后，自然人也逐渐演变成社会人，社会公约成为公共行为的约束。"正如自然所赋予了每个人以支配自己各部分肢体的绝对权力一样，社会公约也赋予了政治实体以支配其各成员的绝对权力。"⑥ 因此，社会公约凌驾于每个社会成员之上的最高权力，某种意义上体现出国家主权的特性。"一旦这样的人群结成一个共同体后，侵犯其中的任何一个成员就不能不是对整个共同体的攻击；而侵犯共同体就更不能不使它的成员同仇敌忾。"⑦ 也就意味着，主权国家所有的内外职能应在人们结成的社会集合

---

① ［英］洛克：《政府论》（下篇），叶启芳译，商务印书馆1996年版，第3、4页。
② 同上书，第81页。
③ 同上书，第83页。
④ 同上书，第86页。
⑤ 同上书，第39页。
⑥ ［法］卢梭：《社会契约论》，何兆武译，商务印书馆2003年版，第37页。
⑦ 同上书，第23页。

体中得以充分发挥。

关于个人在社会和国家中的地位和作用问题,思想家卢梭作了精辟的解释。萨拜因认为,在卢梭的理论中,"个人乃是从社会得到精神和道德的能力的;正是由于社会,他们才成其为人;基本的伦理范畴是公民而不是人"①。卢梭注重个人与社会之间的联系,以及个人在社会中的基本权利(权力)。他在《社会契约论》一书中,已开宗明义地指出:"人是生而自由的,但却无往不在枷锁之中。"② 人类由自然状态进入社会状态后,在社会状态中,人们的道德观念和伦理价值观都发生了一定变化:"在他们的行为中正义就代替了本能,而他们的行动也就被赋予了前所未有的道德性。"③ 既然社会公约是由公民自己确立的、全体公民就应该有参与的权利。而主权的行为就不是上级与下级之间的约定,而是该"共同体和它的各个成员之间的一种约定"。主权的行为"是合法的约定,因为它是以社会契约为基础的;它是公平的约定,因为它对一切人都是共同的;它是有意的约定,因为它除了公共的幸福而外就不能再有任何的目的;它是稳固的约定,因为它有着公共的力量和最高权力作为保障"④。主权所表现的这种最高、最大和最原始的权力,原本就属于全体人民,只有全体人民才是国家的主权者。卢梭的"人民主权"正是一种"公意"的体现和运用。在卢梭的理念中,政治问题同人民的社会问题是联系在一起的,而且任何政治解决方案都不能撇开人属于国家这个事实。⑤ 霍布斯、洛克时代难以协调的公民、社会和主权国家之间的矛盾,在卢梭那里被一种世俗化的公民概念所替代。

卢梭一直强调世俗化的公民概念。他在《社会契约论》首卷明白地指出:"生为一个自由国家的公民并且是主权者的一个成员,不管我的呼声在公共事务中产生的影响是多么微弱,单是对公共事务的投票权就足以使我有义务去研究它们。"⑥ 卢梭不遗余力地"以唤醒对感情的亲近和对

---

① [美]乔治·霍兰·萨拜因:《政治学说史》,盛葵阳译,商务印书馆1990年版,第652页。
② [法]卢梭:《社会契约论》,何兆武译,商务印书馆2003年版,第4页。
③ 同上书,第25页。
④ 同上书,第40页。
⑤ [意]萨尔沃·马斯泰罗内:《欧洲政治思想史:从15世纪到20世纪》,黄华光译,社会科学文献出版社1992年版,第161页。
⑥ [法]卢梭:《社会契约论》,何兆武译,商务印书馆2003年版,第3—4页。

城邦公民资格的尊崇,向人们提出了民族国家的公民身份问题,至少给它以感情上的渲染。他把自然法所含的世界主义观念特意说成是规避公民义务的某种托词"①。尽管卢梭并不是提出主权在民的第一人②,但是他把这一概念明确、系统地表达出来,并产生了深远的影响。

应该说,在思想家们眼里,国家的"主权"理论集中反映于两点:第一点是指明在民族国家的范围内,存在构成最高政治和法律权威的实体;第二点是指明相对于其他的民族国家,每一个民族国家都有自主的管辖权。③ 具体化为两层基本含义:对内,对管辖内的民众进行有效的管理;对外,不承认有处于自己之上的主体存在。民族国家的最高政治权威依赖于个人及行政权力的能力,"行政权力的合法性运用称之为政府或最高行政,并把负责这种行政的个人或团体称之为君主或行政官"④。这是治理国家、管理国家的目的所在。同时,民族国家还存在一个"地域主权实体"(territorial sovereignty)。所谓的"地域主权实体",即指国家对其领土本身及其领土上的人和物所具有的最高权力。⑤ 这是实现和保障本国利益的基本目标。民族国家建立在主权之上,是民族利益与国家利益结合的产物。

二 民族国家的理论基石:国家主权与宪政原则

"主权观念"与"宪政原则"经由西方的历史实践,逐渐融入民族国家的建构中,并在资产阶级革命的直接推动下,成为民族国家形态的一种普遍特质。

1618—1648年的30年欧洲战争,首次赋予国家概念以主权化意义。战争结束后,交战各方在威斯特伐利亚签订了《奥斯纳布吕克和约》与

---

① [美]乔治·霍兰·萨拜因:《政治学说史》,盛葵阳译,商务印书馆1986年版,第625页。
② 早在古代、中世纪时期,主权在民的思想就已经存在,约翰·洛克在他的《政府论》《论宗教宽容》《人类理智论》等著作中,就表达了这样的政治主张。
③ [美]斯科特·戈登:《控制国家:西方宪政的历史》,应奇等译,江苏人民出版社2001年版,第20页。
④ [法]卢梭:《社会契约论》,何兆武译,商务印书馆2003年版,第73页。
⑤ 希尔在该卷中特设有副标题《地域主权实体的建立》(The Establishment of Territorial Sovereignty),它主要论述了14世纪初到17世纪初的30年战争期间的欧洲国际关系。David J. Hill, *A History of Diplomacy in the International Development of Europe*, Vol. II, London: Longmans, Green & Co., 1924.

《明斯特和约》，后被统称为《威斯特伐利亚和约》。和约中确定了三项具有深远影响的原则：一是主权原则。几乎所有中欧小国都通过在和约上签字获得了主权，国家不受外部压力的限制，对其地理区域范围内实施全面的管辖权，并引入不干涉其他国家内部事务等相关权利（力）；二是常备军原则。雇佣兵所引起的破坏性效应受到关注，各国开始建立自己的常设军队，用税收来支付军队的开支，国家领导人对军队拥有绝对的控制权；三是核心国家原则。奥地利、俄国、普鲁士、英格兰、法兰西和尼德兰联邦，成为主导世界的核心国家。①《威斯特伐利亚和约》犹如一道分水岭，以一种现代宪法的姿态，结束了此前包括风俗、制度在内的法律机制。这场标志着欧洲宗教权威的终结与世俗权威兴起的战争，结束了中世纪欧洲领土、权力、治理之间的相互重叠关系，国家以一种排他性的政治力量，无须任何代理机构（如宗教机构）地成为国家绝对占有支配地位的治理主体。在该条约签订之后，政府逐渐不再在（宗教信仰）相同的人与他们的国家发生冲突时支持他们。国家间相互承认彼此的主权，这意味着国家愿意放弃某些政治目标，以换取内部控制与稳定。②

18世纪的美国独立战争与法国大革命，在真正意义上实现了民族国家形态中的"主权国家"与"宪政原则"的结合。《独立宣言》（1776年7月4日发表）和《人权宣言》（1789年8月26日发表）③的开首即宣称："人人生而平等，造物者赋予他们若干不可剥夺的权利，其中包括生命权、自由权和追求幸福的权利。"④"人们生来是而且始终是自由平等的。只有在公共利益上面才显出社会上的差别。"⑤对于公民权利（权力），《独立宣言》指出："为了获得这些权利，人类才在他们之间建立政府，而政府之正当权力来源于被统治者的一致同意。当任何形式的政府对这些目标具有破坏作用时，人民便有权力改变或废除它，以建立一个新的政府；其赖以奠基的原则，其组织权力的方式，务使人民认为唯有这样才

---

① 甚至延续到19世纪初。[美] 卡伦·明斯特：《国际关系精要》，潘忠岐译，上海世纪出版集团2007年版，第25—27页。
② [英] 保罗·赫斯特、格雷厄姆·汤普森：《质疑全球化：国际经济与治理的可能性》，张文成等译，社会科学文献出版社2002年版，第325页。
③ http：//www.publiclaw.cn/（北大公法网）之异域撷英文本：1776年的《独立宣言》、1789年的《法国人权宣言》。
④ 1776年的《独立宣言》。http：//www.publiclaw.cn/（北大公法网）。
⑤ 1789年的《法国人权宣言》。（第一条）http：//www.publiclaw.cn/（北大公法网）。

最可能获得他们的安全和幸福。""因此,我们,在大陆会议下集会的美利坚联盟代表,以各殖民地善良人民的名义,非经他们授权,向全世界最崇高的正义呼吁,说明我们的严正意向,同时郑重宣布:这些联合一致的殖民地从此是自由和独立的国家,并且按其权利也必须是自由和独立的国家,它们取消一切对英国王室效忠的义务,它们和大不列颠国家之间的一切政治关系从此全部断绝,而且必须断绝;作为自由独立的国家,它们完全有权宣战、缔和、结盟、通商和采取独立国家有权采取的一切行动。为了支持这篇宣言,我们坚决信赖上帝的庇佑,以我们的生命、我们的财产和我们神圣的名誉,彼此宣誓。"① 同样,在由穆尼埃起草的《人权宣言》中提出:"整个主权的本原主要是寄托于国民。任何团体、任何个人都不得行使主权所未明白授予的权力。""法律是公共意志的表现。全国公民都有权亲身或经由其代表去参预法律的制定。法律对于所有的人,无论是施行保护或处罚都是一样的。在法律面前,所有的公民都是平等的,故他们都能平等地按其能力担任一切官职,公共职位和职务,除德行和才能上的差别外不得有其他差别。"② 这是经由人民理性意识而"建构"的政治社会的宪法。宪法规定了国家的统治形式、公民的权利与义务,确立了统治者与被统治者之间的代议及制度关系,以及一套修订宪法的基本程序。③ 主权观念与宪政制度的结合所赋予民族国家的意义,以及代议政府、权力分立、法治、个人自由权利,常备军队等制度,标示出现代主权国家与那些低度发展、不规律、尚未具有国家之构成条件之古老社会的不同。④

《独立宣言》与《人权宣言》无疑确立了一个现代社会一致性的行为规范与统一制度。作为基本的制度安排,主权观念与宪政制度的结合反映了民族国家时代的特质:主权者只有在作为国家公共利益的代表时,才对人民的财产具有最高所有权,主权者如果作为私人利益的代表,就对人民的土地、财产不具有任何权利。主权者如果为了私利而侵害了人民的财

---

① 1776 年的《独立宣言》。http://www.publiclaw.cn/(北大公法网)。

② 1789 年的《法国人权宣言》。(第三条) http://www.publiclaw.cn/(北大公法网)。

③ Charles Howard McIlwain, *Constitutionalism: Ancient and Modern*, revised edition (Ithaca: Cornell University Press, 1947). 转引自 [加] 詹姆斯·塔利《陌生的多样:歧异时代的宪政主义》,黄俊龙译,上海世纪出版集团 2005 年版,第 60 页。

④ [加] 詹姆斯·塔利:《陌生的多样:歧异时代的宪政主义》,黄俊龙译,上海世纪出版集团 2005 年版,第 69 页。又及,昆廷·斯金纳(1940—)早已以历史研究为基础提出此观念。他探求思想观念的历史语境,揭示共和主义自由观的内涵及现代寓意。

产，那么人民就可以到法院，像对待一个普遍的臣民一样对主权者提出诉讼。"我们既然假设每一个人所做的一切都是为了自己的利益，所以任何人在自己的争讼案件中充当公断人都不相宜。"①"人们充当自己案件的裁判者是不合理的。"②但通过一部宪法，确立"一套由制度性的法政权威构成的单一国家体系，而非多元权威构成的宪法；它同时也是与其他国家居于平等地位的宪政国家"③。两次资产阶级革命完成了一次真正意义上的社会变革，即人民先于政治社会引以为据的宪法而存在，他们"从臣民变成国民"④，并享有作为国家公民的平等尊严。⑤"革命领袖们都想建立一种以公共主权和大多数人的意志为基础的代议制政府。他们呼吁成立议会和制定宪法，他们在人类拥有同样不可剥夺的权利（如生命、自由和追求幸福等）的假设之上，编撰各种宣言和权利法案，他们主张在法律面前人人平等，他们宣称，政府的目标在于保护公民的权利和自由。"⑥

法国大革命和美国独立战争之后，"主权观念"与"宪政原则"被推向一个崭新阶段，其结合方式为后来的民族国家形态提供了一种可参照的基本范式，并沿袭下来。第一次世界大战后，为避免世界大战重演，伍德罗·威尔逊、弗朗西斯·布雷德利和伯纳特·鲍桑葵、齐赛亚·罗伊斯、库克、李普曼、帕金斯等一批英美学者，正式把《威斯特伐利亚条约》以来的主权国家体系作为国际社会的基本行为体系，以共同建立一种和平稳定的国际秩序。在威尔逊抛出的"十四点纲领"中，正是沿引"领土"原则和"主权"原则来协调比利时、意大利、法国等国之间剧烈的国家纠纷。此后的第二次世界大战及其后，以主权为基础的民族国家体系，又将"权力的争夺与分配""政治利益的冲突"等在国际秩序中加以强化。权力被分解为三种不同的形态即军事权力、经济权力及观念权力。权力与

---

① ［英］霍布斯：《利维坦》，黎思复等译，商务印书馆1985年版，第119页。
② ［英］洛克：《政府论》（下篇），叶启芳译，商务印书馆1996年版，第10页。
③ ［加］詹姆斯·塔利：《陌生的多样：歧异时代的宪政主义》，黄俊龙译，上海世纪出版集团2005年版，第67—68页。
④ ［美］戈登·伍德：《美国革命激进主义》，傅国英译，北京大学出版社1997年，第173页。"世人多将美国独立战争和法国大革命塑造为立宪诸父在跨越现代性之门槛的历史时刻所成就的伟大事业，奠定了开创未来的根基。"［加］詹姆斯·塔利：《陌生的多样：歧异时代的宪政主义》，黄俊龙译，上海世纪出版集团2005年版，第70—71页。
⑤ ［加］詹姆斯·塔利：《陌生的多样：歧异时代的宪政主义》，黄俊龙译，上海世纪出版集团2005年版，第69页。
⑥ ［美］苏珊·邓恩：《姊妹革命：美国革命与法国革命启示录》，杨小刚译，上海文艺出版社2003年版，第10页。

政治被认为具有不可分割性特征。①

本课题拟以"主权观念"与"宪政原则"作为东南亚地区民族国家问题研究的特定视域。"主权观念"与"宪政原则"的结合,昭示着在主权基础上,民族国家确立了一部法律、政治统一基础上的宪法。在"主权"这样一个极其抽象的概念之下②,"一部由平等公民建立的宪法,公民受到宪法一视同仁的对待,而非公正合理的裁量;现代宪政是一套由制度性的法政权威构成的单一国家体系,而非多元权威构成的宪法;它同时也是与其他国家居于平等地位的宪政国家"③。

小　　结

民族国家是历史的产物,其理论与实践也在不断地变化及调整。相对于第二次世界大战以前的、第一批形成的欧美民族国家而言,大多数殖民地国家在第二次世界大战之后纷纷建立起民族国家形态。但是,他们人口众多、幅员辽阔、经济落后,"社会和经济的现代化破坏了旧的权威模式,摧毁了传统的政治制度,却不一定会创造出新的权威模式或新的政治制度"④。东南亚地区亦如此。因受不同文化传统、政治结构、殖民统治和国际环境等因素的影响,东南亚地区各民族国家产生了政治经济的结构变迁问题、社会转型问题、国家认同与民族认同等问题。人们在历经20世纪五六十年代现代化理论与发展理论的主流理论洗礼后,已逐渐立足于东南亚地区本身既有的、重新发现的传统文化、制度及价值观基础,不再盲目地模仿西方,通过反思国家建构及社会文化等发展诸问题,建构自己的政治、经济和社会组织系统,并展开对东南亚地区各民族国家后续发展

---

① [英]爱德华·卡尔:《20年危机(1919—1939)国际关系研究导论》,世界知识出版社2005年版。美国芝加哥大学教授汉斯·摩根索(Hans Morgenthau, 1904—1980年),则对均势体系、外交策略、战争与和平等国际关系重大问题进行了理论上的阐述;[美]汉斯·摩根索:《国家间政治——寻求权力与和平的斗争》,中国人民公安大学出版社1990年版。

② "一个国家存在并被承认,就必须有一个边界分明的区域,在其中进行管辖与仲裁。"[美]莱斯利·里普森:《政治学的重大问题》,刘晓等译,华夏出版社2001年版,第265页。

③ [加]詹姆斯·塔利:《陌生的多样:歧异时代的宪政主义》,黄俊龙译,上海世纪出版集团2005年版,第67—68页。

④ [美]塞缪尔·P.亨廷顿:《变化社会中的社会秩序》,王冠华等译,生活·读书·新知三联书店1992年版,第426页。

问题的研究。①

虽然西方民族国家独特的发展道路及其合法性原则,曾对东南亚地区各国的国家理念、社会建构方式产生过重大影响,然而,对于极具复杂性与特殊性的东南亚地区来说,民族国家必然经历一个后续的发展过程,不再仅仅是经济、政治、社会发展等显性问题,更涉及文化与心理的持久平衡等隐性问题。在今天经济全球化与一体化进程的冲击之下,东南亚地区民族国家的建构与发展问题更显迫切。

---

① Robert B. Stauffer, The Philippine Political Economy: (Dependent) State Capitalism in the Corporatist Mode, (pp. 241 – 265) & Kevin J. Hewison, The State and Capitalist Development in Thailand, (pp. 266 – 294) & Richard Robinson, Class, Capital and the State in New Order Indonesia, (pp. 295 – 335), in Richard Higgott and Richard Robison, eds., *Southeast Asia: Essays in the Political Economy of Structural Change*, London, Boston, Melbourne and Henley: Routlege & Kegan Paul, 1985.

第二部分
东南亚地区民族国家的缘起及主权建构

民族国家形态赋予政治实体以最高形式，是民族精神的政治外壳。"对于整个西欧，甚至对于整个文明世界，都是资本主义时期典型的正常的国家形式。"[①]

东南亚地区民族国家的缘起与西方的殖民扩张主义息息相关。西方宗主国的殖民统治改变了东南亚地区的传统社会风貌。在不断的拓殖扩张中，"被殖民者不仅在生理上和地域上，也不仅仅在权利和特权上同欧洲人隔离开，这种隔离更发生在思想和价值观上"[②]。殖民主义中"东方总是位于西方之后"的内在逻辑及文化偏见，使得西方话语中的"科学""技术""理性思维""繁荣与进步"等概念被移植到东南亚，同时，"身份认同""主权""法理社会"等核心价值理念也被广泛推广，以至对东南亚地区各国的历史产生了深远的影响。

[①] 列宁：《论族自决权》，中央编译局译，《列宁选集》（第2卷），人民出版社1995年版，第371页。

[②] ［美］麦克尔·哈特、［意］安东尼奥·奈格里：《帝国——全球化的政治秩序》，杨建国等译，江苏人民出版社2003年版，第130页。

第二章　东南亚地区民族国家的缘起

东南亚地区民族国家形态的缘起与西方殖民主义的扩张息息相关。近年来，学术界对东南亚殖民主义史的研究，无论在研究的领域、层次，研究的人员及成果方面，还是在学科研究方法上，都已"逐步打破狭隘的政治框架，已不满足于对殖民主义所犯下的滔天罪行的揭露与批判，从一般性的史料加工、整理和归纳转向对殖民主义之于殖民地正反两方面作用的理性思考，从过去简单的定性分析转向对问题的定量分析"[①]。本章通过对东南亚地区殖民势力的梳理，旨在揭示西方的国家观念、社会观念对东南亚的影响。

第一节　东南亚地区的殖民势力概述

"殖民"一词的概念，对于殖民地、弱势文化或第三世界而言，具有一种贬义的内涵。[②] 从词源上看，英文中 colony（"殖民"）一词源自拉丁语 colōnia，该词与 colere（"耕种"）一词有密切联系。colere（"耕种"）一词派生为 colōnus（"农夫"）一词之后，再派生为 colōnia[③]，指称"农场""庄园"。现代英语中，"殖民"一词的内涵更加丰富了，如被指代为"在他国定居之地""移民群体"（指那些移居他国但与母国之间政治上保持联系的团体）等语义。[④] 但是，到新航路开辟之后，colony（"殖民"）一词逐渐从"一个没有情感价值判断的纯粹技术术语"的中性词汇，演

[①] 陈林：《近十年来国内东南亚殖民主义史研究述评》，《东南亚研究》2007 年第 3 期，第 9—13 页。

[②] 孙会军：《普遍与差异：后殖民批评视域下的翻译研究》，上海译文出版社 2005 年版，第 46 页。

[③] Eric Partridge, *Origins: a Short Etymological Dictionary of Modern English*, London: Routledge & Kegan Paul, 1958, p. 110.

[④] *Shorter Oxford English Dictionary on Historical Principles*, (Third edition), Oxford: Clarendon Press, 1955, p. 343; *Webster's New Collegiate Dictionary*, Springfield, Massachusetts: G. & C. Merriam Company, 1973, p. 222; *The American Heritage Dictionary* (Second college edition), Boston: Houghton Mifflin Company, 1982, p. 293.

变为一个包含有政治属性、西方主权属性的贬义词汇。① 词义的变化某种程度上反映了西方的国家观念已与扩张拓殖的思想密切联系起来。《美国社会历史百科全书》中对"殖民（地）"（colonization）一词的释义更为明确："一个大国在国外寻求并获得对经济上、政治上和文化上不发达地区的占有权的过程。从15世纪开始，在重商主义原则的促进下，欧洲在南、北美洲，亚洲以及各大洋的岛屿上获得了大片的殖民地。1870年以后的第二次工业革命引起的帝国主义扩张又使得这些帝国主义国家在非洲、澳大利亚以及亚洲尚未沦为殖民地的地区确立了大批殖民地。"② 从此视角看，东南亚地区正是在殖民国家海外拓殖的狂潮中，以及殖民扩张主义的推动下，先后被西班牙、葡萄牙、荷兰、英国、法国，或美国、日本据为殖民地或半殖民地国家。

一 殖民国家入侵之前的东南亚地区传统社会与政治

殖民主义国家入侵之前，东南亚地区的传统社会与政治具有以下三个基本特点：

其一，东南亚地形复杂、民族众多，语言和文化习俗上具有多元化的特点。16世纪殖民主义者入侵之前，其海岛国家和半岛国家在国家构成、社会结构及统治体系上都有较大差异。

东南亚地区"海洋的地形是很复杂的。马来群岛横亘在亚洲与澳洲大陆之间，把这里的海洋分隔成许多形状不同的内海"③。海岛五国位于"印度洋和太平洋之间，散布着12 000个大小岛屿，分布范围北起菲律宾的吕宋岛以北，南至帝汶岛以南，西起苏门答腊，东至伊里安（新几内亚），计南北长约3 500公里，东西宽约6 400公里"④。半岛五国较早就有频繁的民族迁移活动，其中以中国和印度的移民者居多。但是其民族众多，"早期有孟吉蔑系民族和占族，后期又有泰族，越南族及缅甸族"⑤。

---

① 孙会军：《普遍与差异：后殖民批评视域下的翻译研究》，上海译文出版社2005年版，第46页。
② 《美国社会历史百科全书》，第606页。http://ref.idoican.com.cn/（中国工具书资源全文数据库）。
③ 任美锷：《东南亚地理》，上海东方书社出版社1952年版，第4页。
④ 同上书，第1页。
⑤ [日]藤原利一郎：《东南亚历史地理》（第9—15页），潘明智、张清江编译《东南亚历史地理译丛》（南洋学会专刊之四）1989年，第9页。

东南亚的语言比其种族还复杂。"其中最普通的是马来语文,马来细(同'西')亚除菲律宾外,都通用马来语文,但偏僻山地中的少数民族,则用着自己的语言。越南、柬埔寨、泰国和缅甸,各有越南语、高棉语、泰语和缅语。"① 宗教也是如此,"越南、柬埔寨、老挝、泰国和缅甸主要是佛教区域,马来细亚除菲律宾北部外,都属回教区域"②。

  东南亚传统社会和政治的复杂性还体现于海岛国家和半岛国家在国家结构上的巨大差异。早在西方殖民者入侵之前,越南、老挝、柬埔寨、缅甸、泰国中南半岛五国已形成统一的国家。据载:越南早在公元前 258 年就建立瓯雒国,这是越南历史上第一个阶级国家,定都红河中游的古螺城(于公元前 111 年为中国汉武帝派遣的伏波将军路博德占领。直到 939 年吴权建立吴王朝,越人才得以独立)③;老挝,1354 年由法昂建澜沧王国统一老挝④;柬埔寨,公元 1 世纪,柬埔寨人建立起东南亚地区最古老的国家之一——"扶南"⑤;缅甸,11 世纪初年,阿奴律陀建立的蒲甘王朝系第一个统一的国家⑥;泰国,13 世纪建立了第一个泰人王朝——素可泰王朝⑦。

  这些早期王国已在相对稳定的疆域内建立政权。⑧ 它们已拥有一定的统治疆域、国家制度,甚至文字、法典等较为完备的社会管理系统。如 1010 年,越南李公蕴建立的李朝:立新都、定国号;健全官僚机构;加强中央集权、划全国为二十四路(每路由文官治理);立法典、改革军事。⑨ 13 世纪越人已利用汉字的结构和形声、会意、假意等造字法创造

---

  ① 任美锷:《东南亚地理》,上海东方书社出版社 1952 年版,第 20 页。
  ② 同上。
  ③ 许多历史学家认为,法国殖民者入侵之前,越南已具有国家形态。Lockhart, Grog, *Nation in Arms: the Origins of the People's Army of Vietnam*, Wellington: Allen and Unwin, 1989, p. 41.
  ④ 这一老挝历史上建立的统一国家存在于 14—18 世纪年间,具有印度化的政治宗教体系。Vatthana Pholsena, *Post - war Laos: the Politics of Culture, History and Identity*, Singapore: ISAS, 2006, p. 22.
  ⑤ 陈显泗:《柬埔寨两千年史》,中州古籍出版社 1990 年版,第 22 页。
  ⑥ 贺圣达:《缅甸史》,人民出版社 1992 年版,第 16 页。
  ⑦ 邹启宇主编:《泰国》,上海辞书出版社 1988 年版,第 68 页。中国元代以后的史籍将其称为"暹罗"。王民同主编:《东南亚史纲》,云南大学出版社 1994 年版,第 151 页。
  ⑧ Nicholas Tarling, *Southeast Asia: a Modern History*, Oxford: Oxford University Press, 2001, p. 11.
  ⑨ [越]陈重金:《越南通史》,戴可来译,商务印书馆 1992 年版,第 65—66 页。

"字喃"①。老挝,澜沧王国曾定都琅勃拉邦(1357年),版图北与中国云南接壤,南到柬埔寨北部,西与清迈(八百媳妇、兰那)、素可泰和阿瑜陀耶等泰族国家毗邻,东部与安南、占婆邻国。以佛教立国。国王温欢(1377—1416年,又称为桑森泰)统治时期,将国民分为贵族、平民(包括农民、商人和工匠)、奴隶三个等级;整顿军备,分步兵、骑兵和象队。柬埔寨,扶南王国的极盛时代,"是一个疆域很大的帝国,从东边的林邑到西边的孟加拉湾、马来半岛的大部分曾处在帝国的统辖之下"②。7世纪30年代,扶南为真腊征服。在真腊王拔婆跋摩统治之下,建立起一个"北至孟河、南抵洞里萨湖,东起安南山脉地区、西到波列芝河和蒙哥比里河沿岸的疆域辽阔的帝国"③。缅甸,阿奴律陀王时期,推行缅甸文字,崇尚小乘佛教。④莽应龙统治时代,曾统一全国度量衡、编订《达摩他憍》(缅语中的"著名法典")、《拘僧殊》(缅语中的"法典九集"),另有《白象王判卷》(作判案范例之用)。泰国,素可泰王朝的兰摩甘亨王时代,已将全国分为畿内、畿外和属国三个部分,实行军政合一的政治体制。⑤国王乃一国之君,为国家最高阶层、最高管理者,同时也是国家的最高军事统帅。其下在中央设立四部:(1)市政部(Wieng, Capital),设有市政大臣,专门治理地方的行政事务,监督人民,缉拿盗匪及惩治罪犯;(2)宫务部(Wang, Palace),设宫务大臣,主要负责宫廷内的事务及审理国民的诉讼案件等;(3)财政部(Klang, Treasure),设财政大臣,负责保管国家的财政收入;(4)田务部(Na, Land),设田务大臣,主管农田和京畿的粮草收集与储备。地方各机构仿效中央管理机构的设置进行相应的管理。⑥而且,上座部佛教(即小乘佛教)已是泰国国家治理

---

① [越]明峥:《越南史略(初稿)》,范宏科等译,生活·读书·新知三联书店1958年版,第88—89页。
② 陈显泗:《柬埔寨两千年史》,中州古籍出版社1990年版,第186页。
③ 同上书,第187页。其疆域至达东部的交趾支那边缘的千丹和茶胶等地,西至现今泰国的尖竹汶(庄他物里)。第189页。另外,关于国王的至高权力参见 Reddi, V. M., *A History of the Cambodian Independence Movement* (1863—1955), Tirupati: Sri Venkateswara Univeristy, 1970, p. 11.
④ 参见贺圣达《缅甸史》,人民出版社1992年版,第40页。
⑤ 畿内主要包括都城素可泰、宋加洛和附近的统扬、班永、彭世洛、披集等地。畿外主要指伞武里、乌通、叻武里、丹那沙林、銮城、碧奔城和希台甫城等。属国则涉及那空是贪玛叻、马六甲查河等地。中山大学东南亚史研究所主编:《泰国史》,广东人民出版社1987年版,第32页。
⑥ Somsakdi Xuto, *Government and Politics of Thailand*, Oxford: Oxford University, 1987, p. 15.

的一个重要部分。"戒律"已成为世俗统治的另一辅助性社会规范,教导人们恭顺、谦卑;"乐善好施",则使"仁善""宽容"之美好心愿,演变成稳定社会秩序的基础。上座部佛教将佛法演变为一种民族共有的精神。国人不仅把国家的命运、民族的利益、社会的变化,乃至个人的境遇都与佛教相联系,甚至使它成为一种证实或表现自我的方式。①

比较之下,海岛国家的国家结构形成较晚。西班牙入侵后,菲律宾才开始"有成文的历史"②。在此之前,菲律宾一直是分散的、隔离的岛屿,并且处在不同的社会发展阶段——有的属于原始公社制,有的是奴隶制,有的则是早期封建制③,如"棉兰老和苏禄,已经有封建制度"④。"村社是当时整个群岛中典型的社会组织。它是基本的政治和经济单位,彼此互相独立。每个村社拥有几百人和一小块领土。村社的头目称为土王或酋长";"村社的社会结构包括统治阶级、中间阶级和被统治阶级。小贵族是统治阶级,他们已开始占有土地,这些土地或归他们私有,或由他们用氏族或村社的名义管理。中间阶级是自由民,他们拥有足以维持生活的土地,或者为统治阶级提供特殊服务,不必在田里劳动。被统治阶级包括农奴、奴隶和半奴隶。农奴按分成制为小贵族耕种土地;奴隶和半奴隶为小贵族干活,在收获时没有任何固定的份额。当时的奴隶有两种:一种是自己有房子住的田间奴隶,另一种是住在主人家里的家务奴隶。人们成为农奴或奴隶,或由于世袭,或由于无力还债或纳贡,或由于犯罪,或因村社之间打仗被俘"⑤。"苏禄群岛和棉兰老本岛上的苏丹领地,在政治和经济发展方面都比村社处于更高级的阶段。这些苏丹领地有着封建的社会组织形式。每个苏丹领地都拥有比村社更多的人口和更大的领土。苏丹对数名酋长行使最高的统治权。并且认为他的统治特权是世袭的'神权'。"⑥印

---

① 岳蓉:《法律规范与社会信任:泰国行政变革的个案研究》,贵州人民出版社2007年版,第16页。
② 美国新闻处编:《菲律宾的过去现在和将来》,1945年版(出版者不详),第18页。
③ [苏] 格·伊·列文逊:《菲律宾》,魏林译,中国青年出版社1995年版,第16页。如宿务岛、班乃岛、吕宋(马尼剌湾区域)以及苏禄群岛上的那些封建国家都是最发达的。这些国家的首领是世袭的"达多"。
④ [菲律宾] 阿马多·格雷罗:《菲律宾社会与革命》,陈锡标译,人民出版社1972年版,第6页。
⑤ 同上书,第6—7页。
⑥ [菲律宾] 阿马多·格雷罗:《菲律宾社会与革命》,陈锡标译,人民出版社1972年版,第7页。在17世纪中叶,被征服各岛的内部仍在西班牙殖民者的统治之外,棉兰老及苏禄岛的伊斯兰教部族几乎直到19世纪末还没有被征服。

度尼西亚群岛的情况,也大致如此。"印度尼西亚"一词,迟至1884年才由 A. 巴斯蒂安教授发明,地理范围"自西至东包括:苏门答腊,爪哇,加里曼丹(婆罗洲),厘,龙目,松巴,苏拉威西(西里伯斯),佛罗里斯,帝汶岛(的摩尔岛),摩鹿加群岛,哈马黑拉,西伊里安(新几内亚的西部),以及无数散布其间的小岛"①。

殖民者入侵之前,东南亚地区的国家形态普遍表现为"Negara"和"Mandala"两种互为联系的形式。尽管两词均有英语中的"state"("国家")之意,不过,前者侧重于指以首都的名字命名的国家形态,其中央统治机构表面上具有等级制的形式,实际上是以一种主从关系组成的集合体;后者则指印度化的国家形态,国家权力较为松散,所辖版图较不稳定,中央统治权以国王为中心,越是到边远地方国王的控制力越小。② 因此,"Negara"和"Mandala"的共同之处在于:王权呈辐射状,从国家权力的顶点向外扩展,其能力所及之处相当有限。

其二,东南亚社会的权威体系,混杂在其生活体系与社会体系之中,难以与殖民主义者的"行政制度""政府体系"等管理机制相对应。

"在东南亚的部分地区,忠诚并不遵循着地理界限而划定,不论居民身居何处,而是依照着亲属关系或血缘关系而产生。"③ 家庭是东南亚地区的一个重要社会单位,人们依照一定的亲属关系或血缘关系,形成一种范围不大的,但密切结合在一起的公共单位——村落(或村社)之中。

---

① 印度尼西亚情报部:《现代的印度尼西亚》,韦冈、陵原译,新知识出版社1956年版,第15页。A. 巴斯蒂安(1826—1905年)系文化人类学的创始人之一、德国民族学家、第一任德国皇家民族学博物馆馆长,完成过九次环球旅行,在美洲、非洲、澳大利亚、南太平洋等地区考察,搜集大量资料,写了《历史上的人类》(1860年)一书,提出"原始观念"的概念。他从人种、语言上将西至非洲东海岸的马达加斯加岛,东部涵盖全印度尼西亚大部分领土,以马鲁古群岛为界,北部包括马来群岛、菲律宾直至台湾岛上居民划分为同一类型。因为他们是头发挺直、皮肤呈黄褐色的马来人种,且有相近的语言特点,可与大洋洲的密克罗尼西亚、美拉尼西亚相区别而命名为"印度尼西亚"。Indonesia 一词是由希腊语的印度(Indo)加岛屿(nesos)再附以指地后缀——ia 组合而成,意为"印度岛屿之地"。周定国:《"万岛之国"印度尼西亚》,http://www.zgchb.com.cn/(中国测绘新闻网,2005年12月2日)。

② Jan Wisseman Christie, Negara, Mandala, and Despotic State: Images of Early Java, in David G. Marr and A. c. Milner, eds., *Southeast Asia in the 9th to 14th Centuries*, Singapore: ISAS, 1986, pp. 65 – 93.

③ [美]卢西恩·W. 派伊:《东南亚政治制度》,刘笑盈等译,广西人民出版社1993年版,第23页。

村落（或村社）则是"最持久的组织"①。"各国村社的名称不一。印度尼西亚称为德萨（DESA），菲律宾称巴朗盖（BARANGAY），越南称村社（THON XA），泰国与老挝称为班（BAN）。"② 其土地的占有形式大致可分为四种："一是王室土地，即由国王与王室直接掌握的土地；二是封建采邑，即由国王封赐给领主、贵族、官吏的土地；三是寺院土地，即王公、贵族、官僚赏赐或赠送给寺院的土地；四是村社的土地，它是置于国家最高土地所有权之下的一种土地占有形式，国王可以把一个个的村社封赐给贵族、功臣作为采邑或食邑。"③ 租税合一是村落（或村社）一种较为普遍的形式。"农村公社是印度支那土地占有的基本形式，公社集体占有大部分熟地，但是当时公社已处于逐渐瓦解的过程，因而它已是一个正在瓦解的、停滞不前的和闭塞的单位，17世纪初印度支那的公社便是这种样子。虽然如此，但它仍是独特的封建关系大厦的基础，这个大厦的所有重力都压在公社身上。绝大多数公社，遭到沉重封建义务的压迫，他们没有一点权利，只有很少的公社变成了小剥削者。"④ "十八九世纪，封建关系及其一切特征——农奴制度、封建主对农民的残酷剥削——飞速发展起来。这里的封建制度是在中国封建官僚制度影响下形成的。封建官僚阶层的代表人物，即省长、县长以及其他官吏，使奴唤婢，数以百计。"⑤ 此外，东南亚社会统治的权威性来自于"求助对来世的承诺"，或"求助于人们的内部激情"，"从来没有依靠这一基础：政府对于有效的群体生活是必要的"⑥。

理念上，东南亚传统社会中，很难找到相应的与殖民主义者的合法性

---

① ［美］卢西恩·W. 派伊：《东南亚政治制度》，刘笑盈等译，广西人民出版社1993年版，第23页。
② 梁志明主编：《殖民主义史：东南亚卷》，北京大学出版社1999年版，第43页。
③ 同上书，第45—46页。
④ "公社的大部土地都是不能转让的。从这些土地中划出许多不同的公有地。公有地的收入用于公共事业的开支，例如，供养服军役者的家庭。有些土地的收入是用来举行宗教仪式和奠祭死人；等等。每隔三年，公社土地便要在村民间进行重分。除这些土地外，公社还有本村田，这是公社自己出钱买来的土地，或是公社社员抛弃后而转入公社手中的土地。公社可以卖掉或出租这些土地。这些土地愈益经常为村中富裕阶层所占有。于是，开始了公社内部的分化过程。"［苏］瓦·巴·科切托夫：《东南亚及远东各国近代现代史讲义》，东北师范大学历史系翻译室译，高等教育出版社1960年版，第150页。
⑤ ［苏］瓦·巴·科切托夫：《东南亚及远东各国近代现代史讲义》，东北师范大学历史系翻译室译，高等教育出版社1960年版，第150页。
⑥ ［美］卢西恩·W. 派伊：《东南亚政治制度》，刘笑盈等译，广西人民出版社1993年版，第27页。

来源之间的共通之处。以至"早期的英国商人认为缅甸人不能正确地遵从商业交往的标准,而与此同时,缅甸的君主们则感到英国人不能恰当地恭顺于他们的权威"①。最终征服行为倒变成了殖民活动的合法理由。

其三,印度和中国两大强国的外缘影响。

印度和中国是东南亚地区的两个强大近邻。大约从公元1世纪起,印度便沿缅甸、马来半岛进入东南亚地区,而中国则自汉朝以来,与东南亚地区产生频繁的交往。不过,它们从未像后来的欧洲殖民者那样联合起来共同对东南亚地区加以控制。有西方学者认为,印度与东南亚地区在宗教文化与经济方面的交往较为密切,政治上几乎没有加以干涉。②法国历史学家赛代斯即以"印度化"来说明相对较发达的印度对东南亚的影响,"散居各地的印度商人和移民汇集起来,结果建立了一批印度化王国。它们沿袭了印度的艺术、习俗和宗教,并将梵语作为神圣的语言来使用"③。赛代斯也只是强调印度文化对东南亚地区的宗教、文化艺术所产生的影响:"印度化过程在本质上应当理解为一种系统的文化传播过程。这种文化建立于印度的王权观念上,其特征表现为婆罗门教和佛教的崇拜、《往世书》里的神话和遵守《法论》等方面,并且用梵文作为表达的工具。"④

东南亚地区传统社会的"父权式"的权力体系自附加上宗教的色彩之后,传统社会的政治权力体系出现了一些根本的变化。借助佛教的法经、仪式乃至权力体系的指向,东南亚传统社会确立了"每个人对国家所

---

① [美]卢西恩·W.派伊:《东南亚政治制度》,刘笑盈等译,广西人民出版社1993年版,第32页。

② Nicholas Tarling, *Southeast Asia: a Modern History*, Oxford: Oxford University Press, 2001, p. 22。Walter F. Vella, ed., *The Indianized States of Southeast Asia*, (translated by Susan Brown Cowing), Honululu: the University Press of Hawaii, 1968, pp. 252–253.

③ [法]G.赛代斯:《东南亚的印度化国家》,蔡华、杨保筠译,商务印书馆2008年版,第33页。

④ [法]G.赛代斯:《东南亚的印度化国家》,蔡华、杨保筠译,商务印书馆2008年版,第34—35页。关于印度化的实质,有中国学者视之为印度殖民势力的扩展,印度通过商业活动及宗教思想的渗透,在中南半岛及印度尼西亚群岛各地建立商业殖民地,甚至建立起印度人的或印度化的王国。这完全不同于中国与东南亚之间的交往,后者仅仅是保持一种贸易和文化的往来。聂德宁:《魏晋南北朝时期中国与东南亚的佛教文化交流》,《南洋问题研究》2001年第2期,第58—68页。

应尽的责任和义务"①。以国王为中心,并全力为之服务的传统国家管理制度中,统治阶级依仗权力(权利)与义务系统,要求被统治阶级以一种无条件顺从的态度遵行,即马克斯·韦伯所说的"家长的或者官职的或者王公的权力"②。"个人的忠诚义务同样是由家庭的一般孝敬关系的相互联系中引申出来的,并在这种关系的基础之上发展了一整套的权利和义务。"③ 在整个管理体系中,国王这一核心,以一种私人行为的方式(谕令或圣旨)进行。官吏们对国王往往是无条件地效忠与忠诚。官吏之间由于官阶与爵衔的不同,形成了不同的等级。上司与下属之间以一种互惠的物质联系,来实现社会资源的重新配置。而宗教意义则在于对这种社会权威体系的内化。佛教戒律中所包含的种种对于人世的道德规范,从身(行动)、口(言论)到意(思想)的严格规定,内化为世人的一种处世原则,进而衍生为社会资历的一个重要部分。④

二 东南亚地区的殖民势力

16—19世纪,东南亚地区各国相继沦为殖民主义国家的殖民地或半殖民地。葡萄牙和西班牙"第一批到达东南亚"⑤,接踵而至的是荷兰人、英国人、法国人,以及美国人、日本人等。直到1945—1984年间,东南亚地区各国才陆续获得独立。为了客观地揭示东南亚地区民族国家的缘起、更好地理解殖民国家对东南亚地区的殖民活动及影响,本课题拟按殖民国家入侵东南亚地区的顺序,对殖民国家在东南亚的殖民活动作一简要梳理。

葡萄牙、西班牙(十六七世纪)

葡萄牙和西班牙是16世纪欧洲的海上大国。在寻找通往亚洲的海路时,西班牙往西横渡大西洋,葡萄牙则从好望角东进。1511年葡萄牙人攻

---

① Robert Heine-Geldern, Conception of State and Kingship in Southeast Asia, in John T. McAlister, Jr. ed., *Southeast Asia: the Political of National Integration*, New York: Random House, 1973, pp. 74 – 89.
② [德] 马克斯·韦伯:《经济与社会》(下卷),商务印书馆1998年版,第265页。
③ 同上书,第396—397页。
④ 里格斯称之为"互惠—重配结构"。他认为泰国重配的行政制度具有传统农业社会的经济结构的特质,即任何行为都包含在互惠式的政治、经济与社会结构之中,国家权力的配置与经济制度的资源配置相契合,因此,不能清楚地划分经济制度与行政制度之间的关系。Fred W. Riggs, *Thailand: the Modernization of a Bureaucratic Polity*, Honolulu: East-West Center Press, 1966.
⑤ 梁志明主编:《殖民主义史:东南亚卷》,北京大学出版社1999年版,第15页。

陷马六甲。① 时任舰队司令的亚伯奎（Affonso de Albuquerque）曾发表战前动员，声称要完成两大任务：一是为曼努埃尔国王陛下效命，把摩尔人赶出满剌加国；二是攻取港口城市满剌加。② 亚伯奎占领马六甲后，修筑要塞、驻扎军队③，开始了100多年的葡属马六甲殖民统治。此后，葡萄牙人不断"在马鲁古群岛（又译为摩鹿加群岛）——菲律宾群岛、西里伯斯群岛（现名苏拉威西岛）和巴布亚进行探索"④，1512年侵入马鲁古群岛；"1518年、1520年、1521年、1523年、1524年、1526年、1535年、1536年和1587年，葡萄牙人袭击了柔佛"⑤；1522年又在德那第岛筑炮台、在爪哇等地设置多处商馆。葡萄牙人对马六甲的征服，改变了马六甲与婆罗洲之间传统的政治版图。⑥

1517年，出生于葡萄牙北部的费尔南多·麦哲伦（1480—1521年）因其"西航计划"⑦ 获得西班牙国王查理一世的赞赏与支持后，于1519年9月20日，从西班牙的圣卢卡港启航（船只5艘、水手265人）。1521年3月，麦哲伦因参与菲律宾当地人的内争而被杀，其余的西班牙冒险家在返回欧洲的途中，停留于摩鹿加群岛。据此，西班牙称摩鹿加群岛为西班牙殖民地，这就与1499年的《托尔德西利亚斯条约》相抵触。⑧ 于是，葡萄牙人与西班牙人在攫取香料群岛的利益控制问题上发生了剧烈争执。

---

① 马六甲又名满剌加，是当时胡茶辣、波斯、印度支那、中国、日本及爪哇人商贸往来的商业中心。[印度尼西亚] 萨努西·巴尼：《印度尼西亚史》，吴世璜译，商务印书馆1959年版，第124页。

② Nicholas Tarling, *Southeast Asia: a Modern History*, Oxford: Oxford University Press, 2001, p. 21.

③ 梁英明等：《近现代东南亚（1511—1992年）》，北京大学出版社1994年版，第22—23页。

④ [美] 查·曼·诺埃尔：《葡萄牙史》（上册），南京师范大学翻译组译，江苏人民出版社1974年版，第171页。

⑤ [澳] 梅·加·李克莱弗斯：《印度尼西亚历史》，周南京译，商务印书馆1993年版，第44页。

⑥ N. J. Ryan, *A History of Malaysia and Singapore*, London, New York, Melbourne: Oxford University Press, 1976, p. 50.

⑦ "西航计划"的要点：麦哲伦将担任航海中所发现的一切地区和岛屿的总督，获得新发现地区全部收入的1/20。国王资助其5艘船，并提供探险队两年用的粮食和给养。王助民：《近现代西方殖民主义史（1415—1990年）》，中国档案出版社1995年版，第31页。

⑧ 西班牙与葡萄牙曾于1499年6月7日在托尔德西利亚斯（Tordesillas）签订条约——《托尔德西利亚斯条约》。规定"以佛得角西边370里格（league，1里格合3海里，约为5.5千米）处为界，以西地区归西班牙，以东归葡萄牙"。这就是历史上有名的"教皇子午线"。《托尔德西利亚斯条约》，《东南亚历史词典》，上海辞书出版社1995年版，第154页。

最终于 1529 年 4 月 22 日在西班牙的萨拉戈萨（Zaragoza）缔结了《萨拉戈萨条约》，并以此作为两国殖民活动的依据。① 1565 年 4 月，西班牙人米格尔·洛佩斯·德·黎牙实比（Miguel López de Legazpi，约 1510—1572 年）在宿务岛建立起西班牙在菲律宾的第一个殖民地据点；同年，出任第一任西属菲律宾总督；1570 年又占领吕宋岛，建立马尼拉城（1571 年），宣布马尼拉为菲律宾首都。②

荷兰、法国、英国（17—20 世纪）

"1600 年至 1763 年期间，西班牙、葡萄牙衰落之后，被西北部欧洲的荷兰、法国和英国强国超过。"③ 16 世纪末期，葡萄牙的财政资源已"最为枯竭"，"远不够应付日增危险的局面的需要"④。1598 年，荷兰派出五家不同公司的 22 艘船舶驶向印度尼西亚。"14 艘终于返回。雅各布·范·内克率领的船队，于 1599 年 3 月第一次抵达马鲁古的'香料群岛'，在那里受到良好接待；其船舶于 1599—1600 年返回，运载足够的香料，获利 400%。1598 年大部分船队是获利的，1601 年有 14 支船队分别从荷兰启航。"⑤ 1602 年荷兰成立"东印度公司"，以达到拓殖谋利的目的。⑥ 1641 年，荷兰人打败葡萄牙人，夺取摩鹿加群岛、兴建巴达维亚于爪哇岛、占领马六甲和斯里兰卡，甚至把殖民势力伸入印度和日本，并曾

---

① 条约规定：（1）西班牙把在马鲁古群岛拥有的一切权力、行动、领地、所有权、财产等，及一切航行、交易和买卖权利，割让给葡萄牙，换取 35 万金杜卡特（ducat，为当时欧洲许多国家通行的金币名。共相当于 63 万美元）。（2）划定马鲁古群岛以东 297.5 里格（league，在英、美 1 里格约合 3 海里）处为西班牙在东方的势力范围的极西界限，菲律宾群岛归西班牙所有（实际上据界限划分，菲律宾应属葡萄牙）。"萨拉戈萨条约"词条，《东南亚历史词典》，上海辞书出版社 1995 年版，第 378 页。

② "黎牙实比"词条，《东南亚历史词典》，上海辞书出版社 1995 年版，第 454 页。

③ L. Stavrianos, *A Global History: from Prehistory to the 21st Century*, 北京大学出版社 2004 年版（影印本），第 357 页。

④ [英] 哈利逊：《东南亚在葡萄牙殖民时期》，刘聘业译，《南洋问题资料译丛》1957 年第 2 期，第 73—82 页。

⑤ [澳] 梅·加·李克莱弗斯：《印度尼西亚历史》，周南京译，商务印书馆 1993 年版，第 37 页。

⑥ "当时共有资本 645 亿 9 千盾（Guilder）分为 2153 股，每股 3000 盾，自成立之后，迄无增减。全股份中 56.9% 系阿姆斯特丹商会所有，其余 43.1%，则为人民公众所得，但投票权系以 8：9，以后者较多数，商会将股东名簿提交国会，即由国会派定董事 17 人，执行一切重要事务。当公司全盛时代，有总督一员，驻于爪哇巴达维亚。巴达维亚（Batavia）另于次等地方，如马六甲、彭达（Banda）、安汝（Amboina）、摩鹿加斯（Moluccas）、开普（Cape）等处，派有知事管理之，以与本国相策应，公司除监督各殖地之行政外交及东印度各王公外，并有编练军队、建筑城堡及缔结贸易上之条约同盟之特权，以及监督指挥各地方小公司之权力。"王锡伦编译：《近代世界殖民史略》，中华书局 1932 年版，第 36 页。

一度霸占中国的台湾，从而成为头等贸易及殖民强国，占据海上优势和世界商业霸权的地位。①

就在荷兰确立其霸权地位的同时，英国和法国也开始在美洲和亚洲抢占殖民地。② 18世纪60年代，英国势力侵入马来半岛。1791年槟榔屿正式被割让给英国；1795年英国占领马六甲。③ 1826年，英国把槟榔屿、马六甲和新加坡合并为海峡殖民地，总部设在槟榔屿。④ 随后，并入霹雳、雪兰莪、森美兰、彭亨等地。至1914年，当柔佛被迫置于英国的保护之下时，英国已完全吞并了马来半岛。与此同时，英国于1824—1885年间发动三次侵缅战争，占领缅甸。1886年英国将缅甸划分为上、下缅甸后，成为英属印度的一个省。1937年，缅甸脱离英属印度的统治，改由英国总督直接统治。

法国方面，1858年，正式发动侵越战争。1862年，法国强迫阮朝缔结第一次《西贡条约》，条约明确地割让南圻东三省（嘉定、边和、定祥）和昆仑岛给法国；1867年，法国又侵占了南圻西三省（永隆、安江、河仙）。至此，越南南部全部落入法国殖民者手中；1873年，法军首次入侵北圻，攻下河内。法国强迫越南签订了第二次的《西贡条约》（1874年）（又称《法约和平同盟条约》），法国占领南圻，越南被迫开放红河与河内、海防、归仁港口，给予法国航运与经商等特权。1884年的《顺化条约》中，法国夺取对越南的保护权，并将其扩展为法属"印度支那联邦"⑤。

---

① Nicholas Tarling, *Southeast Asia: a Modern History*, Oxford: Oxford University Press, 2001, pp. 25 – 33.

② 荷兰、英国、法国之间的殖民扩张及其冲突，导致了三国之间展开争夺殖民霸权的斗争。1651年8月，英国为对付荷兰的海上霸权，挑起英荷战争（1652—1654年、1655—1667年、1672—1674年）。荷兰战败，被迫承认《航海条例》，丧失海上优势和贸易的垄断地位，沦为依附于英国的二等国家。打败荷兰之后，英国和法国之间形成的殖民霸权争夺关系一直延续到17世纪末及整个18世纪。

③ 1842年，英荷签订《伦敦条约》，马六甲正式被划给英国。同年，兼并新加坡。

④ 现代新加坡建立的日子通常被追溯到1819年1月30日。C. M. Turnbull, ed., *A History of Singapore* (1819—1988), Oxford, New York: Oxford University Press, 1989, p. 1; H. F. Pearson, *Singapore: a Popular History* (1819—1960), Singapore: Eastern University Press, Ltd., 1961, p. 1. 1819年2月6日上午，莱佛士以种种手段迫使柔佛苏丹侯赛因签订协定：规定英国有权在新加坡任意建立商馆，苏丹保证不与其他欧洲国家订立条约，不得允许他国建立驻居地。H. F. Pearson, *A History of Singapore*, London: University of London Press, Ltd., 1956, pp. 71 – 72、94.

⑤ 法国占领越南后，实行了"分而治之"、奴化和掠夺等殖民政策。越南被分为北、中、南三个部分，即南圻（也称交趾支那）、中圻（也称安南）、北圻（也称东京）。南圻是"直属领地"；东京是"半保护地"；安南是"保护地"。并将这三个地区与柬埔寨（1963年被法国控制）、老挝（1893年被法国控制）拼凑成法属印度支那联邦。

确切地说，第一次世界大战前夕，整个东南亚地区几乎已被荷兰、英国和法国的殖民势力瓜分完毕（作为东南亚地区的一个特殊国家——泰国，1896 年与英国、法国签订条约，成为英属缅甸和法属印度支那间的缓冲国，东部归法国，西部归英国）。英国的殖民地面积为 526.81 万平方公里，包括锡兰、塞浦路斯、马来半岛等；荷兰占有殖民地面积为 152.03 万平方公里，包括印度尼西亚群岛；法国为 80.35 万平方公里，包括越南、老挝、柬埔寨。① 东南亚地区政治地理及殖民势力范围的如图 1 和图 2 所示。②

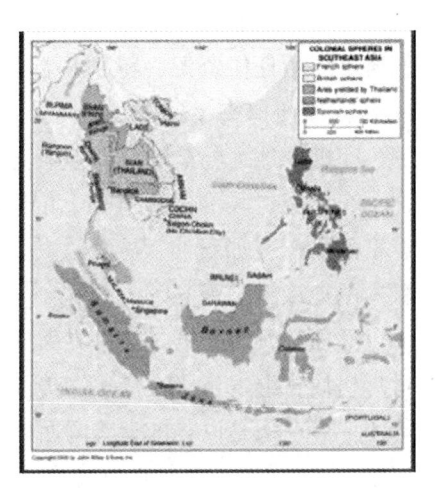

图 1　东南亚政治地理　　　　图 2　殖民国家在东南亚的势力范围

美国和日本（19—20 世纪）

"美国在东南亚大陆和在印度尼西亚的目标是从第二次世界大战的序幕时期发展来的。"③ 20 世纪 30 年代末期日本征服东南亚地区之前，美国除了与西班牙作战之后于 1899 年取得菲律宾外，在整个东南亚地区所起的作用都十分有限。④ 19 世纪 80 年代末完成工业革命的美国也走上海外

---

①　王助民：《近现代西方殖民主义史（1415—1990 年）》，中国档案出版社 1995 年版，第 191 页。

②　感谢大卫·塞里（David Sallee）教授的慷慨提供。资料源于其讲义 *World Regional Geography*, lesson 11.

③　[美]鲁塞尔·法菲尔德：《美国政策中的东南亚》，群力译，世界知识出版社 1965 年版，第 14 页。

④　尽管历史上，东南亚地区深受印度和中国的影响，然而到 1800—1900 年间，后者的影响已经很小，东南亚地区主要受到来自欧洲的影响。至于日本，此刻其力量尚不足以影响东南亚地区。Purcell, Victor, *South and East Asia since 1800*, Cambridge: Cambridge University Press, 1965, p. 90.

扩张道路。1898年借战争之机,美国强占了西班牙的殖民地马尼拉。① 同年12月10日,美国和西班牙签订《巴黎条约》,以2 000万美元作为抵偿,从西班牙那里夺得菲律宾。②

1942—1945年期间③,日本占领东南亚地区,取代了西方在东南亚地区的殖民势力。统治期间,日本大肆宣扬"战争即建设,建设即战争";"大东亚战争的关键,一方面在于确保大东亚的战略据点,另一方面在于把重要资源地区收归我方管理和控制之下,由此扩充我方的战斗力量……"④ 旨在以"大东亚共存共荣"为社会秩序,"为所欲为地夺取他们所需要的任何资源,特别是粮食和交通运输工具,往往是无偿地占有的"⑤,以便构筑"日本、满洲、中国及西南太平洋地区为资源圈""澳洲、印度等地为补给圈"⑥。实际上,"日本的'新秩序'至多只不过保证了东南亚在政治上和经济上依附于一个亚洲技术强国"⑦,东南亚地区丰富的物产(如石油、橡胶、大米等战略物资)、人口及土地,被迫沦为日本的地缘战略资源。

然而,日本在第二次世界大战中的形势急转直下,1945年日本战败,世界格局相继发生巨大变化。美国与苏联演变为相互对抗的两大政治军事集团——一边是以美国为首的西欧盟国及"北大西洋公约组织"(1949年组建);另一边是以苏联为首的东欧各国及"华沙条约组织"(1955年建成)。在两大政治军事集团的剧烈对抗之下,东南亚地区的战略地位备受关注,成为美国和苏联全球战略的中心环节和敏感地带。⑧ "在日本南下

---

① [菲] 金应熙主编:《菲律宾史》,河南大学出版社1990年版,第405页。
② Nicholas Tarling, *Southeast Asia: a Modern History*, Oxford: Oxford University Press, 2001, pp. 63 – 64.
③ 确切日期是"1941年12月至1942年5月"。梁志明主编:《殖民主义史:东南亚卷》,北京大学出版社1999年版,第480页。
④ 复旦大学历史编译:《日本帝国主义对外侵略史料选编》,上海人民出版社1983年版,第390页。
⑤ [美] 约翰·F. 卡迪:《战后东南亚史》,姚楠等译,上海译文出版社1984年版,第9页。
⑥ 复旦大学历史编译:《日本帝国主义对外侵略史料选编》,上海人民出版社1983年版,第396—398页。
⑦ "战后,受日本蹂躏的牺牲者们说:欧洲人曾掠夺去他们的财富,而亚洲占领军则吸干了他们的骨髓。"[美] 约翰·F. 卡迪:《战后东南亚史》,姚楠等译,上海译文出版社1984年版,第10页。
⑧ Robert J. McMahon, *Colonialism and Cold War: the United States and the Struggle for Indonesia Independence*, 1945—1949, Ithaca: Cornell University Press, 1981, p. 318.

至印度大陆遏制共产主义的防线上,东南亚是必不可少的一环。"① 如果失去东南亚(尤其是菲律宾和印度尼西亚),那么日本、印度和澳大利亚三个主要的非共产主义基地,势必都会陷入相互孤立的状态。② 印度尼西亚一旦加入共产主义一方,那么,"从西伯利亚到苏门答腊将一分为二",泰国和马来西亚一线将随之崩溃,"共产主义经亚洲大陆向西席卷缅甸、印度和巴基斯坦"之后,直接"控制了东西方的全球交通线"③。为此,美国采取结盟、援助等方式加紧对东南亚地区的控制。④ 诸如1947年3月间,美国与菲律宾签订的《美菲军事基地协定》和《美国对菲律宾军事援助协定》;1951年8月30日,签订的《美菲共同防御条约》;1950年,《泰美军事援助协定》《泰美经济技术援助协定》;1954年9月,美国发起的"东南亚条约组织"等。⑤ 美国的东南亚地区战略中,主要涉及防务支援、特种援助、技术合作、开发贷款基金、意外事件基金及一些相关计划等。据统计,仅第二次世界大战后到20世纪70年代中期,美国对世界各国的军事和经济援助总额约达1640亿美元,其中有370多亿美元投放在东南亚,约占外

---

① NSC48/2, the Position of the United States with respect to Asia, December 30, 1949, *Documents of the National Security Council*, 1947—1977, (Microfilm, Reel 2) University Publications of America, 1980.

② PPS51, United States Policy Toward Southeast Asia, March 29, 1949, *The State Department Policy Planning Staff Paper*, 1949 Ⅲ, N. Y. Garland Publishing Inc. 1983, pp. 32 – 58.

③ Kennan to Marshall and Lovett, December 17, 1948, in Wilson D. Miscamble, *George F. Kennan and the Making of American Foreign Policy*, 1947—1950, Princeton University Press, 1992, p. 274.

④ 包括建立军事基地,甚至直接介入东南亚地区的军事纷争。从1961年开始,美国相继派出军事顾问及大批军队到越南参战(1965年)。据悉,1967—1968年间,美国在越南战场的日支出甚至超过1亿美元。美军在这场战争中的死亡人数达到45 937人,受伤人数达到303 622人。直接用于越南战争的开支为1 400亿美元。布挺吉《令人难忘的悲剧》(1977年版,第94页)、《美国新闻与世界报道》(1973年2月5日,第19页),转引自马嫛《析冷战时期及冷战后美国对东南亚的政策》,《国际观察》1999年第2期,第7—10页。

⑤ "东南亚条约组织"(Southeast Asia Treaty Organization,或称SEANO,即"东南亚集体防务条约组织")。《东南亚集体防务条约》又被称为《马尼拉条约》,是美国、英国、法国、澳大利亚、新西兰、菲律宾、泰国和巴基斯坦8国在马尼拉缔结的军事条约。条约规定:(1)缔约国应采取一切行动以反对外来武装的"侵略"和"颠覆活动"。(2)条约区域是东南亚一般地区,也包括亚洲缔约国的领土,以及西南太平洋的北纬21°30′以南地区。条约旨在防御共产党的侵略,镇压亚洲各国民族解放运动。同时签署的还有《太平洋宪章》。20世纪70年代初,各成员国开始纷纷退出组织,该组织于1977年正式解散。该组织总部设在泰国曼谷,虽然从未拥有过自己的军队,但每年都要求各成员国进行联合军事演练。除了泰国和菲律宾以外的其余东南亚地区国家中,缅甸和印度支那倾向于中立化。马来西亚和新加坡在政治上很难加入任何一方,尽管他们与英国之间的关系较为紧密。Southeast Asia Treaty Organization (SEATO), 1954. http://www.state.gov/r/pa/ho/time/lw/88315.htm.

援总数的22%。如果加上越南战争的开支，美国对东南亚的军援和经援总额超过了1380亿美元。① 美国通过经济援助，拉拢了刚刚独立的东南亚地区新兴民族国家，有效地遏制了"共产主义在东南亚地区的扩张"，促进了"美国在亚洲的利益"②。

尽管"东南亚地区赋予首都以国家中心的内涵，甚至比欧洲的意义更为深远"③，然而，东南亚地区的传统社会与政治与欧洲中世纪经济社会的历史发展背景仍存在着巨大的差异，缺乏欧洲民族国家形态的历史生成要素。西方思想家们以社会契约观支撑起的西方社会的思想大厦，在东方社会是缺失的。东方社会难以找到与西方国家控制系统中相对应的诸如"行政制度""政府体系"等管理机制。

16—20世纪期间，东南亚地区沦为殖民地、半殖民的过程，也经历了殖民主义史与新殖民主义史复杂的交替过程。如果说殖民主义的活动是一种"帝国主义主权的扩张，即其主权行为在价值取向上的向霸权行动的转换"④ 过程的话，那么，新殖民主义国家的征服活动则是对东南亚传统社会的一次彻底颠覆。殖民国家不仅通过军事和经济等手段，强制性地将东南亚地区各国纳入西方的国家体系，同时，也在文化和意识形态领域进行了潜在的渗透性影响。这些殖民活动的过程及其结果直接促成了东南亚地区民族国家的缘起。

第二节 西方的殖民统治与东南亚地区民族国家的缘起

东南亚地区民族国家的缘起具有历史的特殊性和差异性。综观相继侵入东南亚地区的殖民主义国家，为了保障"贸易和航运的发展"及"迅速产生的工场手工业保证销售市场以及由市场垄断所引起的成倍积累"⑤，

---

① 转引自王士录等《从东盟到大东盟——东盟30年发展研究》，世界知识出版社1998年版，第332页。
② ［美］鲁塞尔·法菲尔德：《美国政策中的东南亚》，世界知识出版社1965年版，第228、210页。
③ Robert Heine-Geldern, Conception of State and Kingship in Southeast Asia, in John T. McAlister, Jr. ed., *Southeast Asia: the Political of National Integration*, New York: Random House, 1973, p. 76.
④ 孙会军：《普遍与差异：后殖民批判视域下的翻译研究》，上海译文出版社2005年版，第46页。
⑤ ［德］马克思：《资本论》（第1卷），中共中央马克思恩格斯列宁斯大林著作编译局译，人民出版社2004年版，第864页。

它们强制推行脱胎于其自身政治统治方式的殖民制度,"利用国家权力,也就是利用集中的、有组织的社会暴力,来大力促进从封建生产方式向资本主义生产方式的转化过程,缩短过渡时间"[①],在东南亚地区各国建立起与之相一致的行政管理体系和殖民统治制度。其结果:殖民国家打破东南亚地区原有社会结构的同时,也在客观上为后来的东南亚地区各民族国家的确立奠定了基础,其影响甚至波及民族国家的发展。

一 东南亚地区的殖民统治政策

殖民主义国家的殖民政策大致有以下典型形式:

其一,葡萄牙和西班牙的殖民统治政策,带有一部分基督教十字军性质,富有浓郁的封建主义性质和专制主义特征。

葡萄牙人在马六甲的统治,铸造了欧洲人在东南亚地区殖民统治的"第一个范例"[②]。尽管在统治和管理广大殖民地方面,葡萄牙和西班牙"没有什么经验可作指针"[③]。但是,其统治策略仍为后来的殖民国家纷纷效仿。尤其是葡萄牙依赖国王的特许和资助来完成殖民扩张的方式,后来广泛为英国和法国采纳。远征队与国王签订协议书或者合同后,向国王缴纳获得的大部分利润,而国王则封赏征服者以贵族头衔和新政府地区总督,直接对所占区域进行管理。"从几内亚的第一批货物运进了拉古什的这座简陋的房屋,它就成了几内亚公司";"到了1499年,瓦斯科·达·加马从卡利卡特回国,带来了东方的香料。从此以后,公司必须把注意力主要集中于东方,不久它就成了印度公司。这时它有一个巨大的场所用来装卸和分配东方的货物,它使政府要求征收税款并严格检查进口商品"[④]。公司在为远征船队提供给养和装备的同时,也需要"支付国内和东方成千上万雇员的工资,因此公司下面分成几个局,分别处理香料、账目、船队装备、海员训练以及各种职能所设计的秘书或文牍工作"[⑤]。如亚伯魁

---

① [德] 马克思:《资本论》(第1卷),中共中央马克思恩格斯列宁斯大林著作编译局译,人民出版社2004年版,第861页。
② [英] 哈利逊:《东南亚在葡萄牙殖民时期》,《南洋资料译丛》1957年第2期,第73—82页。
③ [美] 查·曼·诺埃尔:《葡萄牙史》(上册),南京师范大学翻译组译,江苏人民出版社1974年版,第148页。
④ 同上书,第149、149—150页。
⑤ 同上书,第150页。

占领马六甲城后，以此为据点，将其筑成东南亚最强固的要塞。所有的葡萄牙人都居住在城内，马来人和其他亚洲人则居住在城外。葡萄牙人在城堡内陆续修建了市政厅、长官府、主教宅邸、教堂、修道院、监狱、兵营、医院和学校等建筑物。① 作为欧洲人统治中心的殖民要塞地区，反映着许多欧洲城市的显著特色。尽管绝大多数的居民是亚洲人，但他们不外是作为欧洲人的后备，这个要塞地区等于是殖民者本国领土的扩延，在这里，所有殖民者本国典型的行政、市政、宗教和社会制度都被移植过来。② 同时，在商业与宗教双重精神的推动下，葡萄牙传教士担负起传播欧洲文化的责任。方济各·沙勿尤显突出。"在葡萄牙冒险家和亡命徒中间，他的传教工作引起了东印度尼西亚永久的变化。"③ 欧洲的文字、宗教信仰，乃至风俗习惯随着这些传教士们一并传播到东南亚地区。"对东南亚来说，商权联合武装的侵略，并不是新的东西，但是葡萄牙人所进行的商业战争和宗教十字军的特殊联合，是东南亚地区前所未见的。"④

葡萄牙所采取的殖民征服手段及统治政策：远洋航海、建立贸易站、设置要塞，被"当作公式被以后欧洲殖民者仿效"。从殖民要塞的外表特征看来，葡萄牙人的榜样，也一直流传到今天。相比之下，西班牙的殖民政策显然更多了一些技术基理与宗教色彩。1561—1898 年漫长的殖民统治中，西班牙在菲律宾建立起能有效促进经济掠夺的管理体系。最先在墨西哥设立的总督府，由"新西班牙"副王（vicerey）负责管理殖民地。⑤ 但是，由于菲律宾殖民地路远途长，加上海上常有劲敌骚扰，因此，西班牙不得不树立王室的威信，以官僚制度替代原有的征服者制度。⑥ 殖民地

---

① 梁英明等：《近现代东南亚 (1511—1992 年)》，北京大学出版社 1994 年版，第 20—23 页。
② [英] 哈利逊：《东南亚在葡萄牙殖民时期》，《南洋资料译丛》1957 年第 2 期，第 73—82 页。
③ 方济各·沙勿 (1506—1552 年，西班牙人) 于 1546—1547 年间，与圣伊格纳爵·罗耀拉共同创建耶稣会，并在安汶、特尔纳特和莫罗泰等地传播基督教。[澳] 梅·加·李克莱弗斯：《印度尼西亚历史》，周南京译，商务印书馆 1993 年版，第 34、35 页。
④ [英] 哈利逊：《东南亚在葡萄牙殖民时期》，《南洋资料译丛》1957 年第 2 期，第 73—82 页。
⑤ 直到 16 世纪末，西班牙在菲律宾的殖民统治事务如赐封地的分布、大帆船贸易的管理，以及司法案件的审理等，都由"新西班牙"副王负责。1821 年墨西哥独立以前，西班牙驻菲律宾总督名义上一直隶属于新西班牙总督府。西班牙派驻菲律宾的许多支远征队包活黎牙实比远征队，都是在墨西哥组织出发的。
⑥ L. Stavrianos, *A Global History: from Prehistory to the 21st Century*, 北京大学出版社 2004 年版 (影印本)，第 352 页。

中央政府设在马尼拉,驻菲律宾的西班牙总督"管理殖民地的事务。其首脑是西班牙总督,他的职责是强迫菲律宾人民纳税,提供无偿劳动,生产出足够的'剩余'农产品来养活寄生的殖民官员、僧侣和军队"①。即只有总督才拥有对菲律宾群岛的管理实权,而新西班牙副王则仅保留了行政上的监察权。实际上,从 1570 年起,西班牙在菲律宾"除了巴拉望和'马罗'地区外,所有大岛都处于托管制度之下"②,即西班牙国王以法令使菲律宾所有居民受西班牙的管理。"但事实上,这种托管是一种残酷的农奴制度。""后来,被托管的地区开始规定一定的托管期限,并须缴纳一定的租金,因此在这些临时被托管的地区里,当地居民的情况特别困难,因为临时主人力求在很短的时期内,尽可能多地榨取当地居民。"③而且,西班牙殖民主义者"还不仅仅局限于征收税捐。每一个土著居民一年中还必须服 52 天劳役,数千名土著居民去砍伐树木,建造船只,修建矿井、道路、桥梁等。和在收税捐税时所用的方法一样,托管当局经常用欺骗或强迫的方法使土著居民做比原规定更多的工作"④。

此外,"在菲律宾殖民地发展中,最有力量的因素是传教士,他们伴随西班牙军队参加各次远征"⑤。这些传教士坚信:"征服不仅仅是占有领土,还应该要赢取被征服者的心,让他们发自内心地自愿顺从。"⑥"他们除了在军队平定一个区域后,第一时间进行基督教的布道外,还竭尽可能地收买人心,协助西班牙统治者稳定局势。"⑦"在他们的宗教鼓励及布道之下,皈依天主教的人数剧增。如 1571 年,西班牙在马尼拉建立殖民政权后的半个多世纪里,吕宋岛沿海平原地区的居民中,几乎都信仰天主教。"⑧ 天主教僧侣团是菲律宾主要的政治及经济上的力量。他们拥有巨

---

① [菲] 阿马多·格雷罗:《菲律宾社会与革命》,陈锡标译,人民出版社 1972 年版,第 13 页。
② [苏] 瓦·巴·科切托夫:《东南亚及远东各国近代现代史讲义》,东北师范大学历史系翻译室译,高等教育出版社 1960 年版,第 287 页。
③ 同上。
④ 同上书,第 288 页。
⑤ 美国新闻处:《菲律宾的过去现在和将来》,1945 年版(出版者不详),第 21 页。
⑥ Vicente L. Rafael, *Contracting Colonialism: Translation and Christian Conversion in Tagalog Society under Early Spanish Rule*, Ateneo de Manila University, 2000, Preface.
⑦ 美国新闻处:《菲律宾的过去现在和将来》,1945 年版(出版者不详),第 21 页。
⑧ Anthony Reid, Islamization and Christianization in Southeast Asia: The Critical Phase, 1550—1650, in Anthony Reid (ed.), *Southeast Asia in the Early Modern Era: Trade, Power, and Belief*, Ithaca: Cornell University Press, 1993, p. 154.

大的地产，并以此残酷地剥削着被奴役的农民。僧侣强迫多数居民信奉基督教，野蛮地毁坏古代文稿以及菲律宾的其他文化古迹。① 实际上，"殖民地的所有臣民，从诞生到死亡，都处于僧侣控制之下。教堂的讲坛和忏悔室被巧妙地用作殖民宣传和特务活动的场所。传道学校被用来毒害少年儿童的心灵，教他们反对自己的祖国"②。

西班牙人比葡萄牙人更强化教会的教育功能和政治文化传播功能。教会把持着教育，除了少数例外，受教育的只限于西班牙的儿童和菲律宾名门后裔的子弟。并不想将统治阶级的语言教给一般的菲律宾城市居民、农民或是工人。马尼拉以外有少数学校是用当地方言教学的。1863年西班牙国王发布敕令，订立菲律宾岛各地初等教育和马尼拉师范学校的学制。截至1886年，菲律宾已有学校2000所，男女学生大约各占半数，学生有20万。③ "殖民官僚机构根本不认为有必要让本地人从事较高级的职业。僧侣们在群众中传播盲目迷信的文化，包括'九天连续的祷告'、祈祷书、圣徒传、无袖法衣、描写耶稣遇难的戏剧、反穆斯林的戏剧《摩洛—摩洛》和盛大的宗教宴会及游行。殖民地时期之前的文化遗留下来的艺术品，僧侣都当作魔鬼的工艺加以焚毁，而只吸收本地文化中那些有助于他们灌输殖民主义的和中古时代思想的东西。""在那些位于修道会广大领地中的市镇，从物质基础到上层建筑，僧侣们都实行了绝对的和最暴虐的控制。在殖民地的首府，以及在每一个省份，僧侣们都掌握着很大的政治权力。他们监督税收、人口普查、统计、小学、保健、公共工程和慈善事业等各方面的事务。他们审批居民证、服兵役人员的条件、市镇预算、市镇官员和警官的挑选，以及教区附属学校的学生考试。"④

对于葡萄牙和西班牙殖民主义者来说，政治上的吞并与宗教上的改宗始终是殖民统治政策相互关联的目的。⑤ 实施政治与权力的集中化、运行法律准则，以及传播共同的信仰，都只是为了保障经济的快速增长、确保

---

① [苏] 格·伊·列文逊：《菲律宾》，魏林译，中国青年出版社1995年版，第18页。
② [菲] 阿马多·格雷罗：《菲律宾社会与革命》，陈锡标译，人民出版社1972年版，第14页。
③ 美国新闻处：《菲律宾的过去现在和将来》，1945年版（出版者不详），第21页。
④ [菲] 阿马多·格雷罗：《菲律宾社会与革命》，陈锡标译，人民出版社1972年版，第15页。
⑤ [英] 哈利逊：《东南亚在葡萄牙殖民时期》，《南洋资料译丛》1957年第2期，第73—82页。

上层社会的根本利益。①

其二,荷兰殖民者将商业主义精神融合于国家强制施行暴力的统治政策。

西班牙和葡萄牙根深蒂固的封建观念,以及缺乏远见的殖民政策,导致其殖民霸权不久遂为荷兰替代。

荷兰被誉为"第一个充分发展殖民制度"② 的国家。其利益倾向更在于商业利益而非掌控殖民地的政权。③ "荷兰人的商业帝国是建立在爪哇的稳固的地区性立足点之上的。当时该岛成为一条广阔的贸易弧线的中心:这条弧线西从波斯、印度和锡兰延伸到东边和北边的马鲁古群岛、中国和日本。"④

从荷兰的殖民历史来看,其初步工作就是"扑灭葡人在东方之势力"⑤。1602 年,荷兰成立"联合东印度公司"(以下简称"东印度公司")。这是荷兰在东方(印度尼西亚)的商业垄断和殖民侵略机构。荷兰国王是最大的股东,政府高官和大富商则为重要股东。⑥ 荷兰国会授予该公司的特许令中规定了公司的章程,并授予其"好望角和麦哲伦海峡之间的贸易垄断权,期限暂定为二十一年。公司还享有订立条约、修筑城堡、拥有武装力量和设置法官的权力"⑦。随着荷兰在东方殖民利益的扩大,为了使其领地成为公司稳定的财源收入,公司开始向征税等类似政府功能方式的转变,以至于衍生出强制性暴力统治政策。正所谓"暴力是每一个孕育着新社会的旧社会的助产婆。暴力本身就是一种经济力"⑧。

---

① Robert B. Stauffer, The Philippine Political Economy: (Dependent) State Capitalism in the Corporatist Mode, in Richard Higgott and Richard Robison, eds., *Southeast Asia: Essays in the Political Economy of Structural Change*, London, Boston, Melbourne and Henley: Routledge & Kegan Paul, 1985, pp. 243 – 244.

② [德] 马克思:《资本论》(第 1 卷),中共中央马克思恩格斯列宁斯大林著作编译局译,人民出版社 2004 年版,第 864 页。

③ Nicholas Tarling, *Southeast Asia: a Modern History*, Oxford: Oxford University Press, 2001, p. 49.

④ [美] 约翰·F. 卡迪:《东南亚历史发展》,姚楠等译,上海译文出版社 1988 年版,第 255 页。

⑤ 黄泽苍编:《荷属马来西亚》,商务印书馆 1921 年版,第 28 页。

⑥ [印度尼西亚] 萨努西·巴尼:《印度尼西亚史》,吴世璜译,商务印书馆 1959 年版,第 254 页。"联合东印度公司"词条,《东南亚历史词典》,上海辞书出版社 1991 年版,第 404 页。

⑦ [英] D. G. E. 霍尔:《东南亚史》,商务印书馆 1982 年版,第 363—364 页。

⑧ [德] 马克思:《资本论》(第 1 卷),中共中央马克思恩格斯列宁斯大林著作编译局译,人民出版社 2004 年版,第 861 页。

"1614年，东印度公司得曼丹国王之许可，设置商馆于曼丹，及其属土惹卡德拉。然是时英人之于东印度公司亦抱与荷人争雄之志，香料产地之摩洛加群岛外，英人亦置商馆于惹卡德拉，且设坚固之防备"；荷兰方面"乃亦暗修武备，伺隙而动。而英人则煽动曼丹土人，以驱逐惹卡德拉之荷人，英荷之间由是遂以武力相角逐，荷人素视为根据地之惹卡德拉，至是竟被夺于英。已而英人与曼丹土人争端又起，英人被逐。荷人乃乘机克复之，并建筑城市，兴办文化机关。因此次克复惹卡德拉之荷兰兵，大部分为巴达维亚种族"①。1619年，东印度公司将总部设置在爪哇的西达维亚；1641年，公司占领葡属马六甲；1648年的《威斯特伐利亚条约》，西班牙承认荷兰的独立；1704—1708年、1719—1723年、1749—1755年的三次爪哇战争；1795年法国占领荷兰。② 在东印度公司的直接推动下，荷兰"以原有的封建组织的剥削为基础"，实行"强制输纳制度"（Contingent）"强制种植制"（Kultuurstelsel）等统治政策。前者系"荷兰东印度公司在印度尼西亚实行的一种实物赋税制度。实物赋税（大米、胡椒、木材、蔗糖、牲畜、蓝靛等，因地而异）由当地封建官吏负责征集"；后者则指"强迫种植制度，1830—1870年间荷兰在印度尼西亚推行的殖民剥削制度。规定农民必须把1/3至2/3的耕地，有时甚至全部水田，用来种植能获大利的农作物如甘蔗、咖啡、木蓝、棉花、烟草等。农民须缴高额土地税，并为政府从事各种无偿劳动，如伐木、修路等。荷兰利用封建主监督农民，准许封建主分享农作物总收成的一部分，并给予特权和大片土地。40年内，荷兰从印度尼西亚获约8亿荷盾巨利，促进荷兰工业资本主义的发展，同时使印度尼西亚粮食生产锐减，连年饥荒，居民大批死亡。后因农民不断反抗（焚烧蔗田、仓库、工厂，集体逃亡、暴动、起义等），荷兰获利日少。1848年后荷兰工业资产阶级壮大，反对政府的垄断政策，要求自由贸易和经营种植园。1870年废除此制度"③。

关于东印度公司由一种商业机构向殖民地权力机构的历史转型问题，学术界有较多争议。其中，较有代表性的是：荷兰历史学家洛伊尔提出，

---

① 黄泽苍编：《荷属马来西亚》，商务印书馆1921年版，第28—29页。
② 1799年12月31日荷兰东印度公司解散。梁志明：《荷兰东印度公司在印度尼西亚的兴衰》，《历史月刊》（台湾版）2003年第3期，第40—47页。
③ "强迫输纳制度""强迫种植制度"词条，《东南亚历史词典》，上海辞书出版社1991年版，第419页。

18世纪以后,荷兰东印度公司开始向权力机构转变①;英国学者霍尔认为,17世纪下半叶荷兰东印度公司正从一个商业机构变成领土上的权力机构②;中国学者廖大珂则认为,1677年荷兰东印度公司获得的财政税收权及1678年取得的地方管理权、立法权和地方长官任命权,标志着荷兰东印度公司从商业掠夺机构到殖民地统治机构的演变。这是殖民制度发展的必然结果,是殖民制度发展的最高阶段,是在不同的历史条件下对殖民地人民掠夺方式的变化。③ 但是,无论如何,荷兰的殖民扩张及统治政策勾勒出"一幅背信弃义、贿赂、杀戮和卑鄙行为的绝妙图画"④,这一不争历史事实确实对东南亚传统社会向现代社会的转型产生了极其严重的影响。

其三,英国与法国颇具代表性的殖民统治政策。比起葡萄牙、西班牙建立在简单的军事征服与暴虐掠夺基础上的殖民统治而言,英国和法国的殖民统治政策体现出尊崇法律达到统治目的的特性。

19世纪初以来,英国和法国逐渐取代了葡萄牙、西班牙甚至荷兰的地位,成为主要的殖民国家。两国在相继将东南亚地区据为殖民地或半殖民地的进程中,也从政治、经济和文化领域建立起各具特色的殖民统治政策,主要体现在:英国之于海峡殖民地(以马来西亚为中心,1824—1867年)和缅甸(1886—1942年)的直接统治、"马来联邦"和"马来属邦"的间接统治⑤,以及法国之于印度支那联邦的"法国模式"统治政策⑥。

1826年,英国将槟榔屿(1786年)、新加坡(1819年)、马六甲

---

① J. C. Van Leur, *Indonesian Trade and Society*, The Hague, 1955, p. 262。
② [英] D. G. E. 霍尔:《东南亚史》,商务印书馆1982年版,第400页。
③ Els M. Jacobs, *The Story of the Dutch East India Company*, Amsterdam: Netherlands Maritime Museum, 3 edition;廖大珂:《试论荷兰东印度公司从商业掠夺机构到殖民地统治机构的演变》,《南洋问题研究》1987年第4期,第82—92页。
④ [德] 马克思:《资本论》(第1卷),中共中央马克思恩格斯列宁斯大林著作编译局译,人民出版社2004年版,第861—862页。
⑤ 美国学者派伊认为,英国在东南亚地区建立了包括三种类型的殖民统治,即"在新加坡、槟榔屿和马六甲三块海峡殖民地的直接统治,在4个马来亚联合邦的集中式间接统治,在5个非联合邦的间接统治"。[美] 卢西恩·W. 派伊:《东南亚政治制度》,刘笑盈等译,广西人民出版社1993年版,第33页。
⑥ "印度支那三国是法国在东南亚的至关重要的殖民地和战略基地,法国的殖民政策在这里得到全面的贯彻和显著的体现。"梁志明:《论法国在印度支那殖民统治体制的基本特征及其影响》,《世界历史》1999年第6期,第50—62、128页。

(1824年）三个殖民地合并成"海峡殖民地"，置之于英国殖民部的直辖殖民地之下，实行总督负责制（新加坡总督兼任马来联邦高级专员）进行直接统治。1896年，英国再将霹雳、雪兰莪、森美兰、彭亨合并为"马来联邦"；剩下的马来半岛上的吉打、玻璃市、吉蓝丹、丁家奴、柔佛则为"马来属邦"[①]。在统治政策上，英国对"马来联邦"和"马来属邦"实施间接统治。其中，马来联邦实行驻扎官制度，1896年，联邦权力集中在以英国总驻扎官（1911年以后改为首席部长）为首的联邦政府手中，总驻扎官由海峡殖民地总督兼任，隶属于马来联邦高级专员，高级专员则负责与英国殖民部之间的沟通；马来属邦则实行顾问制。缅甸方面，英国则实施间接统治，将其作为"一个行省并入印度，由印度总督任命一个英国人省督为本省最高首脑"[②]。1889年查尔斯·克罗斯韦特爵士接任专员一职后，致力于缅甸中心区的殖民统治整改工作[③]，取消缅甸传统的政府等级制，代之以印度殖民管理体制，实行首席专员（1897年后为副总督）负责制。换句话说，缅甸除了受英国殖民者的剥削外，还遭到印度方面的剥削与掠夺。"正如英国政府不会干涉印度高利贷者的剥削行为一样，它也不会制约印度劳动者来缅甸或者不让他们把90%的工资汇回印度。"[④]

法国殖民统治期间，把印度支那三国划分为五个统治区：越南分解为交趾支那（即越南南部，又称南圻）、安南（即越南中部，又称中圻）和东京（即越南北部，又称北圻）；柬埔寨和老挝则为两个保护领。其中，交趾支那区，废除原阮氏朝廷各政府机构，殖民地首府设在西贡，由法国政府直接管理，系法国直辖领地；安南（保护地）和东京区（半保护地），以及柬埔寨（保护领），实行"保护制度"，保留国王及其朝廷，由

---

① 1896年的"马来联邦"之所以形成，原因很多。其中一个关键的原因，就是时任海峡殖民地总督瑟希尔·史密斯爵士（Sir. Cecil Smith）向英国殖民当局的屡次建议。Khoo Kay Kim, ed., *The History of South-East, South and Eastasia: Essays and Documents*, London: Oxford University, 1977, pp. 41 – 53.

② 张锡镇：《当代东南亚政治》，广西人民出版社1994年版，第27页。

③ 缅甸各少数民族地区则基本保留了原有的社会政治组织，以及民族上层的统治地位与世袭制度，实行间接殖民统治。如掸邦、钦族、克钦族地区，仍然保留原来的法律和习惯、土司的司法及税收权力等。

④ ［缅］貌丁昂：《缅甸史》，贺圣达译，云南省东南亚研究所1983年版，第236—237页。正因为如此，人们才认为，英国从未在缅甸建立起一个殖民国家，而只是将印度的一些行政制度移植过来。Mary P. Callahan, *Making Enemies: War and State Building in Burma*, Singapore: Singapore University Press, 2004, pp. 22、23.

当地人政府和欧洲人政府共同管理。如安南和东京区名义上保留阮氏朝廷对越南中部的统治权,北部由越南任命的经略使负责管理①(1887年东京抗法斗争后被废除,此后,北部处于"半保护地"状态);老挝系保护领,保存其原有的封建君主制,原来的三个王国:琅勃拉邦为王都(老挝的中心);万象为行政首都,设副王,负责国防、行政、财政;占巴塞王主管社会福利。法国最高驻扎官负责老挝一切大权及各级官吏的任命权。

从英国、法国两国的殖民统治政策来看,两国共同之处在于:都将国内的国家体系有意或无意地植入各自的殖民地,并实施相应的统治体系;不同之处则在于:英国的殖民政策代表着一种统治态度的转变,即"放弃威胁政策而代之以合作政策"②。英国人仿照其管理模式,把吉隆坡、仰光等殖民地打造成"行政中心"和"立法中心"③;不管在海峡殖民地、缅甸殖民地,抑或在马来联邦或马来属邦,英国官员都是实际的统治者,掌握了绝对的全权。而法国方面的殖民统治政策的核心要义则在于:实行"中央集权""地方服从中央"④,以确保"每一个保护国的真正管理权都操在最高驻扎官的手中","本地籍官员并非挂名的,但法国人的操纵却仍然是绝对的。"⑤ 英国和法国的殖民统治政策对东南亚地区民族国家的缘起产生了较为深远的影响,尤其是在其后的国家建构方面。

综上,各殖民国家统治政策的最终结果:一方面,促使殖民地被迫与宗主国频繁地在经济、政治领域接触;另一方面,因欧洲商人、殖民官员及传教士的影响,殖民地在语言、文化、社会生活等方面不同程度地具有一些欧洲色彩,殖民者与被殖民者之间共同形成一个混杂的东南

---

① 1886年曾由一名法国总公使负责,之下,东京设统使一名、安南设钦使一名。印度支那联邦建立后,1889年,法国废除总公使一职,保留东京统使、安南钦使与交趾支那副总督,一并由印支总督管辖。
② [英] D. G. E. 霍尔:《东南亚史》,商务印书馆1982年版,第649页。
③ 同上书,第654页。
④ [美] C. E. 布莱克、E. C. 赫尔姆赖克:《二十世纪欧洲史》(上册),人民出版社1982年版,第362页。
⑤ [英] D. G. E. 霍尔:《东南亚史》,商务印书馆1982年版,第861页。

亚社会形态。① 各殖民国家第二次世界大战后还经历了一次意义深远的"非殖民化运动"。其中，美国和日本的以国际援助的名义实施的殖民政策特别典型。②

第二次世界大战及其以后，东南亚地区重要的战略和经济价值，受到日本和美国的重视。20世纪四五十年代，美国与东南亚地区签订的一系列援助协定，标志着殖民国家统治政策的巨大变化。从第二次世界大战结束到20世纪70年代中期，美国对世界各国的军事和经济援助总额约达1640亿美元，其中有370多亿美元投放在东南亚，约占外援总数的22%。如果加上越南战争的开支，美国对东南亚的军援和经援总额超过1380亿美元。③ 日本对于东南亚地区的战略则主要从第二次世界大战时代的"大东亚共荣圈"向"冷战"后的"亚洲共同体"转变。第二次世界大战期间，日本的东南亚政策主要是：确立"共存共荣的秩序"，突出东南亚地区丰富的物产（如石油、橡胶、大米等战略物资）、人口及土地对日本战争的地缘战略价值；"冷战"期间，日本与东南亚地区的发展主要以经济关系为主；"冷战"结束之后，日本为达成"90年代的新国际秩序的责任必须由日美欧等先进的民主国家共同来承担"的宗旨，一方面对日美同盟关系加以巩固；另一方面则通过"战争赔偿"方式，发展与东南亚

---

① "非殖民化"（Decolonization）一词，其含义模糊而复杂，中西方观点不一。大多数西方学者把非殖民化看成是殖民帝国所采取的、允许殖民地取得独立的主动行为。我国学者则将非殖民化和民族解放运动视为一个历史进程的两个方面。前者侧重于指殖民国家在被迫撤出殖民地的过程中采取的、尽可能地维护自身利益的各种行动，包括殖民地撤退战略、策略与手法。这样一种以维护自身利益为目的、在被迫撤出殖民地过程中的主动行为和活动就是非殖民化的真实含义。后者则主要指殖民地寻求自身独立所采取的积极活动（高岱、郑家馨：《殖民主义史》（总论卷），北京大学出版社2003年版，第262—263页）。1927年，印度共运创始人马·纳·罗易在草拟的《关于印度问题的决议草案》一文中，正式提出了"非殖民化"理论，并把缘起归结为：经济危机和殖民地民族意识的觉醒两种因素的结果（转引自李安山《论"非殖民化"：一个概念的缘起与演变》，《世界历史》1998年第4期，第2—13、127页）。1945—1962年间是非殖民化的历史进程较为集中的时间（[法]于格·戴和特：《非殖民化与欧洲建设》，《浙江学刊》2007年第1期，第107—114页）。也有西方学者担心因过于强调"非殖民化"一词而导致偏激的国家行为，毕竟摆脱殖民者的束缚及其影响是一个长期而复杂的历史过程（Marc Frey, Ronald W. Pruessen, & Tan Tai Yong, eds., The Transformation of Southeast Asia: International Perspective on Decolonization, Armonk, New York: An East gate book, 2003, p. 270）。

② 国际援助对东南亚地区民族国家形成了一种新的主权困境和挑战，本书第三部分将作重点论述。

③ 王士录等：《从东盟到大东盟——东盟30年发展研究》，世界知识出版社1998年版，第332页。宏观上看，美国20世纪五六十年代的亚洲政策以军事对抗为主，围堵中国共产党为重点。黄景明：《东南亚现势》，香港国际事务学院出版社1980年版，第40页。

地区的经济与政治并重的关系，以政治关系为首要。

东南亚地区各国在经济援助、军事援助等方式下，实现的只是国家的有限发展——以牺牲主权或主权让渡为目的，这种殖民方式对其后的东南亚地区民族国家的发展产生了很多负面影响。

二　殖民国家的行政整改与西方国家观念的影响

从整个东南亚地区的殖民史来看，殖民主义国家的行政整改既是推动其统治政策的首要工具，也是植入西方国家观念的客观手段。殖民当局为了扩大自己在当地的社会基础，有效地维护和实施自己的殖民统治，将一部分当地的封建主和领袖转变为自己的官吏，这一过程客观上也促进了西方国家观念的植入。殖民主义国家的行政整改经历了一个历史的发展过程，葡萄牙和西班牙为初期阶段、荷兰为过渡阶段、英国和法国则为成熟阶段。行政整改本身与殖民主义者的经济政策、社会政策、教育政策、宗教政策等殖民政策之间具有极为密切的关系。

葡萄牙、西班牙

葡萄牙、西班牙是近代最早的西方殖民主义者，他们在印度尼西亚群岛和菲律宾群岛的殖民统治为后来的殖民主义国家统治积累了经验。

西班牙实施总督制基础上的行之有效的管理制度。1570年，西班牙殖民主义者重新整合所征服的殖民地，将村社合并为较大的行政和经济单位，名称上叫作"领地"。这些领土主要由西班牙王室封赐的殖民官员和修道会控制，领主有权征收贡赋、强制实行徭役、征集土著士兵等。实际上是建立了类似于西班牙本土的更大规模的土地私有制。领主们甚至可以任意扩大这些领地范围，霸占已开垦土地，或利用徭役方式开垦空地变为农田等，促进自身土地的增长。如"公共建筑物、私人住宅、教堂、城堡、道路、桥梁、商用和军事远征用的船只，都修建起来了。这就需要征集大批劳工，用来采石、伐木、运木、制砖以及在附近和远地进行营建"①。

马尼拉是殖民地的中心。中央殖民政府就设置在这里，"管理殖民地的事务。其首脑是西班牙总督，他的职责是强迫菲律宾人民纳税，提供无

---

① 直到17世纪，这种领地式的管理制度才被淘汰。［菲］阿马多·格雷罗：《菲律宾社会与革命》，陈锡标译，人民出版社1972年版，第12页。

偿劳动,生产出足够的'剩余'农产品来养活寄生的殖民官员、僧侣和军队"①。总督之下,设立省、镇、村一级地方行政单位。省设省督,"行使行政和司法的权力,从城镇征收贡赋,享有在本省内垄断行业的特权,并放高利贷。他操纵政府基金,并从僧侣的'慈善'基金中取得贷款,用于从事牟取暴利的商业和放高利贷"②。镇设镇长,由镇议会选出。镇议会由现任和卸任镇长及各村的头目组成,议员必须具备财产、文化程度、出身等条件。"镇长和他下面的村社头目最重要的日常职责是征收贡赋和强制实行徭役。他们如果不能完成任务,就必须用他们的财产抵偿。但是,镇长往往把村社头目当作替罪羊。为了避免他们自身的破产和博得殖民主子的赏识,这些傀儡官员们当然把殖民压迫的主要负担加在农民群众身上。"③ 整个西班牙殖民统治制度中,西班牙人担任所有重要职位④,统治制度的边缘,则由菲律宾的小封建主("达多")充当西班牙殖民者的代理,承担收取捐税的低层行政职务。这些"达多"与西班牙殖民官员结合,共同形成殖民统治阶层。"到西班牙政权结束时为止,菲律宾共有700个以上的城镇,各城镇由一个土著管辖,时常是一个西班牙籍的混血儿。这些官员通常称为首长,每两年选拔一次。"⑤

荷兰

荷兰对东南亚地区的行政整改措施发生于法国入侵荷兰之后。由于1806年拿破仑的侵入,荷兰沦为法国的附属国。路易·拿破仑担任荷兰国王后,将荷兰亚洲财产管理委员会整改为殖民、贸易部,并任命亲法的荷兰人丹德尔斯为总督。⑥ 丹德尔斯上任后,"立即整军肃政,实行军事独裁政治"⑦。一方面,拓展渠道,扩充兵源,强迫爪哇封建主提供主要的新兵,并以自由为诱饵,吸引爪哇奴隶加入军队;另一方面,创办军官学校,设立兵工厂。为了便于行军,丹德尔斯甚至开掘了一条从爪哇西端

---

① [菲] 阿马多·格雷罗:《菲律宾社会与革命》,陈锡标译,人民出版社1972年版,第13页。
② 同上书,第13—14页。
③ 同上书,第14页。
④ 美国新闻处:《菲律宾的过去现在和将来》,1945年(出版者不详),第19页。
⑤ 同上书,第20页。
⑥ [印度尼西亚] 萨努西·巴尼:《印度尼西亚史》,吴世璜译,商务印书馆1959年版,第375页。
⑦ 《印度尼西亚》,苏联大百科全书选译,生活·读书·新知三联书店1956年版,第26页。

到爪哇东端的全长 1000 公里的军用道路。而且，还强迫万丹苏丹供给 1500 名工人开辟军港。① 对于印度尼西亚殖民政府机构的整改，他首先取消了东北沿海地区的省一级行政单位，改之为若干州：直葛、北加浪岸、三宝垄、札巴拉、朱硅纳和南旺。后来又将朱硅纳和札巴拉合并为一州。东部地区也成为一州。② 1809 年，丹德尔斯宣布井里汶为殖民地政府的属领。井里汶的苏丹们可以继续用苏丹的称号，但是从此以后他们是殖民地政府的官吏。其官阶最高是甫巴迪。井里汶被划分为两个富府：一个是北边府；另一个府包括卡鲁、林邦于和苏卡甫拉。北边府分为三区：井里汶和固宁干区由苏丹·斯甫治理，马查连卡区由苏丹·阿囊治理，南安由区则由苏丹·井里汶治理。井里汶市划分为两个区，分由苏丹·斯甫和苏丹·阿囊治理。③ 甫巴迪为殖民地政府的官吏，位于州长之下，他们不需再向殖民地政府纳贡，但有权继续征税，税款的一部分（十万"令吉"）必须上缴殖民地政府。改革后，荷兰殖民地政府官吏的俸禄制被取消了，改为数额较大的固定的薪水制。办理印度尼西亚人案件的法院纳入殖民地政府的权力范围。每一县设立一个初级法院，每一府设立一个中级法院。在三宝垄和泗水各设高级法院。此外还有专为欧洲人和东方外侨而设的法院。④

对殖民地实行欧洲式管理模式、植入行政管理系统、强化中央集权，

---

① 《印度尼西亚》，苏联大百科全书选译，生活·读书·新知三联书店 1956 年版，第 26 页。

② [印度尼西亚] 萨努西·巴尼：《印度尼西亚史》，吴世璜译，商务印书馆 1959 年版，第 387 页。

③ 井里汶苏丹不愿意执行丹德尔斯的命令，结果被革职。以前归他管辖的地区进行了调整，东部地区分给苏丹·斯甫和苏丹·阿囊，芝马努克河以西的地则划入加啦横府。1810 年卡鲁归并日惹。苏卡甫拉、林邦干、双木月和巴拉干·蒙章合并成立一个府。[印度尼西亚] 萨努西·巴尼：《印度尼西亚史》，吴世璜译，商务印书馆 1959 年版，第 381、382 页。

④ 1811 年，英国占领印度尼西亚，将之据为英国的殖民地。莱佛士受英国政府的委派，担任"爪哇及其辖区"行政首长。莱佛士再次对印度尼西亚殖民政府机构进行行政改整，并恢复此前"州"的名称（英国对印度尼西亚的殖民统治结束时，共有 18 州），削弱原甫巴迪的权力，相应地扩大了州长的权力。茂物从巴达维亚分出自成一州。加拉横州和巴达维亚各县合并成一州，称为勃良安州。从梭罗河日惹苏丹割让过来的葛都领地建成一州。南旺和厨甸合并，恢复为州。爪哇东部地区建立三个州，即岩望、庞越和外南梦三个州。锦石恢复为州。东爪哇的惹班、威罗梭坡以及其他地区建立泗水州，巴墨卡珊、双门纳建成为一州。司法方面，莱佛士则按照英国的普通法体系进行若干改革。最具代表性的是：在印度尼西亚建立起陪审制，委任法院以外的人共同参与审判案件。[印度尼西亚] 萨努西·巴尼：《印度尼西亚史》，吴世璜译，商务印书馆 1959 年版，第 387、396、397 页。

是当时亲法者荷兰人丹德尔斯行政整改的核心所在。其军事改革的目的在一定程度上也是为了能有效地推进政治改革。这一殖民统治制度对后来的英国和法国产生了深远的影响。

英国和法国

"英国和法国的殖民地行政体系较为集中地反映了（欧洲）其他殖民帝国的统治特征。"① 从英国对海峡殖民地的行政管理、查尔士·克罗斯韦特爵士对缅甸的行政整改，以及法国的保罗·杜美对印度支那三国的行政机构重组中，即可见一些端倪。

在东南亚地区的殖民统治中，英国殖民政府"最大的变革是设立由欧洲人治安法官主持、而经常由马来人治安法官协助的法院。海峡殖民地的刑法是根据印度刑法改编的，它跟那些根据印度式样和殖民地式样起草的刑事诉讼法和民事诉讼法一起施行。每个土邦划分为若干地区，由欧洲人治安法官和马来人治安法官治理。地区又分为分区和村庄，设有马来人的头目"②。

海峡殖民地设总督管理，总督之下设行政会议和立法会议；各马来属邦设置各自的顾问，顾问享有统治者咨询一切问题的权利（不发布任何命令）。1895年，柔佛苏丹阿布巴卡制定了一部由英国律师们起草的成文宪法。③ 依照此宪法，设立部长会议（为咨询机构），其成员必须是信仰伊斯兰教的马来人，并设立了邦参议会（拥有立法会议的职能），议员仅限于柔佛臣民，不问所属人种或宗教信仰。1912年，仿造英国设立了殖民行政机关的第三个机构——行政会议。④ 马来联邦的驻扎官制度中，亦在联邦一级设行政会议和立法会议，作为高级专员的辅佐机构，组成方式与海峡殖民地相似。在马来联邦政府机构中还包括一个联邦会议，其中有四个苏丹的代表和四个非官方的委托人员，再加上四个驻扎官以及总驻扎

---

① D. K. Fieldhouse, *Colonialism* 1870—1945: *an Introduction*, London: Macmillan, 1983, p. 39. 中国学者高岱对比1850—1945年间英国与法国的殖民体系后提出：两国以直接统治为主，间接统治的管理体制只是英、法殖民帝国迫于殖民地内部压力而采取的被动之举。它既是导致非殖民化迅速发展的一个重要因素，也是一定程度上形成某些国家或地区社会长期动乱不安的根源。高岱：《英法殖民地行政管理体制特点评析（1850—1945年）》，《历史研究》2000年第4期，第88—96、191页。

② [英] D. G. E. 霍尔：《东南亚史》，商务印书馆1982年版，第649页。

③ 此部宪法与1914年的一项修正案，共同成为马来人保护邦的宪法蓝本。

④ [英] D. G. E. 霍尔：《东南亚史》，商务印书馆1982年版，第658—659页。

官和总督。联邦会议根据联邦高级专员的控制已有所加强的情况,对总驻扎官的独立性和权力作了一些修改。① 联邦会议只具有咨询性质,因此总督和总驻扎官在马来西亚常常独断专行,只受殖民部否决权的限制。

缅甸殖民地的行政整改起于1889年,查尔士·克罗斯韦特爵士接任缅甸首席专员一职后,致力于缅甸的中心地区行政机构整改工作。② 克罗斯韦特爵士首先按照印度的殖民管理体制,将仰光建设为政治和经济的中心,并分别以《上缅甸乡村管理规则》(1887年)和《缅甸乡村法案》③(1889年)两个法案为基础,对缅甸进行了行政整改:开设行政区划、设置行政机构、确认行政官阶等。在对缅甸殖民地实行直接统治的政策中,首席专员系殖民地最高首长。为了协助首席专员治理整个缅甸殖民政府,设有一个专门沟通各行政部门的秘书处,它们共同形成权力集中的中央政府(到第二次世界大战爆发时期,仰光的中央机构扩大到包括20个或更多的专业性机构)。④ 首席专员之下设专员;司法专员之下设法官;专员之下设副专员。开始时副专员行使全权,后来权力被分散,由许多专职的政府机构来监管司法、公共工程、卫生保健和治安。⑤ 省之下为区(分区);区之下设城镇;城镇之下为村。在整个行政系统中,村是最基本的行政单位。村长(又称"杜基")一职,除拥有行政实权外,还充当警官、小法官和税务官,负责统计人口,执行卫生方面的规章制度,以及测量土地、管理墓地等工作。20世纪30年代以后,英国在缅甸民族主义运动的压力下,实行印缅分治制度,以缓和缅甸人民的反英情绪、转移缅甸人民的斗争目标。在此基础上,实施了"九十一部门政制",即在缅甸政府中设立98个行政部门,其中财政、国防、外交、少数民族特别区等7个重要部门均由英国驻缅总督管理,其余91个次要的部门才交由缅甸人管理。缅甸人拥有自己的议会和内阁,这在形式上虽然扩大了缅甸人的参政权,但是,政治实权仍全部掌握在总督手里,甚至名义上由缅甸人自己

---

① [美]约翰·F.卡迪:《东南亚历史发展》,姚楠等译,上海译文出版社1988年版,第562页。
② 缅甸各少数民族地区则基本保留了原有的社会政治组织,以及民族上层的统治地位与世袭制度,实行间接殖民统治。如掸邦、钦族、克钦族地区,仍然保留原来的法律和习惯、土司的司法及税收权力等。
③ [英]D.G.E.霍尔:《东南亚史》,商务印书馆1982年版,第830页。
④ [美]约翰·F.卡迪:《东南亚历史发展》,姚楠等译,上海译文出版社1988年版,第501页。
⑤ 同上书,第500—501页。

管理的次要部门，英国驻缅总督也有最后的否决权。① 为了协助首席专员治理整个缅甸殖民政府，专门成立一个庞大的秘书处，把所有的部门联系起来，成就一个中央集权的殖民政府。那些在英语、测量以及行政程序方面受过训练的缅甸人，通过考试获准担任二级文官工作。他们通常担任乡镇的谬屋或担任县里分支机构的官员或候补助理专员。1908年任命第一个缅甸籍的副专员；1917年，又任命第一个缅甸籍高级法庭审判员。②

根据英国司法独立原则行事的司法制度也在缅甸建立起来。1897年以后，缅甸实行具有委任的和顾问性质的"立法会议"制。从职能上看，立法会议的宗旨在于保障"英国商界的需要和扩展中的经济的需要"③。立法会议的一小部分非官方成员中，一开始就有一名缅甸人和一名掸邦人。1900年，下缅甸成立最高法院；1905年，创设了一个独立的司法部门来承担地方行政官员负责的一切民事和刑事案件。在上缅甸，分区专员兼任法庭开庭时的法官，副专员则审理边远地区的民事案件。④ 1909年，立法会议增加了两个由选举产生的新成员，一个由缅甸商会选出，另一个由仰光商业联合会选出。不过，两人都是英国人。1920年，立法会议又增加了一名委任的成员，且成员人数达到30人，其中非英籍成员有13人。⑤ 1923年起，英国对缅甸实行"双头政制"，即政府职权被分为两大项：属于中央的职权（包括国防、外交、铁路、邮政、电报、石油、税务等）由印度政府管理；属于地方的职权则由缅甸政府管理。地方的职权又被分为"保留的职权"和"移交的职权"，前者包括国防、治安、财政与税收，由总督任命的两名行政委员协助总督管理；后者则包括行政、教育、公共卫生、林业和农业等，由立法议会的议员中选出的两名部长管理。⑥

---

① 朱志和：《缅甸》，世界知识出版社1957年版，第65页。
② [美] 约翰·F. 卡迪：《东南亚历史发展》，姚楠等译，上海译文出版社1988年版，第502页。
③ 同上书，第502页。
④ [英] D. G. E. 霍尔：《东南亚史》，商务印书馆1982年版，第837页。
⑤ [美] 约翰·F. 卡迪：《东南亚历史发展》，姚楠等译，上海译文出版社1988年版，第501—502页。
⑥ 根据此新制，立法议会议员的名额扩充为103名，其中79名为民选，其他则系官方指定。实际上，双头政制并没有改变缅甸的殖民地位。20世纪30年代之后，英国政府实施印缅分治方案，以缓和缅甸人民的反英情绪、转移缅甸人民的斗争目标。朱志和：《缅甸》，世界知识出版社1957年版，第63、65页。

法国方面，保罗·杜美担任总督期间（1897—1902 年）对印度支那联邦进行了一套严密整改，"按照拿破仑一世的模式而组成的一套像样的法国殖民地行政机构"①。为保证行政整改的顺利进行，杜美首先对财政进行了整改，并建立了一套以分配岁入和预算拨款为基础的财政制度。中央预算由总岁入和关税收入提供，并为技术服务以及公共工程、交通、农业、工矿、司法与内务等中央各部提供经费。五个地方单位各自制定预算，从直接土地税、人头税以及发放关于酒类和鸦片销售许可证获得收入。② 为控制整个印支联邦的财经命脉，杜美充分发挥1875 年建立的东方汇理银行的财政控制功能，对印支联邦各保护领和殖民地实行统一财政制度，控制印支联邦内各部分之间的经济交流及向外联系。

法属印度支那联邦实行总督负责制。总督是法属印度支那联邦的最高行政长官，也是印支武装部队的最高司令官。③ 他"拥有决定财政预算，管理、遴选文武官员，负责内政、治安、对外防务，使用和调动驻印支的法国陆海军的权力，并且具有与法国驻远东各国的外交代表或领事交换外交事务意见的权力"④。总督设总督府，由一名总务长辅佐，代行日常事务；之下设财务、工务、卫生保健、农、牧、林等16 个部局。在印度支那的五个行政区划中（交趾支那、安南、东京、柬埔寨和老挝），总督直辖广州湾租让地及海防、河内等城市，"在安南、柬埔寨和老挝，国王和他们的宫廷以及官员们的等级制度都继续存在，同时存在的还有法国人的行政机构"⑤。交趾支那的首府设在西贡，由法国政府直接管理，设副总督（即南圻统督）为首的殖民机构，由枢密院负责行政；殖民地议会则为咨询机构协助副总督。印度支那联邦建立后，1889 年，法国废除总公使一职，保留东京统使、安南钦使与交趾支那副总督，一并由印支总督管

---

① ［英］D. G. E. 霍尔：《东南亚史》，商务印书馆1982 年版，第859 页。

② ［美］约翰·F. 卡迪：《东南亚历史发展》，姚楠等译，上海译文出版社1988 年版，第543 页。

③ "保罗·杜美把文职机关的各个部门统一起来，改组了东京的行政管理，并在新占领的老挝领土上组织起政府。""总督并不是专业性的殖民地行政长官，他通常是一位政治家，并不熟悉他被委派去治理的地方的内部问题，他的职能只是把上级的指示传达给那些常任而富有经验的下属官员。" ［英］D. G. E. 霍尔：《东南亚史》，商务印书馆1982 年版，第859、860 页； V. M. Reddi, *A History of the Cambodian Independence Movement* (1863—1955), Tirupati: Sri Venkateswara University, 1970, pp. 49–70 (French Polices and Administration).

④ 梁英明等：《近现代东南亚（1511—1992 年)》，北京大学出版社1994 年版，第223—224 页。

⑤ ［英］D. G. E. 霍尔：《东南亚史》，商务印书馆1982 年版，第860—861 页。

辖。柬埔寨则保留国王及其朝廷，由当地人政府和欧洲人政府共同管理，枢密院负责辅助国王处理国事，法国理事长官担任枢密院主席。老挝，保存其原有的封建君主制及其三个王国：琅勃拉邦为王都（老挝的中心）；万象为行政首都，设副王，负责国防、行政、财政；占巴塞王主管社会福利。法国最高驻扎官负责老挝一切大权，及各级官吏的任命权。"每一个保护国的真正管理权都操在最高驻扎官的手中"；"真正的行政管理工作都由本地籍官员在对等的法籍官员指挥下进行，除了绝对需要之外，法籍官员一般不直接干预政务"；"本地籍官员并非挂名，但法国人的操纵却仍然是绝对的"①。另设"财经事务统筹委员会"协助总督工作：政务评议会、财政经济最高会议和国防会议，总督是这些会议的主席或议长，有权否决任何提案。印度支那的法律主要由法国议会制定，或由殖民部以法令形式颁布。②

此外，军事制度改革也是杜美改革的中心环节之一。法国驻印支的军队由总督统率，总督府设有陆军部和海军部。法国将军任陆海军司令，其中，陆军司令部设在河内，兵力主要在南部和北部边境一线；海军司令部设在西贡，海军由法国远东舰队和印支舰队组成。在西贡、海防、岘港等地设重要海军基地，金兰湾为最大军港。除法国军队和欧非籍军队外，印度支那本地人也是其中的兵源，作为法军的辅助力量。其中，越籍士兵分为正规军（又称"红带兵"）和地方军（包括法国人指挥的保安兵，又称"蓝带兵"）两类；老挝军队为由老挝人组成的红带兵、蓝带兵和地方军。这些部队主要用来维持地方治安，镇压反抗。

让·德古（Jean Decoux，1884—1963 年）担任印度支那总督期间（1940—1945 年），再次进行了行政整改，宣称印度支那人与法国人享有同等的工作权利及报酬。他向印度支那人开放了更多的行政职位。在他1941 年创建的印度支那联邦议会中，25 位印度支那人被选为议员（当然都是忠诚于法国的）。1940 年和 1944 年，越南的中、上等官员成倍增长，这些人中有一大部分后来成为越南民主共和国的精英。③ 此外，法国还派驻印支空军 150 多架飞机，设置河内机场和西贡机场为空军主要基地。

---

① ［英］D. G. E. 霍尔：《东南亚史》，商务印书馆 1982 年版，第 861 页。
② 同上书，第 860 页。
③ Ellen J. Hammer, *The Struggle for Indochina*, Stanford, California: Stanford University press, 1954, pp. 32 – 33.

让·德古的行政改革为此后印度支那三国的独立建国产生了较大的影响。

殖民国家在殖民扩张及殖民政策实施的过程中，也逐渐将西方国家的观念相继植入。所谓"行政"（administration），在英文中即为"对公共事务的管理"①。"行政"被认为是实现国家目标的重要工具。为了能更好地管理社会的公共事务，实现管理目标，国家通常会将包括各级政府行政机构的设置、运行、人员安排等一系列举措制度化。西方语境中，"政治是国家意志的体现，行政是国家意志的执行"②。殖民国家将政治、行政的二分法及其相应理念，一并传入东南亚社会，并产生了深远的影响。

三　西方社会观念的影响

殖民国家在殖民统治的过程中，也相应地植入了西方社会的内在逻辑及其发展观念。即自霍布斯、卢梭以降的西方思想家，以社会契约论支撑起西方现代社会的思想大厦。他们把由传统的社会契约观所形成的个人—社会—国家之间的关系，逐渐演变为通过宪政的形式确立的公民、社会、主权国家之间的合法性基础及相互关系。

在西方社会的传统理念中，从一种自然状态进入社会状态、从自然人演变成社会人的过程，被归因于社会契约的结果。"公民身份或公民资格有两个基本要素：一是它应当是平等者之间的一种关系；二是自愿效忠于一个具有合法权威的而非专制权威的政府。"③ 个人为了更好地保护自己及其自由和财产，他就应该让渡自己的权力，交给社会，由立法机关按照社会的利益所要求的程度加以处理。"这一切没有别的目的，只是为了人民的和平、安全和公众福利。"④ 社会公约是对人们公共行为的一种社会约束。人们结成的社会集合体中通过两个基本理念融进一种共同的价值框架："一个是有关个人的理念，而所谓个人，就是人类的一个单位，他有纯属个人的和私人的生活；另一个是有关普世性或普遍性的理念，这指的

---

① 《牛津高阶英汉双解词典》，商务印书馆1997年版，第18页。
② ［美］古德诺：《政治与行政》，华夏出版社1987年版，第12—13页。
③ ［美］乔治·霍兰·萨拜因：《政治学说史》（上册），邓正来译，商务印书馆2008年版，第186页。盛葵阳的译本中为："亚里士多德曾认为，公民的两个要素是，它应当是两个同等物之间的一种关系，要自愿效忠于一个具有合法的而不是残暴的权力的政府。"（［美］乔治·霍兰·萨拜因：《政治学说史》（上册），盛葵阳译，商务印书馆1990年版，第181页）比较之下，邓正来的译本更加准确些。
④ ［英］洛克：《政府论》（下：论政府的真正起源、范围和目的），叶启芳等译，商务印书馆1996年版，第80页。

是整个世界范围的人类，他们当中所有的人都具有一种共同的人性。"①
"第一个理念可以根据这样一个假设而获致伦理意义，即这样的个人有着一种其他的个人必须予以尊重的价值。这样一种假设在城邦的伦理中所具有的作用甚微，因为在城邦中，个人是作为公民出现的，而且他的重要性也取决于他所处的地位或他所具有的作用。"② 西方社会中的公民、市民社会及其国家之间的内在逻辑，经由资产阶级革命的历史进程，发展为"主权观念"与"宪政原则"相结合的统一实体。

东方社会没有西方社会的理论基石及其思想大厦。对于社会契约论所赋予的国家联合及其置身于政府之下的重大意义，显然东方社会是缺失的。洛克等西方思想家进而推论出西方殖民主义行为的合法性根源，以及东方必须效仿西方开启文明进程的相关论断。洛克指出，"全世界初期都像美洲，而且是像以前的美洲"③。首先，东方对社会个体抑或自然资源，没有明确的财产归属及其相关权利（权力）的法定依据，"例如土地，没有形成私有财产的概念"④。其次，凡是处在自然状态中的人，都缺少一种确定的、规定了的、众所周知的法律。他们没有一种解决和裁定是非标准的共同尺度，也缺少一个有权依照既定的法律来进行裁判争执的、知名的和公正的裁判者。⑤ 因此，一直处于"自然状态"的东方严重阻碍了文明化的进程。"自然和土地只提供本身几乎没有价值的资料。"⑥ "一个人基于他的劳动把土地划归私用，并不减少而是增加了人类的共同积累。因

---

① ［美］乔治·霍兰·萨拜因：《政治学说史》（上册），邓正来译，商务印书馆2008年版，第185—186页。盛葵阳的译本中为："一个是个人的概念，所谓个人就是人类的一个单位，他有他纯属个人的和私人的生活。一个是普遍性的概念，这指的是全世界的人类，人类中所有的人所具有的共同人性。"（［美］乔治·霍兰·萨拜因：《政治学说史》（上册），盛葵阳译，商务印书馆1990年版，第181页）本书认为邓先生的译本表达得更为准确。
② ［美］乔治·霍兰·萨拜因：《政治学说史》（上册），邓正来译，商务印书馆2008年版，第186页。盛葵阳的译本中为："假使这样的个人具有别的人不得不尊重的一种价值，那就可以赋予前者以伦理上的意义。这样一个假设在城邦的伦理中起的作用并不大，因为在那里，个人是一个公民，而他的重要性决定于他所处的地位或他所起的作用。"（［美］乔治·霍兰·萨拜因：《政治学说史》（上册），盛葵阳译，商务印书馆1990年版，第181页）
③ ［英］洛克：《政府论》（下：论政府的真正起源、范围和目的），叶启芳等译，商务印书馆1996年版，第32页。
④ ［美］J. M. 布劳特：《殖民者的世界模式：地理传播主义和欧洲中心主义观》，谭荣根译，社会科学文献出版社2002年版，第28页。
⑤ ［英］洛克：《政府论》（下：论政府的真正起源、范围和目的），叶启芳等译，商务印书馆1996年版，第77—78页。
⑥ 同上书，第29页。

为一英亩被圈用和耕种的土地所生产的供应人类生活的产品,比一英亩同样肥沃而供有人任其荒芜不治的土地要多收获十倍。所以那个圈用土地的人从十英亩土地上所得到的生活必需品,比从一百英亩放任自流的土地所得到的更要丰富,真可以说是他给了人类九十英亩土地:因为他的劳动现在从十英亩土地上供应了至少相当于从一百英亩土地上所生产的产品。……试问,在听其自然从未加以任何改良、栽培或耕种的美洲森林和未开垦的荒地上,一千英亩土地对于贫穷困苦的居民所提供的生活所需能否像在德文郡的同样肥沃而栽培得很好的十英亩土地所出产的同样多呢?"① 洛克据此认为,东方所处的进化阶段还不能真正形成私有制的概念,西方即有理由对自然界赋予的财富加以利用,并把相关观念强加给他们。② "上帝既将世界给予人类共有,亦给予他们以理性,让他们为了生活和便利的最大好处而加以利用。土地和其中的一切,都是给人们用来维持他们的共存和舒适生活的。土地上所有自然生产的果实和它所养活的禽类,既是自然自发地生产的,就都归人类所共有,而没有人对于这种处在自然状态中的东西原来就具有排斥其余人类的私人所有权;但是,这些既是给人类使用的,那就必然要通过某种拨归私用的方式,然后才能对于某一个人有用处或者有好处。野蛮的印第安人既不懂得圈用土地,还是无主土地的住户,就必须把养活他的鹿肉或果实变为己有,即变为他的一部分,而别人不能再对它享有任何权利,才能对维持他的生命有任何好处。"③ 当人们以发明和技能来改善了生活的种种便利条件时,那些改造物就已转变为他自己的了,不再是他人的私有财产,无须与他人共有。"西班牙人和蛮人一样同属人类。凡人皆应当像爱护自己一样地去爱护同类我。所以,那些蛮人排斥西班牙人是没有正当理由的。……如果西班牙人愿在该地定居,取得居留权,蛮人不得拒绝其要求。……如果西班牙人想尽了一切办法,仍不能保障自己的安全,而不得不征服蛮人,占领他们的土地,也是合情合理的。"④ 并且,"世界每一个地方都被赋予了特定的

---

① [英]洛克:《政府论》(下:论政府的真正起源、范围和目的),叶启芳等译,商务印书馆1996年版,第25页。
② [美] J. M. 布劳特:《殖民者的世界模式:地理传播主义和欧洲中心主义观》,谭荣根译,社会科学文献出版社2002年版,第28页。
③ [英]洛克:《政府论》(下:论政府的真正起源、范围和目的),叶启芳等译,商务印书馆1996年版,第18—19页。
④ [法]雅克·阿尔诺:《对殖民主义的审判》,世界知识出版社1955年版,第119页。

角色。东南亚的'主要作用'在于为工业国家提供原材料,非洲的作用在于为欧洲复苏提供'掠夺'之地。如此等等,全球皆然"①。

当欧洲人发现新的海洋、大陆和文明时,也曾经历了短暂的惊讶感觉、甚至不安的良心反省,之后,他们就对其所征服的世界产生了不同的态度:"越来越粗暴、冷酷和褊狭。"② 他们不仅认为是其智慧和努力,把东方这些没有价值的资料变为有价值的资料,而且,还负有将文明的概念传播到美洲及欧洲以外的国家的责任。"传教士和殖民地行政官员从事的事业是把欧洲模式传播到欧洲以外地区。"③ 同时,他们依据其历史经验,在不断的殖民活动及其扩张过程中,通过统治政策及行政整改,从理论和实践上将东南亚地区传统的社会与政治,仿效西方的模式进行改造,将东南亚地区完全纳入西方的社会系统,并接受西方社会的观念,"欧洲以外的人缺乏自由的概念,因此容忍独裁政府压制所有的进步——直到欧洲人用殖民主义的形式给他们带去自由"④。再经由西方通过其教学方法、沟通网络等方式,西方殖民文化构成高度强制化的意识形态体系,形成一种包括19世纪的人类学、地理学,以及欧洲以外地区的政治、经济理论的系统理论。⑤ 西方文化俨然"变成了一个使自身永存不废的封闭的传统,它盛气凌人地抵抗所有内部和外部的批评;其变成了一种专横的制度"⑥。以至于殖民地的任何地方,无不按欧洲的国家发展模式展开争论、谈判、调停或妥协。⑦ 即便在民族国家时代也是如此,"依然如殖民时代一样活跃"⑧。

严格地说,葡萄牙、西班牙尚不属于资本主义和工业化的植入过程⑨,

---

① [美]诺姆·乔姆斯基:《新自由主义和全球秩序》,徐海铭、季海宏译,江苏人民出版社2000年版,第7页。

② L. Stavrianos, *A Global History*: *from Prehistory to the 21st Century*, 北京大学出版社2004年版(影印本),第395页。

③ [美] J. M. 布劳特:《殖民者的世界模式:地理传播主义和欧洲中心主义观》,谭荣根译,社会科学文献出版社2002年版,第27页。

④ 同上书,第29页。

⑤ 同上书,第27页。

⑥ [英]齐亚乌丁·萨达尔:《东方主义》,马雪峰等译,吉林人民出版社2005年版,第7页。

⑦ Mary P. Callahan, *Making Enemies*: *War and State Building in Burma*, Singapore: Singapore University Press, 2004, p. 31.

⑧ [英]齐亚乌丁·萨达尔:《东方主义》,马雪峰等译,吉林人民出版社2005年版,第7页。

⑨ Nicholas Tarling, *Southeast Asia*: *a Modern History*, Oxford: Oxford University Press, 2001, p. 21.

而其后的英国、法国、美国和日本等国家在政策执行的过程中,才真正将资本主义与工业化汇同西方的公共社会及管理体系、国家合法性的基础及来源等国家理念,一并不同程度地植入东南亚地区原有的社会系统,并产生了深远的影响。殖民者将"共同体思想""资本主义制度""议会民主制度"及控制力相对较高的国家监督及管理制度遗留给了东南亚地区各国。① 尽管殖民主义者的统治政策各不相同②,但无论是殖民主义前期的葡萄牙、西班牙,还是后来的英国和法国,或美国和日本等,经济利益及政策执行本身尽可能减少殖民政府在管理与统治方面的财政开支,都是其优先考虑的原则。③

然而,东南亚地区传统社会的骤然解体,并非意味着现代社会的来临,相反地,其间的矛盾与冲突及至民族国家时代来临时,方被累积成社会发展的巨大困境。正如美国学者卡迪对英治缅甸的评述:"从缅甸人的角度来看,引入一种异国的法律制度和法院程序是特别令人不安的。法院的判决与缅甸人的司法观念没有多少关系。新的法院程序似乎是引入一套关于术语和规则的游戏,这种游戏可以被那些不重视细节的法律界人士利用来谋取个人利益。以前通过调解人可以得到真实证据,但在这种不受个人因素影响的法院程序下,则已成为一种困难的事情。与传统的宣誓相比,证人的新的宣誓并不具有令人害怕的宗教上的约束力。因此伪证和贿赂到处可见。法院诉讼案件的增加,特别是关于下缅甸迅速出现的有关土地所有权转让方面的诉讼案的增加,使社会更加陷于混乱了。"④

---

① Meredith L. Weiss, *Protest and Possibilities: Civil Society and Coalitions for Political Change in Malaysia*, Stanford: Stanford University Press, 2006, p. 53.

② 有学者认为这正是各国独立道路不同的原因之一。印度尼西亚诞生于"火"、越南经历"革命的洗礼",而马来亚则承接独立于"金盘"。Karl Hack, Screwing down the People: the Malayan emergency, decolonisation and ethnicity, in Han Antlöv and Stein Tønnesson, ed. *Imperial Polocy and Southeast Asian Nationalism*, 1930—1957, Curzon Press Ltd., 1995, pp. 83 – 109.

③ 尤其是英国这样一个海外殖民帝国,为了获得巨大的经济利益。为了尽量降低管理殖民地的成本,对于联邦及属邦这些殖民区域的间接统治方法是极其必要的。确立间接统治的首要宗旨就在于:确保英国的宗主权,包括全部土地的最高所有权、对所有国家官吏的任命权、所辖区域的立法权及征税权,等等。其次,才是土著所保留的基本权益。这些土著统治者主要的职责就是维护地方社会秩序,确保税款征收、传达和执行殖民当局发布的各种命令,等等。因此,土著政权实际上只拥有少量的警察,甚至不得组建军队。但是,此政策对于海峡殖民地、缅甸殖民地显然不合时宜。因为这里的本土民众充满了斗志,征服他们就已不是一件简单的事情。

④ [美]约翰·F. 卡迪:《东南亚历史发展》,姚楠等译,上海译文出版社1988年版,第501页。

第三节　泰国向民族国家形态的过渡：1855—1932 年①

　　1855—1932 年间的泰国历史为国际学界瞩目。其间的朱拉隆功改革（1868—1910 年）普遍被认为改变了泰国社会发展的方向，使泰国由此迈向现代化的道路。②不过，也有持异议者，如中国学者马小军和贺圣达为代表的部分学者，探析朱拉隆功改革的影响、对比改革前后的经济发展，以及对泰国社会变迁的考察等，揭示出改革只是一场专制君主领导的改革运动，具有严重的局限性，但是，维护了泰国的独立和统一，促进了资本主义商品经济和生产关系的发展，破坏了传统的封建行政建制，移植了近代西方型的行政和军事制度，对泰国从传统社会逐步向现代社会的过渡具有复杂而深远的影响。③本节旨在考察该历史阶段泰国国家形态的过渡性特征。

　　直到 19 世纪初，泰国仍是一个相当典型的传统东方王国。整个国家是一个由中央政府、省区以及许多小属国所组成的松弛的集合体。④ 1855 年以前泰国是封建农奴制国家，其国家在形态上表现为：王室掌握国家权力；宫廷兼管国王私人和国家的事务；国库与国王的私人金库不分开，中央缺乏有效的集权机制，地方割据势力此消彼长，等等。1855 年，泰英签订《鲍林条约》，之后，泰国又相继与法国、丹麦、荷兰等 15 个国家签订了各种不平等条约。随着外国资本主义势力的不断入侵，泰国封建王朝的统治受到严重威胁。为维护国家独立，实现富国强民的愿望，泰国统治者以西方国家为参照进行了一场规模宏大的改革：建立专业化的常备军；改革旧的行政体制；扩展国家职能等。客观上使泰国形成一个资本主

---

　　① 本节是在课题负责人岳蓉撰写的"近代泰国国家形态特征"（《东南亚》，2001（2）：42—47）一文基础上修订而成。(此条注释删掉)

　　② [英] D. G. E. 霍尔：《东南亚史》，商务印书馆 1982 年版，第 760—771 页；中山大学东南亚史研究所编：《泰国史》，广东人民出版社 1987 年版，第 187、196 页；James Ansil Ramsay, Modernization and Centralization in Northern Thailand, 1875—1910, *Journal of Southeast Asia Studies*, No. Ⅶ, No. 1 (Mar. 1976): 16—32；库拉达·克斯布恩却·米德博士把 19 世纪初到 20 世纪初的泰国历史，誉之为"绝对主义"阶段。Kullada Kesboonchoo Mead, *The Rise and Deline of Thai Absolutism*, London & New York: RoutledgeCurzon, Taylor & Francis Group, 2004.

　　③ 马小军：《泰国近代社会性质刍论》，《世界历史》1987 年第 5 期，第 34—45 页；贺圣达：《朱拉隆功改革与泰国的现代化进程》，《世界历史》1989 年第 4 期，第 104—112 页。

　　④ William J. Siffin, *The Thai Bureaucracy: Institutional Change and Development*, Honolulu: East-West Center press, 1966, p. 6.

义的发展框架。正是这不同寻常的变化,使泰国在 1855—1932 年间所表现的国家形态特征是既非典型化的封建主义国家形态,也非成熟的资本主义国家形态的过渡性特征。

一　西方的冲击及国家观念的变化

17 世纪,泰国同样受到西方殖民主义者不同程度的侵扰。1664 年,泰国被迫与荷兰签订了第一个不平等条约。① 荷兰人、英国人、法国人等咄咄逼人的态势令泰国越来越处于被宰割的地位。直至拉玛三世时期,泰国仍未打开国门,统治者始终坚信:西方的思想文化带来的危险更甚于经济侵略所带来的危害。然而,拉玛四世继位后,泰国与西方的关系方发生根本变化。此时,随着欧洲自由资本主义向垄断资本主义过渡,帝国主义之间掀起了夺取世界霸权和势力范围的斗争。19 世纪八九十年代,东南亚地区的局势已发展成:海岛国家为美国、荷兰、英国殖民者瓜分;中南半岛各国(除泰国外)为英国和法国瓜分。② 泰国于 1855 年在拉玛四世治下与英国签订《暹英友好通商条约》。③ 随后,对泰国不利的各国不平等条约接踵而至,法国、美国、丹麦、荷兰等相继将泰国据为自己的商品倾销地。与此同时,英国与法国在亚洲的对抗也越来越剧烈,英国从 1840 年起,侵入中国、侵占下缅甸等地;法国则入侵西贡,强迫泰国放弃对柬埔寨的宗主权等。泰国成了列强肆意争斗的旋涡,危机四伏。

为了使国家富强,避免沦为殖民地,拉玛四世不得不考虑改变旧制。

---

① 该条约规定:"荷兰东印度公司在暹罗的侨民享有治外法权。荷兰商人可以在暹罗统治范围内的任何一个地方自由贸易而不受到限制。暹罗不得随意增加荷兰商品的进出口关税。暹罗商船不得雇佣中国水手,一经发现便没收船只货物。荷兰垄断暹罗的牛皮、鹿皮的出口贸易。"中山大学东南亚史研究所编:《泰国史》,广东人民出版社 1987 年版,第 97 页。

② Ian Nish, The Policies of the European Powers in Southeast Asia, 1893—1910, in Charit Tingsabadh, ed., *King Chulalongkorn's Visit to Europe: Reflection on Significance and Impacts*, Bangkok: Chulalongkorn University, 2000, p. 13.

③ 因系由英国驻香港总督鲍林(John Bowring,1792—1872 年)迫使泰国国王签订,故又称《鲍林条约》。《鲍林条约》规定:"泰国给予英国人以治外法权。允许英国人买卖或租用曼谷附近的土地。开放泰国市场,英国商品进口税率不得超过其价值的 3%,并允许鸦片进口。在曼谷设立英国领事馆。准许英国军舰驶入湄南河口,在北榄要塞停泊。""1856 年春,泰国、英国又签订了一项该条约的补充特别协定,规定准许所有英国公民均可畅通无阻地由欧洲和亚洲地区进入泰国。"《东南亚历史词典》,上海辞书出版社 1991 年版,第 448—449 页。

这一方面出于对实现现代化的真诚愿望；另一方面也是出于谨慎小心。①有史家评："对这个国家进步的最大贡献那要算蒙固雇佣欧洲人改组政府机构。此乃意味着要恢复与外部世界的友好关系。"② 他为外来的贸易打开国门，并以优厚的待遇聘请84名欧洲外国专家在政治、经济、教育等重要部门工作。他在聘请美国传教士的妻子教宫廷妇女学习之后，又继续雇佣许多其他欧洲人来使其国家实现现代化。有英国人受聘前来担任港长，并担任一支在新加坡招募的雇佣警察部队的司令官；法国人受聘指挥和训练王家军队、指挥王家乐队；美国传教士 S. G. 麦克法兰牧师编写英暹字典，后接管了国王学院。③

蒙固王的种种努力直接产生了两种后果：一方面，结束了华人对泰国外贸的支配地位，并使华人经济的领导阶层同政府的关系有所改变。从缅甸摧毁阿瑜陀耶后达信的过渡性统治时期（1767—1782年）起，华人就已大量移入泰国。到1850年，泰国已有大约30万华人，控制了较能获利的贸易和争取国王恩赐的商业垄断特许权。但在欧洲人所订条约全部生效后，华人处于领导地位的经济基础，在很大程度上已从对外贸易转向经营国内的包税。④ 华人经济地位的变化直接影响了泰国日后民族国家时代族际关系的交融与吸纳。另一方面，逐渐引导国民改变原有的国家观念。蒙固王在政府管理中吸纳西方人士作为顾问的方式，鼓励泰国朝野上下接受新事物观念。在其执政时期，曾发生两件较为典型的案例：一件是关于婚姻自主的案例。名为艾穆·登孟（Am-Daeng Muen）的女子，因其父母在违背其意愿的情况下，让其嫁入一富有人家为妻。该女在新婚之夜偕同所爱之人逃婚。于是新郎盛怒，以通奸之罪告上法庭。按照泰国旧法，新郎必定胜诉。然而，拉玛四世纠正了此判决，并指出：违背意愿的婚姻可视

---

① ［美］约翰·F. 卡迪：《东南亚历史发展》，姚楠等译，上海译文出版社1988年版，第431页。库拉达·克斯布恩却·米德博士更倾向于蒙固王通过与西方国家订立条约来巩固自己的统治地位。《鲍林条约》只不过是泰国用来沟通世界的一种工具罢了。Kullada Kesboonchoo Mead, *The Rise and Deline of Thai Absolutism*, London & New York: RoutledgeCurzon, Taylor & Francis Group, 2004, pp. 30 - 32.

② ［英］M. 史密斯：《蒙固王》，《东南亚历史译丛》1986年第4期，第46—68页，尽管这一具有"欧洲中心论"的评价过于夸大其词，但是，蒙固王期望国家富强的决心可见一斑。

③ W. F. Vella, *The Impact of the West on Government in Thailand*, Berkeley: California University, 1955, pp. 322 - 324.

④ ［美］约翰·F. 卡迪：《东南亚历史发展》，姚楠等译，上海译文出版社1988年版，第440页。

为无效,已婚妇女可不经丈夫允许提出离婚。另一件是取消视妻子为奴隶进行买卖的丈夫专断权。艾穆·登婵（Am-Daeng Chan）状告丈夫未经其允许,擅自将之如奴隶般进行买卖。此诉状得到拉玛四世的支持,并立之成法。①

正如拉玛四世研究者格里斯沃德所认为的:"蒙固王的历史是一部有价值的入门书。在其前部,主要展现了在东南亚大多数地区极为盛行的古代宫殿和宗教传统;在其后部,则展现了这些传统怎样适应现代生活的需要。蒙固王亲自引导了这一既是充满痛苦的却又是必要的全过程。为了防止发生在其邻国的崩溃,他从当时东西方之间的关系常见的祸患所引起的灾难中挽救了暹罗。"② 这不仅为其后继者产生了深远的影响,而且为以后泰国的各种社会改革奠定了良好的基础。

1868年,在朱拉隆功（Rama Ⅴ.,1868—1910年）的即位典礼之上,他即表示:"我将致力于国家进步,带着我的人民走向幸福。"③ 即位之后,为富国强兵,维护国家独立,拉玛五世继续沿着其父的社会改革方向,继而展开更为宏大的社会改革运动。其主要内容为:（1）仿效欧洲议会制度,先后设立国务咨询委员会、立法委员会和国家私人枢密委员会,以向国王提供咨询和起草法令;（2）改革中央和地方行政制度,加强中央集权和国家统一;（3）废除"萨迪那制",改用薪俸制度;用人头税代替国家徭役制度,确立土地私有制;（4）先后颁布法令逐步废除奴隶制和封建依附关系,解放奴隶,使其成为自由民;（5）改革国家财政和赋税,废除征税承包制度;由财政部制定国家预算,将王室预算与国家预算分开;发行统一国家货币;（6）改革司法,修订法律。规定法律统归司法部;设立三级法院,整理汇编拉玛一世以来的法律条例;制定新法律;（7）革新陆军,创建海军,改革京都警察部队,建立地方警察;（8）利用外资开办工厂矿山,铺设铁路,创办邮政、电报及电话;

---

① Kittisak Prokati, King Rama V. and Constitutionalism in Thailand, in Pornsan Watananguran, ed. *The Visit of King Chulalongkorn to Europe in 1907: Reflection on Siamese history*, Bangkok: Centre for European Studies, Chulalongkorn University, 2008, pp. 116 - 117.

② A. B. 格里斯沃德:《蒙固王》,译自《暹罗学会学报论文选集》（第四卷·曼谷,1959年版）,《世界史译文集》（第五辑）,云南师范大学历史系世界史教研室及科研处整理,1988年,第77页。

③ Kittisak Prokati, King Rama V. and Constitutionalism in Thailand, in Pornsan Watananguran, ed. *The Visit of King Chulalongkorn to Europe in 1907: Reflection on Siamese history*, Bangkok: Centre for European Studies, Chulalongkorn University, 2008, p. 118.

(9) 改革传统教育,发展文教卫生事业:创办宫廷学校,改革传统寺院教育制度,创办新式学校和各类专科学校,创办新式医院。① 有史家评价:"朱拉隆功最伟大的成就,就是他主持了泰国行政机构的改革。"② 朱拉隆功对泰国的行政体制进行了较为深入、彻底的改革。

  西方冲击之下,泰国蒙固王和朱拉隆功两位国王历经数十载的改革,使得泰国社会的国家观念发生了巨大变化。蒙固王使一个地道的、落后的东方国家,通过大胆引进西方先进的政治思想文化,把国家带上了与时代发展相一致的道路。"专制统治者中有许多英明而勇敢的人;蒙固王就是这类能够与他们并驾齐驱的很少亚洲领导之一。当其他统治者都最后无力地屈服于征服者或耗尽他们无用的狂怒时,他保持了自己国家的自由。当其他人企图把西方影响拒之门外并闭关自守时,他认识到——正如后来几年日本所认识的那样,一个亚洲国家维持生存的唯一办法是吸收这些影响并使自身现代化。他看到了中国企图把西方拒之门外的命运。在他的国家里,他几乎是唯一认识到中国在鸦片战争中实际上失败了,他不相信把承认英国的条约权利看作是一种友好的妥协的宣传。暹罗不应该走他们的路。暹罗必须冲破过去保守的孤立主义,允许外国的贸易和吸收外来思想,改革旧制度。作为未来的统治者,他必须了解西方思想、科学、外交和管理国家事务方面的知识。了解所有这些知识的钥匙是语言。当他的国家的人们把学习英语看作是怪癖时,他却称它是一种工具,并花费了大量时间来学习英语。"③ 同时,蒙固王还培养了一个才学兼备的后继者——拉玛五世朱拉隆功。在朱拉隆功执政的37年中,他顺应了时代发展的潮流,学习西方先进的思想文化,并根据泰国自己的国情,在政治、经济、军事、文化教育等领域进行了广泛的改革。蒙固王及朱拉隆功的改革,不仅使泰国免于沦为殖民地,而且,也使国家与当时世界上较为先进的管理体系相接轨,对推动泰国的社会进步具有重大的历史意义。

---

① 《东南亚历史词典》,上海辞书出版社1991年版,第158页。
② [英]黛安·K.莫齐主编:《东盟国家政治》,中国社会科学出版社1990年版,第21页。
③ A.B.格里斯沃德:《蒙固王》,译自《暹罗学会学报论文选集》(第四卷·曼谷,1959年版),《世界史译文集》(第五辑),云南师范大学历史系世界史教研室及科研处整理,1988年,第77—78页。

二 常备军的建立和发展

军队建设是这一时期泰国最显著的变化之一。新型军队的建立处于近代国家建设工作的起始阶段,对形成近代国家雏形的影响极大。①

在此之前泰国的军队根本谈不上专业化和集权化,其人数少,武器少,素质也差。且主要是步兵,在战时才使用小部分骑兵,将领都骑在象上作战。"上述的士兵构成王军的一部分,亦间有从外国雇来的佣兵。""通常,泰国的常备军就是由那些自战争中带回的俘虏及其后裔充任,以后逐步演变成一种惯例:在泰国国内的马来亚人、孟人和安南人每年都必须服役四个月。"② 这种徭役式的兵役制度一遇战事,就缺乏统一的管理。每个村庄只是按预先编好的后备兵员名单临时匆忙组合。

泰国军队的专业化建设是直到与西方接触之后才开始的,拉玛四世时代,蒙固王曾按欧洲军队的模式建立一个连。③ 士兵的服饰完全模仿跟随英国使臣来访的印度士兵的服装。由一位英国军官负责训练此连。由于这支特别的军队在训练和装备上都仿效西欧,故它成为后来泰国陆军建设的基础。在发展海军方面,蒙固王亦做出相当的努力。他还亲自参与了军舰及运输船只的设计。

但是,泰国军队专业化和集体化改革实际上是从拉玛五世开始的。1870年,他尝试着把宫廷的侍员组织成一支欧洲式的军队,并甄选王子和高级官员的儿子来服役。这支军队被称为国王的侍卫队,国王任总司令。这是按新加坡英军建制设计、建立的,该侍卫队被分为六个连,并仿巴达维亚(今雅加达)康考达军官俱乐部的模式,将侍卫队的军官们以俱乐部建制。为此,朱拉隆功还颁布了"军营法",为军营生活规定了严格的作息时间、制度、纪律。同时,这也是泰国最早发放薪水的部门,国王根据不同的职务、能力、接受军事知识的程度,将薪水分成三等,分别为每月12铢、10铢、8铢。从1873年起,泰国开始实行军衔制。④ 随后,许多以西方方法训练的军事组织渐渐发展起来。直到1886年,这些不同

---

① 桑巴特:《现代资本主义》,商务印书馆1958年版,第216页。
② William J. Siffin, *O & M: An Introduction*, Bangkok: Thammasat University, Institute of Public Administration, 1961, pp. 37–38.
③ 中山大学东南亚历史所编:《泰国史》,广东人民出版社1987年版,第174页。
④ 转引自贺圣达《关于朱拉隆功改革的指导思想》,《东南亚南亚研究》1988年第2期,第24—29页。

的军事组织才在国王的直接控制下收归军事厅统一管理。这是军队控制权集中的开始。同年,成立军官学校,并开始对军队的职衔、职位、训练方法以及薪给办法进行标准化的法规管理。① 1887 年,陆军部成立。泰国在模仿与试行过程中组建起一支具有现代意义的常备军。

在拉玛五世的政府重组过程中,泰国成立国防部(1894 年),负责制定有关国防建设的方针和政策;并组织国家防备计划的制订与实施。陆军和海军以及其他许多相应的单位都归国防部管辖,并对军事人员加以改组。到 19 世纪末,泰国的军队建设已卓见成效,陆军已有 3 个骑兵团、2 个炮兵团和 8 个步兵团。海军也初具规模,有小型护卫舰、巡洋舰等军舰。② 不过,空军的组建稍迟些,在拉玛六世执政时期才得以创建。

另外,泰国还把征兵的方式作为改革的重点。1904 年政府制定征兵条例。次年,开始仿照欧洲的办法实施义务兵役制。兵役法规定:除僧侣、官员、华侨、家庭中最末一个儿子和边陲山区的少数民族以及国王钦准免服兵役者(后来连大学生也包含在内)外,凡年满 18 岁至 40 岁的、身体健康的男性公民都有服兵役的义务;年满 20 岁者得应征入伍,服役期限为 2 年;服役期满后,仍有当 14 年后备军人的义务(即每年有 15—60 天得再征入伍)。③ 义务兵役制保证了泰军拥有稳定的兵源。

在短短的几十年的时间里,泰国军队的形式、士兵的来源、编制和规模等方面都较之封建农奴时代有若干根本的差别。同时,军队的发展也向国家提出了一个巨大的要求,即满足庞大的军事开支。据统计,到 20 世纪初年,泰国的军费已占国家预算的 1/6。④ 因此,这又促使国家必须对原来的国家机构,以及税收制度、财政制度等进行相应的改革以满足军事上庞大的开支。

三 国家机构的建设和发展

1855—1932 年期间泰国进行了不同于封建主义国家的政府机构建设:政府机构开始逐步与王室分离,各种分支机构尤其是财政机构发展起来;

---

① David A. Wilson, *Politics in Thailand*, Westport, Connecticut: Greenwood Press Publishers, 1962, p. 168.
② 中山大学东南亚历史所编:《泰国史》,广东人民出版社 1987 年版,第 194 页。
③ David A. Wilson, *Politics in Thailand*, Westport, Connecticut: Greenwood Press Publishers, 1962, p. 169.
④ 中山大学东南亚历史所编:《泰国史》,广东人民出版社 1987 年版,第 193 页。

与此相应，一支庞大的常设官吏队伍也开始形成。这种变化与近代早期资本主义的发展有着直接联系。在类型上，它已具有近代资产阶级政治制度的形态成分。

泰国传统的行政机构是国家设六大臣，其中两位是内务总理大臣和军务总理大臣。前者负责民政各部，兼管东北部各省；后者负责军政各部，兼管南方各省。中央设立四个大臣分别管理四个部（宫务部、财政部、市政部和农田部），地方行政体制设立相应的四个部。随着社会的发展，传统行政体制所表现的种种弊端（如军政职能不分、权力交叉、封建分权制，等等）日益暴露出来，尤其在1855年以后，已不适应社会发展的要求。于是，一场重大的改革就此发生。

1892年拉玛五世颁布谕旨，借鉴西方议会制，对泰国传统的行政体制进行改革。同年，组建内阁，代替原来的枢密院。内阁成员由国王亲自任命的12位部长担任。他们协助国王制定和做出各种重要的政策和决定。内阁是政府各部的领导机构，受国王的直接管理。

原来的六部在新的行政体制下，在职能上有略微的改变。内政部是政府的最重要部门之一。它统一管理全国的行政。军务部统一管理全国的军务，权力有所扩大。宫务部失去原来掌管司法的权力。田务部改为农业部，保留了对农业税收的监督和管理，增加了森林和土地测量等职能。财政部负责全国各种税收和一切预算。市政部不再管理财政，而只保留原有职责。

新设的六部是：外交部，负责国家的对外事务，不受理地方上的各种事务。司法部，管理分散于各部中的司法业务。作战部，负责检查和主持陆海军的工作，是陆海军的指挥部。教育部，主要管理全国的教育、宗教和医务。公共工程部，负责建筑、开凿运河等各项公共工程。掌玺大臣部，主管衔玺和王室颁布的一切法令和一切公文。1908年，作战部和掌玺大臣部被降为厅一级的行政机构。新的行政体制下的12位部长地位平等，其职能在法律上有明文规定。原来的军政两位总长的职位被取消。

在地方行政体制的改革中，政府采用省—府—县—区—自然村的五级行政层划分法。中央内政部统管地方各级行政层，以削弱各省省长的实际权力。值得注意的是：在新的地方行政体制中，昔日毫无选举权的当过徭役的公民和奴隶，现在都有权选择自己的村大人，并有权向县长或府长提出一定的建议或要求。

常设官吏在这一历史时期得以组建形成。1892—1898 年间，内政部拟定一套全面的俸给制度，官员的俸给由财政部控制。1898 年，拉玛五世下令成立一个专门研究文官职务、责任和俸给的委员会。1900 年在帕耀行政区实行了由内政部所核定的文官俸给法，这是首次执行文官俸给制。到 20 世纪前 10 年间，泰国官员的选拔和训练已和考试制度联系起来。到 1907 年，地方文官已有四个等级的划分：办事员、预备官、二级官和一级官。原则上每级官员都必须通过考试确定，考试由每个行政区组成委员会决定，一年两试，以文官的行政能力为基础要求。[①] 文官的俸给与选拔开始走向制度化。

国家机构的重大整改可以发现三点较大变化：

其一，国王的封建统治形式有所改变。泰国传统的一些对地方政权的控制方法被取消。如，"联姻制度"，即国王命令各府府尹长或属国的领导人将其女儿送至王室充当宫女。这些女子便成了朝廷与各府或属国的永久的连接物。政府机构改革后，国王不再依赖传统的个人化的效忠手段治理国家。而是依靠新建成的系统化、功能化的行政体制。它被视作政府达成目标的统治工具。王权开始借助它引导各行政官员把传统的治理人民，效忠国王的传统行政目标，转变成为民服务，谋求发展的行政目标。

其二，政府机构的建设使泰国的行政体制朝部门功能化、专业化、系统化的方向发展，从部门设置到行政系统的建立上都已具备资本主义的国家行政特征。

其三，文官制度的试行给一些平民阶层提供了"从仕"的机会，通过考试，他们可以晋升到一定的统治者地位。

四 国家职能的扩展

1855—1932 年时期，泰国的国家职能有了突出的发展，近代的货币制度与赋税制度等在西方的影响下已初具形态；国家的镇压职能和社会控制的职能也相应发展起来。

传统泰国的国家税收主要靠间接税的收入（关税只占总收入的 10%），如赌税、彩票税、酒税等。而相当多的直接税其征收额是很少的。因此政府对王室及其成员、华商以及在泰国的外商所课的税较轻，而

---

① 吴复新：《泰国行政发展之研究》，台北"商务印书馆"1982 年版，第 121—123 页。

向广大农民和华工所征的税收却很重。征税的途径，传统上采用"多头理财"和"包税制"的方式，即由政府招人包揽。这样致使大量资金旁落，而国库空虚。再加上国库与王库不分，就更加剧了国家财政上的困难。相反，王室及其成员却中饱私囊，挥霍无度，国家处于贫困之中。

首先，拉玛五世为此以人头税代替徭役制度。1899年政府颁布废除平民必须编制在任一封建官吏属下的法令。政府以人头税代替劳役，税率因各府经济发展的不同而异，从1.5铢到6铢不等。这一法令的颁布带来了两个积极的后果：其一，平民的自由身份为发展经济提供了劳动力；其二，改变了原有的封建臣属的社会关系。

其次，转换征税方式，改革税收制度。以农业为主的泰国，其主要税收来自农村。因此，对农村状况的了解是改变征税方式的关键。为此，财政部与内政部联手，由丹隆亲王主持对农村状况进行调查、搜集和分析。丹隆亲王先是在一个行政区试行建立一个税务局，由行政区长官指挥，并在一位英国顾问的指挥下进行管理试行。在获得足够的经验之后，便在内政部成立地方税务厅。其总部在曼谷，每一行政区、府和县各成立分支机构，由内政部统筹安排。这一改革的成果在10年后得到了体现，虽然人民的纳税任务并未加重，但从农村地区获得的税收却大大增加了。内政部在此改革中的确功不可没。[1] 并且，从1892年起，国王的预算同国家预算分开（即王库与国库分开），由财政部统一管理国家财政。各种税收统一由财政部直接派专员负责征收。这样政府的财源得到集中，提高了国家的财政收入。仅1892—1902年在没有增加新税的情况下，国家的收入已从1500万铢增加到4000万铢。[2]

最后，改革国内货币流通制度。1902年，泰国政府禁止地方当局自行发放货币和禁止使用外国银行发行的钞票，宣布新的货币：铢、萨楞、萨丹作为统一货币，在全国流通使用。同一年，还发行纸币。9月19日首先发行5铢、10铢、20铢、300铢和1000铢面值的铢币。1908年11月，泰国政府宣布加入英镑区以及泰国货币改为金本位制。[3]

---

[1] William J. Siffin, *O & M: An Introduction*, Bangkok: Thammasat University, Institute of Public Administration, 1961, p. 41.

[2] James Ingram, *Economic Change in Thailand since 1850*, Stanford: Stanford University, 1955, p. 185.

[3] 中山大学东南亚历史所编：《泰国史》，广东人民出版社1987年版，第191页。

正如德国经济学家施穆勒所指出的"财政要素是近代国家的第一个征兆"①。泰国财政管理制度的大发展归功于泰国财政职能历史性发展的必然结果，以及外部压力的冲击和工商业的发展。

泰国政府的镇压职能和社会控制职能亦有相应发展。政府在组建常备军的同时，也增设了京畿警察，并在外地增设了治安部队。且治安部队按军队的编制组织。从而改变了由昔日的行政长官兼管社会治安的局面。1897年，设立地方警察，专门负责维持社会治安、看守监狱和警卫等。同年成立巡警厅（后改成京畿警察局），主要负责维护曼谷—吞武里地区的社会治安和交通秩序，对王室成员等提供警卫保护等。拉玛六世曾担任过警察总监一职。他继位后组建的"猛虎团"和"童子军"，实际上也多少有些治安部队的性质。其宗旨是：忠于宗教，忠于国王和国家，服务于社会。"国王与人民融为一体。王权与国家的合一赋予了王权更为深远的意义。王权演变为民族的化身、国家统一和独立的象征。"②

拉玛五世以前，泰国没有独立的司法机关，从中央到地方的所有部、局等都有权审理各种案件，且无章可循，可依的法仍是1805年所颁布的一些法律条文，且多因袭一些习惯法。1903年，拉玛五世宣布：凡需审理的案件必须经司法部门及其下属的各级机构经办。司法部门所遵循的法律，源于司法部（1892年成立）先后颁布的暂行司法机关组织法，搜集及宣判罪证法；暂行民事诉讼法和刑事诉讼法；办理清算破产企业和股份公司的破产诉讼程序法和贷款银行营业法。

国家对劳动群众所采取的镇压措施与更加广泛的惩罚制度、强制劳动制度、监视控制制度往往交替使用，它们与贫民救济政策、社会劳动政策相融汇，成为统治阶级治理国家无法截然分开的浑然一体的手段。③ 福柯所表述的这种"恩威并施"的统治方式在泰国也是如此。自1855年以来，政府便在国内各主要府普遍征收货币地租并不断降低土地征税率。原来规定，不论水田或旱田，每莱一律征税0.375萨楞（1铢=4萨楞）。而后，政府于1890年颁布，政府的土地税调整为每25莱征税6铢，而面

---

① 转引自沈汉、王建娥《欧洲从封建社会向资本主义社会过渡研究：形态学的考察》，南京大学出版社1993年版，第319页。

② Kevin Hewison, *Political Change in Thailand: Democracy and Participation*, London and New York: Routledge, 1997, p.61.

③ 福柯：《监视与惩罚》，保罗·拉比诺主编《福柯文选》，企鹅丛书1986年版，第234—237页。

积较小的土地则可征税 1 萨楞。① 土地税率的降低，有效地提高了泰国农民的劳动积极性，在很大程度上，减少了社会上的"游民"。但是，像西方那样的济贫政策及其相应措施，这一时期的泰国还是一个空白。尽管如此，泰国的镇压职能和社会控制职能还是发挥了一定的社会作用。

应该说，1855—1932 年泰国的对外职能没有对内职能发展得那样快、那样好。但是，它仍然在有限的范围内发挥出自己的力量。第一次世界大战期间，泰国站在协约国一边对德国和奥匈帝国宣战。"无论怎么说，参与世界大战对于泰国乃是伟大的历史事件，而且无疑是新时代开端的标志，因为这一伟大创举正使泰国从相互匹敌的两大强国所钳制的半附庸国地位中摆脱出来，并成为旨在为世界各大民族特别是弱小民族争取独立和权利的自由国家大家庭之中的一个享有同等权利的成员国。"② 1920 年，泰国利用战胜国所处的有利地位成为国际联盟的创始国之一。战后几年间泰国先后与美国、日本、法国、英国等废除旧约，签订新约，废除了外国的治外法权并收回关税征收权利。③

1855—1932 年间，西方集中国家权力控制地方分权、整合国家资源完全控制国家的方式为泰国所接受。④ 其国家的各种组成部分：国家的统治权，国家所代表的生产关系，国家的政府机构和军事组织机构以及国家职能都发生了变化。中央集权的君主制开始与封建君主制中的诸多因素相决裂，创立内阁，建立近代的税收制度和财政制度，国库与王库分离，建立国内统一市场。但是，其国家权力从根本上讲，仍然掌握在国王及其封建贵族手中；各政府机关未能发挥出应有的职能；立法和司法机制才刚刚启动，尚未形成健全的法律机制，政府还没有建立福利保障制度。毕竟，泰国要从封建农奴制的国家向资本主义国家过渡，确实不是一个简单的一蹴而就的过程。1855—1932 年这一历史过渡进程也是泰国从量变到质变的发展过程，1932 年革命是这一量变过程的结束。

---

① Great, Britain, *Foreign Office Diplomatic Consular Report*, No. 771, p. 16.
② 中山大学东南亚历史所编译：《19 世纪 20 世纪初俄泰关系——沙俄外交文件选译》，第 113 页。
③ [英] D. G. E. 霍尔：《东南亚史》，商务印书馆 1982 年版，第 912 页。
④ Kullada Kesboonchoo Mead, *The Rise and Deline of Thai Absolutism*, London & New York: RoutledgeCurzon, Taylor & Francis Group, 2004, p. 52.

小　结

　　英国、法国等欧洲国家，"自绝对主义时代开始，与非个人的行政权力观念相联系的主权观念以及一系列与之相关的政治理念，就已经逐步成为现代国家的组成部分。民族国家的发展预示着传统国家中相当基本的城乡关系的消解，同时也内含着（与国界相联系的）高度密集的行政等级的诞生。民族国家本质是多元政治的，其多元政治的基本点在于行政集中以及由此而来的业经改变的控制所具有的辩证特性"①。殖民主义国家在殖民统治及行政整改的过程中，客观上向东南亚地区各殖民地输入了政治与行政的二分概念及相关的西方社会观念。"权力""制衡""社会系统""发展观念"等有关民族国家构成的核心概念也相继对东南亚社会产生了重大影响。人是生活于社会的一分子，社会的维持必须依赖于那些能处理统治者与被统治者之间关系的法律；"法律，在它支配着地球上所有人民的场合，就是人类的理性；每个国家的政治法规和民事法规应该只是把人类理性适用于个别的情况"②。法律的"制衡原则"不仅是作为法学体系中的一种存在，而且在国家现实中，它也是一种客观存在。对于政府的内部控制权力机制，戈登认为，社会组织存在着两种基本模式："在一种模式中，发布命令的权威是以一种等级化的秩序而构成的，这个制度中的每个部分都必须服从其上级；其顶端则是一个最高的实体。另一个模式则刻画了相互作用的独立的部门的一个网状结构，在这个结构中没有最高的权威。"③ 驱动第一种模式运行的动力即是"主权"；而驱动第二种模式的原动力则是作为政治权利的多中心的"制衡"。制衡的终极目的在于统治群体实现"对战败人群的统治，防止内部暴乱和外来进攻"④。其中法律与宪政的理性思想是最重要的指导思想和平衡武器。法律的终极权力就是国家的强制权力。

---

　　① ［英］安东尼·吉登斯：《民族—国家与暴力》，胡宗泽等译，生活·读书·新知三联书店1998年版，第4—5页。
　　② ［法］孟德斯鸠：《论法的精神》（上册），张雁深译，商务印书馆1982年版，第6页。
　　③ ［美］斯科特·戈登：《控制国家：西方宪政的历史》，应奇等译，江苏人民出版社2001年版，第17页。
　　④ ［德］弗兰茨·奥本海：《论国家》，沈蕴芳等译，商务印书馆1994年版，第7页。

第三章 东南亚地区主权国家的确立

国家的"主权"要义集中于两点：一点是指明在民族国家的范围内，存在构成最高政治和法律权威的实体；另一点是指明相对于其他的民族国家，每一个民族国家都有自主的管辖权。① 可具体化为两层基本含义：对内，对管辖内的民众进行有效的管理；对外，不承认有处于自己之上的主体存在。民族国家的最高政治权威依赖于个人及行政权力的能力，"行政权力的合法性运用称之为政府或最高行政，并把负责这种行政的个人或团体称之为君主或行政官"②。与此同时，强烈的民族文化与政治情结也是民族国家权力合法性的重要来源。自法国大革命与美国独立战争以来，"民族"的概念被纳入革命建国的浪潮中，并赋予新的内涵："人们依赖于共同的责任感、共同的文化、民族意识凝聚成的民众团体。"③ 这时的"国家"概念，也不再是由王朝统治的政治集合体，而是一个主权独立的政治实体。④ "民族成为新型国民关系的象征，成为不受君主统治的公民彼此连接的纽带，并成为主权的渊源。随后，民族不断依随标准化和中央集权化而统一起来。"⑤ 所谓的"民族意识"（national consciousness），即为"群体中的各个组成成员为追求共同的目标结成同盟后所产生的一种特殊的群体意识，或群体的共同性"；它存在于为统一、自由、独立和为声誉而斗争的联合体中。⑥

东南亚地区的民族意识在第一次世界大战及苏联十月革命的影响之下得以觉醒和复苏。第二次世界大战加速了殖民主义国家的崩溃，英国和法

---

① ［美］斯科特·戈登：《控制国家：西方宪政的历史》，应奇等译，江苏人民出版社2001年版，第20页。

② ［法］卢梭：《社会契约论》，何兆武译，商务印书馆2003年版，第73页。

③ Hugh Seton-Watson, *Nations & States: an Enquiry into the Origins of Nations & the Politics of Nationalism*, London: Methuen & Co. Ltd, 1977, p. 1.

④ ［英］埃里克·霍布斯鲍姆：《民族与民族主义》，李金梅译，上海人民出版社2000年版，第21页。

⑤ 邓正来主编：《布莱克维尔政治学百科全书》，中国政法大学出版社1992年版，第527页。

⑥ F. Hertz, *Nationality in History & Politics: a Study of the Psychology & Sociology of National Sentiment & Character*, London: Kegan Paul, Trench, Trubner & Co., Ltd., 1945, p. 15.

国等老牌殖民国家元气大伤，经济颓废之势严重；受到美国、日本等新兴殖民国家的挑战，已难以恢复战前的大国地位，以及工业革命以来国家的荣誉感和自豪感。第二次世界大战结束后，东南亚地区人民坚决反对把他们居住的地区叫作"远东"，主张叫作"东南亚"，其原因就是"远东"这个地理概念无视他们的独立性。① 在如火如荼的民族解放运动中，东南亚地区的主权诉求被提到历史日程上来。然而，东南亚地区的主权独立与民族自决的历史诉求，却遭遇了一个漫长而复杂的发展过程。一方面，它们被置于"冷战"时代的国际背景之下，既与新老殖民主义国家之间的新一轮对峙与较量有关，又与殖民主义国家的非殖民化运动相关联，甚至与世界范围内的反殖民主义斗争、争取民族自由的斗争复杂地交织在一起。在此特殊历史背景下，东南亚地区一跃成为世界各大势力集团对峙、交锋的敏感地带；另一方面，由于东南亚地区经历过诸如葡萄牙、西班牙、荷兰、英国、法国、美国和日本等多个殖民主义国家的征服与统治，这些殖民主义国家都程度不同地灌输过各自不同的殖民制度。这些互不相同的殖民制度与东南亚地区本身所具有的国情差异、社会差异等因素交织在一起，使得东南亚地区因各国历史的差异产生了发展的不同步性。从时间和进程上看，印度尼西亚、越南和老挝主权独立的时间较早，1945年，日本无条件投降之后，8月17日成立印度尼西亚共和国，9月2日成立越南民主共和国，10月，老挝也建立临时革命政府，宣布独立；1946年7月，菲律宾成立独立的共和国，宣告美国殖民统治的结束；1948年1月，缅甸脱离英联邦建立缅甸联邦共和国，获得主权独立；1953年，法国逐步移交柬埔寨主权，柬埔寨获得独立；1957年马来亚独立；1963年9月，马来亚、新加坡、沙捞越和沙巴组成马来西亚联邦，马来人占统治地位，执行"马来人的马来西亚"政策（与华人为主体的新加坡产生了巨大分歧，1965年8月，新加坡成立独立共和国，退出马来西亚联邦）；1984年1月文莱正式宣布独立，建立文莱达鲁萨兰国，② 如表1所示。

---

① ［日］谷川荣彦：《战后东南亚民族解放运动的发展》，《南洋资料译丛》1974年第3期，第1—4页。

② 东帝汶系东南亚地区最年轻的国家。本书不作探讨。

表 1　　　　　　　　　　东南亚各国发展简表①

国 别	宗主国及殖民时间	独立时间	主要宗教	当前政体
文莱	英国，1888 年为英国人的保护国	1984 年	伊斯兰教（67%）、佛教（13%）、基督教（10%）	苏丹统治的王国（君主政体）
缅甸	英国，1824—1886 年间逐步沦为殖民地	1948 年	上座部佛教（89%）	军人独裁政体
柬埔寨	法国，1863 年沦为法国人的保护国，1887 年为法属印度支那的一部分	1953 年	上座部佛教（95%）	民主的君主立宪政体
印度尼西亚	荷兰，17 世纪初逐步沦为殖民地	1945 年	伊斯兰教（88%）、基督教（8%）	共和政体
老挝	法国，18 世纪末到 19 世纪末在泰国的宗主权之下，法国入侵后沦为殖民地；后为印度支那的一部分	1949 年	上座部佛教（60%）	人民共和政体
马来西亚	英国，19 世纪末到 20 世纪初逐步沦为殖民地。1948 年组成马来亚联邦	1957 年（1963 年沙巴、沙捞越、新加坡共同组成马来亚联邦；1965 年新加坡从联邦分离出去）	伊斯兰教	共和政体
菲律宾	西班牙和美国，16 世纪为西班牙占有；1898 年为美国占有	1935 年自治，1946 年宣布独立	天主教（81%）；伊斯兰教（5%）	共和政体
新加坡	英国，1819 年由莱佛士创建	1965 年成立独立共和国（退出马来西亚联邦）	大乘佛教（43%）；伊斯兰教（15%）；基督教（10%）	议会共和政体
泰国	英国和法国的"缓冲国"，未沦为殖民地		上座部佛教（95%）、伊斯兰教（5%）	君主立宪政体
东帝汶	葡萄牙，16 世纪中叶沦为殖民地；1859 年为荷兰殖民地	公认为 1975 年独立于葡萄牙，但为印度尼西亚兼并；2002 年人民公决后才主权独立	天主教（90%）	共和政体

---

① Jonathan Figg, Southeast Asian Development: Critical Concepts in Social Science, in Jonathan Rigg, ed., *Southeast Asian Development: Critical Concepts in the Social Sciences*, Vol. I., London & New York: Routledge, Taylor & Francis Group, 2008, pp. 2-4; Claude A. Buss, *Asia in the Modern World: a History of China, Japan, South and Southeast Asia*, London: Collier-Macmillan Ltd., 1964, pp. 208-209.

续表

国别	宗主国及殖民时间	独立时间	主要宗教	当前政体
越南	法国，1858—1884年逐步沦为殖民地，1887年成为法属印度支那的一部分	1945年独立；1954年分为南北两个部分，直到1975年才完成统一	大乘佛教（9%）；佛教、道教、天主教（7%）	社会主义共和政体

第一节 半岛国家的民族主义运动及其主权独立

从政治地理学上看，东南亚地区的半岛国家具有重要的战略地理位置。印度支那三国是通向亚洲其他部分的重要通道和军事运输基地，西方殖民国家的东进、日本的殖民扩张或者美国第二次世界大战后的北进都依赖于此；缅甸则"由于她的地理位置的原因，在东南亚的王国中经常起着领导者的作用。缅甸把佛教介绍到邻国，后来又成为东南亚佛教的捍卫者"①。20世纪初，半岛国家纷纷掀起民族主义运动，并逐步建立了主权独立的民族国家。

一 民族意识的激发及建国理想

半岛国家民族意识的激发，源于两个根本原因：一是持续不断的反殖斗争；二是殖民国家在东南亚地区进行的西方式教育。

法国的"印度支那"统治任意对越南、老挝、柬埔寨进行肢解、重组。"从前的越南国，从南到北是统一的，具有优于其他各国的单一性，文化、历史、风俗习惯和语言都是独一无二的，而现在却分成了南圻、中圻和北圻三个区域，每圻有特殊的政策、特殊的法律，像三个国家一样。甚至在起初的时候，此圻之人到别的圻区，必须申请通行证才去得成。"② "印度支那本地人民遭到如此次罪恶的蹂躏，以至于他们觉得，无论怎么样，情形总要比生活在法国殖民统治下来得好。"③ 因此，印度支那爱国

---

① [缅] 貌丁昂：《缅甸史》，贺圣达译，云南省东南亚研究所1983年版，第1页。
② [越] 陈重金：《越南通史》，戴可来译，商务印书馆1992年版，第400页。
③ 世界知识编辑委员会编：《印度支那问题大事纪要（1940—1954年）》，世界知识出版社1954年版，"序言"。

主义者始终没有停止过反抗：1863 年，法国占领越南的南圻时不断遭到本地人的反抗；1884 年，越南顺化起义；1885 年和 1886 年，柬埔寨人民起义、1886 年的西贡起义；1893 年越南潘廷逢起义；越南勤王抗法运动（1885—1896 年）、黄花探领导的越南安世农民起义（1887—1913 年）；等等。老挝和柬埔寨也是如此，法国入侵以来爆发过无数次反法运动：1901—1907 年，老挝爆发富巴都为首的抗法斗争；1911—1932 年，下老挝波罗芬高原地区昂·克欧和昂·库马丹兄弟领导的反法斗争；1919—1922 年间，上老挝周化·巴柴领导的苗族人民反法斗争；1928 年卡族人民的反法斗争。1863—1867 年间，柬埔寨高僧波贡博率领佛教徒同法国殖民者作斗争；同一时间，又爆发阿查索领导的磅湛和硕呸起义；1926 年，柬埔寨人民盛怒之下，杀死了磅湛省省长（法国人）等，抗法战争在印度支那地区连绵不断，此起彼伏。1824—1826 年、1852 年及 1885 年，经三次侵缅战争后，英国将缅甸并为英属印度殖民地的一个省。此举引起缅甸国内的强烈反抗：1856—1866 年十年间缅甸各地爆发了大规模的反英起义，英国设置的各级殖民统治机构则成为缅甸人民反抗的焦点。

为有效地统治东南亚地区，殖民国家纷纷进行了西方式的教育政策，培植起一批通晓双语的本地精英协同统治。然而，这些受西方思想影响的知识分子却在客观上推动了半岛国家民族意识的觉醒。如英国、法国的殖民教育制度。在一定程度上，它们的殖民地教育制度延续了葡萄牙、西班牙及荷兰的一些做法，如寺院学校教育。不过，寺院学校教育根本无法满足英国殖民者的需要，殖民政府和商业公司急需掌握英语知识的办事人员。为此，1873 年，仰光高级学校开办了一个高等学部，以英语和本地语言授课；1880 年，英国曾对缅甸整个教育体制进行了一次大检查，随后开始省级考试；1900 年一批教会中学和教会学院相继成立；1920 年，仰光大学成立。1924 年，《大学条例修正案》通过，给予缅甸人以较大的管理权。[①] 法国方面，其同化政策的终极目标定位在将所有的本地人纳入与法国人同样的习惯与思想感情，"对本地人灌输日益增多的法国文化"[②]。1879 年由宗主国政府直接拟定了一项旨在推进殖民地教育的计划：在每个村、镇都开设无宗教背景的小学。[③] 1906 年，法国设立"改进本地

---

① ［英］D. G. E. 霍尔：《东南亚史》，商务印书馆 1982 年版，第 835—836 页。
② 同上书，第 862 页。
③ 同上书，第 861 页。

教育工作会议",创立了现代教育制度来改组学校教育。这种制度首先实行于安南和东京,后来在1909—1910年才推广到交趾支那。1915年,东京传统的竞争性文官考试被取消了;1917—1919年,又由国家接管所有初级学校,普及法语学习。①

殖民地的一批民族主义者正是在这样的殖民教育中成长起来,并在不断的抗殖斗争中,半岛各国的民族意识不断崛起,形成一种新的历史洪流,旨在争取主权独立。

缅甸 19世纪中叶以来的历次抗英运动的影响、20世纪初民族资产阶级和一些受西方思想影响的知识分子及佛教徒的参与之下,形成了独具特色的缅甸民族主义运动:20世纪20年代以前的民族运动主要是抗击英国殖民者的残暴统治,旨在改变缅甸的殖民地位;30年代以来,则旨在建立独立的缅甸国家。1906年3月,缅甸一部分受西方思想影响的知识分子在仰光以宗教团体的名义组织了"缅甸佛教青年会"②(Myanma Boutdabatha Klyana Athin)。他们建立图书馆、出版《缅甸人周刊》《缅甸佛教徒周刊》等,以宗教的名义促进缅甸民族、语言、宗教和教育的发展。第一次世界大战后,受中国、印度民族独立运动的影响,缅甸各地佛教青年会、妇女会及一些爱国团体也联合成立了"缅甸佛教团体总会"(General Council of Buddhist Association)。当他们向英国殖民者要求在缅甸实行类似印度的政制改革遭遇失败之后,总会即成为缅甸民族运动的中心。1920年12月,缅甸爆发了第一次学生运动,仰光大学学生为了反对英国的殖民地教育制度,号召全缅各地学生举行罢课。工农群众及各阶层人民立即表示同情和支持,遂发展成国民教育运动。其结果:缅甸各地普遍成立了许多国民学校,缅甸由此出现了第二个教育系统。按缅历计算,一般把公历11月或12月间定为缅甸的"民族节"。在日趋激烈的反英政治斗争中,吴欧德马、吴威沙拉系当时非常有名的佛教徒代表。前者受印度甘地的影响,曾倡导国内拒绝使用外国货,提倡本国货,不与

---

① 这种现代教育制度是以乡村初级小学用汉字或国语字进行识字教学为基础的。初级小学的优秀生将升入法语兼本地语小学和中学,其余的学生则转入设在村镇办公处的本地语小学(在这些学校,法语是选修的),也有很少比例的学生是升入本地语中学。[英] D. G. E. 霍尔:《东南亚史》,商务印书馆1982年版,第862页。

② "缅甸佛教青年会"系缅甸宗教组织,创始人为吴巴佩、吴貌基、巴银等。1910年5月,召开全国代表会议,制定了新的行动纲领。1920年年会时,扩大组织,改称"缅甸人民团体总会"。《东南亚历史词典》,上海辞书出版社1991年版,第426页。

英国合作的政治主张；后者则因参加反英斗争于 1929 年被捕，绝食而死于狱中。① 缅甸民族运动的高涨促使英国自 1923 年起在缅甸实行享有部分自治权利的"双头政制"。双头政制非但没有改变缅甸的殖民地位，反而促成"缅甸佛教团体总会"的分裂。一部分成员在吴巴佩、吴貌基的带领下，从总会中分裂出去积极参加选举，还当上了部长。至此，缅甸民族运动被迫进入低潮。这一时期的民族运动尚未提出国家独立的主张，但是客观上对于复兴民族语言与文化起到极其重要的作用，为民族意识的崛起提供了有利的条件。

20 世纪 30 年代，缅甸民族运动发展进入新阶段。1930—1931 年间，德钦巴当、德钦巴盛等人成立了"我缅人协会"（Do Bama Asiayon，又称为"德钦党"），这是缅甸历史上第一个群众性的政党组织。它第一次提出："缅甸是我们的国家。缅文是我们的文字。爱我们的国家。珍视我们的文字。尊重我们的语言。"② 在他们的宣传和鼓舞下，许多缅甸群众、学生、知识分子及爱国人士都加入到民族主义运动的浪潮中，积极开展罢工、罢课等反英斗争。其中，1938 年的缅甸石油工人为增加工资和改善工作条件而掀起的罢工运动是德钦党领导下举行的缅甸历史上第一次大规模的罢工运动。这次运动不仅提高了工人的阶级觉悟，而且对于反殖抗英的民族独立运动具有深远的意义。③ 第二次世界大战结束伊始，德钦党甚至鼓动"英国的困难正是缅甸独立的好时机"④。1943 年 8 月，日本占领缅甸后，为缓和缅甸人民的反抗情绪，宣布给予缅甸"独立"，并成立了巴莫为首的政府。然而，日本控制下独立的缅甸却遭遇越来越差的生活状态。1944 年 8 月，缅甸共产党、人民革命党、昂山领导下的缅甸国防军及一部分少数民族和青年团体秘密建立了抗日民族统一战线组织——"缅甸人民反法西斯自由同盟"（Myanma Phehit Hankyinyei Pyithu Hlutlatyei Aphwekhyout）。其宗旨在于：彻底消灭法西斯主义，为缅甸民族独立

---

① 朱志和：《缅甸》，世界知识出版社 1957 年版，第 62 页；[缅] 貌丁昂：《缅甸史》，贺圣达译，云南省东南亚研究所 1983 年版，第 239—240 页。

② "德钦"即主人的意思，过去是缅甸人对英国统治者的称呼，现在则被用来称呼自己，表示缅甸人不再当英国的奴隶，要自己当家做主。朱志和：《缅甸》，世界知识出版社 1957 年版，第 64 页。

③ 1939 年，一部分德钦党党员和工人、学生运动领袖开始秘密筹建缅甸共产党。

④ 《东南亚历史词典》，上海辞书出版社 1991 年版，第 217 页。

而斗争。① 日本投降后，英国再次加紧回到缅甸的步伐，并实施非殖民化政策。在此特殊背景下，1946年1月，"缅甸人民反法西斯自由同盟"在仰光大金塔举行了第一次全国代表大会，并通过了有名的争取缅甸独立的决议。至此，缅甸民族主义运动的核心已经转移到实现国家独立、民族自决的建国目标上来。

  印度支那三国 1906年，潘佩珠领导的"越南维新会"②（Viet Nam Duy Tan Hol，1904年5月在中圻广南省成立）提出"驱逐法贼，恢复越南，建立君主立宪国"的战斗纲领，吹响国家独立的号角。这是越南近代史上的第一个反法秘密团体。1912年在中国辛亥革命的影响下，废除越南维新会，成立正式的政党组织"越南国民革命党"③。20世纪二三十年代起，越南的一些政党组织正式成立。1927年12月25日，越南国民党成立。④ 1930年2月3日，成立了越南共产党（10月，改称印度支那共产党）。⑤ 越南共产党一成立，即掀起一场义安和河静两省的"苏维埃运动"（1930—1931年），这是越南第一次工人运动与农民运动的紧密结合，实现工农联盟，革命的暴力推翻了殖民统治者和地方官吏、土豪，并在一些农村建立了工农政权⑥；1936—1939年间，共产党领导下的爱国民主运动从城市到农村展开了一系列的政治斗争，使民主、自由、反法西斯侵略的政治纲领成为越南社会的共识。第二次世界大战期间日本军国主义的入侵在进一步加重印度支那三国的民族灾难的同时，客观上使印度支那三国人民的民族意识更加强烈，团结起来直至独立的决心更加猛烈。1940年9月23日，日本与法国协议的达成，使越南成为日本和法国共管的殖

---

  ① 《东南亚历史词典》，上海辞书出版社1991年版，第428页。
  ② 越南近代史上的第一个反法秘密团体，创建人潘佩珠。1904年5月在中圻广南省成立；1906年2月，在中国广州开会时，才正式定名为越南维新会，并制定章程、政纲等。1912年3月，广州会议时，决定取消越南维新会，成立越南光复会。"越南维新会"，《东南亚历史词典》，上海辞书出版社1991年版，第398页。
  ③ 陈玉龙：《越南人民反帝斗争史》，上海东方书社1951年版，第65页。
  ④ 由阮太学在河内建立，主张先进行民族革命，再进行世界革命。孙中山的三民主义是该党的主义。其成员多为小资产阶级、资产阶级知识分子、爱国绅士等。到1931年年底、1932年年初，该党的活动已经销声匿迹。[越]陈辉燎著：《越南人民抗法八十年史》（第1卷），范宏科等译，生活·读书·新知三联书店1960年版，第395—418页。
  ⑤ 见"胡志明"条，《东南亚历史词典》，上海辞书出版社1991年版，第298页。此前，1921年，胡志明加入法国共产党，并与法属殖民地的一些爱国者共同建立了殖民地各民族联合会，他本人被选为执行委员会常委；1925年，他创立"越南青年革命同志会"，组织"共产团"。
  ⑥ [越]武元甲：《越南民族解放战争》，越南外文出版社1971年版，第11页。

民地及日本太平洋战争的战略基地。① 当天，越南谅山省北山人民发动起义；一个月后，南越各省又举行了起义。起义人民开始建立革命根据地、确立人民政权，在南越高岭的起义中，甚至还举起了五角金星的红旗（成为后来越南民主共和国的国旗）。尽管这些起义在日本和法国的联手围剿之下陆续失败了，但是已经武装起来的起义人民却逐步发展为后来的越南人民军。1941年5月19日，东洋共产党（越南劳动党的前身）、社会党、国民党、越南工人救国会等多个救国会组织、各党派和社会团体举行会议，成立了"越南独立同盟"（以下简称"越盟"）。会议推选胡志明为主席，团结全国各族人民开展武装斗争，建立革命根据地、夺取全国政权。② 1944年12月22日，越南解放军宣告成立（这一天后来成为越南人民军的建军节），陈兴道和黄花探两地举行了成立大会。1945年3月9日，日本发动军事政变后，独占印度支那；11日，扶植安南皇帝保大与亲日派人士陈重金共同组成傀儡政权，并宣告：即日起，"将遵循大东亚共同宣言所确定的指示""相信日本之诚意，决心与之合作"③。针对此形势变化，1945年6月4日，越南各解放区合并为统一的解放区，成立了解放区临时委员会，从而以革命的政权与日伪政权相对立，形成越南境内两大政权的对峙局面。1945年8月日本无条件投降后，8月13日，越南独立同盟立刻组织了起义委员会，胡志明发布总起义令；16—17日，越南全国各阶层、各民族人民代表60余人，在新潮乡举行了全国人民代表大会。大会正式提出武装政权、建立主权独立的越南民主共和国，实行越盟的政党领导、社会民主改革等政策。安南傀儡政权在革命形势下于24日宣告退位。9月2日，胡志明以越南临时政府主席的名义，在首都河内

---

① 早在1940年9月4日，法国已与日本签订了第一次军事协定，准许日军进入红河以北地区；15日，法国同意将河内、海防、金兰湾及广州湾海军基地让予日本；22日，法国又与日本签订了允许日军进驻印度支那的军事协定。23日，法国维希政府发表公报声明：日、法间关于日军进驻印度支那的协定，其目的是为了"推进建设东亚新秩序及解决中日事变"，法国是"为便于日本军队继续对中国作战，在法领印度支那对日军予以方便"，日本则"确实承允"法国在法领印度支那的"主权和领土权"。世界知识编辑委员会编：《印度支那问题大事纪要（1940—1954年）》，世界知识出版社1954年版，第3页。

② 当时的法国《马赛曲报》称："越南人民在胡志明主席的领导下以罕有的勇气对日本法西斯作战"；《道路报》载："越盟包罗了全国一切民主力量"；《新法兰西》周刊载："全部抵抗运动都是由越盟担当的。"世界知识编辑委员会编：《印度支那问题大事纪要（1940—1954年）》，世界知识出版社1954年版，第4页。

③ 世界知识编辑委员会编：《印度支那问题大事纪要（1940—1954年）》，世界知识出版社1954年版，第7页。

的巴亭广场宣告越南独立,并发表越南民主共和国独立宣言:"一切人生来就是平等的。他们应享有天赋的不可侵犯的权利,这就是:生存、自由和追求幸福的权利。""越南享有自由和独立的权利,而且事实上已经成了一个自由和独立的国家。"① 越南民族解放斗争的胜利宣告"一个八十多年来敢于反抗法国人的奴隶统治的民族,一个数年来敢于站在盟国一边共同反抗法西斯的民族,这个民族一定要取得自由,这个民族一定要获得独立"②!"开辟了祖国独立自由的纪元和社会主义的新纪元,为世界革命事业做出了应有的贡献。"③

1944—1945年间,老挝在世界反法西斯运动和越南、柬埔寨革命运动的影响下,由沙湾拿吉省的一些青年、学生、职员等建立了名为"罗波罗"的革命组织,正式提出建立独立国家的主张。④ 为抵抗日军,该组织发动人民组建对日作战同盟军,在泰老边境建立根据地等。1945年8月15日日本投降后,老挝人民也在万象、琅勃拉邦等地进行武装起义,夺取政权。1945年9月15日,老挝首相佩差拉发表告老挝人民书,宣告老挝独立和统一。然而法国殖民者对国王西萨旺·冯施加压力,迫使其罢免佩差拉的首相职务。从而激起老挝人民的反对,10月12日,老挝人民在万象成立"老挝人民委员会",并组织起老挝临时政府。随即,临时政府颁布"老挝临时宪法"。11月10日,西萨旺·冯国王发表退位宣言:"同意受老挝政府的管辖,这个政府是作为真正的和合法的政府而建立的。"⑤

尽管在日本侵占印度支那期间,曾允许柬埔寨成立"自治政府",但是,随着日本的投降,柬埔寨又再次沦为法国的殖民地。为了掩盖对柬埔寨的殖民统治,法国于1946年1月7日同柬埔寨国王西哈努克签订了一项"临时协定",声称废除柬埔寨的保护国地位;1949年11月8日,又续签协定,规定法国承认柬埔寨的独立,但必须参加法兰西联邦。法国实际拥有柬埔寨行政、财政和军事等较大的实权。为了民族的独立,西哈努

---

① [越]陈辉燎,北京大学东语系越南语专业组译:《越南人民抗法八十年史》(第2卷下册),生活·读书·新知三联书店1974年版,第556、560页。
② 世界知识编辑委员会编:《印度支那问题大事纪要(1940—1954年)》,世界知识出版社1954年版,第9—10页。
③ [越]武元甲:《越南民族解放战争》,越南外文出版社1971年版,第7页。
④ 易君、建青:《柬埔寨·老挝》,世界知识出版社1957年版,第74页。
⑤ 同上书,第75页。

克国王奔走于世界大国之间：1953年2月9日，他前往法国，向法兰西共和国总统樊尚·阿里奥尔提出柬埔寨全面独立的要求；遭到法国的拒绝后，又奔走于加拿大和美国，通过世界各家报纸将柬埔寨独立的合法要求广为传播。他的声明引起国际社会的普遍关注，法国当局被迫向柬埔寨作出重大让步。1953年8月29日，法国与柬埔寨签订了移交司法权和维持治安权的协定；10月17日，双方又签订了移交在柬埔寨领土上的军事主权的协定。1953年11月8日，西哈努克重返首都金边，人民代表授予他"独立之父"和"民族英雄"[①]的称号。

二 国际困境与主权独立

半岛国家的主权独立问题深受国际社会的牵制：其一，殖民主义国家不甘心第二次世界大战后的日趋衰落及世界殖民体系的崩溃，努力通过殖民政策的战略调整，企图再次恢复战前的殖民统治；其二，深陷"冷战"时代的复杂背景。美国方面把1949年10月成立的中华人民共和国视为苏联的同盟，故而努力在东南亚地区建立起抵制共产主义的屏障，加强了对东南亚地区的防控。因此，东南亚地区的形势变得异常严峻，突出地表现在1946—1991年间爆发的三次印度支那战争中。

1946—1954年，第一次印度支那战争的主战场是越南南部，源于越南民主共和国的独立与法国殖民势力的恢复之间的矛盾。1945年9月2日，胡志明向世界庄严宣告越南已经是一个"自由和独立的国家"，但是，9月23日，法国高级专员驻越南代表赛第勒即以武力占领了越南民主共和国在西贡的各个政府机关，企图重新征服越南。[②] 法军在侵占南越一周后，也攻占了柬埔寨的首都金边。1947年2月4日，法国在南越地区扶植达尚礼组成南圻咨询委员会的傀儡政府。1947年3月6日，法国与越南签订初步协定：法国承认越南民主共和国"是一个独立的国家，有它的政府、国会、军队和财政"。但是关于三圻的合并问题，必须用人

---

① [法] A. 多凡·默涅：《柬埔寨史》，刘永焯译，暨南大学东南亚研究所1982年版，第127页。
② 1946年10月5日，法国远东军总司令勒克莱克率领法军主力随英国军队到达印度支那。英国与法国随即签订协议：确定英占区内只有法方行政机关有民政权。在英军撤离后，法军立即以西贡为据点，开始占领印度支那的军事行动。

民表决方式决定。① 1947年3月18日，法军又在老挝发动进攻。法国方面通过远东军总司令勒克莱表达了其真正用意："我们不但特需要恢复如以前在法国统治下那样的秩序，而且必须当谈判在印度支那和巴黎推进的时候，争取法国的利益。这种争取，或者用缓和的手段，务使每天获得新的进展，必要时，或用武力。"② 法国方面不惜采取国际援助的方式，争取国际社会的帮助。1952年，美国国防部部长罗维特在美国国会演讲中指出："越南这个区域的战略和地理位置，以及它所供应的甚为重要的原料，例如锡和橡胶等，使我们必须继续以有效的行动支持法国政府。"③法国与美国在印度支那战场联手，企图实行"以战养战"原则，采取"利用越南人打越南人"的政策。然而，印度支那战场的僵持局面使法国逐步意识到：印度支那战争"正消耗着法国最优良的部队"，"撤退是唯一能解决印度支那问题的办法"④。1952年12月17日，法国陆军次长德谢维涅指出：印度支那战争"在人力上使我们付出巨大的代价，这是最令我们痛心的事""物质方面的代价比美国的援助大三倍多。假如法国只愿它本身利益的话，它很可能同时放弃美援和印度支那"⑤。1952年召开的联合国安全理事会上，法国驻联合国代表奥培诺在会上要求接受法国在越南、柬埔寨和老挝的扶植政权参与联合国；苏联方面则支持越南民主共和国加入联合国的申请。印度支那问题最终成为世界性的问题，对此国际社会看法不一，如英国《论坛》："如果有人说印度支那是联合国表示行动的地方，那么任何人将来都能把每一个内战和每一个殖民战争都变成世界战争。"⑥

越南人民军取得一系列胜利的同时，老挝人民也相继在北部、中部和南部取得了辉煌的战绩。1954年5月越南在奠边府战役对法国的决定性胜利，最终促成了关于印度支那问题的国际会议召开。1954年7月21日，关于恢复印度支那和平问题的日内瓦会议达成决议：会议承认越南的统一，但同时也规定越南在两年之后举行全国大选。在此之前，沿北纬

---

① 世界知识编辑委员会编：《印度支那问题大事纪要（1940—1954年）》，世界知识出版社1954年版，第12页。
② 同上。
③ 同上书，第39—40页。
④ 同上书，第40页。
⑤ 同上书，第41页。
⑥ 同上书，第48页。

17°线临时划分为南、北两个部分,以北为越南民主共和国,以南为吴庭艳领导的政府;老挝和柬埔寨独立,但老挝与越南接壤的两个省份仍处在巴特寮(系越南共产主义运动的一个分支组织)的有效控制之下。① 第一次印度支那战争既是印度支那三国争取主权独立、民族自决的独立运动及保卫战,也是帝国主义国家新一轮殖民势力的扩张战。正如1953年5月7日的英国《新政治家与民族》周刊称:"对印度支那和亚洲其余地区的人民来说,这是殖民战争。""以前在法国统治时代是落后的人民,现在已被鼓舞着建立他们国家的经济,提高他们的生活水平。"②

1960—1973年的第二次印度支那战争主要源于资本主义与社会主义两大阵营之间相互进行的"冷战"对抗,而越南的统一问题则成为诱发印度支那战争的直接导火索。③ 苏联于1955年7月12—18日拨出4亿卢布给越南民主共和国作为无偿援助④;美国则于1960年9月22日把6架战斗轰炸机运入越南南方;12月底,由军事作战人员、后勤人员、心理战专家、情报人员等组成的"美国军事援助顾问团",人员达到3000人,它已成为吴庭艳国防部之上的一个最高司令部(此间,南越军队数目为:正规军150000人、保安团60000人、警察45000人、自卫队100000人;机场57个,截至1954年,空军基地只有6个)。⑤ 北越在苏联和中国的支持下,南越在美国的支持下,双方的军事行动不断升级。然而,南越始终难以担当起战争的主要责任,相反,北越方面直到1968年1月底依然具有较强的战斗攻势。1月31日,北越近10万兵力猛烈向南越发起著名的春节攻势,战争被推到了最高潮。也正是此攻击,使美国产生了毁灭性的战争倦怠感,1968年9月8日,美国参议员曼斯菲尔德抛出了三点方案:(1)在实行完全停火前"停炸"越南北方;(2)在南越建立"全国联盟临时政府",让西贡傀儡同民族解放阵线"直接谈判";(3)召开日

---

① 《印度支那战争(柬埔寨/老挝/越南)》,《南洋资料译丛》2003年第3期,第47—50页。

② 世界知识编辑委员会编:《印度支那问题大事纪要(1940—1954年)》,世界知识出版社1954年版,第48页。

③ 贝却敌把1970年美军越过南越边境,攻入柬埔寨作为第二次印度支那战争的起点。贝却敌:《第二次印度支那战争:柬埔寨和老挝》,孙捷译,四海出版社1972年版,序言。

④ 新华社国际部编:《印度支那问题资料:越南问题大事记(1954年7月至1972年年底)》,新华社国际部编印1973年版,第7页。

⑤ 同上书,第20、21页。

内瓦会议或扩大巴黎会谈。① 林登·约翰逊总统正伺机寻找体面的方式放弃战争。不过，美国和西贡当局的会谈直到 1973 年 1 月 27 日方才达成，双方签订《关于结束越南战争，恢复和平的巴黎协定》。协定中美国表示对 1954 年关于越南问题的日内瓦会议所承认的越南独立、主权及其领土的统一和完整，并保证 24 小时内在南越停火、撤军。但是，协定仍维系着越南南、北双方对峙的局面。直到 1975 年 3 月，在邦美蜀战役中，南越政府才被北方的军事攻击打垮，并于 4 月月底，由越南共产党实现了全国统一。1976 年 7 月正式统一为越南社会主义共和国。

相应地，由于在第二次印度支那战争期间，1957 年 1 月 12 日，由柬埔寨人民社会同盟通过决议，确定"柬埔寨是中立国"②。这使得美国方面大为光火。为此，在 1970 年 3 月 18 日，西哈努克出访期间，美国即策动首相朗诺、副首相施里玛达废黜西哈努克。从而诱发柬埔寨内乱。老挝方面，美国则从 1964 年始，直接对老挝解放区进行大规模轰炸。因此，柬埔寨和老挝的和平解决问题也是第二次印度支那战争的一个重要问题。1972 年 4 月 17 日，柬埔寨人民武装力量统一了全国，取得了抗美战争的胜利。1973 年 2 月，《关于在老挝恢复和平和实现民族和睦的万象协议》最终达成，年底，老挝废黜君主制度，建立了老挝人民民主共和国。③ 1978 年 12 月 25 日，越南出兵近 20 万从北部、东部和南部入侵柬埔寨，第三次印度支那战争爆发。这次战争的爆发与 20 世纪 70 年代的中苏对抗及中美复交关系密切。1964 年苏联勃列日涅夫上台后，"冷战"升级。美苏之间的进一步对抗，促使"越南和中国原先的同盟关系恶化了，因为前者不满后者与它们的美国敌人实现和解；而中国则认为越南愿意代表其苏联敌手的利益"；"这使河内政府确信，越南正陷入一种战略性钳制中，因而它必须从中挣脱出来"④。因此，卷入第三次印度支那战争的对手一方是中国、美国和东盟成员国组成的国际联盟；另一方则是越南及其苏联伙伴，柬埔寨则是被拉扯进战争的另一个实体。最终在联合国的调解下：

---

① 新华社国际部编：《印度支那问题资料：越南问题大事记（1954 年 7 月至 1972 年年底）》，新华社国际部编印 1973 年版，第 118 页。

② 新华社国际部编：《印度支那问题资料：柬埔寨问题大事记（1954 年 7 月至 1972 年年底）》，新华社国际部编印 1973 年版，第 7 页。

③ Vatthana Pholsena, *Post-war Laos: the Politics of Culture, History and Identity*, Singapore: ISAS, 2006, pp. 156 – 158.

④ 《印度支那战争（柬埔寨/老挝/越南）》，《南洋资料译丛》2003 年第 3 期，第 47—50 页。

越南方面，从柬埔寨撤军，并接受与中国方面达成的和解；柬埔寨则在联合国的主持下举行了全国性大选。

三次印度支那战争的爆发既是对印度支那三国国家主权独立的考验，也是三个国家在复杂的国际背景下，艰难维系主权独立、民族自决的一种体现。

缅甸主权的独立道路在战后殖民国家的非殖民化政策背景之下实现。战后的英国，一方面难以阻止帝国的衰退之势；另一方面也难以阻止缅甸殖民地的独立斗争。再加上昂山领导下的"缅甸人民反法西斯自由同盟"对待独立方式的温和态度："独立战争的发生，不取决于我们，而是取决于他们（英国）。""我们希望找到一条用和平方式取得独立的途径。"[1] 因此，英国艾德礼政府于1947年1月27日与昂山就独立问题签订了《昂山—艾德礼协议》：（1）缅甸以自治领地位留在英联邦之内，或脱离英联邦独立自主，由缅甸举行公决来确定；（2）缅甸应于1947年4月选举制宪会议，并制定英国国会认可的宪法；（3）过渡期间，缅甸继续由英国根据1935年法案管理，总督行政委员会担当缅甸的临时政府，总督与行政委员会的合法权力不变更；（4）英国原则上同意缅甸享有财政上的自治，但有关国防和外交的事务仍由总督的行政委员会负责处理；（5）新宪法实施之后英国军队在缅甸留驻和使用的问题，应由英国政府与缅甸政府协议决定。[2] 尽管缅甸方面如期进行了一次普选，成立了昂山为总理的临时政府，并通过了缅甸独立的决议案，但是实际上，独立问题最终被英国方面无限制搁置下来。1947年7月19日，昂山被刺杀后，缅甸的反殖民主义情绪再次高涨起来，以至于英国政府已无法遏制缅甸的独立趋势。吴努继任为缅甸临时政府总理，组织了新的临时内阁，并通过了《缅甸联邦宪法》。1947年10月，缅甸与英国在伦敦签订了《吴努—艾德礼协定》，协议规定英国承认缅甸联邦共和国主权独立之名，但仍保留英国过去在缅甸的条约，以及统治期间的行政制度和法律制度，并另立了《英缅防御协定》附设条件。[3] 12月10日，英国国会批准了《缅甸联邦宪法》，并通过了《缅甸独立法案》。

1948年1月4日，缅甸联邦宣告成立。尽管缅甸历史上将1月4日作

---

[1] 朱志和：《缅甸》，世界知识出版社1957年版，第70页。
[2] 同上书，第70—71页。
[3] 协定中英军虽然撤离缅甸，但是必要时可以随时入境或过境，使用缅甸的海港和机场设备等。缅甸方面不得接受英联邦以外的任何军事代表团。英国将协助缅甸建立国防军等。

为其独立日，但其真正意义上的独立还有一个后续的发展过程。20世纪五六十年代，缅甸仍然为其未尽的独立道路奋斗，直到1953年1月，缅甸政府才得以宣布废除《英缅防御协定》，实现了国防、军事意义上的独立自主；1963年，缅甸实行了国有化运动，所有外资企业收归国有，肃清了英国在缅甸的经济势力。至此，缅甸才摆脱英国的束缚，巩固了其独立的战果。

三 1932革命与泰国民族国家的确立

朱拉隆功改革之后，泰国的政治、经济、文化社会等诸方面的一系列变化，激发了泰国的民族意识。在政府的主导之下，民族主义有了三个较为明确的目标：一是旨在促进国家适应日益变化的国际形势；二是旨在维护王室权力，使专制合法化；三是旨在构建道德律令，维护社会稳定。①1929—1933年，当世界资本主义市场爆发几乎席卷整个资本主义世界体系的经济危机时，泰国也被卷入其中，并无可避免地导致社会的巨大动荡，于1932年6月24日爆发了"六·二四"政变。关于这次政变的性质和历史评价，学术界一直存在着意见分歧，大致分为两大截然不同的观点②：一种观点视之为"宫廷政变"，认为它是"封建贵族的内讧。或者说，它是为今后銮披汶·颂堪的独裁政治开辟道路，是'把泰国的历史拖向后退'的政治活动"③；另一种观点则来自大多数中西方在内的学者，他们充分肯定政变的资产阶级性质，略有不同的是西方学者更注重其内含的宪政意义。④ 英国东南亚史研究专家D. G. E. 霍尔甚至称之为一场"不

---

① Kullada Kesboonchoo Mead, *The Rise and Deline of Thai Absolutism*, London & New York: RoutledgeCurzon, Taylor & Francis Group, 2004, pp. 85 – 86.
② 郝承敦先生将它总结为为四种不同观点，即第一种为"封建统治阶级内部发生的一次军事政变"；第二种为"完全是一次资产阶级革命"；第三种是"一次资产阶级性质的改良运动"；第四种是"一次极不彻底的资产阶级上层革命"。《1932年泰国政变的性质》，郝承敦主编《世界现代史学术争鸣录》，天津社会科学院出版社1991年版，第124—127页。
③ 转引自张映秋《论泰国1932年"六·二四"政变》，《东南亚历史译丛》1979年第1期，第346—362页。
④ 如张映秋：《论泰国1932年"六·二四"政变》，《东南亚历史译丛》1979年第1期，第346—362；刘玉遵：《试论泰国1932年政变》，《东南亚历史译丛》1979年第1期，第314—345页；陈健民：《论泰国1932年政变的性质》，《世界历史》1986年第7期，第43—52页。西方学者有英国东南亚史研究专家D. G. E. 霍尔（《东南亚史》，商务印书馆1982年版）、美国史学家约翰·卡迪（《东南亚历史发展》，上海译文出版社1988年版）等。他们指出20世纪30年代的泰国民族资产阶级已经形成，资产阶级为了巩固和发展资本主义经济，迫切要求取得政治权利，因而组织了自己的政党，提出了革命纲领，发动了资产阶级革命以夺取政权。因此，"六·二四"政变的资产阶级性质是可以确定的。

流血革命"①；美国史学家约翰·卡迪则认为，这是泰国人"担心英国人或法国人有可能来干涉，使其友好的保皇派恢复政权，所以装点了一个宪政门面作为掩护，并采取一些开明的西方式改革"②。"宪法显然是那些拼命想揽权的文武官员所制造出来的。这些人主要是想把宪法作为手段，使他们的夺权行动在外部世界面前成为合法。虽然议会内的省区议员在宪法中产生了一种既得利益，但这个宪法并不是建立在有发言权的群众要求的基础上。为宪法创造的一个新的暹罗名词，被大家当作是一个篡位的亲王的名字。"③ 本书认为，无论学术界如何纷争，就泰国1932年的"六·二四"政变而言，如果说1855—1932年是"泰国从量变到质变的发展过程"的话，那么，"1932年革命是这一量变过程的结束"④。只要从长时段的历史视角来考察，就不能否认其重大的历史意义，尤其是对此后泰国历史的发展所产生的深远影响。"六·二四"政变实际上是泰国历史上的一次革命，一个历史性的转折符号。它推翻了泰国的君主专制政体，颁布了历史上第一个永久宪法，实行君主立宪政体，标志着泰国正式步入民族国家时代。

自20世纪20年代起，泰国政府派往海外的留学生人数逐年增加。西方资产阶级政治思想不断侵蚀泰国人的思想，使他们越来越有改革君主专制的政治主见。民党（khana Rat）正是在这样的背景下诞生："1928年在法国巴黎建立的民党，创始人比里·帕侬荣。早期为秘密社团，参加人约140人，包括军官、贵族和政府文官。多为在欧美学习、具有民族主义思想的资产阶级知识分子。反对王权专制统治和地主贵族特权，要求社会改革。1932年设立民党委员会，得到军队支持。同年6月24日发动和领导资产阶级革命。该党提出六项施政方针：（1）维护国家在政治、法律和经济等方面的独立；（2）维护国家的和平与安宁；（3）制订国家经济计划，为人民提供就业机会，摆脱饥饿；（4）保障公民的平等权利；（5）确保公民（人

---

① ［英］D. G. E. 霍尔：《东南亚史》，商务印书馆1982年版，第914页。
② ［美］约翰·F. 卡迪：《东南亚历史发展》，姚楠等译，上海译文出版社1988年版，第632页。
③ 同上书，第634页。
④ 岳蓉、徐扬：《法律规范与社会信任：泰国行政变革的个案研究》，贵州人民出版社2007年版，第46页。又及，该书第87—93页（从泰国行政变革的个案入手，将之视为一次制度上的"革命"，借以指代它对泰国社会产生的相对比较迅速、特定的变革）。

身)自由;(6)普及教育。"① 民党自建立以来,积极开展秘密活动,发展党员,扩大组织,一方面,对君主专制的弊害进行大肆宣传,以推广君主立宪政体的时效性;另一方面,积极地准备夺取政权的军事政变。最终,直接发起"六·二四"革命。民党在"平等""自由""宪法"的口号声中,发动了"六·二四"革命,旨在建立君主立宪政体的资本主义社会。"1932年6月24日清晨,以披耶帕风(Phya Bohnl)上校为首的一批海陆军军官,按预定的计划,率领军队约五百名分头出动,包围皇宫和各亲王私邸。这时国王拉玛七世巴差提勃(1892—1935年)正在华欣宫避暑。政变军队首先逮捕了政府最高顾问府议长、元老委员、内政部部长、国王的异母兄弟公摩拍洛坤素旺(Nagor Svarga),以及政府各部皇族大臣,陆军总参谋长,警察厅厅长及总监等要员,并且解除了王宫卫戍队的武装。到当天下午,大约有四十名要员被囚禁,政变军队控制了首都各政府机关和警察厅,占领了铁路局、中央车站、无线电台、电话局、电报局和一切重要据点,接管了兵工厂,扣留空军机油,使未参加政变的空军无法活动。随后,即成立执行戒严令的军事委员会。接着,发动政变的民党党员开始在街头巷尾向群众进行宣传,他们的口号是:'推翻贵族专政,实行宪法,改良经济组织,改良人民生活,一切平等,发展教育,妇女解放。'等等。"民党于政变当晚便拟就一文件,"派素可泰军舰到华欣宫向国王'呈递''迎皇奏章'。奏章说:'吾皇陛下:包括文武官员的民当刻已接管了国家行政机构,并逮捕王室要员洛坤素旺皇兄等为人质,如果民党人员遭害,则在掌握中的亲王等必受恶果。民党全无企图以任何手段夺取王位,其主要目的是要建立君主立宪政体,因此我等欢迎陛下重返国都,在民党创立的君主立宪下继续作为国王进行统治。倘陛下拒受建议或在信到一小时内迁延不答,则民党当宣布君主立宪而任命另一适当亲王充当国王并宣布君主立宪政府。'""国王于二十六日回到曼谷,随即发布宽赦民党的文告:'……若干皇室官员虽被囚禁,但此仅是为有关民党安全的一种谨慎的措置……这次行动不能被视为是攻击或虐待。所曾发生之事,无非为维持秩序及关照各方有关的高级人员而已。'""次日,国王签发民党草拟的临时宪法,于当天在《政治公报》上发表。"②

---

① 《东南亚历史词典》,上海辞书出版社1991年版,第125页。
② 张映秋:《论泰国1932年"六·二四"政变》,《东南亚历史译丛》1979年第1期,第347—352页(政变的经过和新政府的建立)。

民党立即对旧有的政治制度进行改革，并着手创立新的政治制度。1932年6月27日拉玛七世签署了一份由民党政变者起草的"临时宪法"。它标志着泰国已经开始了君主立宪政体的发展历程，国家政权已经由资产阶级及地主代表掌握，结束了历时数百年来的专制君主制，开创了宪政体系的"新纪元"①。该宪法共分为5章39条。它对国家政权的性质和组成、国王和国民议会的权限和职责都作了明确的规定。国家乃由国王、议会、国民执行委员会（后来的国务院）、立法院共同治理；国王虽然掌握国家的最高统治权，但已受到议会的一定约束，除继续拥有赦免权外，丧失了一切特权，亲王们均不得担任部长和军职。在行政程序上，国王关于国务的措施，须经国民议会委员会同意，并经其中一人签字方能生效；国民议会有权创制一切法律，如国王不同意时，经议会审议后仍有权坚持该法律的效力，国民议会甚至拥有"审理皇帝违反法律之权限"②。1932年12月10日，由国民议会通过并颁布泰国正式宪法，遂废临时宪法。该宪法由以玛努巴功为首的9人宪法起草委员会起草。宪法规定："国王为立法、行政和司法权力的元首，但无立法否决权；国王可以召集国民议会的例会和非常会议，亦可宣布解散议会；国王有权批准议会和国务院成员的任免，有权对外宣战和与外国缔约；国王拥有赦免权；王族成员不得参与政治，公民在法律面前一律平等，获得爵位者不再享受任何特权；承认公民有人身、言论和出版自由，享有财产、教育、集会、结社等权利；规定国民议会为国家的立法机关，具有监督国家大政方针的权力，议员分为两类，第一类由国民选举产生，每届任期4年，第二类由国王任命，数目与第一类议员相同；国务院为行政权力机关，在执行政府的政治路线方面必须对议会负责。"③ 宪法中，国家权力的分布范式有了新的变化：国王的角色较之封建制度下有了一定的变化，国家权力交接在宪政制度之下，议会行使

---

① Wendell Blanchard, ed. *Thailand: its Pepole, its Society, its Culture*, New Haven: Hraf press, 1974, p. 155.
② 《东南亚历史词典》，上海辞书出版社1991年版，第451页。
③ 该宪法为1932年革命的成果，同时也反映了资产阶级改良派对地主贵族保皇派的妥协和让步。它曾分别于1939年、1940年、1942年被修改。在1939年10月3日第一次修改此宪法时，改国名暹罗王国为泰王国。至1946年5月9日议会通过泰国第三部宪法《暹罗1946年宪法》后，1932年宪法遂被废除。《东南亚历史词典》，上海辞书出版社1991年版，第451页。

立法权、内阁对议会负责并行使行政权、法院代表国王行使司法权。宪法的颁布标志着泰国宪政体系的开始，民族国家形态的确立。

1932年革命标志着泰国民族国家形态的确立。政府组织虽然仿效西方议会内阁制，但真正的实权不在内阁手中，而在民党控制之下。民党基本上控制了泰国整个的政治局面。不过，民党内部自身所存在的派系斗争，影响了泰国整个政治发展的方向。"从1932年政变后，泰国的国内政治大部分是一种派系战的问题。"① 从整个泰国革命的进程和结果上看，这次革命是缺乏充分的思想准备的。政变的领导人尽管有推翻君主专制的意识，但是他们在革命前从未讨论过革命后要实施的共同纲领或策略，更谈不上革命理论问题。除了比里（革命中的左派领袖）和少数人外，其他人对民主的哲学意义和思想精髓从未感过兴趣，更从未理解。革命之后，权力为一批高级军官和一些高级的文职官僚所掌控，然而他们更喜欢将民主放在谈论的层面，不曾真正理解民主的真实含义。在他们看来，民主也就意味着现代化和繁荣。② 如1939年銮披汶执政后，对临时宪法作了第一次修正。在这次修正中，"国家主义"首次成为泰国发展的主题，"自由泰主义"成为当时泰国政治文化发展的主流。1939—1942年间，泰国政府在銮披汶的主张与推动下，颁布了12个系列通告。其中涉及"关于国家、民族和国籍的名称""关于泰族名称"，等等。③ 通告源于銮披汶总理办公室的训诫：《唯国主义信条》或《效忠民族规约》，其内容涵盖：（1）热爱祖国胜于生命；（2）尊崇佛教胜于生命；（3）要成为农业和手工业能手；（4）尊老爱幼，服从领导。④ 政府试图从人们的日常活动及一些社会价值的重要性诸方面去规范和改造人民；同时，有效地保存和提高泰国本民族的优秀传统。正是这种思想体系的牵制，泰国君主立宪政体下的行政体系发展的重点更在于民族主义和现代化的发展趋向，而始终缺乏民主化的质素。

殖民主义国家的殖民及其统治，一方面加深了殖民地与宗主国之间的矛盾与冲突；另一方面也在客观上促进了殖民地民族的真正融合与认同。

---

① David A. Wilson, *Politics in Thailand*, Ithaca, N.Y.: Cornell University, 1962, p. 16.
② 转引自贺圣达《泰体西用：近代泰国思想发展的特点》，《东南亚》1996年第1期，第39—45页。
③ ［泰］他差隆禄叻纳编：《泰国"国家主义的通告"》，《东南亚历史译丛》1984年第3期，第148—158页。
④ 《东南亚历史词典》，上海辞书出版社1991年版，第385页。

民族认同理论同时也是一种人的心理发展理论。"人有一种天生的欲望，就是内化（认同）生活中重要人物的行为举止、道德品行和生活态度，以此获得心理上的安全感。"① 潘佩珠、胡志明、昂山等民族英雄以共同语言、共同的地域生存空间等要素为依据，树立起民族崇拜的对象，并以此建立起民族共有的认同基础。人们在心理上本能地产生了一种自我的保障，这是大多数人因为害怕受到外界侵害，在内心深处所寻找到的一种庇护。显然，抗击殖民者的战斗直接激发了半岛各国的民族认同，建立独立主权的国家则成了他们确立民族国家的合法性来源。然而，正如托克维尔在《旧制度与大革命》一书中对法国大革命的评价一样，"如果撇开不同时期不同国家发生的曾经暂时改变大革命面貌的所有偶然事件，而只考察大革命本身，人们就会清楚地看到，这场革命的效果就是摧毁若干世纪以来绝对统治欧洲大部分人民的、通常被称为封建制的那些政治制度，代之以更一致、更简单、以人人地位平等为基础的社会政治秩序"②。从这种意义上看，东南亚地区中南半岛各国的民族国家确立过程，犹如一批海外归来（或深受西方教化之后）的学子们对西方民主的渴望的一种理想再现，他们努力从自己的封建土壤中消除那些封建残余，然而始终摆脱不了传统的束缚。

第二节　海岛国家民族意识的崛起与国家主权的独立

东南亚地区的印度尼西亚、马来亚及菲律宾三个海岛国家，其民族意识的崛起既有其各自不同的内在原因，也有颇为相同的历史背景：1905年爆发的日俄战争中，日本竟以亚洲一个小国的身份，击败强大的欧洲俄罗斯帝国，极大地震撼了各海岛国家；再者，中国辛亥革命之后，中国人民摆脱了异族统治的桎梏，同时，殖民主义国家对旅居印度尼西亚、马来亚、菲律宾的中国侨民也另眼看待，这更是鼓舞了东南亚地区海岛各国推翻异族统治的决心。

---

① W. Bloom, *Personal Identity, National Identity and International Relations*, Cambridge: Cambridge University, 1990, p. 68.

② ［法］托克维尔：《旧制度与大革命》，冯棠译，商务印书馆1997年版，第59页。

一 海岛国家民族意识的崛起

"印度尼西亚"的民族和国家概念产生于荷兰殖民统治时期。① 荷兰殖民者致力于殖民统治的两项政策——"伦理政策"和教育政策，客观上促进了印度尼西亚民族意识的激发。

20世纪初荷兰殖民者的"伦理政策"（Politik ethic，Ethical Policy），其始作俑者系C. Th. 范·德芬特尔，他担任过律师、荷兰的政府顾问和国会议员。1880—1897年间，他住在印度尼西亚，并于1899年在一本名为《导报》的荷兰杂志上刊登了《光荣的债务》一文。② 他在文中指出，"荷兰政府积欠印度尼西亚的债务共计一亿八千七百万盾"，"为了维护自己的荣誉，宗主国必须偿还这项债务"③。然而，荷兰政府不愿意直接偿还这项"光荣债务"，于是在亚历山大·W. F. 伊登堡担任殖民大臣期间（1902—1905年、1908—1909年及1918—1919年），以"伦理政策"取代了原来的殖民政策。其核心要义在于：兴修水利、从人口众多的爪哇岛移民到外岛、发展印度尼西亚教育，即"水利灌溉（irrigation）、移民（emigration）和教育（education）"④。这项本意在于提高印度尼西亚人的购买力，扩大荷兰工业品的销售市场，增加荷兰的资本输出，提高殖民地管理效率等的殖民政策，客观上却促进了印度尼西亚民族工业的发展，为民族意识的觉醒准备了有利的条件。⑤ 这项政策使印度尼西亚社会"发生

---

① 李克莱弗斯认为，约在1900—1942年间才有今天意义上的"印度尼西亚"国家概念。[澳]梅·加·李克莱弗斯：《印度尼西亚历史》，周南京译，商务印书馆1993年版，第204—267页。Leo Suryadinata, Nation-Building and Nation-Destroying: the Challenge of Globalization in Indonesia, in Leo Suryadinata, ed., *Nationalism and Globalization: East and West*, Singapore: ISAS, 2000, pp. 38 - 70.

② [澳]梅·加·李克莱弗斯：《印度尼西亚历史》，周南京译，商务印书馆1993年版，第205页。

③ [印度尼西亚]萨努西·巴尼：《印度尼西亚史》（下册），吴世璜译，商务印书馆1959年版，第618页。

④ Riwanto Tirtosudarmo, The Indonesian State's Response to Migration, *Journal of Social Issues in Southeast Asia*, Vol. 14, No. 1 (1999), pp. 212 - 228.

⑤ 如印度尼西亚的手工编织、花裙、香烟等民族企业开始发展起来。较为发达的是花裙企业，有的已拥有十几名到一百多名工人。[印度尼西亚]迪·努·艾地：《印度尼西亚社会和印度尼西亚革命》，伍汉译，世界知识出版社1958年版，第28页。再如，1900年，在整个印度尼西亚的私立或国立学校中，只有265940名印度尼西亚人，但是，在1930—1931年间，在西方教育机构中的印度尼西亚人已超过170万（当然，这些数字与当时的人口数量相比，仍然是非常低微的）。[澳]梅·加·李克莱弗斯：《印度尼西亚历史》，周南京译，商务印书馆1993年版，第216—217页。

的变化是如此巨大而深刻，以至现代印度尼西亚的历史进入了一个新时代和获得了新词汇"①。

教育政策的改变是20世纪初荷兰殖民者的另一重要举措。H. 阿本达嫩担任教育局长期间（1900—1905年），为适应荷兰殖民统治的需要，竭力推行"名流"教育，打造一个荷兰语欧洲式教育的西方化印度尼西亚名流群体，成为印度尼西亚底层社会的典范。阿本达嫩为非贵族出身的印度尼西亚人提供了上学的机会，"家长的月收入低于50荷盾者可免缴学费"②。"1900年，万隆、马格朗和庞越的三家旧土著长官学校被改组成为明显地为造就文官而设计的学校，并且改名为土著官员培训学校。"③"1900—1902年，韦尔特弗雷顿'爪哇医士'学校改为土著医生培训学校。其课程亦用荷兰语讲授。"④ 在范·赫茨担任总督期间（1904—1909年）和迪尔克·福克担任殖民大臣（1905—1908年）的大部分时间里，教育得以更大范围地普及。"1909年在巴达维亚、三宝垄和泗水创办了第一批政府职业学校。"⑤ 1907年，印度尼西亚两级制小学学制改革启动。这个原本自1892—1893年以来供极少数印度尼西亚人使用的学制（第一级学校为上层阶级服务，第二级学校为普通印度尼西亚人服务），如今改为第一级学校中提供五学年讲授荷兰语，第六年用荷兰语作为教学媒介（1911年增添第七年）。学校里有荷兰人教师，荷兰语是教学语言。1914年，第一级学校转为荷兰土著学校，正式成为印度尼西亚欧洲学校体系的一部分。⑥ 1914年，荷兰排除教育中的种族区分，为读完小学的上层印度

---

① ［澳］梅·加·李克莱弗斯：《印度尼西亚历史》，周南京译，商务印书馆1993年版，第221页。

② 同上书，第212页。

③ 学制为五年，使用荷兰语，并对毕业于欧洲低年级学校的任何印度尼西亚人开放。新学员再也无须非出身于贵族名流家庭不可。1927年改学制为三年。［澳］梅·加·李克莱弗斯：《印度尼西亚历史》，周南京译，商务印书馆1993年版，第212页。

④ ［澳］梅·加·李克莱弗斯：《印度尼西亚历史》，周南京译，商务印书馆1993年版，第212页。

⑤ 学校设有金属制造和木制品制造、电工、汽车修理等课程。毕业学生大部分成为欧洲公司的职员。［澳］梅·加·李克莱弗斯：《印度尼西亚历史》，周南京译，商务印书馆1993年版，第214页。

⑥ ［澳］梅·加·李克莱弗斯：《印度尼西亚历史》，周南京译，商务印书馆1993年版，第214页。

尼西亚人、华人、欧洲人创办了初级中学。1919年，建立普通中学。① 对于乡村学校，则由村民们自己负担大部分费用，政府给予必要的补贴。1907年，乡村学校建立起来，学制为三年，用当地方言教会基本识字教育、算术和实际技能（但需缴学费）。② 1908年旧有的第二级学校变成了标准学校，理论上它位于低年级乡村学校和名流第一级学校之间（1930年以后，受经济危机影响，转变为乡村学校和附属于土著的高级小学）。③ 1915年创办了土著高级小学。④ 1921年，第一个衔接学校创立，学制为五年，学生可以从乡村学校水平直到荷兰土著学校毕业，然后可以升入初级中学。⑤ 此外，1913年成立的"卡尔蒂妮基金会的私人基金会，为爪哇妇女提供荷兰语教育，继而殖民政府提供补贴"⑥。1920年，技术高等学校（技术学院）在万隆创办；1924年，法律高等学校（法学院）在巴达维亚成立；1927年，土著医生培训学校转为医科高等学校（医学院）。⑦ 教育改革为印度尼西亚人提供了较多的受教育机会。1900年，在整个印度尼西亚的私立或国立学校中只有265940名印度尼西亚人；到20世纪30年代，大约9600名6—9岁的印度尼西亚儿童中有40%以上在一个时期在某种学校求学，大部分在政府乡村学校就读。⑧

  荷兰殖民者实施"伦理政策"和教育政策的结果之一，就是促使印度尼西亚社会广泛出现了一些新的思想、新的组织。其中，有三种社会思

---

① ［澳］梅·加·李克莱弗斯：《印度尼西亚历史》，周南京译，商务印书馆1993年版，第215页。

② 到1912年时，乡村学校已达2500间以上。［澳］梅·加·李克莱弗斯：《印度尼西亚历史》，周南京译，商务印书馆1993年版，第215页。

③ ［澳］梅·加·李克莱弗斯：《印度尼西亚历史》，周南京译，商务印书馆1993年版，第216页。

④ 同上书，第216页。

⑤ 实际上，村民们对较高级的教育缺乏兴趣，而且很少交得起学费。1929年许多衔接学校停办。［澳］梅·加·李克莱弗斯：《印度尼西亚历史》，周南京译，商务印书馆1993年版，第216页。

⑥ ［澳］梅·加·李克莱弗斯：《印度尼西亚历史》，周南京译，商务印书馆1993年版，第213页。

⑦ 同上书，第215页。

⑧ 仅1930—1931年，在西方教育机构中的印度尼西亚人超过170万。约166万印度尼西亚人就读于他们筹办的方言小学（占当时总人口的2.8%）。但是，教育也并没有从根本上对印度尼西亚的普通社会起过多少明显的作用。以1930年的人口普查为例，整个群岛的成年印度尼西亚人识字率只有7.4%。苏门答腊为13%；爪哇和马都拉为6%；巴厘和龙目只有4%。［澳］梅·加·李克莱弗斯：《印度尼西亚历史》，周南京译，商务印书馆1993年版，第216、217页。

潮对荷属印度尼西亚产生了深远的影响,一是以"至善社"(Budi Utomo, Glorious Endeavour)为代表的民族团体。① 其组成人员大多为爪哇和马都拉岛的贵族和青年知识分子,最初纲领为致力于全体土著民族的和睦团结,建立爪哇民族联盟,促进荷属东印度国家和人民的进步。至善社因主张与荷兰政府合作,只在文化教育领域内活动,而得到了殖民者的高度认同,范·赫茨总督甚至将"至善社"推崇为"伦理政策成功的标志",即"由开明的官员控制的温和而进步的本地人组织""1909年12月它被宣布为合法的组织"②。尽管如此,作为第一个由印度尼西亚人领导建立的现代民族组织,至善社"对于民族运动的产生、对于印度尼西亚人民的民族觉醒,可以说是一个历史的里程碑"③。二是以"穆罕默德协会"为首的近代伊斯兰教思潮。④ 深受埃及伊斯兰教改革运动的影响,主张改革伊斯兰教义,忠于荷兰政府,积极推崇按伊斯兰教教义、教理构建印度尼西亚社会的规范。协会最初只倡导在宗教、社会、文化教育领域内活动,但是随着民族独立运动的发展,提出反映民族资产阶级利益的政治经济要求:与荷兰政府合作,争取政治改革和逐步自治,发展民族经济,反对共

---

① "至善社"(又称"良知社""崇高的努力社"),印度尼西亚民族文化团体,后发展为改良主义政治组织。1908年5月20日成立于巴达维亚,创建人为瓦希丁·苏迪罗胡梭多(1857—1917年)。集普托·芒昆库苏摩(1885—1943年)系激进派的代表,主张吸引一切印度尼西亚人加入,并从事民族主义政治活动。后来,大部分保守的贵族官吏退出至善社,另建"忠善社"。激进派也退出,改入伊斯兰联盟(Sarekat Dagang Islam, Islamic Traders' Association)、东印度党(Indische Partij)等组织。1915年,至善社开始转向政治活动。1930年,至善社向一切印度尼西亚人开放。1932年,将"实现印度尼西亚独立"列入纲领。1935年,与印度尼西亚统一党合并为大印度尼西亚党。见"至善社"条,《东南亚历史词典》,上海辞书出版社1995年版,第155页;Victor Purcell, *South and East Asia since 1800*, Cambridge: Cambridge University Press, 1965, pp. 141 – 142.
② [澳]梅·加·李克莱弗斯:《印度尼西亚历史》,周南京译,商务印书馆1993年版,第224页。
③ 印度尼西亚共产党历史研究所编:《印度尼西亚第一次民族起义》(1926年),艾兰译,世界知识出版社1963年版,第20页。
④ "穆罕默德协会"(Muhammadiyah),1912年11月18日成立于日惹。创建人艾哈迈德·达赫兰(1868—1923年)。成员主要为中小地主、中等商人、企业主和富裕的伊斯兰教学者。主要势力在日惹地区,1930年发展到外岛,特别是苏门答腊米南加保地区。1943年,协会解散后,加入马斯友美党。"穆罕默德协会",《东南亚历史词典》,上海辞书出版社1995年版,第466页。

产主义。三是以"东印度党"① 为代表的激进社会主义思潮。他们主张印度尼西亚各民族、荷裔、华裔和阿拉伯裔等形成同一民族,各民族一律平等,互相尊重宗教信仰,在统一的印度尼西亚民族主义旗帜下团结起来,共同反对荷兰殖民主义。不过,东印度党反对通过暴力夺取政权,主张通过选举、人民代表机构、改革政府机构、自由民主权利、发展民族经济和文化等办法,逐步实现印度尼西亚独立。与这些新的思想同步产生的还有诸如"国家铁路工会"(1905 年)、"邮政工会"(1905 年)、"种植园工会"(1907 年)、"商业工会"(1909 年) 等现代组织。②

这些内含着印度尼西亚社会复杂的宗教、政治、经济环境及民族构成等变化的新思想、新组织客观上推动了印度尼西亚民族意识的觉醒。1928年10月的印度尼西亚青年联合会代表大会上,印度尼西亚语被正式统一起来。③ 此次大会更为重要的意义还在于:标志着印度尼西亚"统一的文化和政治趋向正式结合了","一个祖国,印度尼西亚;一个民族,印度尼西亚;和一种语言,印度尼西亚语,统一的语言"④。恰如一位考察荷印殖民政策的法国殖民官布斯格在 1938 年的报告:"荷人认为荷语的使用,足以减少优越与卑下之间的距离,所以不惜任何代价,避免本地人民使用荷语。……荷兰人原以为替其属民制造了一个链条,现在则发现给予他们的却是一种武器。因为这种用以表示民族愿望的共同语言,正是一种

---

① "东印度党"(Indische Partij),1912 年 12 月 25 日成立于万隆。创建人道威斯·德克尔(Dr Douwes Dekker, 1879—1950 年)、集普托·芒昆库苏摩 (KiHadjar Dewandoro, 1885—1943年)和哈贾尔·德宛塔拉(Dr Mangunkusomo, 1889—1959 年),以"脱离荷兰""印度尼西亚完全独立"作为其最终目标。其组成成员为土生荷兰人小企业主、小农场主、小职员、技师和半无产者,参加和支持该党的印度尼西亚人主要是知识分子。见"东印度党"条,《东南亚历史词典》,上海辞书出版社 1995 年版,第 90 页;Victor Purcell, *South and East Asia since* 1800, Cambridge: Cambridge University Press, 1965, p. 142.

② 印度尼西亚共产党历史研究所编:《印度尼西亚第一次民族起义》(1926 年),艾兰译,世界知识出版社 1963 年版,第 19 页。

③ "印度尼西亚群岛上民族的差异不仅表现在多种不同的语言上,也表现在文化、宗教、社会和经济形态的多样性上。尽管有关这个国家某些地区的资料还很缺乏,但估计约有 250~400种语言,已经判明有 300 多个不同的民族集团。"[美] 约翰·W. 亨德森:《印度尼西亚的民族和语言》,《世界民族》1981 年第 1 期,第 50—56 页。"大量印度尼西亚语词汇来自葡萄牙语,例如宴会 (pesta)、肥皂 (sabun)、鞋 (sepatu)、旗帜 (bêndera)、桌子 (meja)、星期日(Minggu),等等。"这些语言"与马来语并行,直到 19 世纪初期成为通行于整个群岛的混合语"。[澳] 梅·加·李克莱弗斯:《印度尼西亚历史》,周南京译,商务印书馆 1993 年版,第35 页。

④ [澳] 梅·加·李克莱弗斯:《印度尼西亚历史》,周南京译,商务印书馆 1993 年版,第254 页。

可怖的心理武器。"① 印度尼西亚民族意识正日益成熟。

相比之下，马来亚民族意识的崛起比印度尼西亚的情况更为复杂，既与英国的殖民统治政策密切相关，又与马来半岛自身的发展特点相关联。据1931年的人口调查显示：马来亚总人口为378.8万人，其中马来人为186.4万，华侨128.5万，印度侨57.1万，分别占49.2%、33.93%和15.07%。② 所谓"马来人"，实际是指由居住在印度尼西亚群岛的马来各族居民逐渐移入马来半岛并混血而成的族群，因其语言和习惯有所不同，且所建立的邦国也往往自成一体，把外邦人视为外国人，缺少共同的民族意识。③ 可见，马来半岛境内本身即具有强烈的不同族群意识及多元化的宗教文化，种族之间有着各自不同的支配活动领域等分散性特征④，英国1874—1957年间的海峡殖民地、马来联邦和马来属邦三种不同政体的殖民统治，更加深了马来亚的种族对立与社会分裂。尤其在英国的殖民政策中，对马来属邦及马来联邦，从地域活动范围到经济活动、政治活动等领域都持以"马来优先"原则，保留马来人的君王制及其传统权威；而将区域内的华人或印度人等族群强化为"亲母国认同"的图像，以避免马来人与他们的结合。⑤ 此外，在英国殖民者将马来亚打造为以橡胶和锡为中心的单一经济产品模式之后，还存在一种"种族产业分工体制"，即印侨多半成为橡胶种植园的劳工，一部分从事城市的专门职业；华侨除了从事矿业和部分从事农业之外，多半居住在城市经营商业及其他行业。在居住区域上，也呈现出不同的分布模式：非马来人（特别是华人）主要居住于城市化较为发达的西部各州，如霹雳州、雪兰莪州等；马来人则聚居于北部和东部的农村各州，如玻璃市州、吉打州等。⑥ 简而言之，英国的

---

① 转引自马树礼编著《印度尼西亚独立运动史》，台北新闻天地社1957年版，第25页。
② [英]巴素：《东南亚之华侨》（上），郭湘章译，台北正中书局1974年版，第373页。
③ "马来半岛的原始住民是西曼人和沙盖人，在北婆罗洲则为达雅克人和卡达真人。他们现在都已转居进森林过原始的生活，在历史上没有发挥过重要的作用。今天居住在马来半岛的马来人、泰人、中国人、印度人都是从他们的故乡移入马来半岛。马来半岛的最重要的移民是来自苏门答腊的。"转引自黄焕宗《英国侵略马来西亚及其殖民政策》，《南洋问题研究》1991年第1期，第31—39、49页。
④ 马来人多居于乡村从事农事，城市多为华人或从事劳工活动的印度人占据。Malaya's Race Problem, *Far Eastern Economic Review*, XXIV：9，1958，p. 278.
⑤ 翁·哈克·钦恩就以马来亚的华人个案，研讨了英国殖民者对华人亲中国形象的刻画。Oong Hak Ching, *Chinese Politics in Malaya*, 1942—1955, Malaysia：Bangin, 2000, p.41.
⑥ [日]西靖胜：《有关当代马来西亚种族主义问题的探讨》，《南洋资料译丛》1986年第2期，第87—101页。

殖民统治政策直接导致了马来人与华人、印度人等其他族群的对立，培育并强化了"马来人的马来亚"意识的同时，也同样强化了非马来人的族群意识。

马来半岛上充满着强烈的族群意识，诸如20世纪20年代及30年代初，一批从海外学成归来的马来学生群体及一些马来本土的教育者纷纷发起了旨在关心马来教育、提高马来社会进步、促进马来经济发展等为主旨的改革运动。他们创办刊物，如《守护者》(*Pengasuhh*，1918年)、《教师杂志》(*Majallah Guru*，1924—1932年) 等；成立社团，如1926—1927年间的"忠诚青年"(Setiawan Belia) 艺术社团、"大地之子俱乐部"(Putera Kelab)，等等。① 同样，华人和印度人也纷纷成立一些旨在反英反殖民的社会运动，如"海峡华人英国协会"(the Singapore Chinese British Association，SCBA，1900年)、"印度联合公会运动"(the Indian Association Movement，1906年)、"马来亚中央印度联合公会"(the Central Indian Association of Malaya，CIAM，1936年)，等等。

直到1941年以前，马来半岛上所呈现的民族意识，仍具有浓厚的种族色彩，尚不具备广泛的政治觉醒和民族统一的条件。② 不过，这些旨在关注本族群的生存发展及政治、经济社会问题、反对英国的殖民统治的强烈的族群意识，客观上却促进了马来亚民族意识的觉醒。第二次世界大战之后，马来亚成为美国和苏联在东南亚地区势力范围的交汇点，以及英国赖以在东南亚同共产主义势力相抗衡的核心地带。1945年9月初，英国军队迅速在槟榔屿、新加坡及雪兰莪的毛里布顺利登陆，并对半岛各州、沙捞越和北婆罗洲再次进行军事管制，解散了马来亚人民武装，取消了一切民主机构及民主改革措施。当然，此时的英国殖民当局也清楚地认识到，战前将马来亚全境分为三部分的做法已经不再适用，同时，经过战争洗礼的马来人民早已不像战前那么易于驯服了。为此，英国于1946年1月22日，在未征得马来亚各邦苏丹同意的情况下，宣布了丘吉尔内阁政府战时即已炮制的《马来亚联盟计划书》(又称《白皮书》)，并于1946

---

① "忠诚青年"的三位创始人 Asaad Shukri、Kadir Adabi、Yussof Hilmi，系吉蓝丹的马来穆斯林青年，他们为充分表达政治思想，又另组了"大地之子俱乐部"。林慧婷：《暗流汹涌：马来亚社会运动发展（1900—1941年）》，《史汇》(台北"国立"中央大学历史研究所) 2006年第10期，第321—346页。

② Robert Heussler, *British Rule in Malaya* (1942—1957), Singapore: ISAS, 1985, p. 213.

年4月1日强制成立"马来亚联盟"① (Malayan Union)：英国人出任总督，马来联邦、马来属邦，以及海峡殖民地中的槟榔屿、威斯利省和马六甲合并为一个宪政单位——马来亚联盟（新加坡岛作为单独的皇家殖民地，单列出来）；各州苏丹及行政当局交出主权，以总督为首组成一个英国控制下的全马来亚的代议政府或自治政府。②"马来亚联盟"一出台即招致马来亚各个社会阶层的强烈反对。"这个联盟是一个保护国还是一个皇家殖民地，还是介乎两者之间的东西，还是两者各有一些，还是什么别的东西。"③ 马来社会随即表明态度，1946年5月11日在柔佛巴鲁成立了第一个马来人的政党——"马来民族统一机构"（UMNO，或称"巫统"），首次表达出整个马来社会的反英情绪。它发动全体苏丹和马来人以拒绝参加成立典礼、拒交地税、警察辞职等不合作方式，抵制英国人的马来亚联盟。与此同时，马来亚共产党④与"马来亚民主协会""海峡英籍华人联合会""马来亚印度人国大党""马来亚民主联盟"⑤ 等马来亚社会各阶层及政治派别一起，共同抨击英国政策。马来亚民族意识已经在反抗英国殖民者的斗争中日渐崛起。

与印度尼西亚、马来亚一样，菲律宾群岛的地理特性本身就是形成国家观念、民族意识的巨大障碍。菲律宾人因散居各岛屿，种族、语言文化传统，以及交通上的隔阂，难以形成统一的"菲律宾人"意识和情感。西班牙人征服之前，"根本没有菲律宾国家的概念"⑥；征服之后，"西班牙传给菲律宾人一个共同的宗教——基督教，一个共同的语言——西班牙

---

① "马来亚联盟"，《东南亚历史词典》，上海辞书出版社1995年版，第33页。

② James P. Ongkili, The British and Malayan Nationalism, 1946—1957, *Journal of Southeast Asia Studies*, No. V., No. 1 (Mar. 1974): 255–277.

③ [英]理查德·温斯泰德：《马来亚史》，姚梓良译，商务印书馆1974年版，第502页。

④ "马来亚共产党"（Malayan Communist Party），1930年4月30日在森美兰邦成立。前身为"南洋共产党"（1928年）。它致力于建立广泛的反殖联合战线。1948年3月，它甚至鼓动建立解放区，以进行对英国人的政治和军事对抗，利用游击队袭击殖民统治者、种植园主、矿业主及警察哨所，最终将英国人赶出马来亚。"马来亚共产党"，《东南亚历史词典》，上海辞书出版社1995年版，第36页。

⑤ "马来亚民主同盟"战后率先明确提出独立要求。其大部分成员为失意的专业人员，包括教师在内。他们鼓吹早日结束殖民统治，把新加坡纳入马来亚，遵循非种族路线，实行西方化的教育，在法律和政治方面人人平等。[美]约翰·F. 卡迪：《战后东南亚史》，姚楠等译，上海译文出版社1984年版，第75—76页。

⑥ Carl H. Lande, *The Philippines*, in James S. Coleman (ed.) *Education and Political Development*, Princeton University Press, New Jersey, 1965, p. 319.

语，一个共同的文化——拉丁文化，一个共同的政府——即在一个总督统治下的中央集权政府"①。殖民者为传教、经商及经济剥削等之便，建立起从中央到地方的殖民统治机构，以及一系列沟通邻近诸岛的殖民据点充当交通枢纽，如宿务岛（1565 年）、班乃岛（1569 年）、三宝岩（1635年）等殖民据点。1571 年 5 月 19 日，黎牙实比占领马尼拉后，即修筑工事与城堡、建市政厅、教堂，将之变为西班牙在菲律宾群岛殖民统治的中心。② 同样，天主教在传播过程中，聚集菲律宾人于地方教堂的方式，也在无形之中让菲律宾人产生一体感。③ 此外，因西班牙的殖民统治而导致的菲律宾人在北部诸岛的不断抗击④，不断促使菲律宾人凝聚成为一个群体。最具代表性的是 1880—1895 年的"宣传运动"，宣称在法律面前，西班牙人与菲律宾人一律平等；吸收菲律宾为西班牙的一个正式省份；恢复菲律宾在西班牙议会的代表权；菲化或俗化菲律宾的教区；以及赋予菲律宾人以出版、言论、结社等个人自由⑤，第一次对西班牙人与菲律宾人作了二元化划分。尽管"并没有重要的证据，证明菲律宾要求脱离西班牙"⑥。相反，西班牙的殖民统治，甚至其文化、制度，乃至生活方式仍为菲律宾接受和推崇，然而，这是菲律宾人第一次将自己视为一个"族群"单位，即具有共同名称的，拥有共同祖先和传说、共同的记忆和文化因素的人群；一种与领土或家园有历史关联的群体；一种集合的力

---

① ［菲］格雷戈里奥·F. 赛迪：《菲律宾革命》，林启森译，广东人民出版社 1979 年版，第 16 页。
② 这些殖民据点通常具有两个特点：一是交通便利；二是有充足粮食、物产等，以备扩张之用。如宿务岛，位于比萨扬群岛的中心地区，北上可抵吕宋、南下可达棉兰老。黎牙实比以宿务为据点，可以方便到邻近的班乃、内格罗斯、莱特、萨马和棉兰老诸岛扩充殖民势力。"班乃"即与西班牙语的"有粮食"谐音。"三宝岩"据点则能控制菲律宾的贸易航道、截击穆斯林船队。［菲］金应熙主编：《菲律宾史》，刘迪辉译，河南大学出版社 1990 年版，第 105—118 页。
③ George E. Taylor, *The Philippines and the United State: Problems of Partnership*, Council on Foreign Relations, Inc., Manila, 1964, pp. 33 – 34.
④ 北部诸岛为信奉天主教的地区。至于南方的苏禄群岛和民答那峨岛，则因西班牙势力从未伸入及控制此信仰回教的地区，自未与中北部的天主教菲人连成一体。到目前为止，菲律宾南部因宗教问题以及地理上的偏僻，仍存在政治与行政上的差距，分离运动仍不断进行。陈鸿瑜：《菲律宾的政治发展》，台北商务印书馆 1981 年版，第 49—50 页。
⑤ ［菲］格雷戈里奥·F. 赛迪：《菲律宾革命》，林启森译，广东人民出版社 1979 年版，第 21 页。
⑥ 同上。

量。① 直到1892年7月7日,博尼法西奥及特奥多罗·普拉塔、拉迪斯劳·迪瓦等人,在马尼拉创立了"民族儿女最尊贵协会"[以下简称"卡蒂普南"(Katipunan),他加禄语为"协会"之意]。其宗旨为:(1)菲律宾人民团结起来成为一个坚强的国家;(2)通过革命获得菲律宾的独立。②"卡蒂普南"的建立标志着菲律宾民族意识的崛起,并昭示着菲律宾主权独立的到来。

二 印度尼西亚、马来西亚和菲律宾的国家独立

印度尼西亚、马来西亚和菲律宾的民族意识在第二次世界大战后的国际背景下空前高涨,建立主权独立的国家形态成为各国民族主义者的普遍要求。

印度尼西亚自1602年以来一直为荷兰殖民者压迫和奴役。随着20世纪初民族意识的日益觉醒,印度尼西亚人民对荷兰殖民者展开越来越频繁的反抗,以至于第二次世界大战时日军入侵之初,印度尼西亚人民竟视之为"上苍对于荷兰殖民者的一种惩罚""有一部分,竟至公然同情了轴心国家"③。然而,三年半的日本殖民奴役,使印度尼西亚人更为清醒地认识到:"没有一个民族可以不要民族独立而能成为伟大的民族,如果不独立,就没有一个国家能够巩固和强大有力。另外,就没有一个殖民地国家能够成为一个崇高的国家;就没有一个殖民地国家能够成为一个伟大的国家。因此,所有殖民地人民都要求取得这种独立,要求能够成为伟大的民族。所有没有取得独立的人民,所有因此不能和不可以按照自己的利益和幸福来管理自己的事务的人民,都生活在动荡不安的环境中……"④ 1945年8月17日,就在日本宣布投降后的第四天,印度尼西亚爆发了"八月革命"。在雅加达、泗水等大小城镇,"一旦独立,永远独立""与其再被奴役,毋宁死""印度尼西亚不能再成为外族的生命线"⑤等口号声,响

---

① A. D. Smith, *The Ethnic Sources of Nationalism*, Ethnic Conflict & International Security, Princeton: Princeton University, 1993, p. 28.
② [菲]格雷戈里奥·F. 赛迪:《菲律宾革命》,林启森译,广东人民出版社1979年版,第97页。1895年4月10日,博尼法西奥满怀革命豪情,用木炭在洞壁上写下了"菲律宾独立万岁"![菲]金应熙主编:《菲律宾史》,刘迪辉译,河南大学出版社1990年版,第361页。
③ 马树礼编著:《印度尼西亚独立运动史》,台北新闻天地社1957年版,第75页。
④ [澳] J. D. 莱格:《苏加诺:政治传记》,上海外国语学院英语系翻译组译,上海人民出版社1977年版,第111页。
⑤ 张肇强:《战后印度尼西亚的政治和经济》,世界知识出版社1956年版,第9页。

彻集会、示威和游行的队伍中。次日，"印度尼西亚独立筹备委员会"举行了特别会议。会议决定增加苏巴佐、加斯曼、苏卡尼、卡鲁沙勒、哈尔多诺等6人，并选举苏加诺为印度尼西亚共和国的首任总统，哈达为副总统；另推苏加诺、哈达、苏波摩、苏巴佐、奥多伊斯干多、耶明和旺梭纳哥罗7人，组织委员会，把前已草成的印度尼西亚宪法，作最后的审定；并由苏加诺与哈达联名向全国人民发布文告，告知"全国人民所企图的自由独立的印度尼西亚国家之建立，已在此时实现了。所有敢对人民负责的力量，均已参加革命的行列。一切建国的要务，都在积极进行之中，并期于最短期间，一一促其完成。希望各界人民，均能沉着安静，严守纪律，准备有所贡献"①。

《1945年印度尼西亚共和国宪法》"序言"开篇即宣称："独立本是各民族固有的权利。殖民统治因不合乎人道和公正，所以必须从地球上予以铲除……托福于全能真主的恩赐，同时出于为争取作自由独立的民族而生存的崇高愿望，印度尼西亚人民于此宣布了独立……为了成立一个保护印度尼西亚整个民族和印度尼西亚全体同胞的印度尼西亚国家，为了促进公共福利事业，改善民族生活，并在独立、持久和平与社会公正的基础上参加整顿世界秩序，兹将印度尼西亚的民族独立载入宪法，这部宪法是行使人民主权的印度尼西亚共和国宪法。"宪法规定了印度尼西亚是共和体制的单一国家，主权掌握在人民手中，并全部由人民协商会议行使。1945年9月1日，刚成立的"印度尼西亚中央国民委员会"（8月29日）正式宣布以"独立"为斗争口号，4日，成立了印度尼西亚共和国第一届内阁（总统制内阁）；15日，印度尼西亚革命的红白旗取代了荷兰国旗。1949年12月27日，荷兰正式将主权移交给印度尼西亚联邦共和国。

马来亚的独立问题早在英国的预料之中。第二次世界大战一结束，英国即认识到回到马来亚殖民地的困境：受过教育和启蒙思想影响的马来人已经难以驾驭。马来亚联邦（Malayan Union，1946—1948年）计划出台之后，英国进一步证实了这种想法，如果还不对马来亚宪法的发展实行弹性态度，尽快制定适当的独立政体的话，英国恐怕连讨价还价的余地都没有了。1947年8月，在马来亚民主同盟领导集团协助下成立的"全马来亚联合行动委员会"，刚一组建就召集群众集会，以抗议分离新加坡，并

---

① 马树礼编著：《印度尼西亚独立运动史》，台北新闻天地社1957年版，第116页。

草拟了"人民宪政方案",要求马来亚联合邦容纳新加坡,行政会议对立法会议负责,立法会议成员由定居马来亚的成年人不分种族地选举产生,等等。① 1948 年 1 月 21 日,英国与马来族上层共同签署联邦协定,于 2 月 1 日正式成立马来联合邦(Federation of Malaya)。协定强调:吉隆坡的联合邦立法会议和 11 个州的地方会议全由英国当局指定的成员组成。② 然而,1948 年 7 月 12 日,英国即借口三名种植园主遇害,宣布马来亚进入紧急状态,并按照1939 年的枢密院敕令,"总督可以制定他认为必要和适当的法规,保证公共安全,领土的防卫,公共秩序的维持和对集会、暴动和骚乱的镇压,并且维持社会生活中必需的供给与服务"③。1950 年英军新任指挥官哈罗德·布里格斯爵士(Sir. Harold Briggs)实行"新村"政策,共建立约 600 个受控制的居民点,企图实行坚壁清野来切断群众对游击队的物资供应。此后,又希图使市民警察化并依赖情报、宣传和单纯的消耗与围困来对付马共主力。

马来亚社会不断涌现的政治组织日益激发出强烈的民族意识。"民族统一是走向自治或独立的先决条件"日益成为人们的共识。④ "Malaysia Boleh!"(马来西亚,能!英文为"Malaysia Can!")成为民族主义者响亮的口号。⑤ 1955 年,巫统、马华公会、马来亚印度人国大党共同联手组成联盟党,推选东姑·阿卜杜拉·拉赫曼(Tun Ku Abdul Rahman)为该党主席。⑥ 该党成功地包容了马、华、印三大族,致力于马来亚的独立事业。拉赫曼内阁随即也将独立提上议事日程。1956 年 1 月,马来亚方面与英国殖民政府经过一番激烈的讨价还价后,获得部分自治权,并将马来亚的独立日期确定为 1957 年 8 月 31 日。这一天马来亚独立,并成为英联

---

① 该委员会后来因马来亚共产党加入,在政策上变得越来越激进,成员方面也越来越华人化,最终马来人于 1948 年年初全部退出马来亚民主同盟,该组织与 1948 年 6 月解散。[美] 约翰·F. 卡迪:《战后东南亚史》,姚楠等译,上海译文出版社 1984 年版,第 76 页。

② 有学者认为,1948 年成立的马来联合邦(Federation of Malaya)为后来的马来西亚民族国家奠定了基础。Cheah Boon Kheng, *Malaysia: the Making of a Nation*, Singapore: ISAS, 2002, pp. 15 – 22; Timothy P. Daniels, *Building Cultural Nationalism in Malyasia: Identity, Representation, and Citizenship*, New York & London: Routledge, 2005, pp. 34 – 44.

③ 转引自张顺红《论英国的非殖民化》,《世界历史》1996 年第 6 期,第 2—10、第 127 页。

④ Jan Pluvier, *Southeast Asia from Colonialism to Independence*, Kuala Lumper, 1974, p. 535.

⑤ Meredith L. Weiss, *Protest and Possibilities: Civil Society and Coalitions for Political Change in Malaysia*, Stanford: Stanford University Press, 2006, p. 23.

⑥ 东姑·阿卜杜拉·拉赫曼,生于吉打苏丹家庭。他仇视共产党,怀有明显的亲英倾向。

邦范围内一个独立的国家单元。① 拉赫曼内阁组成马来亚制宪委员会，其成员包括英国人2名，澳大利亚人、印度人、巴基斯坦人各1名，没有一个马来亚人。委员会按照英国议会制形式，组成马来亚联合邦议会，即建立众议院和参议院两院制，前者由选举产生，后者则由指定人员构成；高级官员从多数党中选出；公民权条件放宽，规定国家独立后，凡出生于马来亚的人均可获得公民权。协议还确定了马来亚民族的概念，但马来人在地产、进入市政及在教育上获得政府的奖学金等方面仍拥有巨大的特权。② 与此同时，新加坡和文莱也实现了除国防与外交外的有限自治，其内部事务不再由英国控制。1962年2月23日，拉赫曼提出"马来西亚计划"（the Malaysia Proposal），建议将英属新加坡，以及北婆罗洲及文莱等婆罗洲地区都纳入马来亚联邦中。③ 计划很快得到英国方面的同意，1963年9月16日，一个由马来亚联邦、英属新加坡，以及婆罗洲上的沙捞越和沙巴组成的新国家成立。然而，这个"多元种族的社会，各民族各存偏见。内部的种族问题，导致马来西亚的政局潜伏隐忧"④。这个新组成的国家中，马来人占主导地位，主张以伊斯兰教为主要宗教，确立"马来人的马来西亚"政策，将另外两个主体民族——华人和印度人排斥在外；华人，以新加坡为主，在李光耀领导下的新加坡人民行动党为代表，主张建立"马来西亚人的马来西亚"政府。为此双方对峙相抗，最终于1965年8月由新加坡脱离出来，成立独立的新加坡共和国。

较之印度尼西亚和马来亚而言，菲律宾的主权独立既源于西班牙数世纪的政教合一殖民统治，也受到美国殖民统治的极大影响。19世纪末正值美国拉开海外扩张的序幕之时，菲律宾丰富的资源、独特的战略地位及宗主国西班牙日益衰落等历史条件，使之成为美国向太平洋扩张的重点目标之一。1897年时任海军部助理部长的西奥多·罗斯福向美国总统威廉·麦金莱建议"亚洲舰队应该封锁马尼拉，如果可能的话，就把它占领"⑤。

---

① N. J. Ryan, *A History of Malaysia and Singapore*, London, New York, Melbourne: Oxford University Press, 1976, pp. 280 - 281.

② J. DE. V. Allen, A. J. Stockwell & L. R. Wright, *A Collection of Treaties and Other Documents Affecting the States of Malaysia* 1761—1963, New York: Ocean Publication Inc., 1971, p. 251 - 257.

③ Willard A. Hanna, *The Formation of Malaysia: New Factor in World Politics*, New York: American University Fifld Staff, Inc., 1964, p. 7.

④ 黄景明：《东南亚现势》，香港国际事务学院出版社1980年版，第25页。

⑤ [菲] 格雷戈里奥·F. 赛迪：《菲律宾革命》，林启森译，广东人民出版社1979年版，第213页。

1897年10月，亚洲舰队司令F. V. 麦克奈尔海军少将退休后，罗斯福趁机推荐海军准将乔治·杜威接任他的职位。随后，1898年1月24日，麦金莱总统执意命令"缅因号"战舰驶往哈瓦那港。但是，同年2月25日晚，"缅因号"战舰却在哈瓦那港被炸。于是，美国以此为借口，很快于4月25日宣布向西班牙宣战，美西战争爆发。与此同时，菲律宾方面的爱国者们亦将此作为独立建国的契机，1898年3月16日至4月6日，阿吉纳尔多将军与美国"海燕号"战舰舰长爱德华·P. 伍德举行了多次会谈。美国方面传递出信息："假如菲律宾对西班牙宣战，美国便给他提供援助。"① 于是，美国方面于5月1日由杜威将军按原计划，驶进马尼拉，很快赢得马尼拉战役的胜利。8月13日，美军占领了马尼拉及其邻近地区。② 在此期间，菲律宾方面也于1898年6月12日由安布罗西奥·里安萨雷斯·包蒂斯塔在阿吉纳尔多住宅的阳台庄严宣读了菲律宾独立宣言，并扬起了菲律宾国旗、演奏了菲律宾国歌。独立宣言仿照1776年的美国独立宣言，严正宣称："我们以整个菲律宾群岛居民的名义并根据他们的权力，宣告并庄严地声明，他们是自由独立的。"③ 然而，1898年8月14日，美国即向菲律宾人民发表公告，宣布成立军政府；12月10日，美国与西班牙签订《巴黎条约》，依据条约规定，西班牙以2000万美元将菲律宾转让给美国。④ 1899—1902年，菲律宾进行了为时3年的独立战争，但是最终被美国所败，不得不接受被美国殖民的事实。1902年，美国国会通过《菲律宾法案》，通过移植美国的民主制度，实现了对菲律宾的殖民改造。

1899—1946年间，美国在菲律宾的整个统治期间，民族独立已经成为高于一切的民族口号及所有政党的党纲要点。第二次世界大战中太平洋

---

① ［菲］格雷戈里奥·F. 赛迪：《菲律宾革命》，林启森译，广东人民出版社1979年版，第217页。
② 马尼拉战役至此成为世界军事史上的著名战役。杜威将军在远离本国基地作战、摧毁整个西班牙舰队的过程中，竟然没有损失一只船舰。［菲］格雷戈里奥·F. 赛迪：《菲律宾革命》，林启森译，广东人民出版社1979年版，第220页。
③ ［菲］格雷里奥·F. 赛迪：《菲律宾革命》，林启森译，广东人民出版社1979年版，第344页。1899年1月21日，《菲律宾共和国政治宪法》（习惯上被称为《马洛洛宪法》）通过，并被列为国家的根本法，体现菲律宾人民的最高意志。
④ 美国堂而皇之地声称要在菲律宾建立一个适合当地人民需要的政府，并尽最大可能促进美国和菲律宾的共同利益。Usha Mahajani, *Phillippine Nationalism: External Challenge and Filipino Response*, 1565—1946, St. Lucia: University of Queenland Press, 1971, p. 212.

战争期间，美国被迫暂时退出菲律宾，但是在 1944 年，美国又再次回到菲律宾，这一行径更激发了菲律宾人民强烈的民族主义意识。1945 年 6 月，在菲律宾共产党的倡导下，争取独立的民主同盟成立，它旨在形成民族民主统一阵线，以实现菲律宾的独立。1946 年 7 月 4 日，菲律宾宣布独立。①

印度尼西亚、马来西亚和菲律宾的主权独立在第二次世界大战后的国际背景下确立，既与战后普遍高涨的民族主义运动相关，也与殖民主义国家因经济危机和殖民地民族意识而采取"非殖民化运动"息息相关。荷兰、英国、美国等殖民国家面对第二次世界大战后东南亚地区已经觉醒的民族意识及民族解放运动，不得不在殖民统治政策上纷纷作出一些调整和战略退让。如 1946 年 12 月，荷兰在登巴萨（巴厘）会议上提出"东印度尼西亚邦"（以下简称 NIT）计划，拟采纳《大印度尼西亚歌》为国歌等举措②；1946 年 4 月 1 日，当英国的"马来亚联盟"计划引发一系列的马来亚社会矛盾之后，英国迅速权衡其政治权力的得失，调整了马来亚政策，并转而支持不致形成革命或抗英的"联盟党"。1956 年 2 月 8 日，英国国务大臣公开表示："独立协议的达成……是对马来亚新政府及我们共同利益的承认。"③ 1958 年，新加坡也获得了部分的内部自治权，由英国、新加坡政府（由新成立的"新加坡内部安全委员会"）及马来亚联合邦共同负责新加坡内部的安全和防务。④ 同样，美国不得不在殖民统治政策方面拿出相应的对策。1913—1934 年间，美国对菲律宾试行自治管理；1934 年 3 月 24 日，富兰克林·罗斯福正式签署《菲律宾独立法》（即泰丁斯—麦克达菲法案），并据此制定了 10 年过渡期的宪法。宪法规定：菲律宾为自治政府，10 年后宣布独立，成立菲律宾共和国；自治期间，

---

① 菲律宾群岛所辖范围主要依据 1898 年 10 月 10 日签订的《巴黎条约》（the Treaty of Paris）、1900 年 11 月 7 日的《美西条约》（the Treaty between the United State and Spain），以及 1930 年 1 月 2 日签订的《美英条约》（the Treaty between the United State and Great Britain）。Jose N. Nolledo, *The Constitution of the Republic of the Philippines Explained* (English—Filipino Version), Metro Manila, Philippines: National Book Store, 1987, p. 3.

② [澳] 梅·加·李克莱弗斯:《印度尼西亚历史》，周南京译，商务印书馆1993年版，第305页。

③ Tunku Abdul Rahman Putra. *Malaysia: the Road to the Independence*, Kuala Lumpur: Pelamduk Publications, 1984, p. 151.

④ [英] G. P. 敏斯:《马来西亚——东南亚的一个新联邦》，《南洋问题资料译丛》1963 年第 4 期，第 69—82 页。

菲律宾全体公民仍效忠于美国。

与此同时，印度尼西亚、马来亚和菲律宾为了建立独立的政府，获得独立的主权，也"必须妥协和做出牺牲"①。首先，宗主国资本在国民经济中仍占据垄断地位。如马来亚仍留在英镑区，依赖英国以援助为名的长短期贷款；美国在菲律宾独立时附设了以下经济协定：（1）美国运往菲律宾的货物到1954年7月止，都予以免税，以后的税率和征收别国的税率比之只许课征一部分；这个税率逐年增长5%，从1954年的5%增到1973年的100%；（2）菲律宾运往美国的货物也按如上方案办理，但所运的货物应为菲律宾的主要出口货，不能超过绝对限额。从1954年到1973年逐年减少5%，菲律宾出口商有权运出超过限额以上的货物，但须缴纳全税，规定限额内的输入许可证须由1940年以前曾输出该项货物往美国的商行之间，按照他们战前的输出比例分配之；（3）强制规定菲律宾比索的比值。该比值须经美国总统同意，菲律宾政府不得擅自更动；（4）菲律宾政府应在宪法上承认美国公民和菲律宾人在经济权利上享有同等权利。②

其次，宗主国通过战略基地的建立等附设条件，保留下大量的武装部队，仍对主体国本身造成极大的威胁。如英国附设了"互助防御条约"，按照规定，英国将帮助马来亚扩军，从而获得军事基地的保留权，包括英联邦的战略储备，以及建立攻守同盟方式（该条约未涉及新加坡，因为它还是英殖民地，是英国在东南亚遏制共产主义势力的战略基地）。③ 美国在菲律宾独立当天即与菲律宾政府签订一系列合作条约：《美菲总关系条约》《美菲军事基地协定》《美国对菲律宾军事援助协定》等，菲律宾的23个地区被划为美国军事基地管理区，为期99年。"其中有好几处海空军基地（主要是作为美国第7舰队的作战基地，如马尼拉海湾的甲米地、苏比克海湾的奥隆加坡、三描岛的贵安、苏禄群岛的塔维－塔维、克拉克—弗罗里达、勃松卡，及其他地区的飞机场）；海军航空基地则有阿巴里·巴吐萍沙·马克坦；陆军驻防地区则有斯多先堡、马利维利斯、圣

---

① Tunku Abdul Rahman Putra, *Malaysia: the Road to the Independence*, Kuala Lumpur: Pelamduk Publications, 1984, pp. 171 - 172.

② ［苏］Г. N. 列文逊：《1946年菲律宾宣告独立的前提》，《南洋资料译丛》1959年第4期，第46—61页。

③ J. D. E. V. Allen, A. J. Stockwell & L. R. Wright, *A Collection of Treaties and Other Documents Affecting the States of Malaysia* 1761—1963, New York: Ocean Publication Inc., 1971, p. 259.

宾兰都,还有一些军营、广播电台,为数不少的辅助机场、射击场及其他类似的军事设备尚不算在'廿三个基地'之内"①。美国仍在菲律宾的政治、经济与安全、外交等层面起主导作用。

宗主国在印度尼西亚、马来亚和菲律宾领地范围内仍然保留了经济投资、军事控制等权利,它们实际只得到了名义上的政治独立。正如英国在马来亚的主权移交问题上的犹豫不决一样,美国方面早就认为,所谓独立的马来亚,除行政责任由亚洲人掌握外,包括与英国相关的联盟关系、军人的地位和数量、企业等在内都不会改变。

小　结

本章依据东南亚地区主权国家确立的进程及特点,将东南亚地区民族国家的确立大致分为三类:一类是印度尼西亚、菲律宾和马来亚(新加坡)等海岛国家。它们在殖民国家侵入之前缺少共同的民族(或国家)意识,是殖民者的统治推动了其现代国家概念的生成;第二类是印度支那三国、缅甸等半岛国家。它们在殖民国家侵入之前,已具备较为统一的国家形态、拥有较为统一的民族语言及文化传统等因素;第三类则是较为特殊的泰国。拉玛五世主导的改革运动,有效地维护了泰国的独立和统一,促进了资本主义商品经济和生产关系的发展,移植了近代西方型的行政和军事制度,使泰国国家形态特征体现出既非典型化的封建主义国家形态,也非成熟的资本主义国家形态的过渡性特征。

西方各殖民国家第二次世界大战后的衰落及世界殖民体系的崩溃,直接推动东南亚地区主权国家的独立。其中,有三项决定性因素:

第一,东南亚地区自20世纪初以来的民族主义运动的勃兴。民族资本主义的发展及西方资产阶级政治民主思潮的传播,促进了东南亚地区的民族觉醒。20世纪二三十年代,在第一次世界大战和俄国十月革命的影响下,随着马克思、列宁主义的传播,东南亚地区各国相继建立起共产党组织,进一步激起了反帝民族解放运动的爆发。太平洋战争期间,东南亚地区被日本占领后,各国人民民族解放斗争风暴空前高涨。这些斗争猛烈

---

① [苏] Г. N. 列文逊:《1946年菲律宾宣告独立的前提》,《南洋资料译丛》1959年第4期,第46—61页。

地冲击了殖民主义国家在东南亚地区的统治,为东南亚地区各国的主权独立奠定了重要基础。

第二,20世纪30年代末以来,"席卷各个大陆的非殖民化运动"的推进。非殖民化运动是20世纪世界历史进程中的重要组成部分之一。① "1950年以前,欧洲殖民帝国仅让两类殖民地实行非殖民化。一类是在1939年就已步入独立边缘的殖民地;另一类是由于第二次世界大战的影响而要求独立的殖民地。第二阶段大约从1956年开始,在此期间,绝大多数殖民地都实行了非殖民化,而在1914年时,它们中间的许多国家还被认为在很长的时间内不可能获得独立。在非殖民化的最初阶段,获得独立的大多数是中东伊斯兰国家和东方的一些国家与地区,在此后获得独立的大多是非洲国家。"② 从东南亚地区的现实来看,英国、法国等殖民主义国家对东南亚地区侵入和征服的过程中,相继建立起各自的殖民统治,一方面,客观上也促进了"主权""宪政""民族认同"等民族国家核心理念的传播;另一方面,因其肆意侵略与瓜分,东南亚地区各族人民不断反抗斗争,不同程度地促成具有"国家意识""主权国家"的民族观。但是,第二次世界大战后英国、法国等殖民主义国家不甘心失去殖民地的利益及控制权,进行了"非殖民化运动"的战略调整。正是殖民国家为了维护自身利益,在被迫撤出殖民地过程中,不得不改变政策措施的非殖民化运动,客观上促使东南亚地区各国走上主权独立的道路。

第三,"亚非会议"的召开成为东南亚地区民族国家历史发展的一个重要转折点。1955年4月18日在印度尼西亚万隆举行的亚非会议,是世界历史上首次由亚非国家自主召开的会议,目标是以亚非国家和各国人民的团结为基础,通过反帝国主义、反殖民主义建立起新型的国际关系。这是"人类有史以来第一次的有色人种的洲际会议","不仅容纳了亚洲和非洲国家的领袖们,而且容纳了先我们而去的人们不屈不挠的不可战胜的不朽精神"③。大会通过了著名的"万隆十项原则":尊重基本人权、尊重

---

① M. J. Bonn, *Crumbling of Empire*, Ⅱ, p. 101, in J. A. Simpson and E. S. C. Weiner, (eds.), *The Oxford English Dictionary*, Vol. Ⅳ, Oxford, 1989, p. 343.
② D. K. Fieldhouse, *The Colonial Empires: a Comparative Survey from the Eighteenth Century*, London: Macmillan, 1982, p. 405.
③ 印度尼西亚总统:《让新亚洲和新非洲诞生吧》,转引自王绳祖主编《国际关系史(1949—1959年)》(第八卷),世界知识出版社1995年版,第244页。

《联合国宪章》的宗旨和原则；尊重一切国家的主权和领土完整；承认一切种族的平等，承认一切大小国家的平等；不干预或干涉他国内政；尊重每一个国家按照《联合国宪章》单独或集体地进行自卫的权利；不使用集体防御的安排来为任何一个大国的特殊利益服务、任何国家不对其他国家施加压力；不以侵略行为或侵略威胁或使用武力来侵犯任何国家的领土完整或政治独立；按照《联合国宪章》，通过如谈判、调停、仲裁或司法解决等和平方法以及有关方面自己选择的任何其他和平方法来解决一切国家争端；促进相互的利益和合作；尊重正义和国际义务。① 万隆会议的成功不仅极大地鼓舞了东南亚地区争取民族独立的斗争，而且也为各个国家、民族的解放运动提供了合法性的保障。②

对于东南亚地区的现代社会而言，"历史的共同的产物，是社会生活中承继的传统、价值和意识的体现。这种共同意识主要来自于共同的生活和思想。种族、语言和文化的影响是次要的"③。新兴的东南亚地区民族国家不仅延续着殖民时代的官僚系统，而且也深受来自欧美国家主流思想的影响。④ 从技术肌理上看，西方殖民者在征服与统治东南亚地区的过程中，殖民当局并非仅仅依赖暴力，而是偏好植入一种复杂的管理模式（或称官僚系统）及或多或少的欧洲人。⑤ 这套管理模式还包括生产方式（资本主义）和技术（工业化），在东南亚地区现代观念及其价值观的生成上起到促进作用。"尽管对这些现代价值并没有清楚一致的界定，但人们常把跟自由个人主义、工业化、实行中央集权的民族

---

① 王绳祖主编：《国际关系史（1949—1959 年）》（第八卷），世界知识出版社 1995 年版，第 249 页。

② 各国人民反帝反殖，争取和维护民族独立，要求友好、团结、合作和维护世界和平而进行共同斗争的精神，被称为"万隆精神"。王绳祖主编：《国际关系史（1949—1959 年）》（第八卷），世界知识出版社 1995 年版，第 253 页。

③ Alfred Cobbon, *The Nation State & National Self-determination*, New York: Thomao-Crowell Company, 1969, p. 122.

④ Fred R. von der Mehden, *South-East Asia（1930—1970）: the Legacy of Colonialism & Nationalism*, London: Thames & Hudson Ltd., 1974, p. 97. 许多国家在保守的专制政权之下仍采取殖民地的行政机构。在同样的殖民统治机构之下，只不过由马来西亚的民族精英取代了英国殖民统治精英。Amity A. Doolittle, *Property and Politics in Sabah, Malaysia: Native Struggles over Land Rights*, Seattle and London: University of Washington Press, 2005, p. 18.

⑤ Nicholas Tarling, *Nationalism in Southeast Asia: If the People are with us*, London & New York: RoutledgeCurzon, 2004, p. 27。Nicholas Tarling, *Nations & States in Southeast Asia*, Cambridge: Cambridge University, 1998, p. 59.

国家相关联的价值观,视为现代价值观的例子。"① 正如弗雷德·W. 里格斯的观点:公共行政与其生态环境之间存在着内在的依存关系。其中,经济要素、社会要素、沟通网络、符号系统以及政治构架五种要素,是影响一个国家公共行政系统的关键因素。西方的制度往往成为发展中国家的一种参照体系。②

---

① 许宝强、罗永生选编:《解殖与民族主义》,中央编译出版社2004年版,第73页。
② Fred W. Riggs, *Thailand: the Modernization of a Bureaucratic Polity*, Honolulu: East-West Center Press, 1966.

第三部分
东南亚地区民族国家发展的困境与挑战

民族与国家是两个迥然不同却又息息相关的历史命题，民族的盛衰与国家的兴亡密切相连，主权独立只是民族国家形成的历史前提，而国家建设则是缔造民族国家所面临的长期而艰巨的历史使命。理论上，源自近代欧洲历史语境的"民族国家"形态，强调在同一政府之下，"国家与其相关的民族语言和民族性一致，其范围内的所有人口都被融进同一个共同体中"①。国家成为民族可依托的对象，成为人们"效忠"的共同对象，民族精神借助国家这个政治实体得以体现。本质上，"民族国家"的"政治与民族的单元应该是一致的"②，即民族与国家是同一的，民族就是国家，国家就是民族。民族国家形态作为一种政治概念与人文概念的重合，更体现其国家权力与民族性相结合的基本特征，以及民族利益与国家利益间的密切关联性。实践上，民族国家所具有的政治权力本质要求参与者具有至高的忠诚，为了获得自由，人们必须认同一个特定的民族；为了保持本色，每个民族必须是自治的；为了和平与正义通行于世界，民族必须是自由的和安全的。③

"绝大多数民族国家的建立，尤其是那些受到帝国主义殖民压迫的民族和国家，是在自身的民族演变过程和国家演变过程被根本改变的情况下

---

① Jyrki Iivomem, ed., *The Future of the Nation State in Europe*, London: Edward Elgar Press, 1993, p. 14.
② Ernest Gellner, *Nation & Nationalism*, Oxford: Basil Blackwell, 1983, p. 1.
③ [英] 安东尼·D. 史密斯：《全球化时代的民族与民族主义》，龚维斌等译，中央编译出版社2002年版，第180—181页。

建立民族国家的。对于这些国家来说，民族国家的建构是在外部的压力和诱导下做出的权变选择，构建民族国家的历史条件与西欧的情况大相径庭，因此在民族国家建立起来以后面临着更多的问题和困难，民族国家建设的任务更加繁重。"① 东南亚地区民族国家发展受到国际社会大环境的强烈影响：由于地缘战略优势及国家的滞后发展等原因，东南亚地区一直是东西方冲突的"前沿"阵地，不仅遭遇英国、法国等老一批殖民国家的重建、"冷战"时代来自美国与苏联的对抗，而且也遭遇了"冷战"后的全球化时代美国、日本在亚太地区的角逐。反殖民统治的共同斗争体验逐步铸造了东南亚地区各国的民族意识，然而其民族观念及其有关最终"建立一个可以体现民族观念的新政治秩序———一个现代国家——的设想，则又基本上都是新的概念；其积极方面超过了争取独立的斗争，而且涉及在传统社会中建立新的权力渠道和规划新的前景问题"②。正如"'西方'一样，'东方'这一观念有着自身的历史以及思维、意象和词汇传统，正是这一历史与传统使其能够与'西方'相对峙而存在，并且为'西方'而存在"③。对于东南亚地区复杂的历史传统、民族构成、文化类型、宗教信仰及国际社会背景而言，没有一个统一的模式可以铸就东南亚地区各国，也"没有一个简单的公式可以概括东南亚各国独立后出现的种种情况"④。

综观东南亚地区的历史与发展，本书旨在从国内和国际两个层面，揭示其民族国家发展进程中的两大困境：一是多族群社会的民族认同与国家认同困境，以及社会失范；二是从隶属于国家主权单元范畴的领土争端入手，探析东南亚地区民族国家发展的困境与挑战。

---

① 周平：《对民族国家的再认识》，《政治学研究》2009年第4期，第89—99页。
② [澳] J. D. 莱格：《苏加诺：政治传记》，上海外国语学院英语系翻译组译，上海人民出版社1977年版，第22页。
③ [美] 爱德华·W. 萨义德：《东方学》，王宇根译，生活·读书·新知三联书店2000年版，第7、447页。
④ [美] 约翰·F. 卡迪：《战后东南亚史》，姚楠等译，上海译文出版社1984年版，第618页。

第四章　东南亚地区多族群社会的认同困境及社会失范

东南亚地区的个案中，民族国家形态的确立及其构成根植于殖民国家的殖民统治体系，并在一定程度上受制于殖民国家政治文化的影响。其民族国家形态由多族群社会组成，具有多文化、多民族和多宗教的社会特征。东南亚地区多族群社会的产生具有极其深刻的历史背景，是时代发展的产物。16世纪以来殖民国家的统治及东南亚地区人民反殖民统治斗争的历史体验，共同促成了东南亚地区民族国家的诞生，并经由殖民政府为便于统治所建立的一套独特殖民统治体系，把欧洲的历史、文化，乃至民族主义思想、语汇和行动模式灌输到东南亚地区，最终，民族国家形态逐步形成。①

东南亚地区多族群社会出现的民族认同困境及社会失范，在某种程度上反映了东南亚极其复杂的社会历史及经济政治，诸如殖民统治时代遗留的落后、结构单一的经济体制所导致的经济发展失衡；政党政治基础薄弱、政府体制不完备，等等。

第一节　东南亚地区少数族群与主流社会的冲突与矛盾

东南亚地区的民族融合与国家认同，任重而道远。从历史成因上看，半岛国家因形成国家的历史较早，在殖民国家入侵之前大多已成为完整的国家形态，主体民族的人口、文化、宗教信仰等特征较为鲜明；海岛国家则相反，其族群构成由殖民国家的统治及反抗殖民统治的斗争所形成，各组成族群之间缺乏共有的历史传统、文化信仰等因素，其社会构成具有较大的差异性，甚至表现出冲突性特征。因此，在民族认同与国家认同方面，海岛国家较之半岛国家更为复杂。

民族国家的族际冲突及社会失范，备受学界关注。国内外学者们大多

---

① ［美］本尼迪克特·安德森：《想象的共同体：民族主义的起源与散布》，吴叡人译，上海世纪出版集团2003年版，第136页，参考第134—167页。

认为，由于少数族群在历史文化、宗教信仰、政治经济生活领域等方面与主流社会格格不入，以及经济社会与政治利益的分配不均等原因，从而导致民族分离主义运动此起彼伏。诸如库苏玛·斯奈特翁色等人的东南亚种族冲突问题研究[①]、费尔等人的菲律宾摩洛人分离主义研究[②]、以克尔为代表的印度尼西亚亚齐问题研究[③]、乌塞尔·杜尔亚凯瑟姆、弗尔贝斯等的泰国南部民族问题研究[④]、马丁·史密斯等人的缅甸民族问题研究[⑤]等。本书截取菲律宾南部的摩洛人、印度尼西亚的亚齐人、泰国南部的马来人和缅甸的克伦人为个案，分析民族国家发展进程中民族融合与国家认同的历史困境。

一 东南亚地区族群冲突的历史根源

族群冲突使东南亚地区民族国家形成了极大的发展"瓶颈"[⑥]。冲突的原因很多，首要的挑战源于其复杂的地理和民族构成。从民族生态学上看，"由于地理环境和土质不良，决定了东南亚大部分地区的人口中心与

[①] Kusuma Snitwongse and W. Scott Thompson, eds., *Ethnic Conflicts in Southeast Asia*, Singapore: ISAS, 2005; Renato Rosaldo, ed., *Cultural Citizenship in Island Southeast Asia: Nation and Belonging in the Hinterlands*, Berkeley, Los Angles, London: University of California Press, 2003. 中国学者如陈衍德：《东南亚的民族文化与民族主义》，《东南亚研究》2004年第4期，第33—37页；韦红：《战后东南亚经济开发引发民族冲突诸因素分析》，《世界历史》2001年第6期，第95—103页，等等。

[②] Miriam Coronel Ferrer, The Moro and the Cordillera Conflicts in the Philippines and the Struggle for Autonomy, in Kusuma Snitwongse and W. Scott Thompson, eds., *Ethnic Conflicts in Southeast Asia*, Singapore: ISAS, 2005, pp. 109 – 150; Samuel K. Tan, *The Filipino Muslim Armed Struggle*, 1900—1972, Filipinas: Filipinas Foundation, Inc., 1977; 包茂宏：《论菲律宾的民族问题》，《世界民族》2004年第5期，第28—37页。

[③] Tim Kell, *The Roots of Acehmese Rebellion*, 1989—1992, New York: Cornell University, 1995, pp. 13 – 28; Kam Hing Lee, *The Sultanate of Aceh: Relations with the British*, 1760—1824, New York: Oxford University Press, 1995, pp. 273 – 297; David Webster, From Sabang to Merauke: Nationalist Secession Movements in Indonesia, in *Asia Pacific Viewpoint*, Vol. 48, 2007 (1), pp. 85 – 98; 张洁：《亚齐分离运动研究》，北京大学博士学位论文，2002年。

[④] Uthai Dulyakasem, The Emergence and Escalation of Ethnic Nationalism: the case of the Muslim Malays in Southern Siam, in Taufik Abdullan and Sharon Siddique, *Islam and Society in Southeast Asia*, Singapore: ISAS, 1987; Andrew D. W. Forbes, Thailand's Muslim Minorities: Assimilation, Secession, or Coexistence? *Asian Surey*, Vol. 22, 1982 (11), pp. 1056 – 1073; 陈开明：《泰国现代化进程中的南部穆斯林问题》，《世界民族》1999年第2期，第44—47页。

[⑤] Martin Smith, *Burma: Insurgency and the Politics of Ethnicity*, White Lotus Co. Ltd., 1999; 李晨阳：《缅甸的克伦人与克伦人分离运动》，《世界民族》2004年第1期，第22—30页。

[⑥] 华人（华裔）族群的研究，国内外已较丰富。篇幅所限，本书不再赘述。

政权中心广为分散"①的特点。如果以每个种族集团所操的语言、习俗和信仰为依据的话,那么"第一批用当地文字撰写的碑铭一出现,我们就发现在柬埔寨使用的是吉蔑文;在越南的各个占族省份,是占文;在苏门答腊,是马来文;在爪哇,是爪哇文"②。复杂的民族构成、多元的文化形态,以及海岛国家与半岛国家地理生态上的巨大差异,使东南亚地区各国的民族认同与国家认同出现巨大的困难。

　　海岛国家的少数族群一直与主流社会之间存在生态地理上较大的隔阂。这种隔阂某种程度上铸成了民族分裂主义及恐怖主义运动,可谓浓缩了东南亚地区社会动荡的不安因素。海岛国家多地形破碎、平原狭小。以菲律宾和印度尼西亚为例。菲律宾的多元化社会,由散居的7100多个岛屿、约82000000居民组成,他们分属于不同的种族——语言群体、外来移民群体,拥有包括土著宗教在内的四种宗教信仰。③ 菲律宾人(the Philippines)本身就是一种"想象的共同体"④。马来族(包括他加禄人、邦班牙人、伊洛戈人等在内)系菲律宾人的主要民族构成,占全国人口的85%以上。此外,还有华人、印度尼西亚人、阿拉伯人、印度人、西班牙人等,所占人口的比例较小。以他加禄语为基础的菲律宾语系菲律宾国语,英语则为官方语言。国民中约有84%的人信仰天主教,4.9%的人则信奉伊斯兰教。菲律宾南部的穆斯林地区(包括棉兰老岛和苏禄群岛在内,至少包含10个以上的穆斯林族群),早在西班牙殖民者入侵之前,已形成国家的雏形。其地理位置十分优越,棉兰老岛和苏禄群岛犹如一道天然屏障位于摩鹿加群岛的北边,是菲律宾中、北部岛屿南下摩鹿加群岛的必经之道。同时,这也是主要的伊斯兰教传播区,这些穆斯林教徒曾被西班牙人贬称为"摩洛人",意为信奉伊斯兰教的摩尔人,主要包括马罗瑙人、马京达瑙人、陶苏格人、萨马尔人、亚坎人、伊拉农人和桑吉尔

---

　　① [美]约翰·F.卡迪:《东南亚历史发展》,姚楠等译,上海译文出版社1988年版,第10页。
　　② [法]G.赛代斯:《东南亚的印度化国家》,蔡华、杨保筠译,商务印书馆2008年版,第28页。
　　③ Miriam Coronel Ferrer, The Moro and the Cordillera Conflicts in the Philippines and the Struggle for Autonomy, in Kusuma Snitwongse and W. Scott Thompson, eds., *Ethnic Conflicts in Southeast Asia*, Singapore: ISAS, 2005, p. 109.
　　④ [美]本尼迪克特·安德森:《想象的共同体:民族主义的起源与散布》,吴叡人译,上海世纪出版集团2003年版,第28页。

人。① 另一个国家印度尼西亚则是东南亚地区最大的群岛国家，国家边界由荷兰殖民者确定（尽管印度尼西亚人宣称其领土边界承自前殖民时代）②，是一个具有多种族群、多元文化的社会。"民族的差异不仅表现在多种不同的语言上，也表现在文化、宗教、社会和经济形态的多样性上。"③ 印度尼西亚群岛上分布着 200 多个民族单位。尽管印度尼西亚民族国家确立后，政府将印度尼西亚语作为民族交往的媒介和民族同化的工具，致力于铸造"统一民族""统一国家"，但是复杂而众多的民族构成，一直是印度尼西亚民族融合和国家统一的巨大障碍之一。人口组成上，爪哇人占印度尼西亚总人口的 45%；巽他人为 14%；沿海马来人和马都拉人各占 7.5%④；其余的是亚齐人、巴达人、巴厘人、望加锡—布吉人和米南卡保人等。除了沿海的马来人之外，这些主要的族群都拥有各自的语言、方言系统及其相应的文化传统，保持着各自独特的文化特征。有些地方甚至刻意保留自己本民族的文化，如"亚齐"。它位于印度尼西亚苏门答腊岛西北端，北逼马六甲海峡，西邻印度洋，为印度尼西亚共和国的三个特别行政区之一。亚齐人笃信伊斯兰教。⑤ 殖民国家入侵之前，亚齐王国已经是印度尼西亚群岛最为强盛的苏丹王国之一，1571—1607 年间有 8 位苏丹统治过。⑥ 其政治权威由部落封建主（乌略巴朗 uleebalang）和伊斯兰教领袖（乌拉玛 ulama）分享。⑦ 直到整个 16 世纪后期，亚齐仍然是

---

① 包茂宏：《论菲律宾的民族问题》，《世界民族》2004 年第 5 期，第 28—37 页。
② "印度尼西亚"一词，源于希腊语中的"印度群岛"（Indos Nesos）之意。[澳] 约翰·芬斯顿主编：《东南亚政府与政治》，张锡镇等译，北京大学出版社 2007 年版，第 72—73 页。
③ [美] 约翰·W. 亨德森：《印度尼西亚的民族和语言》，《世界民族》1981 年第 3 期，第 50—56 页。
④ [澳] 约翰·芬斯顿主编：《东南亚政府与政治》，张锡镇等译，北京大学出版社 2007 年版，第 74 页。
⑤ 伊斯兰教徒占 98.11%，基督教徒占 1.32%，天主教徒占 0.16%，印度教徒占 0.02%，佛教徒则为 0.37%。http://www.nad.go（印度尼西亚政府官网）及 http://www.asnlf.net（亚齐解放运动网页）。
⑥ [澳] 梅·加·李克莱弗斯：《印度尼西亚历史》，周南京译，商务印书馆 1993 年版，第 46 页。
⑦ 但是，亚齐苏丹王国的建立时间尚难以确定。苏丹·亚里·慕哈耶特·夏（约 1514—1528 年）可能是亚齐的第一个苏丹。[印度尼西亚] 萨努西·巴尼：《印度尼西亚史》（上册），吴世璜译，商务印书馆 1959 年版，第 247 页。

海峡的重要军事力量。①

相应地,半岛国家地理生态的分布特点也直接影响了各民族的分布及社会文化发展的历史特征,造成民族认同的潜在困境。半岛国家基本上由沿江、沿海平原及内地山脉组成。其主体民族多生活在土地肥沃的平原河谷地带,而高原山区则主要为少数民族的栖息之地。国家政权及政治文化等基本上掌握在人口占绝大多数的主体民族手中,少数民族几乎被排除在外。如泰国占全国人口90%以上的泰族分布在湄南河平原,信奉佛教。其南部的北大年(Pattani)、也拉(Yala)、陶公(Narathiwat)、沙敦(Satul)四府则主要信仰伊斯兰教(穆斯林教徒占南部四府总人口的70%),以马来人为主。泰国南部的马来穆斯林地区曾于14—18世纪间建立过北大年的伊斯兰王国,是马来半岛上最早接纳伊斯兰教的国家之一,其领土囊括了现在的泰国南部5府(除了以上四府外,还有宋卡)及马来西亚最北部的3州(吉打、吉兰丹、丁加奴)。1785年,泰国曼谷王朝的拉玛一世征服北大年后,虽然归入泰国的政治区域,但是泰国保留了苏丹的权利,给予了较大的自治权。泰国马来穆斯林沿袭了马来人的语言文化、宗教信仰及其传统风俗,努力营造一种马来文化的世界而独立于泰国主流文化。如他们称自己为"Ore nayu"(马来人),而以"Ore siye"指称泰人,如此等等,力争保持自己文化上的自主。② 同样,占缅甸70%的缅族居于中央平原,享有优越的地理条件。而分布于缅甸克伦邦和克耶邦的"克伦人"虽属缅甸境内第二大民族,却散居于卑谬、央米丁、掸邦南部及丹老地区,支系庞杂。③ 克伦人与主体民族之间因地理生存环境上的巨大差异,也表现出经济、政治及社会文化等发展上的较大差异,影响了社会经济发展的不均衡性,以及社会权力体系的分配不均。历史上克伦人曾遭遇缅人为首的多次民族挞伐,以致部分克伦人因不堪异族压迫而迁往高山或丛林之中,从而衍生为一种根深蒂固的民族矛盾和隔阂。

---

① 整个16世纪,亚齐的权力和财富都在随其贸易不断增长。荷兰人入侵之前,亚齐曾一度攻下马六甲。N. J. Ryan, *A History of Malaysia and Singapore*, London, New York, Melbourne: Oxford University Press, 1976, p. 62.

② 陈开明:《泰国现代化进程中的南部穆斯林问题》,《世界民族》1999年第2期,第44—47页。

③ 据统计,克伦人包括11个分支,即克伦、白克伦、勃雷底、孟克伦、斯戈克伦、德雷勃瓦、勃姑、勃外、木奈勃瓦、姆勃瓦、波克伦。其中,斯戈克伦、波克伦占整个克伦人口数量的70%。李晨阳:《缅甸的克伦人与克伦人分离运动》,《世界民族》2004年第1期,第22—30页。

东南亚地区早已形成的、相对独立的国家形态或完整的文化体系，尤其是根深蒂固的宗教文化，严重影响了民族国家的民族融合与国家认同。宗教文化在东南亚社会影响较大，"每一个重大的历史转变都涉及宗教变化的因素"①。宗教权力与世俗权力共同于17世纪中叶形成东南亚社会政治权力体系的重要部分。② 当然，宗教文化也曾在东南亚地区历史上起到过积极的聚合作用。宗教在东南亚国家具有广泛的民众影响，在反殖民主义的历史洪流中，共同的信仰较容易将民众的精神和感情连接起来，形成一种强势的民族聚合力，促进民族国家的形成。然而，当外部压力消失后，宗教信仰的差异与民族之间的差异相互交织在一起，反而容易因宗教文化而激化成民族矛盾，继而发展成狭隘的民族主义，影响到民族国家的民族认同与国家认同。

二 殖民政策与族际冲突的激化

从历史成因上看，除了由来已久的民族隔阂和民族矛盾外，菲律宾南部的摩洛人、印度尼西亚的亚齐人、泰国南部的马来人及缅甸克伦人，在殖民国家"分而治之"的统治政策下，它们与主体民族之间的矛盾进一步激化，以致为此后的民族融合与国家认同造成人为困境。

首先，为了掠夺之便，殖民者按自己的需求把殖民地分割成不同的资源区。同时，为了方便统治，殖民者即在其势力范围内使操同一语言的人聚集起来。这一举措客观上激发了同一族群的认同意识。在此后不断与殖民者反抗的斗争中，这种同一的族群意识更得以进一步升华。

历史上，西班牙殖民者一直对菲律宾南部的穆斯林地区有窥伺之心，曾报之以规模较大的征服活动，但是屡遭抵抗，以致与菲律宾南部穆斯林展开长达300余年的战争。③ 共同御敌、抵抗征服的过程中，南部穆斯林教徒以共同的宗教信仰，迅速融合在一起。"菲律宾南部穆斯林是一些勇

---

① ［新］尼古拉斯·塔林主编：《剑桥东南亚史》（下），云南人民出版社2003年版，第419页。
② ［新］尼古拉斯·塔林主编：《剑桥东南亚史》（上），云南人民出版社2003年版，第448页。
③ 第一阶段为1578—1663年间，西班牙人被迫放弃经营多年的三宝颜炮台，退回至菲律宾中、北部。第二阶段为1718—1762年间，西班牙人重建三宝颜炮台，再次侵略穆斯林地区，双方一度僵持，直到18世纪末战事方告一段落。第三阶段则包括整个19世纪，菲律宾南部成为欧洲列强争夺的焦点。［菲］金应熙主编：《菲律宾史》，刘迪辉译，河南大学出版社1990年版，第113页。

敢的民族,他们酷爱自由,不惜为此牺牲一切";为了抵抗侵略和殖民政府的活动,保卫其独立自由和宗教信仰,"典型的摩洛人永远不会没有武装"①。这些菲律宾南部穆斯林进而与菲律宾中部和北部的西班牙天主教化区,形成宗教信仰及政治统治上对比鲜明的区域。② 1898年美西战争爆发之后,为强占菲律宾,美国对菲律宾南部实施了三步计划:一是1899—1903年,实施拉拢政策。竭力拉拢穆斯林首领,并允之以信仰和风俗的尊重与自由;二是1903—1910年,实行强行镇压式统治。双方爆发激烈的战斗,美军甚至对之实行灭绝政策;三是1914—1920年,实施"以菲制菲"政策。鼓励菲律宾北部的居民向南部移民,推行同化政策。③当美国对菲律宾展开攻势之初,菲律宾南部穆斯林因与中部、北部地区的宗教差异及历史成因甚至还对美国报之以幻想,"以期在美国的统治下,保存他们在穆斯林地区的统治地位,保证他们内部的自治"④。然而,美国对穆斯林地区的占领及"美化"政策推行之后,南部的伊斯兰法和习惯法体系遭到极严重的侵袭。尤其是"以菲制菲"的策略及在南部渐次增任基督教徒的做法,更是恶化了菲律宾人民内部的民族矛盾,将菲律宾宪警推向战争的前锋。1919年美国颁布《公共土地法》,规定菲律宾所有土地都沦为公共领地,每个菲律宾天主教徒最多可以申请20公顷土地,而穆斯林只能申请到10公顷。同时,美国鼓励菲律宾的中部和北部地区向南部移民,1903年,非摩洛人在棉兰老地区的人口比为24%,1918年则上升到50%,1939年时已达66%,而摩洛人的比重则由1903年的76%下降到1939年的34%。⑤ 随着1919年《公共土地法》法案的颁布及移民迁移政策的鼓励,菲律宾南部穆斯林的生存空间直接受到压缩的威胁。尽管"美国也和西班牙一样,未能完全征服菲律宾南部"⑥,但是,殖民政策进一步加深了菲律宾人民内部的穆斯林与非穆斯林之间的矛盾,

---

① [菲]金应熙主编:《菲律宾史》,刘迪辉译,河南大学出版社1990年版,第115页。
② 摩罗战争既被视为菲律宾穆斯林反抗殖民的斗争,也被当作穆斯林与天主教徒之间的矛盾冲突的表现。Samuel K. Tan, *The Filipino Muslim Armed Struggle*: 1900—1972, Filipinas: Filipinas Foundation, Inc., 1977, pp. 12 – 14.
③ [菲]金应熙主编:《菲律宾史》,刘迪辉译,河南大学出版社1990年版,第468—473页。
④ 同上书,第469页。
⑤ W. K. Che Man, *Muslim Separatism*: *the Moros of Southern Philippines and the Malays of Southern Thailand*, Oxford: Oxford University Press, 1990, p. 25.
⑥ [菲]金应熙主编:《菲律宾史》,刘迪辉译,河南大学出版社1990年版,第474页。

使南部穆斯林地区与天主教信仰区之间的矛盾从一种宗教信仰的意识冲突发展为生存与发展问题的直接斗争。

印度尼西亚是"分而治之"殖民统治危害之下的另一个东南亚国家的典型。殖民统治加深了印度尼西亚国家的分裂,使得民族分离主义一直是印度尼西亚民族国家最为关注的焦点问题之一。其中,亚齐分离主义运动最为典型。

殖民国家入侵之前,亚齐王国已经是印度尼西亚群岛最为强盛的苏丹王国之一。因其地缘优势,亚齐曾与许多国家发生商务交往,甚至与英国、法国等建立过一些国家间的交往关系。英国分别于1602年、1819年与亚齐苏丹签署过友好条约,确认过亚齐苏丹王国的独立地位。条约的签订昭示着亚齐苏丹独立的王国地位得到了国际的承认。亚齐为此展开了一系列的对外联系:1852年,亚齐派使者访问法国;1869年亚齐人向土耳其人申请了外交援助等。[①] 1871年,英国和荷兰签署苏门答腊条约。条约规定:荷兰人把非洲的黄金海岸移交给英国人,英国人准许把印度七月工人运往南美洲的荷属苏里南,以及允许荷兰人在苏门答腊的自由行动;双方同时达成在苏门答腊从夏克到北部享有平等的贸易权利。条约实际上公开宣称了"荷兰人想要占领亚齐"的动机。[②] 1873—1913年间,亚齐人与荷兰人之间展开了艰苦卓绝的40年抗争。[③] 直到1913年,亚齐地区仍在进行大规模的抵抗活动,正如亚齐人所说的"他们从未被征服过"[④]。最终,荷兰以政治妥协放弃了在亚齐地区的殖民计划。亚齐战争既是亚齐人民坚决抵抗荷兰殖民者的过程,也是伊斯兰教的宗教领袖乌里玛进行反异教徒"圣战"的过程。伊斯兰穆斯林的顽强抵抗使荷兰殖民者心有余悸,即便在第二次世界大战结束之后,"当荷兰人企图重新征服印度尼西亚时,亚齐是他们没有企图重新进入的唯一的州"[⑤]。荷兰殖民者不得不改变其统治方式,通过扶持亚齐的世俗政权,采取"以夷制夷"策略、

---

① [澳]梅·加·李克莱弗斯:《印度尼西亚历史》,周南京译,商务印书馆1993年版,第199页。

② 同上书,第200页。

③ Rizal Sukma, Ethnic Conflict in Indonesia: Causes and the Quest for Solution, in Kusuma Snitwongse and W. Scott Thompson, eds, *Ethnic Conflicts in Southeast Asia*, Singapore: ISAS, 2005, p. 6.

④ David Webster, From Sabang to Merauke: Nationalist Secession Movements in Indonesia, in *Asia Pacific Viewpoint*, Vol. 48, 2007 (1): 85 - 98.

⑤ [澳]梅·加·李克莱弗斯:《印度尼西亚历史》,周南京译,商务印书馆1993年版,第202页。

推行世俗教育、推崇亚齐文字为教育与官方语言等方式，以期削弱亚齐的伊斯兰教力量。尽管荷兰人的政治心愿并未完全达成，但是亚齐部落封建主与穆斯林之间因荷兰人的政治挑拨，世俗权威与教权权威之间产生了潜在的冲突与矛盾。

半岛国家的泰国和缅甸也是如此，殖民统治的"分而治之"策略严重影响了民族的聚合。1909 年，曼谷王朝被迫与英国签订了《英暹条约》。条约中英国割裂了原马来半岛地区的管理单位，将吉打、吉兰丹、丁加奴和玻璃市并入英属马来亚；沙敦和北大年则被留在暹罗境内。[①] 英国人的介入激化了泰国南部马来人与主流的泰人社会之间本就存在的宗教问题和民族问题，以至于信仰佛教的泰人与南部四府的伊斯兰教徒之间时有民族冲突事件发生：1922 年的反抗征税、反抗政府拒绝发放土地的骚乱；1923 年反对《初等义务教育法》的冲突甚至延续至今，已有包括警察、士兵、政府官员、僧侣等在内的成千上万的穆斯林教徒和佛教徒为此丧生，泰国南部一跃成为暴力冲突最为密集的地区。

缅甸的克伦人与主流社会之间的矛盾也是如此。早在蒲甘王朝时代，克伦人与缅甸的封建王朝之间就已存在朝贡或纳赋关系。但是，直到 19 世纪之前，克伦人仍无自己的民族文字，宗教信仰也多为原始的万物有灵崇拜。1824—1826 年间的第一次英缅战争以后，西方传教士开始传播基督教，并为克伦人创造了文字。在基督教的教化作用下，克伦人逐渐疏远了缅人的主体民族信仰——小乘佛教。同时，在英国的"分而治之"殖民政策中，克伦族被人为地分割出来，保留了当地原有的土司制度、部落制度及地方上层贵族等。1875 年仰光的贾德森学院曾被称为"克伦人的学院"，克伦人学生也一度约占仰光大学学生的 1/4[②]；1880 年，克伦人在英国人的支持下成立了"克伦民族协会"[③]；从 1887 年起，英国驻缅军

---

① 北大年后来才被分为北大年、也拉、陶公三个部分。Andrew D. W. Forbes, Thailand's Muslim Minorities: Assimilation, Secession, or Coexistence? *Asian Surey*, Vol. 22, 1982 (11): 1056 - 1073. 条约自此确立了马来亚与泰国之间的边界。N. J. Ryan, *A History of Malaysia and Singapore*, London, New York, Melbourne: Oxford University Press, 1976, p. 176; Kim, Khoo Kay, ed., *The History of South - East, South and Eastasia: Essays and Documents*, London: Oxford University, 1977, pp. 54 - 62.

② 李晨阳：《缅甸的克伦人与克伦人分离运动》，《世界民族》2004 年第 1 期，第 22—30 页。

③ "克伦民族协会"（KNA），旨在保护并发扬克伦族的特色，是东南亚最早的民族主义者组织之一，比缅族民族主义团体早几十年。[新] 尼古拉斯·塔林主编：《剑桥东南亚史》（下），贺圣达等译，云南人民出版社 2003 年版，第 246 页。

队停止征召缅人,而由克伦、克钦等少数民族取而代之,并被殖民当局用来镇压缅人的抗英起义,如1930年的萨耶山起义。1928年起克伦族开始有组织地鼓吹独立,建立克伦邦,"拥有一个自己的国家,在其中他们可以作为民族得以发展,并找到他们要求的东西"①。1945年苏巴吴基(Saw Ba U Gyi)为首的克伦上层人物,在仰光组织部分克伦人成立"克伦人中央协会"(KCO),联合丹那沙林、勃固的良礼宾及缅泰边境的克伦人聚居区,通过政治方式,实现克伦人的独立。② 其目的在于将克伦人与缅人分离开来。英国的民族分治殖民政策,一方面,促进了克伦人的民族认同;另一方面,却给日后克伦人与缅人为主体的民族国家认同造成了极大威胁。

殖民国家原为统治之便所确立的地域边界、劳动力的流动,以及语言的统一,乃至土著精英的培养,一方面,客观上培养了殖民统治的掘墓人,促进了少数族群独立的民族意识和建国理想的萌发;另一方面,却为这些少数族群融入主流社会埋下了祸根。殖民者的入侵及殖民政策,进一步激化了东南亚根深蒂固的民族隔阂和民族矛盾,使原本就在社会文化、经济、政治等方面不均衡发展的少数族群与主体民族之间形成更大的裂痕。

三 民族国家的发展及其对族群冲突的诱发

从民族国家的发展历程上看,渊源已久的民族分歧并未因民族国家的确立而得以弥合,反而转化为一种分离主义运动,成为民族国家发展的障碍之一。东南亚地区各民族国家独立后,受西方民族国家理论的影响,为铸造同一民族的民族国家形态,先后掀起并采拟了同化主义政策,其结果反而强化了民族主义情绪。另外,各届政府对少数族群权益的疏忽,也从

---

① [新]尼古拉斯·塔林主编:《剑桥东南亚史》(下),贺圣达等译,云南人民出版社2003年版,第246页。
② 在遭到英国方面的拒绝后,苏巴吴基退出了由英国总督领导的临时政府,改克伦人中央协会为克伦民族联盟。然而,就在此时,克伦民族联盟发生了分裂,苏山坡丁领导下的部分克伦人佛教徒组成克伦青年组织(KYO),脱离了克伦民族联盟,与昂山领导下的反法西斯人民自由同盟合作。1947年,"克伦民族联盟"(the Karen National Union)成立,苏巴吴基第一次代表克伦人提出了建立独立国家的愿望,随后,"克伦民族联盟"更名为"克伦民族保卫组织"(the Karen National Defence Organisation),表明了武装独立的决心。Tin Maung Maung Than, Dreams and Nightmares: State Building and Ethnic Conflict in Myanmar (Burma), in Kusuma Snitwongse and W. Scott Thompson, eds, *Ethnic Conflicts in Southeast Asia*, Singapore: ISAS, 2005, p. 75.

另一个侧面强化了少数族群对主流社会的疏离感,从而使民族国家的民族认同与国家认同陷入难以自拔的困境之中,引发政治骚乱。

菲律宾 共和国成立以来,经济复兴与财政赤字、战后的和平与紊乱,以及文化与道德的复兴等一直是民族国家发展过程中最为危急的困境。[①] 独立之后的菲律宾,"基本上沿袭了三十年代中期由菲律宾人自己起草的自治宪法,改动极少。除了规定实行中央集权制政府而非联邦制这一特点之外,这部宪法有很大部分抄袭美国政府的模式"[②]。面对民族国家的建设及现代社会的改造问题,历届政府都以开发计划之名,否认南部穆斯林地区少数民族的基本权利,非但没有解决南部穆斯林地区的民族矛盾,反而因经济和文化教育方面的新问题,形成了大规模的社会骚乱。尤以费迪南·马科斯执政时期(1965—1986 年)典型。当选为菲律宾总统之时,他指出"城市与农村、富人与穷人、主体族群与少数族群、特权阶层与非特权阶层"的二元状态,是当下菲律宾主要的社会矛盾,不利于菲律宾社会的发展。[③] 于是,他开始优先发展工业、实行农业结构改革,发展多样化农业等,开展旨在发展经济的社会改革,并在农业方面取得极为显著的政绩,使菲律宾由粮食进口国变为可自给,并有少量出口的国家,以及农民基本解决了饥饿问题等。然而,在这一系列的国家经济发展战略中,菲律宾南部的穆斯林地区并没有获得任何实际的好处。因为菲律宾的出口导向型经济完全依赖发达国家的投资、技术援助及市场,这使得相对发展程度较低、资源较丰富的南部地区成了国家现代化发展的牺牲品,根本无法满足当地人的生活需要。摩洛人的经济边缘化处境迫使他们的宗教纽带更加强劲:一方面,摩洛人纷纷加入了第二次世界大战后的国际伊斯兰复兴运动,接受阿拉伯世界的资助。来自中东的伊斯兰教徒也纷纷抵达南部地区,修建清真寺,成立"菲律宾穆斯林联合会""苏禄伊斯兰协会"等宗教组织;另一方面,20 世纪从 50 年代起,南部穆斯林地区对中央政府的反抗也此起彼伏。60 年代后南部穆斯林地区逐渐发展成具有一定规模的分离主义区域。特别是"摩洛民族解放阵线"成立后,武

---

① [菲]格雷戈里奥·F. 赛义德:《菲律宾共和国——历史、政府与文明》(下册),吴世昌等译,商务印书馆 1979 年版,第 548—549 页。

② [美]约翰·F. 卡迪:《战后东南亚史》,姚楠等译,上海译文出版社 1984 年版,第 101 页。

③ Albert F. Celoza, *Ferdinand Marcos and the Philippines: the Political Economy of Authoritarianism*, London: Westport, Connecticut, 1997, p. 7.

装斗争即在菲律宾群岛风起云涌,甚至出现成立"摩洛共和国"的政治独立取向。1972年伊始,随着马科斯政府"新社会运动"的推行,摩洛人在军事管制政府的戒严声中,更加团结起来,于1974年为伊斯兰国家第五次外长会议认可为棉兰老游击队的统一组织。1976年12月23日,马科斯政府最终与摩洛民族解放阵线达成和解,共同签署了"的黎波里和平协议",穆斯林组织的自治要求及包括军队、自治邦在内的相应权利得到允诺。1977年的菲律宾南部13区公决中,反对合并为摩洛民族解放阵线统治的自治区者占97.19%,而赞成在中央政府主权之下的穆斯林地区自治者占96.02%。① 此公决议案,使得摩洛民族解放阵线组织发生分化,以萨马拉特为首的穆斯林南教徒重新组成更为激进的、以巴基斯坦为基地的"摩洛伊斯兰解放组织"。

阿基诺上台后,为缓和社会矛盾,宣布在维护国家主权和领土完整的框架内同意穆斯林自决的要求。这一要求也迅速得到国际社会的认同,于是,1989年菲律宾就此议案再度举行公决,结果只有4个区赞同独立的要求。于是,摩洛伊斯兰解放组织再次展开武装斗争,种族冲突遂演变为暴力斗争。与此同时,"穆贾西丁争取自由战士"组织成立,这是一个具有世界影响的伊斯兰恐怖组织。由曾参加过阿富汗战争的老兵和游击战的指挥组成骨干,人数约在100—1000人之间,旨在不惜一切代价,反对基督教,建立独立的南方伊斯兰国家。仅1991—1995年中期,该组织即制造了多起恐怖事件:94例劫持、75例爆炸、58次抢劫、50次暗杀、24次纵火、12次袭击、9次撞车,共计造成165人死亡、331人受伤。② 该组织与国际恐怖组织关系密切,以至于"9·11"事件之后,它被列为国际恐怖组织的一部分,成为国际反恐活动的众矢之的。

印度尼西亚 1950年民族国家形态确立之后,其印度尼西亚国家政策中强烈的民族主义思潮,诱发现代社会的种种危机。苏加诺政府强化军政府的统治,并实施具有种族排外主义特点的民族主义政策;其后的苏哈托政府,也仍以民族主义战略为主线,将之与经济发展和现代化战略的开展紧密联系起来;苏哈托执政末年,国家与民族主义的思想体系与实践已

---

① 陈鸿瑜:《菲律宾的政治发展》,台北商务印书馆1980年版,第263—264页。

② Moshe Yegar, *Between Integration and Secession: the Muslim Communities of the Southern Philippines, Southern Thailand and Western Burma/Myanmar*, Lanham, 2002, p. 346.

表现出一种超国家主义的特征。① 即便在民族国家的发展阶段，印度尼西亚政府仍不断渲染民族主义情绪，坚持反殖民主义、反帝国主义的认知立场及伦理道德基础。

实际上，早在第二次世界大战期间，日本对东南亚地区的占领，直接取代了荷兰在亚齐的统治地位。为稳定亚齐社会民情，日本曾采取"以亚齐治亚齐"的政策，分别甄选了一批乌勒巴朗和乌拉玛出任地方行政官员，间接地削弱荷兰殖民者一直支持的部落封建主的世俗力量。待1945年日本投降时，亚齐社会已发生了深刻的变化。乌勒巴朗旧势力在达乌德准波（Daud Cumbok）号召下，于1945年10月组成"维安队"武装组织（Barisan Penjaga Keamanan）。与之相对，达乌德贝鲁（Daud Beureueh）领导建成"全亚齐乌拉玛联合会"（All-Aceh Union of Ulama）。② 前者从日军手中夺取大批武器，并与荷兰殖民者勾结，以期与后者相对抗，夺取地方政权，反抗印度尼西亚共和国。世俗政权在与宗教势力的较量中败下阵来，亚齐地区的政治局面为伊斯兰教势力所控制。1945年12月至1946年3月间，亚齐地区的许多乌勒巴朗及其家属纷纷遭到监禁或杀害；1946年后，伊斯兰教在亚齐树立了牢固地位，并站在印度尼西亚共和国的一边，达乌德贝鲁宣称："对印度尼西亚共和国的忠诚绝非假装或做作，而是来自于强有力的、深思熟虑的凝聚一体的诚实和恳切的忠诚……亚齐人民坚信以地区与地区、政府与政府换来的独立绝不能导致真正意义上的独立。"③ 1947年，亚齐伊斯兰领袖达乌德贝鲁被印度尼西亚共和国政府委任为北苏门答腊省军事省长，并在其要求下设立亚齐省。在印度尼西亚共和国的生死存亡之际，亚齐的伊斯兰领袖选择了对印度尼西亚共和国的支持。然而，新生的印度尼西亚"从荷兰人和日本人那里继承了一个警察国家的传统、傲慢和法律结构。印度尼西亚群众大部分是文盲，贫穷、习惯于独裁主义和家长制统治，并且散布在广大的群岛上，他们几乎不可能迫使雅加达的政治家们考虑他们的事情"④。于是，印度尼西亚选择了西方的民主管理制度。1951年，印度尼西亚中央政府又将亚

---

① Michael Leifer, ed., *Asian Nationalism*, London: Routledge, 2000, pp. 161 – 167.
② David Webster, From Sabang to Merauke: Nationalist Secession Movements in Indonesia, *Asia Pacific Viewpoint*, Vol. 48, 2007（1）: 85 – 98.
③ Ibid., pp. 85 – 98.
④ ［澳］梅·加·李克莱弗斯：《印度尼西亚历史》，周南京译，商务印书馆1993年版，第319页。

齐并入北苏门答腊省,并废除达乌德贝鲁的亚齐省长职位,同时,大举撤换担任政府文官的宗教领袖。尤其是在苏加诺统治下中央政府的政治经济举措中,并没有旨在维护亚齐地方经济发展的相关举措,故而引起亚齐宗教领袖的极大不满。

20世纪50年代以来,亚齐开始变成反印度尼西亚雅加达政治权力的中心之一。[①] 1953年,达乌德贝鲁以"全亚齐乌拉玛联合会"为后盾,宣布脱离印度尼西亚共和国,加入"伊斯兰国运动"(Darul Islam),并发起武装叛乱。最终,印度尼西亚中央政府作出让步,允诺亚齐地区享有"特别区"(Daerah Istimewa Aceh)地位,并接受了亚齐伊斯兰教法(Islamic law for Aceh)。[②] 然而,苏哈托执政后,国内实行中央集权统治,政治、经济、社会文化等重大事务无不在中央政府的严密控制之下。[③] 苏哈托的核心权力之下,亚齐的石油、天然气、木材及价值高昂的矿藏资源被肆意调配,创造了近11%的国家税入。[④] 新的反叛风暴再次掀起。1976年12月4日,"伊斯兰国"运动首领之一的哈山迪罗(Hasan di Tiro)返回亚齐,组织"亚齐苏门答腊国家解放阵线"(Acheh-Sumatra National Liberation Front,又被称为"亚齐解放运动",Gerakan Aceh Merdeka)。1989年始,亚齐开始展开大规模的分离运动。苏哈托政府于是将其列为"军事管制区"(Daerah Operasi Militer),陆军特种部队随即大举进驻亚齐境内发动清剿。据1999年的"人权观察组织"(Human Right Watch)报告宣称,亚齐人于1990—1998年分离主义运动期间"计有1321人被杀、1958人失踪、3430人受虐、128名妇女被强奸、16375名孩子成为孤儿,以及597所建筑物、民房、商店及学校被焚毁"[⑤]。印度尼西亚中央政府的严厉控制并未从根本上解决亚齐地区的分离主义倾向,反而激化了彼此

---

① Rizal Sukma, Ethnic Conflict in Indonesia: Causes and the Quest for Solution, in Kusuma Snitwongse and W. Scott Thompson, eds, *Ethnic Conflicts in Southeast Asia*, Singapore: ISAS, 2005, p. 6.

② David Webster, From Sabang to Merauke: Nationalist Secession Movements in Indonesia, *Asia Pacific Viewpoint*, Vol. 48, 2007 (1): 85 – 98.

③ 实际上,苏加诺的"指导性民主"与苏哈托的"新秩序",基本都实行中央集权统治。苏哈托时期更加依赖军队实施国家管理,在"总统、政党、军队"三位一体的统治体系之下,大批军官担任了从省长至乡长的各级行政官吏,地方的自主权完全被剥夺了。

④ Rizal Sukma, Ethnic Conflict in Indonesia: Causes and the Quest for Solution, in Kusuma Snitwongse and W. Scott Thompson, eds, *Ethnic Conflicts in Southeast Asia*, Singapore: ISAS, 2005, pp. 14 – 15.

⑤ Rizal Sukma, Ethnic Conflict in Indonesia: Causes and the Quest for Solution, in Kusuma Snitwongse and W. Scott Thompson, eds, *Ethnic Conflicts in Southeast Asia*, Singapore: ISAS, 2005, p. 18.

间的矛盾,导致社会冲突一再重演。1998年5月苏哈托政府垮台后,亚齐的分离主义运动趋势更加难以阻挡。1999年11月8日,亚齐特区政府和议会领导人带领青年学生、农民及妇女逾150万民众在班达亚齐集会,要求就独立问题举行公决。哈比比政府为缓和亚齐一再膨胀的分离主义情绪,对亚齐实行较为松缓的调解政策。2000年10月20日,印度尼西亚西部的亚齐特别行政区省议会根据2000年第17号特区省议会决定,发表了"亚齐达鲁萨兰国法"。该法由15章67条组成。其要点在于:(1)亚齐达鲁萨兰国是掌握国防、金融、外交以外的一切权限的完整的内政自治国;(2)平衡基金的比例为:亚齐达鲁萨兰国占90%,中央占10%。如果按此财政均衡法计算,2001年亚齐至少可以从此前财政计算的2万亿盾收入上升至5.9万亿盾。① 实际上,即便通过对话和协商解决了地方的争端,中央政府与亚齐地方之间的分歧也依然存在:中央政府视之为解决亚齐争端的最终目标——政治层面上对伊斯兰教法的认同、经济层面上对发展成就的分享,亚齐地方组织则视之为解决此问题的阶段性目标,其终极目标还在于地方独立。因此,双方的问题始终不能妥善解决,地方叛乱事件时有发生。2002年8月,印度尼西亚中央政府给"亚齐苏门答腊国家解放阵线"发出最后通牒:要么六个月内放弃独立要求,要么接受军事武装解决。在国际社会的协调和压力之下,中央政府允诺给予亚齐充分的对话权利及分享更为巨大的资源财富份额。然而,"亚齐苏门答腊国家解放阵线"仍然坚持独立的要求。2003年5月,梅加瓦蒂总统(President Megawati Sukarnoputri)因"再也不能忍受"地方叛乱,派出50 000军队,引发新一轮流血冲突。据地方人权组织证实:估计约有40 000居民逃离家园,342人死亡。② 同年6月26日,梅加瓦蒂总统颁布第28号决议,继苏哈托总统之后,亚齐再次遭到军政管制,处于戒严状态。2005年8月15日,印度尼西亚中央政府和"自由亚齐运动"的代表终于共同作退让步,签署了一份历史性的和平协议:双方终止所有敌对活动,自由亚齐运动缴出武器并解散成员;中央政府仍旧掌管外交、防务、财政等重大事

---

① [日]井上治:《走向分裂的印度尼西亚》,《南洋资料译丛》,2002(2):22—30.
② David Webster, From Sabang to Merauke: Nationalist Secession Movements in Indonesia, *Asia Pacific Viewpoint*, Vol. 48, 2007(1):85 – 98.

务，但保留亚齐提高税率等权益、拥有70%的天然资源收益，等等。①

应该说，亚齐问题对于印度尼西亚政府，还任重道远。然而，正如哈山迪罗所说："过去的三十年里，苏门答腊见证了我们亚齐遭遇爪哇新殖民主义者肆意掠夺的景象：他们偷走了我们的财富；剥夺了我们的生活；侮虐我们孩子的教育；他们将我们囚禁、令我们贫穷不堪、忽略我们的存在。"② 适时调整民族国家发展进程中的国家战略，也是处理少数族群与主流社会之间矛盾与冲突的必经之路。

泰国 确立君主立宪政体之后，国家发展的重点被放在民族主义和现代化的改造上。1932年革命后，"泰国的国内政治大部分是一种派系战的问题"③。至20世纪80年代初，泰国仍长期处于军人政治的集权统治之下。1939年銮披汶执政后，对临时宪法作了第一次修正，开始正式推行民族主义政策。"国家主义"首次成为泰国发展的主题，"自由泰主义"成为当时泰国政治文化发展的主流。1939—1942年间，泰国政府在銮披汶的主张与推动下，颁布了12个系列通告。其中涉及"关于国家、民族和国籍的名称""关于泰族名称"等。④ 政府致力于培育以泰族为中心的民族认同，并从人们的日常活动及一些社会价值的重要性诸方面进行规范和改造。在此思想指导之下，1938—1944年间，政府通过了《泰人习惯条例》，规定禁止任何人穿沙笼、起马来人名字、讲马来语和执行伊斯兰法律，强制推行泰语、泰俗，封闭伊斯兰宗教学校⑤，进而限制了穆斯林的参政权等。从中央到地方的各级政府及主要经济部门的重要权力为一批高级军官和一些高级的文职官僚所掌控，他们更喜欢将民主放在谈论的层面，不曾真正理解民主的真实含义。在他们看来，民主也就意味着现代化和繁荣。⑥ 在陶公府的50个副行政官员中只有7个穆斯林，10个行政区

---

① 参见印度尼西亚政府官方网站 http：//www. nad. go. id 及 "亚齐解放运动" 网站 http：//www. asnlf. net。

② David Webster, From Sabang to Merauke: Nationalist Secession Movements in Indonesia, *Asia Pacific Viewpoint*, Vol. 48, 2007 (1): 85 - 98.

③ David A. Wilson, *Politics in Thailand*, Ithaca, New York: Cornell University, 1962, p. 16.

④ [泰] 他差隆禄叻纳编：《泰国"国家主义的通告"》，《东南亚历史译丛》1984年第3期，第148—158页。

⑤ 韦红：《战后东南亚地区民族问题的三种类型》，《东南亚》2002年第3期，第49—54页。

⑥ 转引自贺圣达《泰体西用：近代泰国思想发展的特点》，《东南亚》1996年第1期，第39—45页。

长全是泰族佛教徒；公立学校里80%以上的教师都是来自其他府的佛教徒，他们基本上不说马来语，对伊斯兰的生活习惯懂得也很少。① 这些民族主义的政策及举措直接威胁到穆斯林精英阶层的优越地位及宗教领导的正统性。另外，从20世纪60年代以来，泰国在南部地区推行公路修筑计划、橡胶种植计划等旨在发展国家经济的南部开发计划。南部地区丰富的自然资源被肆意掠夺，而发达地区的外来民族又不断涌来，对当地民族的政治、经济生活等形成竞争与冲突，直接导致了南部地区环境的恶化、经济上的贫富反差及失业率的攀升等。这种生存状况进一步使马来人形成一种与泰人不一样的共同体。

实际上，早在泰国开展民族主义政策的同时，南部穆斯林针锋相对地不与日本结盟，而是积极地开展抗日运动，努力促进马来亚的合并。然而，战后因马来亚联合邦的独立，其加入马来亚的希望也失败。② 1947年，南部穆斯林自治运动兴起，但遭到政府镇压。20世纪六七十年代起，南部穆斯林的一些分离组织诞生，并与国际上的民族主义思潮、泛伊斯兰势力、泛马来主义思潮等联系起来③，如旨在复兴北大年王国的"北大年统一解放组织"④"北大年民族解放阵线"⑤"北大年共和国革命阵线"、伊斯兰祈祷团（系基地组织在东南亚地区的分支，其头领汗巴里2003年8月在泰国中部被捕）等。他们凭借伊斯兰世界的支持，针对泰国政府开展分离主义运动，将泰国国内的民族问题引向世界范围。

缅甸 自民族国家确立以来，多元种族、多种宗教的现代社会建构中，民族认同一直是国家的重大问题之一。⑥ 1948年缅甸独立以来，以吴努（U Nu）为首的缅甸政府依照《缅甸联邦宪法》行使权力，在宪法角度上，各民族的上层阶级所保留的世袭特权有较大权力。然而，民族自治

---

① 廖松安：《泰国穆斯林的分裂主义——"真主之路"》，《东南亚研究》1981年第1期，第91—92页。

② ［日］玉置充子：《泰国南疆伊斯兰恐怖组织与他信政权》，《南洋资料译丛》2005年第4期，第34—42页。

③ 陈开明：《泰国现代化进程中的南部穆斯林问题》，《世界民族》1999年第2期，第44—47页。

④ "北大年统一解放组织"（Patani United Liberation Organization），成立于1968年，总部设在麦加，分部在吉兰丹。组织过1975年的北大年事件、1977年的袭击国王行动等。

⑤ "北大年民族解放阵线"（Barisan Nasional Pembebasan Pattani）。

⑥ Tin Maung Maung Than, Dreams and Nightmares: State Building and Ethnic Conflict in Myanmar (Burma), in Kusuma Snitwongse and W. Scott Thompson, eds, *Ethnic Conflicts in Southeast Asia*, Singapore: ISAS, 2005, p. 65.

形同虚设,引起包括克伦族在内的各少数民族极大的不满。① 该宪法"本源于法国宪法;有关联邦制的规定,参考了美国宪法;设立民族院的规定,与苏联宪法有相似之处。宪法的法律原则和司法程序,则是英国式的"②。受西方民族国家理论的影响,缅甸民族国家建设的重点之一是将多元种族纳入单一民族的建构之中。语言的统一及民族主义观念的树立被列为缅甸民族国家建设的首要大事。缅甸政府于1952年规定了关于国家语言的使用问题,缅语被定为国语,1956年推广至掸邦的政府机构之中。尤其在1961年的议会修宪中,佛教被定为国教,政府还规定学校必须讲授佛经。其次,缅甸政府加强以权力及市场的统一为宗旨的政府改革。1951年2月起,缅甸宣布成立与其他省邦平级的克伦邦政府;从1952年春开始,正式划定克伦邦的辖地(总面积为30 853平方公里);1954年6月1日,政府举行了克伦邦建邦典礼。

从克伦人方面来看,因长期与泰国进行走私贸易,向泰国出售矿产品和木材等原材料,克伦人较之其他少数民族获得较多的国外经济援助和军事援助,具有较为充盈的经济实力。1962年奈温政府通过军事政变上台执政后,结束了缅甸此前的联邦制政治结构,全面实行中央集权制统治,加强了对克伦人的武装围剿。1963年,走马克思列宁主义路线的克伦民族联合党(曼巴山领导)与坚持民族主义和军事路线的克伦革命委员会(苏汉特达领导)之间因无法调和矛盾而正式决裂,苏汉特达为首的克伦革命委员会响应了奈温政府的国内和平谈判号召,与政府积极合作;而曼巴山为首的克伦民族联合党则加强与缅甸共产党的合作。③ 缅甸政府随即把对共产党和克伦人反政府武装作为围剿工作的重点,当1975年3月勃固山区的缅甸共产党被剿灭后,亲共的克伦人不得不再次回到克伦民族联合阵线。90年代初,政府为加快国内民族和解进程,曾积极作出与克伦人方面的和谈及重建民族团结的攻心战略调整,但是都以失败告终。1995

---

① 诸如1948年2月11日,缅甸各地的40余万克伦人举行示威游行,喊出"成立克伦邦""民族平等"等口号。同年7月13日,克伦人武装夺取政权,随后,在达通县成立"哥都礼"政府。1949年1月31日,缅甸中央政府开始大规模镇压克伦人的叛乱。2月11日后来被克伦民族联盟定为克伦人的"民族节",1月31日则为"革命节"。李晨阳:《缅甸的克伦人与克伦人分离运动》,《世界民族》2004年第1期,第22—30页。

② 贺圣达:《缅甸史》,人民出版社1992年版,第453页。

③ 1964—1966年间,克伦民族联合党内部再次因是否真正实现克伦人的解放问题而分裂,分歧在于是否同缅甸共产党合作,波妙为首的克伦邦最终于1966年与德林达依克伦人反政府武装分裂,另组克伦民族解放党(KNLP)。而勃固山区和伊洛瓦底江三角洲地区的克伦民族联合党则继续与缅甸共产党合作。

年年初，政府军趁克伦人的内讧之机，进行了大规模的清剿工作。其结果：缅甸政府与克伦民族联盟总部的民主克伦佛教徒军于1997年2月24日签署和平协议①；与此同时，却有部分克伦人分裂出民族解放军后，加入国际恐怖主义的行列，直到今天仍成为国际反恐的共同打击对象。

一言以蔽之，东南亚地区陷入多族群社会内部困境的根源有很多，然而更为复杂及对当代影响严重之处还在于：交织于东南亚地区反殖民主义的豪言壮语与轰轰烈烈的暴力革命活动背后，实际上已"无法厘清反帝国主义运动和民族主义运动之间的纠葛关联"②。一方面是具有西方色彩的霸权统治；另一方面是具有东南亚自身特殊性的社会现实。在东南亚地区民族国家的形成与发展中，民族主义既充当了工具性的角色，又担负起道德教化的历史责任。在民族国家的发展时期，民族主义失去了其强势的民族聚合性特征，反而因各种族群体民族意识的强化，对主流社会形成了一股向外的离心力，促进了狭隘民族主义、地方分裂主义的滋生。与此同时，东南亚地区本身的复杂生态、民族分布等因素的混杂，更使得东南亚地区各民族国家的民族认同与国家认同产生了更难弥合的鸿沟。"民族意识是在反殖民统治共同战斗历程中锻造出来的；然而，民族观念和有关最终建立一个可以体现民族观念的新政治秩序——一个现代国家——的设想，则又基本上都是新的概念；其积极方面超过了争取独立的斗争，而且涉及在传统社会中建立新的权力渠道和规划新的前景问题。"③ 正如苏加诺所说，"印度尼西亚的含义是全面的。不单单是一种地理概念，不单单是团结的愿望，不单单是共同性""印度尼西亚民族犹如一个人的身体，上述的各个'民族'就是印度尼西亚民族的各只'脚'"④。对于新生的民族国家而言，"问题在于：如何培养和谐，培养团结，在全民之间建立起属于全民的印度尼西亚民族。要达到这一目的，每个民族必须……接受其他民族的积极贡献。一句话，所有的民族必须结合在一起，成为一个印

---

① 目前，民主克伦佛教徒军拥有兵力约2 000人，经常攻打驻扎在缅泰边境的克伦民族联盟及泰国境内的克伦人难民营。
② [英]埃里克·霍布斯鲍姆：《民族与民族主义》，李金梅译，上海人民出版社2000年版，第126页。
③ [澳]J. D. 莱格：《苏加诺：政治传记》，上海外国语学院英语系翻译组译，上海人民出版社1977年版，第22页。
④ 殷亦祖编：《印度尼西亚华裔少数民族问题译文专辑》，《南洋问题资料译丛》1963年第3期，第63—89页。

度尼西亚民族大家庭"①。

从东南亚地区的国家重建工作上看,新兴的独立政府都在致力于摆脱长久以来的殖民影响及其束缚,实现民族国家的社会转型,尽快缩短与先进国家之间的发展差距。然而,这些新兴政府的中央集权统治及其政治经济改革却客观上激化了历史以来的民族矛盾。东南亚民族认同与国家认同方面的政策引导计划是值得商榷的。它人为地将少数民族与主体民族之间分割开来,形成两分群体;少数民族群体将政府的认同政策视为生存的根本,客观强化了其独立意识。最终以加入国际恐怖组织为标志,在国际社会的影响下,将政府的民族共治、国家统一的重任推向国际化。怎样摆脱殖民时代的遗留问题,实现真正意义上的民族认同与国家认同,是当下东南亚地区各海岛国家共同面对的难题之一。

第二节 东南亚地区的社会失范:管窥 1932—1992 年的泰国②

东南亚地区民族国家发展进程中,社会失范问题相当突出。"失范"(Anomie)的概念,最早由法国社会学家涂尔干将其纳入社会学的理论研究。他认为,"失范"相对于社会规范而存在,"社会之所以存在,就是要消除,至少是削弱人们之间的相互争斗,把强力法则归属于更高的原则"③。如果说,"社会规范被誉为是社会稳定的基础,实现社会公正的必要条件"④,那么,失范即是"缺乏约束和导引个人欲望的限制性规则——一种在心理上有害(发展到极端会导致自杀)并导致社会瓦解的状态""是现代社会所固有的现象——存在于婚姻(伴随着婚姻制度的崩溃)和经济生活中。现代社会已经失去了业已确立的和公认的规范性构架"⑤。

---

① [澳] J. D. 莱格:《苏加诺:政治传记》,上海外国语学院英语系翻译组译,上海人民出版社 1977 年版,第 358 页。
② 参见岳蓉《1932—1992 年泰国社会失范的历史根源》,《世界近现代史研究》(第五辑),中国社会科学出版社 2008 年版,第 275—284 页。
③ 埃米尔·涂尔干:《社会分工论》,渠东译,生活·读书·新知三联书店 2000 年版,第 15、175—176、314—315 页。
④ 马实:《社会规范与社会公正:清华大学社会学系李强教授访谈录》,《马克思主义与现实》2005 年第 4 期,第 97—104 页。
⑤ 邓正来主编:《布莱克维尔政治学百科全书》,中国政法大学出版社 1992 年版,第 27 页。本书对"失范"概念的定义,恰如罗伯特·默顿对此概念的改造,即"文化规范和人民按这些规范生活的社会结构能力之间的断裂"。

以泰国为例,它具有东南亚地区社会失范的典型特征。原因如下:第一,"泰国是东南亚唯一一个没有经历过直接的殖民统治的国家,这一点有助于将其发展与其他国家相比较"①。自16世纪初叶始,西方殖民者相继东来,东南亚国家相继沦为殖民地。唯有泰国成为英国和法国的"缓冲国","保持独立国地位"②。这种特殊的历史经历既具有重要的研究价值,又因其殖民主义的阴影相对较弱,而有利于探析社会失范的原生性根源;第二,1932—1992年,泰国政变频仍,成为世界上权力交替最为频繁的国家之一,对泰国社会的现代转型是一场劫难。③ 为此,从国家管理、社会规训等角度对泰国社会失范的研究,有利于为东南亚地区各国及其他发展中国家制定既切合实际又符合全球化潮流的民族国家政策和发展战略提供有益的参考。

泰国的1932年革命以政变的形式出现,此后确立了君主立宪政体。其国家形态、经济体制、政治制度、社会结构等方面都发生了深刻变化。至1992年以中产阶级为中坚的大规模民主运动为止,泰国社会的失范问题突出地表现为一种"政治恶性循环",即政变—危机—争议—进入议会程序—选举—颁布新宪法—军人独裁统治—再次政变。④ 其间,泰国社会共经历16次军事政变,历经20余届政府更迭。⑤ 泰国人无法对政府实施控制,腐败已经成为其政治生活的重要部分。⑥ 对泰国社会的现代转型是一场劫难。同时,频繁的政变也使泰国成为世界上权力交替最为频繁的国家之一,引起国际社会的广泛关注。为此,学者们更多地关注于泰国复杂

---

① [美] 卢西恩·W. 派伊:《东南亚政治制度》,广西人民出版社1993年版,第18页。
② 《东南亚历史词典》,上海辞书出版社1991年版,第334页。
③ 有泰国学者甚至提出,自1932年革命以来的泰国经历了四个政权阶段:第一个是军人政权时期(1932—1973年),其间穿插过短暂的民主政权;第二个是民主政权时期(1973—1976年);第三个是准民主政权时期(1978—1988年);第四个是民主政权时期(1988年以后),1991—1992年间军人曾试图重获政权。Saitip Sukatipan, Thailand: the Evolution of Legitimacy, in Muthiah Alagappa, ed., *Political Legitimacy in Southeast Asia: the Quest for Moral Authority*, Stanford, California: Stanford University Press, 1995, p. 195.
④ [泰] 立琦·体拉威津:《泰国的政治与政府》,法政大学出版社1998年版,第153页。译文转引自任一雄《稳定:经济与社会发展的基本前提——泰国权威政治的作用剖析》,《东南亚研究》2004年第6期,第20—24页。
⑤ 参见张锡镇《当代东南亚政治》,广西人民出版社1995年版;中山大学东南亚史研究所编:《泰国史》,广东人民出版社1987年版。
⑥ Kanai Lal, Hazra, *Thailand: Political History and Buddhist Cultural Influence*, vol. I. Political History, India, New Delhi: Decent Books, 2000, p. 97.

的政治发展过程①,以及军队与政治的权力结构问题②,而少以社会转型与分化的层面,剖析泰国60余年深刻的社会变化。本书拟从社会权威、群体竞争、意识形态统一问题的维度,探析泰国社会失范的历史根源。

一 传统社会权威式微与"社会权威真空"

社会权威的源出、性质、整合方式在不同社会呈现不同形态。其整合模式对社会成员在思想和行为上产生的引导、规范、凝聚等效能,直接影响到社会秩序的构建与稳定。社会制度变化后,社会各阶层逐步通过社会权力与财富的转移、利益结构的重组,重新进行分化与整合,旧的权威体系逐步被削弱,新的社会权威体系逐步得以确立。但是,在传统权威式微的同时,新的权威体系未必能及时建立起来,这就使得社会出现了一种"权威真空"③。从这种意义上看,1932年革命后泰国国内政治大部分是"一种派系战"④的社会现实,正回应了这一点。

1932年革命之前的泰国(1855—1932年),以西方国家为参照,展开过一场宏大的改革:建立专业化的常备军;改革旧的行政体制;扩展国家职能,等等,客观上削弱了以王权为中心的传统权威基础,使泰国表现出既非典型化的封建主义国家形态,也非成熟的资本主义国家形态的过渡性特征。⑤

然而,1932年革命还是以颠覆传统的方式,冲击着泰国传统的权威体系。1932年6月27日,拉玛七世签署了一份由民党领导人起草的"临时宪法"。临时宪法的颁布和国民委员会的成立,标志着泰国君主立宪政体的开始,宣告了历时数百年的专制君主制的结束。在西方议会内阁制的影响下,泰国实行三权分立的原则:议会行使立法权、内阁对议会负责并行使行政权、法院代表国王行使司法权。尽管作为国家的象征,传统权威

---

① Michael Kelly Connors, *Democracy and National Identity in Thailand*, New York and London: Routledge Curzon, 2003。Kevin Hewison, eds., *Political Change in Thailand: Democracy and Participation*, London and New York: Routledge, 1997.
② 参见张锡镇《当代东南亚政治》,广西人民出版社1995年版。
③ 不只泰国有此现象。Stein Tønnesson, Filling the Power Vacuum: 1945 in French Indochina, the Netherland East Indies and British Malaya, in Hans Antlöv and Stein Tønnesson, eds., *Imperial Policy and Southeast Asian Nationalism*, 1930—1957, Great Britain: Curzon Press, 1995, pp. 110 – 143.
④ David A. Wilson, *Politics in Thailand*, Westport, Connecticut: Greenwood Press Publishers, 1962, p. 16.
⑤ 岳蓉:《近代泰国国家形态特征》,《东南亚》2001年第2期,第42—47页。

体系的中心角色——"国王"被保留下来,不过,在1932年以后的历部宪法中,国王的权益都受到了宪法的限制。宪法在肯定"国王神圣不可侵犯""国王行使国家主权";国王是海、陆、空三军大元帅等权利(权力)的同时,也明确地规定:国王必须通过国民议会行使立法权,通过内阁行使执政权,通过最高法院行使司法权;必须遵循议会和内阁的意见、决定以及法律条文。① 在行政程序上,国王的决定必须经国民议会委员会的同意,并经其中一人签字后方能生效;国民议会有权创制一切法律,如国王不同意时,经议会审议后仍有权坚持该法律的效力,国民议会甚至拥有"审理皇帝违反法律之权限"②。实质上,国王的权力已受到议会的约束。除继续拥有赦免权外,国王丧失了一切特权。

民党虽有推翻君主专制的意识,如明确提出:"推翻贵族专政,实行宪法,改良经济组织,改良人民生活,一切平等,发展教育,妇女解放……"③等口号,但是,其领导人革命之前从未讨论过此后要实施的共同纲领或策略,更谈不上革命理论问题。除了比里和少数人外,其他人对民主的哲学意义和思想精髓从未感过兴趣,更从未理解。④ 在1932年民党的"迎皇奏章"中,民党宣称:"全无企图以任何手段夺取王位,其主要目的是要建立君主立宪政体,因此我等欢迎陛下重返国都,在民党创立的君主立宪下继续作为国王进行统治。"⑤ 领导者缺乏未雨绸缪的施政心态可见一斑。

1932年革命更像是一批海外归来的泰国学子们渴望西方民主的一种理想再现。一方面,革命本身所缺乏的充分思想准备,加大了新旧权威体系间的社会"权威真空"——新的社会权威不仅难以取代旧的社会权威,反而夸大了对现存社会权威的怀疑、诘难、挑战、批判与反叛。继1932年革命之后60余年间,泰国大多在政变与军人政府、文官政府的交替中度过,对现代社会的转型产生了极为有害的负面影响:"大多数泰人认为政治明显带有谋私的烙印。无论是在大选还是竞争内阁职务,都有谋取私

---

① 参见《泰王国行政宪法》,北京大学法律系宪法教研室编译《东南亚国家联盟各国宪法》,商务印书馆1979年版,第243—248页。
② 邹启宇:《泰国》,上海辞书出版社1988年版,第91页。
③ 张映秋:《论泰国1932年"六·二四"政变》,《东南亚历史译丛》1979年第1期,第347—352页。
④ 转引自贺圣达《泰体西用:近代泰国思想发展的特点》,《东南亚》1996年第1期,第39—45页。
⑤ 张映秋:《论泰国1932年"六·二四"政变》,《东南亚历史译丛》1979年第1期,第347—352页。

利的特征。政客们总是运用各种合法的或非法的手段去争取胜利。这种看法使人们对政治产生了不信任感和不积极主义。"①

另一方面,民党内部的分裂,以及不断的派系斗争,非但未及时引导泰国步入规范的社会轨道,反而误导了泰国政治发展的方向,加剧社会的失范。1933年,当比里提出政府接管主要工商业活动的经济计划、流露出他的左派倾向时,民党立刻陷入"分裂""保皇人士发动反政变"的困境之中。②结果,比里不得不流亡国外。最终,持续不断的派系斗争反而成就了军队在泰国政治生活中的绝对地位,加剧了泰国政治的复杂化倾向。"泰国的议会民主政治还远不成熟,泰国军人在未来政治发展中的地位和作用仍是不可低估的。这不仅由于泰国军人多年参政、主政,而且因为许多军人和退役军人都参与了经济活动,一些军人与泰国工商人士的关系也极为密切,这将使未来泰国的政治发展显得更为复杂化。"③

可见,泰国政体的变更使国家权力配置范式发生改变,传统权威式微的同时,新的社会规范、秩序未能及时重组。因此,在传统的权威体系与新的权威体系之间出现了社会的"权威真空"。正是这种社会权威真空的产生,加剧了社会的矛盾与冲突。

二 社会制度的变迁与社会群体的竞争

制度变迁后,社会成员因能力、机遇的不同,必然导致群体间的冲突与竞争,从而改变社会资源的配置方式及流向,引起经济领域、政治领域、道德领域及社会领域等层面出现失范现象。这种失范甚至还会令社会成员违反法律、法规,以实现自身的利益最大化。

泰国的"前现代(18世纪到20世纪初)制度不同于欧洲的封建制度""泰国的统治阶级不是由地主家族,而是由官僚家族组成,他们通过服务于王国来取得收入和权力"④。"萨迪那制"是泰国配置社会资源的基

---

① Clark D. Neher, Political Succession in Thailand, *ASIAN SURVEY*, July, 1992, No.7, Vol., 32.
② [美]萨德赛:《东南亚史》(上册),蔡百铨译,博达著作权代理有限公司2001年版,第295页。
③ 贺圣达等:《战后东南亚历史发展(1945—1994)》,云南人民出版社1995年版,第397页。
④ [泰]帕苏克·冯派切特(Pasuk Phongpaichit)、克里斯·贝克:《90年代泰国的政权转变》,《南洋资料译丛》2002年第1期,第1—15页。

础：国王是分配系统的核心，上至贵族、下至百姓都有效忠于他的义务。国王完全根据自己的需要，对各级官吏进行不同程度的赏赐与惩罚，使官僚体制内的官员依靠其地位享受相应的待遇。各级官吏效行于此，形成一个稳固的官僚体系。甚至在朱拉隆功统治期间，还通过引进西方新的管理技术和制度，实现了这种官僚体系的优化。

1932 年革命后的 60 余年里，泰国传统社会的资源配置模式不断发生变化，历经从"一种既非传统亦非现代性质"[①] 的官僚模式，经由官僚与企业的结盟，到中产阶级力图通过公共政治空间扩大政治参与的转变。

1932 年革命后，国家权力掌控在一批高级军官和一些高级的文职官僚手中，即包括最高层的文官、为数不多的政治家、王室成员在内的权贵阶层。仅以 1932 年民党所指派出任临时议员及国民委员会的人员来看：军官 20 人、司法官 13 人、行政官 10 人、律师 5 人、教育家 5 人、农业家 5 人、新闻记者 4 人、工商业者 3 人、其他人等 5 人出任临时议员，同时成立 15 人组成的国民委员会[②]，国家政权已牢牢掌握在资产阶级及权贵阶层手中。

随后，资产阶级的企业家代表们直接参与或影响政府的决策。他们逐渐摆脱传统的、与政府官员建立私人保护的方式，改为选择加入政党、竞选议员、参加内阁等方式，谋求更大的政治经济利益。最为典型的表现就是在当选议员的比例上，企业家所占比例越来越大：第一次大选（1933 年 11 月 15 日）占 15%；第十次大选（1975 年 1 月 26 日）占 34.6%；第十一次大选（1976 年 4 月 4 日）占 29.4%；第十二次大选（1979 年 4 月 22 日）占 37.2%；第十三次大选（1983 年）占 37.46%；第十七次大选（1992 年 9 月 13 日）占 36%。[③] 由此，泰国资产阶级的企业家代表们借助国家制度的变迁，日益把政府机关变成谋取政治权力的重要工具，以强势的经济姿态威胁政府的权威效能。尤其加重了社会利益分配体系的不平衡性。以沙立为例，在 1959 年 2 月至 1963 年 12 月的执政时期，他从建筑公司的老板、疗养所、保险公司、轮船公司、工业企业公司等 30 家

---

① Fred W. Riggs. *Thailand: the Modernization of a Bureaucratic Polity* Honolulu: East-West Center Press, 1966, p. 11.
② 转引自陈希文《暹罗又起政变》，《南洋情报》1933 年第 1 期。
③ Likhit Dhiravegin. *Thai Politics: Selected Aspects of Development and Change* Bangkok: Tri-Sciences Publishing house, 1985, p. 120.

企业那里获取收入和贿赂,并利用国家彩票、体育比赛等大发其财,最终,通过各种手段获取了 1.4 亿美元的巨额财产。①

到 20 世纪 60—80 年代间,在泰国政府现代化发展方略的指导下,一支被誉为"中产阶级"的泰国白领阶层异军突起。从经营管理人员、个体企业专业人员到小型企业雇员和分包商不等的白领职员,由约 50 万人增加到约 450 万人。② 他们依赖所拥有的技术和知识,实现了社会群体的优势竞争:即不断拥有财富(金钱)、信息的权力砝码,成为泰国社会新兴权力、地位的象征。特别是在 1987—1989 年泰国的经济增长和财富激增的历史条件下,这一社会群体获得了很大的权势。年轻资本家和受过大学教育的白领办事员都大大受益于土地和股票价格的上涨以及经济的高涨。私营部门的薪水甚至首次超过了政府的薪水,使私营部门的职业有吸引力得多③(泰国前总理他信即是其中之一)。他们通过经济增长促使社会公平、扩大大众参与、增强社会透明度等的政治抱负及参政主张,成为泰国社会资源的新配置体系另一重要挑战者。

1932—1992 年间历史发展的进程也是泰国社会群体竞争、资源配置不断量变递进的过程。从泰国 60 余年的社会发展历程来看,一方面,它突出了泰国从传统社会向现代社会的过渡,绝非一个简单的由此及彼的过程;另一方面,也是社会的群体竞争、资源配置不断量变递进的过程。中产阶级的崛起及其社会参与,从根本上否定了威尔逊对泰国政治社会研究的论断:泰国处于一个松散的社会结构之中;官僚(包括文职官僚和军人官僚在内)是泰国政治的全部政治活动,而各个强势集团之间为了谋取较高职位和特权所进行的相互竞争过程,则是这些官僚政治活动的主要内容。④ 从 20 世纪 70 年代学生运动的卷入、议会政治的竞选,到 1991—1992 年的政治危机,泰国中产阶级日益在新闻界、论坛、公共政治讨论等场合对传统社会阶层提出挑战。正是这股政治力量的崛起,促进了大众

---

① [苏]格·伊·米尔斯基:《"第三世界":社会、政权和军队》,力夫等译,商务印书馆 1980 年版,第 293—294 页。

② [泰]帕苏克·冯派切特(Pasuk Phongpaichit)、克里斯·贝克:《90 年代泰国的政权转变》,《南洋资料译丛》2002 年第 1 期,第 1—15 页。

③ [泰]保罗·汉德利:《1987—1996 年泰国的政治和经济大致相同?》,《南洋资料译丛》2002 年第 1 期,第 43—57 页。

④ David A. Wilson, *Politics in Thailand*, Westport, Connecticut: Greenwood Press Publishers, 1962, pp. 46、278.

的政治参与,使民主政治的发展成为可能,并进而推动泰国规范社会的建立。社会制度的变迁所导致的社会资源配置方式和流向的改变,使得泰国社会在转型时期,出现了社会成员之间剧烈的竞争。从这种意义上看,政变频仍是这一现状的历史反映。

三 现代意识形态缺失与社会信仰危机

泰国1932年革命后,尽管各届政府一直在试图构建一种统一的信仰体系,并不惜采取实用主义的方法,在社会的不同层面发掘其独特的社会意义与民族文化的精华,但是,除了在发展问题上保持一致外①,国家始终没有铸造起统一的意识形态,以保持社会的同一性、增强社会的凝聚力。

继1932年革命之后,泰国以专制统治还是民主治理的抉择为契机,不断展开社会运动,如极端民族主义、宗教振兴主义、军事主义、"大泰主义""自由泰运动""泰式民主",等等。20世纪30年代后半期起,泰国政策的"特色是极端民族主义、宗教振兴主义、军事主义"②。其中,极端民族主义的表现形式主要反映在反华人运动上:诸如封闭华语学校与报纸、限制华人移民每年配额、遣返非法移民等。在宗教方面,对待基督徒有如外国人,并鼓励他们改信佛教。③ 1938年,泰国总理办公室颁布训诫:《唯国主义信条》或《效忠民族规约》,其内容涵盖:(1)热爱祖国胜于生命;(2)尊崇佛教胜于生命;(3)要成为农业和手工业能手;(4)尊老爱幼,服从领导。④ 随后,政府颁布了12个系列通告。其中涉及"关于国家、民族和国籍的名称""关于泰族名称",等等。⑤ 在"大泰主义"的大肆鼓吹之下,国名由"暹罗"改为"泰国"(即"自由之地"之意)、投靠日本(鼓吹"日本第一,泰国第二")。政府试图从人们的日常活动及一些社会价值的重要性诸方面去规范和改造人民;同时,

---

① 即"国家需要的是发展,而不是民主,换句话说,就是'发展先于民主'"。实际上,发展问题等同于现代化与资本主义。转引自任一雄《沙立的民主尝试及其"泰式民主"》,《东南亚》2001年第3期,第13—19页。

② 萨德赛:《东南亚史》(上册),蔡百铨译,博达著作权代理有限公司2001年版,第295页。

③ 同上书,第296页。

④ 《东南亚历史词典》,上海辞书出版社1991年版,第385页。

⑤ [泰]他差隆禄叻纳编:《泰国"国家主义的通告"》,《东南亚历史译丛》1984年第3期,第148—158页。

有效地保存和提高泰国本民族的优秀传统。随后，20世纪40年代泰国驻美国大使社尼·巴莫发起的"自由泰运动"取代了"大泰主义"。"自由泰运动"是第二次世界大战期间成立的一个抗日爱国组织，以恢复泰国的独立自由为宗旨，协助盟军反攻日本（日本无条件投降后，于1946年解散）。① 1958年，沙立·他纳叻元帅通过政变上台后，又以泰国传统的集权统治思想为核心，抛出"泰式民主"建国理念：修订1959年宪法，赋予总理以凌驾于法律之上的绝对权力，堂而皇之地开始军人独裁专政。然而，在种种意识形态的施行过程中，始终没有一种意识形态像传统的君主至上理论那样具有延续性与持久性，即使受西方的民主价值观的强烈冲击，仍未能撼动。

君主制度顽强的延续性一直阻碍着泰国现代意识形态的形成。泰国的君主专制制度经历了七个世纪、四个朝代。"泰国的政治是在一些几个世纪以来业已建立相互联系的特殊模式和形成了一整套看法、信念和价值观念的人们中运转的。当这些相互联系和价值观念模式直接涉及政治目的时，就形成了这一社会的政治文化，而对这种政治文化的分析能使人们更加深刻地理解泰国的政治，也有助于阐明其独特之处。"② 在精神领域，人们以神圣的上座部佛教作为精神支柱，强调恭敬和服从。"任何一项与佛教僧侣的基本信条相抵触的政府政策都可能遭到失败。"③ 因此，在"家长制"原则和"神权"原则的紧密结合下，恭顺、服从的价值观牢固地锁在人们的观念中。因"父权制"而衍生的庇护关系成就了泰国王权传统的核心。以此为基点，威权主义和社会等级观也逐渐发展起来，人们越来越尊重有权势和有地位的人。这种社会价值观在人们心里代代相传，逐渐地又与官僚作风联系起来，于是形成了民众服从于官吏；官吏服从于国王的层层服从与保护关系的权力阶梯。④ 另外，因父权制与宗教神权的影响，在泰国行政体系的层级主义与威权结构，也一直受到以私人地位为中心的个人主义挑战。政党或政府操纵存在于个人的纽带之中，而不是被

---

① 《东南亚历史词典》，上海辞书出版社1991年版，第167页。
② ［英］黛安·K.莫齐：《东盟国家政治》，季国兴等译，中国社会科学出版社1990年版，第65页。
③ ［美］卢西恩·W.派伊：《东南亚政治制度》，刘笑盈等译，广西人民出版社1993年版，第89页。
④ John L. S. Girling. *Thailand: Society and Politics*, Ithaca and London: Cornell University Press, 1987, p. 119.

抽象的信条或原则所左右。"纵观泰国历史，政府的高级官僚往往表现为个人人格化。他们习惯于下达自己的命令，下属必须唯命是从。"①

泰国实行君主立宪政体以来，主流社会疏于构建一种同一的、充满凝聚力的、促进社会稳定发展的整合意识。泰国新的行为模式、制度规范、价值观念并没有因为宪政体系的颁布与实施而受到人们普遍的接受或获得应有的社会认同。相反，社会的稳定与发展，仍然依赖于传统的信仰、价值体系："国王权威的观念还强有力地控制着泰国绝大多数的农村地区，现代精英分子也欣赏君主面对激烈的社会变革时所起到的统一作用。"② 因为政府缺乏目标明确的、同一的社会规范约束，社会成员因此处于一种冲突、无所适从的混乱状态。正如泰国学者对沙立政治举动的评论："沙立的政变几乎没有引起老百姓的任何恐慌，因为大部分人对政治家们为了私利的争斗早已厌倦，这些人并没有真正解决国家面临的问题和老百姓生活的问题。"③ "军人干预政治，强权之下，必然加剧人民淡漠的参政意识。大多数泰人认为政治是明显的带有谋私的烙印。无论是在大选还是竞争内阁职务，都有谋取私利的特征。政客们总是运用各种合法的或非法的手段去争取胜利。这种看法使人们对政治产生了不信任感和不积极主义。"④

1932 年革命以来，各执政政府除了在"发展问题"上达成一致意见外，在意识形态领域始终没有建立起一种统一的信仰体系，来保持社会的同一性、增强社会的凝聚力。相反，君主制度的顽强却进一步阻碍了泰国现代意识形态的形成。在这种条件下，实用主义倾向不断抬头，并以政变的形式表达出社会不同利益集团的主张。正是在意识形态缺失、道德体系弱化、价值观多元化的状态下，个体、社会、国家三者之间常常陷入利益的冲突与矛盾之中，社会责任感、社会义务、个人情感及义务、权利很难和谐。法律的规范及效能只能让位于强权。军人政治也因此获得了足够的

---

① Somsakdi Xuto, ed., *Government and Politics of Thailand*, Oxford, New York: Oxford University Press, 1987, p. 91.

② [美] 卢西恩·W. 派伊:《东南亚政治制度》，刘笑盈等译，广西人民出版社1993年版，第62页。参见 Kershaw, Roger, *Monarchy in South-East Asia: the Faces of Tradition in Transition*, London & New York: Routldege, Traylor & Francis Group, 2001, pp. 136 – 153 (Thailand: a King for all seasons).

③ 转引自任一雄《沙立的民主尝试及其"泰式民主"》，《东南亚》2001年第3期，第13—19页。

④ Clark D. Neher, Political Succession in Thailand, *Asian Survey*, July, 1992, No. 7, Vol., 32.

发展空间，政变在所难免。

东南亚地区各民族国家确立之后，政变频仍、社会失范，军人政变及军人政权俨然就是东南亚地区国家现代化进程中的一个不可逾越的历史阶段。[①] 社会生产力和生产关系、经济基础和上层建筑之间的变化，并没有因国家的独立及宪政制度而立刻得以改变；社会结构的整体性变迁，也没有使东南亚的社会变迁形成一种良性过渡；东南亚的传统伦理型社会很难过渡到法理型的现代社会体系。究其原因，主要是以下三个方面互为作用的结果：

第一，民族国家确立后，传统的权威体系与新的权威体系之间出现了社会的"权威真空"。第二次世界大战结束之后，非共产党的民族主义者、共产主义者、殖民主义者都曾试图填补此权威真空，然而，他们非但没有成功，反而造成东南亚地区出现混杂且相互冲突的多重权威模式，乃至权威缺失。

第二，资源配置不均引发的社会群体间竞争加剧。民族国家的确立导致社会制度的整体变迁，社会资源的配置方式及流向的改变，使得东南亚地区在向现代社会的转型过渡中出现了社会群体之间的激烈竞争。通过竞争，社会权力得以再次重组，社会进程向前推进；同样，竞争的结果也有一种可能，那就是权力配置始终在新老权力实体中往返。东南亚地区的频繁的政变即是后一种竞争的历史反映。

第三，缺失现代意识形态而导致的信仰危机。东南亚地区各民族国家确立之后，各届政府都致力于摆脱滞后的经济与发展。但是，除了在经济发展问题上能达成一致外，各届政府几乎在社会、文化、政治等其他方面都难达成一致，尤其是在意识形态领域，始终没有建立起一种统一的信仰体系来保证和增强社会的凝聚力。取而代之的是：政变成为一种社会利益群体表达主张的特殊途径、工具及手段。

制度、权力和观念都是在社会转型时代极为重要的显性标志。个人、社会、国家正是这些内在构成因素相互交织、贯穿始终的整体。民族国家的发展及其相应的社会规范正取决于这些内在因素各自固有的特性，以及它们与外界形成的突出特征。对于一个处于社会结构转型期的多元化社会，通过社会教化、规范重整，构建起规范社会的大厦，确实是一个势在必行、迫在眉睫的庞大工程。

[①] 张锡振：《泰国军事政变频繁的原因及其发展趋势》，《东南亚纵横》1992年第2期，第49—54、40页。

第五章 东南亚地区的主权困境与危机

民族国家是一个拥有主权边界的政治实体。诞生于中世纪后期欧洲历史困境中的"主权"单元,经由欧洲30年战争后的《威斯特伐利亚和约》,演绎出"主权"要义之于民族国家的特殊地位,再没有位于国家主权之上的任何权威。在民族国家的政治与领土、历史与文化"两种不同的结构和原则的融合"[①]过程中,东南亚地区各民族国家的发展遭遇着来自国际社会及地区内外程度不同的强大压力,主权的困境与危机即为民族国家发展进程中的复杂问题之一。东南亚地区各民族国家建立后,面临着内忧外患,其主权主要面临着来自两种强大势力的挑战,一是来自美国、日本等国家以援助之名对其主权权威的挑战,以及东南亚地区间因领土争端引发的主权困境;二是当代国际移民引发的主权危机。本书拟通过国际社会对东南亚地区的压力、地区内的主权争端困境,以及国际移民对各国主权形成的危机与挑战等视角,探析东南亚地区的主权困境、挑战及其历史根源。

第一节 国际受援、领土争端对主权的影响

主权是民族国家赖以存在、发展的根本依托,历来被视为民族国家形成的关键要素之一。其权威至高性的原则一直是民族国家形态得以形成与发展的典型标志。然而,东南亚地区民族国家的发展进程中,其主权要素却受到不断地冲击。归纳起来,有两个方面的影响至关重要:一方面,东南亚地区民族国家形态确立之时,处于第二次世界大战后冷战时代美苏两大阵营的强势威胁之下,独立之后的新生国家,因谋求经济的发展而不得不接受发达国家的国际援助,被迫面对主权危机的困扰;另一方面,东南亚地区内部,因"领土"问题形成地区间各国的领土主权争端。

[①] 邓正来主编:《布莱克维尔政治学百科全书》,中国政法大学出版社1992年版,第490页。

一 国际援助与东南亚地区的主权危机①

东南亚地区各国摆脱殖民地及附属国走向独立、国家重建之时，正值第二次世界大战后美苏两大阵营不断扩展势力、拉拢第三世界发展中国家的冷战背景，美苏两大强国均以国际援助之名，纷纷在电力、交通、通信等基础建设领域；经济发展援助、基金扶助为基础的经济领域；军事领域等方面，竞相对包括东南亚在内的发展中国家展开国际援助攻势，拓展其政治、经济、社会文化等方面的影响。东南亚地区的国际援助问题，大致可分为三个时期：第一个时期为20世纪50—70年代末，国际援助的政治和军事功能远远大于经济、社会功能。美苏两大阵营展开强大的国际援助竞争攻势，相应地积极输出各自的价值观。"民主政治""市场经济"等西方国家的意识形态，以国际援助的特殊渠道在东南亚地区进一步广泛传播。美国所崇尚的"民主与自由"观念及社会发展模式，在东南亚地区产生了普世化效应。鉴于此，学术界主要针对援助国及受援国之间的援助动机、援助目的及援助效用等进行研究。② 第二个时期大致为20世纪80—90年代中期，西方的国际援助明显占据绝对优势，"民主""人权"等西方概念及核心意识形态，成功地通过国际援助的手段，作为附设条件大规模向受援国输出。但与此同时，国际援助所导致的负面影响加剧，对西方社会形成一定压力。学界由此对国际援助问题形成反思，一部分学者认为：国际援助并不总是成功的，但所有发展成功的国家中都有国际援助的促进作用③；另一部分学者受"依附论"思想的影响，将东南亚地区不合理的经济发展结构、文化的失衡、社会问题等国家发展困境归罪于国际

---

① "国际援助"（Official Development Assistance），或称"官方发展援助"一词，国际学术界至今尚未达成一致的观点。广义上看，它被视作国际社会对官方发展的援助及非政府组织援助的总称。狭义上，则指官方发展援助。本书主要针对国际援助的狭义内涵进行考察。实际上，英国、法国等老牌民族国家在马歇尔计划成功复兴欧洲之后，也相继加入了国际援助的行列。

② Jr. Charles Wolf, *Foreign Aid: theory and practice in Southeast Asia*, New Jersey: Princeton University, 1960. Joseph S. Berliner, *Soviet Economy Aid: the new aid and trade policy in underdeveloped countries*, New York: Frederick A. Praeger, 1968; John D Montgomery, *The Politics of Foreign Aid: American experience in Southeast Asia*, New York: Published for the Council on Foreign Relations by Praeger, 1962; Amos A. Jordan, *Foreign Aid and the Defense of Southeast Asia*, New York: Praeger, 1962.［美］罗伯特·沃尔特斯：《美苏援助：对比分析》，陈源等译，商务印书馆1974年版，第9页。

③ James H. Lebovic, National Interests and US Foreign Aid: the Carter and Reagan Years, *Journal of Peace Research*, Vol. 25, 1988（2）：115 – 135；周弘：《对外援助与现代国际关系》，《欧洲》2002年第3期，第1—12页。

援助，企图通过国际援助的研究，揭示东南亚地区民族国家进程中的经济、政治及社会文化等核心问题的外部根源。第三个时期为20世纪90年代末亚洲金融风暴之后，发达国家的外援项目中明显地细化了"良好治理""可持续发展""保障人权"等方面的具体条款。① 对此，学界努力揭示获得援助，实现经济复苏的有利条件，关注援助所导致的东南亚地区民族国家意识形态的变化。② 本书拟以美国为考察对象。原因在于：东南亚地区所接受的国际援助中，美国援助的力度最大。美国相继对东南亚地区的缅甸、柬埔寨（朗诺集团统治时期）、菲律宾、老挝、泰国、越南（西贡政权时期）、印度尼西亚、新加坡8国进行过援助（相比之下，苏联仅对缅甸、柬埔寨、印度尼西亚三国进行援助）。考察美国对东南亚地区国际援助的政策及措施，可管窥东南亚地区民族国家发展进程所遭遇的主权危机及其根源。

美国对东南亚地区的国际援助肇始于20世纪50年代。③ 第二次世界大战结束后，美国奉行反殖民主义主张，支持殖民地人民独立。正因为如此，美国支持菲律宾于1946年7月4日独立；承认或支持缅甸、印度尼西亚等国独立。不过，美国同时也坚持发展中国家独立的行为不可操之过急，只应支持那些能相应地承担起国际社会责任的国家。④ 在支持东南亚地区各国独立的行为的背后，美国根据自身的原因列出了一定条件进行限制。这一点在艾森豪威尔总统入主白宫后，更加明晰了。所谓"承担起国际社会责任"的美国意义，就是美国只支持能共同抗衡共产主义的国家独立。美国将战略目标转移到东南亚地区，主要来自三个方面的影响：第一，东南亚地区各新兴民族国家崛起之后，形成了一支重要的国际力量。不结盟运动、中立主义随之盛行开来，如马来西亚、新加坡、柬埔

---

① 周弘主编：《对外援助与国际关系》，中国社会科学出版社2002年版，第3页。

② M. Godfrey, et al., Technical assistance and capacity development in an aid-dependent economy: the experience of Cambodia, in *World Development*, 2002, 30 (3): 355-373; Hirohisa Kohama, ed., *External Factors for Asian Development*, Singapore: ISAS, 2003.

③ 1950年，美国向印度支那和法国提供经济援助和军事援助，以对抗胡志明。Lennox A. Mills, *Southeast Asia: Illusion and Reality in Politics and Economics*, Minneapolis: University of Minnesota Press, 1964, p. 311。

④ [美] 菲利普·贝尔：《美国对外政策中的殖民主义问题》，《世界政治》1952年第1期，第86页。转引自 [美] 罗伯特·沃尔特斯《美苏援助：对比分析》，陈源等译，商务印书馆1974年版，第11页。朝鲜战争爆发以前，美国仍然遵循在东南亚及其他殖民地退出殖民国家的传统政策，它在1945—1949年间俨然是"欧洲宗主国是殖民地国家的主要代理人"这一主张的发言人。

寨、老挝等，这无异于为冷战战场提供了一些"权威真空"，对美国尤具吸引力；第二，苏联加强了与东南亚地区的联系，力图将包括东南亚地区在内的第三世界国家纳入共产主义的轨道。这刺激了美国的国际竞争欲望；第三，中国革命胜利后选择马克思主义思想、共产主义的信仰及社会主义的发展道路。这无疑在政治、经济方面与美国形成对峙局面。为此，美国必须通过政治、经济和军事途径，迅速在苏占区以外的区域强化美国的绝对权威。据美国政府1950年4月7日颁布的NSC-68号文件之精神，鉴于"狂热"的苏联已成为美国的敌对对象，美国与苏联之间将永无休止地展开"暴力或非暴力"① 的斗争。1951年美国《国家安全法》规定："本法案的目的是维护美国的安全，促进美国对外政策的实现，其采取的途径是：授权对友好国家提供军事、经济和技术援助，以加强自由世界的共同安全以及单独和集体的防务，为了这些国家的安全和独立以及美国民族利益而开发它们的资源，促进这些国家积极地参加联合国的集体安全体系。今后应该认为，1949年的防卫互助法案……1948年的经济合作法案……以及国际开发法（这是包括美国经援和军援计划一切方面在内的另一个法案）都包含着这样的目的。"② 一方面美国利用朝鲜战争和印度支那战争划定在亚洲的基本遏制线③；另一方面则积极展开对东南亚地区的经济援助。为切实从外交实践中实现对东南亚地区的战略计划，1954年9月，美国携同法国、英国、新西兰、澳大利亚、菲律宾、泰国和巴基斯坦共同组成"东南亚条约组织"，旨在阻止共产主义势力的渗透及散布。20世纪50年代，美国又以《太平洋宪章》之名，拒绝继续实施1956年重组越南的选举。相反，坚持保留第17度线，把越南分为共产主义的北越和非共产主义的南越两部分。随着越南本土矛盾的公开化，东南亚条约组织随即将其纳入其保护之下。美国也借此获取了继续留在越南活动的

---

① NSC—68，即《美国国家安全防务目标及计划》（*United State Objectives and Programs for National Security*）。该文件曾被誉为最高机密，是整个冷战期间美国政府最重要的文件之一，直到1975年才停止使用。NSC—68，1950，http：//www.state.gov/r/pa/ho/time/cmr/82209.htm。

② [美] 罗伯特·沃尔特斯：《美苏援助：对比分析》，陈源等译，商务印书馆1974年版，第9页。

③ 据时殷弘分析，20世纪50年代美国在远东规划了两条遏制线：一条是美国在西太平洋的岛屿"防御圈"，包括日本、琉球群岛和菲律宾。另一条是亚洲大陆中苏外围地区，主要是朝鲜半岛和东南亚。时殷弘：《1950年美国远东政策巨变的由来》，《南开大学学报》1995年第5期，第45—54页。

合法化基础。① 美国借助东南亚地区的有利地位,截断共产主义的亚洲战略带,将东南亚地区视为外交战略及政策中的一个重要环节。

美国政府对东南亚地区的援助计划主要涉及三个互为作用、互为因果的领域:经济领域、政治与军事领域、社会文化领域。② 据1955年年初的美国国家安全委员会发布的NSC-5501号文件的精神,美国针对工业化地区需要进一步的经济增长和贸易扩大,以及欠发达国家寻求发展和经济现代化时所需要的基本产品出口现状,决定"由美国发起和领导","除了提供财政援助外,还应为当地的领导者提供培训,完善技能,提供有能力的美国顾问""加强美国与这些国家间的信息、文化、教育交流"等重任,通过相互支持、共同努力的方式,"促进经济的增长"③。对于已形成稳固集合体的"东南亚条约组织",则通过举办涵盖文化、宗教和历史等一系列的会议、展览,或为非成员国学者设立各种资助项目等方式,旨在加强东南亚地区的经济基础建设、提高生活水平。④ 援助金通过诸如国际复兴开发银行、国际开发协会、进出口银行、国际金融公司、泛美开发银行、亚洲开发银行等国际金融机构,以援助项目的形式纳入特殊的流通渠道,即美国市场对受援国开放的同时,也将这些受援国纳入西方现有的经济体系、政治系统,并使之为其非政府资金提供保障。实际上,国际援助计划包含了政治、经济、军事、心理和反颠覆五个彼此联系的基本因素。国家安全原则亦作为国际援助的一个内因,被纳入美国对外战略的一个重要部分。在整个对东南亚地区的国际援助计划中,美国始终围绕其全球战略全局,甚至将之引申到国家安全的高度。

对于东南亚地区来说,尽管通过接受财政、资金、技术与人力等方面的国际援助,缓解了民族国家发展时期资源匮乏的状况,对国内政治及经

---

① Southeast Asia Treaty Organization (SEATO), 1954. http://www.state.gov/r/pa/ho/time/lw/88315.htm.

② 实际上,美国在东南亚地区的国际援助政策中还包含中立国家在内。美国对于20世纪50年代上半叶的马来西亚、新加坡等新兴民族国家的中立主义选择,抱持一种隐忍的态度。50年代末,美国对中立主义问题的认识发生了根本变化:"支持中立主义国家发展经济的愿望以及既摆脱东方又摆脱西方而独立的要求。"[美]小塞西尔:《美国和中立主义国家:十年展望》,《美国政治和社会科学学院年报》1965年第362期,第92—101页;[美]罗伯特·沃尔特斯:《美苏援助:对比分析》,陈源等译,商务印书馆1974年版,第13页。

③ Foreign Relations of United State (FRUS), 1955—1957, Vol. 19, *National Security Policy*, 1990, pp. 34-35.

④ Southeast Asia Treaty Organization (SEATO), 1954 http://www.state.gov/r/pa/ho/time/lw/88315.htm.

济发展起到了一定的积极作用，然而，国际援助也无可避免地给这些新兴的民族国家主权形成巨大挑战，使其陷入主权困境。

首先，东南亚地区为了获得国际援助，实现国家财富的增长，不得不依附于国际强权，客观上沦为美国发展战略的一个重要环节。

国际援助一直是美国实现"国家利益"的工具。在整个对东南亚地区的国际援助计划中，美国始终围绕其全球战略全局，甚至将之引申到国家安全的高度，纳入美国的对外战略之中。从战后初期的乔治·凯南的"遏制理论""冷战政策"到50年代的"大规模报复战略""战争边缘政策"；再到六七十年代的"灵活反应战略""核威慑战略"；乃至80年代及其后的"缓和政策""均势战略""反恐怖主义政策"等美国外交战略及其政策，无不显示出"国家利益观"的核心价值。"国家利益观"产生于20世纪二三十年代美国的历史语境。其理论基点在于：军事基础是国力乃至国家安全的基本前提，如果诸如经济力量、地理及政治的属性弱化了军事力量，那么，决定民族生存的对外政策即需要作出重大调整。为此，外交政策的目的在于竭尽全力抵御国际环境中的敌对势力，促进民族安全和国家主权。为此，不管对外援助的对象是谁，无论是人道主义的援助还是生存方式的援助，其本质都是具有政治性的，终极目标都是为了促进及保护国家的利益。[①] 即便是新现实主义观也认为，在一个无政府状态的国际社会中，国家利益就是世界大国之间及大国与小国之间的博弈。在此理论指导下，对外援助政策显然只是一种推行美国霸权的工具。军事援助的宗旨在于推行军事战略，直接服务于美国在世界范围内的安全体系；而经济援助则是为了确立一个适合美国的"世界秩序"[②]。为此，美国的国际援助主要集中在东南亚、中东地区。在国家利益面前，国际援助的权力与政治功能远远比其他的功能长远。为换取东南亚地区优越的地理位置（连通着太平洋和印度洋）及显要的战略地位，实现在东南亚的战略渗透，美国付出了极大代价。

在国际援助的名义下，东南亚地区被迫依附美国强权，沦为美国发展战略的重要环节之一。美国与东南亚各国签订《东南亚集体防务条约》

---

① Hans Morgenthau, A Political Thory of Foreign Aid, *American Political Science Review*, 1960, 56（2）：301－309.

② Kenneth Waltz, *Theory of International Politics*, New York: Random House, 1979, p.200.；[美] 肯尼思·沃尔兹：《国际政治理论》，上海人民出版社2003年版。

之后，就在东南亚地区广泛部署军事基地及其相关设施、人员。在菲律宾，美国共设置23处军事基地（包括陆军、海军、空军和海军陆战队）；在泰国，美军有19处军事基地（及13个飞机场供美国大型飞机使用）。①菲律宾飞行区的约2/3航线供作美国的军事用途；允许美国使用国际上配给它的大部分无线电频率；允许美国建立"美军内部航线"来调遣在菲律宾各基地的人员、实施各兵种指挥部组织的两栖登陆、防空、在周边地区反游击战以及城市战等演习。而且，根据1947年3月14日签订的《菲律宾共和国军事基地协定》以及1979年双方通过的执行协议，在菲律宾的军事设施由美国中央情报局（CIA）、国家保密局（NSA）及国防部的数百名人员来管辖；其基本军事设施还包括：飞机场、码头、海军设施、无线电导航设备、信号与通信设备、训练场、雷达预警设备、储油库及配油管道和其他军用设施。②而且，美国还在受援国设有享有各种特权的"军事顾问团"，享有治外法权等特权。泰国国防部属下的"国防学院"，其教官就是美国人。受援国方面，也客观上增加了本国的军事费用，如1954年，泰国的军费占全国预算的70%；菲律宾的军事预算占全国预算的60%。③此外，以美国太平洋司令部（USPACOM）为例。④尽管它的主要功能在于：负责太平洋地区的指挥和协调工作，旨在保障地区安全，增进亚太地区国家保障自身安全的能力，提高双边或对边的合作与协调等，但是，实际上，它是以美国国家政策、军事战略以及安全合作协议为指导，专门为盟军提供军事援助，通过装备援助、联合军演及资源共享，共同实现东南亚集体安全合作（TSC）计划。⑤在此过程中，美国大使馆的工作人员及援助者负责起草东南亚地区各国军队最需要的武器装备的清单。无怪乎美国参议员在一份1973年的报告中说："美国当局注意到，我们（美国）在世界上没有任何地方比在菲律宾更能自由地使用我们的军

---

① 《东南亚条约组织真相》，第6—7页。
② ［美］罗兰德·G.西姆布兰：《菲律宾的美国军事基地》，《东南亚研究》1986年第2期，第76—91页。
③ 尽管这些军费未必都是因国际援助而起，但是受援国的决策客观上仍然受到极大的影响。《东南亚条约组织真相》，第6—8页。
④ 美国太平洋司令部（United States Pacific Command，USPACOM）作为联合司令部正式组建于1947年1月1日，当时司令部驻地为珍珠港海军基地附近的马卡拉帕。该司令部是美国目前9个联合司令部中历史最长、规模最大的联合司令部。
⑤ 装备援助定位于提高其装备水平，填补不足与真空——尤其是通信设备、舰艇、雷达等高技术装备。

事基地。"①

　　20世纪90年代初菲律宾对美国出租军事基地的拒绝行为，以及缅甸拒绝接受美国的灾后援助的行动，无不反证美国的国际援助实质，以及东南亚地区主权困境的尴尬。"9·11"事件后，美军企图借反恐战争之机，重返东南亚。美国军方积极参与了2004年东南亚海啸的援助活动，2009年美军再次主动向缅甸发出援助信号：太平洋总部司令基廷海军上将一再强调如果缅甸政府愿意，美国随时给予军事援助。当前美军在缅甸周围拥有大量可用的资源。像"埃塞克斯号"远征打击大队正在泰国附近活动，准备参加在泰国举行的年度"金色眼镜蛇"联合军演。该大队可以提供23架直升机用于救援活动。同时在泰国还有美空军的6架C-130大型运输机，也可投入到救援活动中来。基廷还指出，如果缅甸政府同意美军进行救援，美海军第七舰队的旗舰——"蓝岭号"两栖指挥舰、"小鹰号"航母打击群和"尼米兹号"航母打击群，都可以开赴缅甸附近，为其提供援助。美军旨在重新建立与东南亚地区政府间和军队间的关系。然而，正如国际社会的普遍观点，"美国对缅甸的制裁，对象是缅甸军政府，而非缅甸人民。此外，由于缅甸社会较为封闭，美国情报单位难以进入缅甸国内搜集情报，但此次若能进入救援，则可以趁机接触到缅甸普通人，这也有助于搜集缅甸的民情和社情，并方便绘制有关缅甸的兵要地志，以备不时之需"②。可见，东南亚地区各国在国际援助下普遍提升军力，加强法律及保障安全、促进整个地区的安全与稳定背后，是以牺牲国家主权为代价的：自身军费的被迫增长、援助国技术人员的介入等因素，都是以东南亚地区各国牺牲主权为代价的。

　　其次，国际援助之下，东南亚地区各国与美国之间衍变为一种新的宗主国与殖民地关系。

　　国际援助是美国推行传统殖民政策的一种基本工具。③ 据1965年美国国际开发署递交给参议院外交委员会的备忘录所述："对于新兴的独立国家来讲，完全依靠过去的殖民国家在政治上往往是不能接受的。同时，

---

　　① [美] 罗兰德·G. 西姆布兰：《菲律宾的美国军事基地》，《东南亚研究》1986年第2期，第76—91页。

　　② 《美军为何高调援助缅甸　希望借机渗透东南亚？》，《国际在线——世界新闻报》2008年5月15日。http：//news.xinhuanet.com/mil/2008-05/15/content_ 8175391.htm（新华网）。

　　③ Roger C. Riddell, *Foreign Aid Reconsidered*, Baltimore：the Johns Hopkins University Press, 1987, pp. 131、133.

美国对于提交联合国讨论的问题的立场也可能和它过去的宗主国不同。在这种情况下，适度的美援计划可能会使新兴国家对已经形成的宗主国的主要依赖关系感到'愉快'一些，从而使这种关系可能继续下去。通过援助也（或者）可以表示美国对该国家的关注和兴趣，从而使它更易接受美国关于国际争端的观点。"① 受援国不得不对应援助国的社会观念、管理程序等，通过社会改革、政治改革等改革方式来获取援助。如在缅甸、柬埔寨、老挝的双边援助项目中，国际项目主要涉及相关协助减轻负债、发展民主政治、解决社会流民等项目，旨在平息1988年以来的缅甸军政府、1997年以来的柬埔寨人民党的反民主政治活动，以及老挝的侵犯人权行为活动，以促进受援国民主化政策的转变；对于印度尼西亚的国际军事教育及训练项目和国防安全合作项目的制定，源于1999年以来印度尼西亚驻东帝汶军事武装的侵犯人权行为，国际援助的目的在于协助印度尼西亚建立一些相应的民主机构，以保障人权。② 美国所谓的"自由与民主"主流文化，以"民主""人权"等符号，附着在援助项目中作为附加条件，利用外援拨款的方式加以胁迫，使"受援国接受本来就不应接受的条件"③，致使东南亚地区民族国家主权遭遇难以抗拒的无形威胁与挟持。

二 东南亚地区的领土争端与主权困境的根源

东南亚地区的领土主权争端因广泛涉及国家主权及其根本利益，对国际社会间的正常关系及地区的稳定产生了极其严重的负面影响，已是民族国家发展进程中的一大困境。东南亚地区的11个民族国家中，至少有8个国家涉及影响较大的国际主权边界或海域、大陆架争端，如表2所示。

---

① ［美］罗伯特·沃尔特斯：《美苏援助：对比分析》，陈源等译，商务印书馆1974年版，第15页。

② Section 506, Foreign Assistance Act of 1961, as amended (P. L. 87 – 195. 22USC 2318), in *U. S. Foreign Aid to East and South Asia: Selected Recipients*, CRS Report for Congress (Received through th CRS Web), Order Code RL 31362. http：//fpc. state. gov/documents/orgonization/9661. pdf.

③ Olav Stokke, *Aid and Political Conditionality*, EADI Book Series 16, Frank CASS. London, 1995, p. 12.

表 2　　　　　　　　东南亚地区的领土主权争端概况

国家或地区间	边界、岛屿争端	海域、大陆架的争端
文莱与马来西亚		沿海海域争端
印度尼西亚与越南		纳土纳岛周围海域的大陆架划分问题
马来西亚与印度尼西亚	西巴丹岛和利吉丹岛的主权纷争	（1）苏拉威西海上油田的主权争端；（2）尼塞拉贝斯海域的划分问题
马来西亚与菲律宾	沙巴主权问题	
马来西亚与新加坡	白礁岛等岛屿的主权争端	关于柔佛海峡围海造田的争端
马来西亚与越南		海上划界问题
越南与柬埔寨	富国岛等边界问题	海上划界问题争端
越南与泰国		泰国湾中部的争端
柬埔寨与泰国	（1）围绕阁骨岛争端；（2）柏威夏古寺争端；（3）吴哥窟风波	海上划界问题
老挝与泰国	奇丘、桑克的边界争端	
菲律宾与中国		（1）南沙群岛（美济礁事件）；（2）中沙群岛（黄岩岛事件）
越南与中国		南沙群岛（"万安北-21"石油合同区问题）
印度尼西亚与中国		南沙群岛（纳土纳天然气田问题）

中外史家把东南亚地区的领土主权争端视为"殖民制度的遗迹"、历史的纠葛及国家间利益争夺的结果。① 西方学者大多认为东南亚地区的领土边界源于西方殖民主义时代划定的势力范围，这些势力范围的边界几乎都成了日后东南亚地区各民族国家间界定的边界。② 王正毅、胡启生等国内学者，则通过对东南亚地区民族国家的主权、领土、综合国力等问题的考察，驳斥西方学者的片面性，并在经济学、法理学等更为广阔的学科领域，探讨亚太地区各国的应对策略与举措等。③ 学者们的研究见仁见智，

---

① 诸如 Nicholas Tarling, *Nationalism in Southeast Asia: If the People are with us*, London & New York: RoutledgeCurzon, 2004; Nicholas Tarling, *Nations & States in Southeast Asia*, Cambridge: Cambridge University, 1998, pp. 47 – 57；（Colonial and National Frontiers）Eric Taglicozzo, Border permeability & the state in Southeast Asia: contraband and regional security, *Contemporary Southeast Asia*, Vol. 23, 2 (2001)：254 – 265；[日] 菊池一雅：《殖民制度的遗迹——越南和柬埔寨的边界》，中山大学东南亚历史研究所译，《东南亚历史译丛》1979 年第 1 期，第 171—182 页。

② Nicholas Tarling, *Nationalism in Southeast Asia: If the People are with us*, London & New York: Routledge Curzon, 2004, p. 60.

③ 王正毅：《地缘地带发展论——世界体系与东南亚的发展》，上海人民出版社 1997 年版；胡启生：《海洋秩序与民族国家：海洋政治地理学视角中的民族国家构建分析》，黑龙江人民出版社 2003 年版；郑一省：东盟国家间领土边界争端的成因及影响，《东南亚研究》2005 年第 2 期。

对深入研究东南亚地区民族国家的发展具有深远的意义。但是，对于主权要义的探讨，显然目前阶段的研究尚显不足。领土与国家相结合，并被赋予政治法律的特殊意义在于："领土"已从单纯的地理概念衍生为政治法律上的概念。① 其组成部分囊括了国家管辖范围以内的海床和洋底及其底土，内含着"领海""领空""大陆架""专属经济区"等基本概念。② 东南亚地区国家间普遍存在的、程度不一的国家间领土争端，既反映出一定的差异性，又反映出相应的时代性特征。本课题以泰国与柬埔寨的柏威夏古寺争端及马来西亚和印度尼西亚之间的利吉丹和西巴丹岛争端为例，探析东南亚地区主权要素在民族国家发展过程中的困境。

东南亚地区的领土主权争端，渊源已久。究其原因，主要有以下三个：

第一，东南亚历史上缺乏明确的国家边界。

当代东南亚地区影响最大的半岛国家领土主权争端之一的柏威夏古寺（Preah Vihear Temple）之争（系泰国与柬埔寨的领土争端）即是一个典

---

① 大卫·希尔论述 14 世纪初到 30 年战争期间的欧洲国际关系，以"领土主权"（Territorial Sovereignty）一词，特指国家对其领土本身及其领土上的人和物所具有的最高权力。后来，学者们据此赋予主权之于民族国家边界的特殊内涵。David J. Hill, *A History of Diplomacy in the International Development of Europe*, Vol. II, London: Longmans, Green & Co., 1924.

② 根据《联合国海洋法公约》第二条"领海及其上空、海床和底土的法律地位"，"领海"即为沿海国的主权及与其陆地领土及其内水以外邻接的一带海域，在群岛国的情形下及与群岛水域以外邻接的一代海域。第三条"领海的宽度"，每一国家有权确定其领海的宽度，甚至从按照本公约确定的基线量起不超过 12 海里的界限为止。第四条"领海的外部界限"，领海的外部界限是一条其每一点同基线最近点的距离等于领海宽度的线。第 47 条"群岛基线"，群岛国可划定连接群岛最外缘各岛和各干礁的最外缘各点的直线群岛基线，但这种基线应包括主要的岛屿和一个区域，在该区域内，水域面积和包括环礁在内的陆地面积的比例应在 1:9:1 之间。这条基线的长度不应超过 100 海里。但围绕任何群岛的基线总数中至多 3% 可超过该长度，最长以 125 海里为限。群岛国不应采用一种基线制度，致使另一国的领海同公海或专属经济区隔断。如果群岛国的群岛水域的一部分位于一个直接相邻国家的两个部分之间，该邻国传统上在该水域内行驶的现有权利和一切其他合法利益以及两国间协定所规定的一切权利，均应继续，并予以尊重。第 55 条"专属经济区的特定法律制度"，"专属经济区"是领海以外并邻接领海的一个区域。第 57 条"专属经济区的宽度"，专属经济区从测算领海宽度的基线量起，不应超过 200 海里。第 76 条"大陆架的定义"，"沿海国的大陆架"包括其领海以外依其陆地领土的全部自然延伸，扩展到大陆边外缘的海底区域的海床和底土，如果从测算领海宽度的基线量起到大陆边的外缘的距离不到 200 海里，则扩展到 200 海里的距离。大陆边包括沿海国陆块没入水中的延伸部分，由陆架、陆坡和陆基的海床和底土构成，它不包括深洋洋底及其洋脊，也不包括其底土。http://www.un.org/documents/charter.

型的例子。① 该寺位于柬埔寨柏威夏省与泰国接壤的边境地区，为柬埔寨人建于公元10世纪中叶至12世纪初。1959年，柬埔寨通过海牙国际法庭申请对柏威夏的主权，并于1962年6月15日，获得国际法庭的胜诉裁定。② 继而引发了泰国与柬埔寨的柏威夏古寺争端。1965年11月16—17日，泰国军队突然袭击柬埔寨戈公省的边防哨所，打死柬埔寨人3名，打伤9人。③ 最后，在国际法院的影响及柬埔寨国内形势的变故下，双方矛盾有所缓解，但柏威夏古寺的争端始终影响两国的外交关系。2007年柬埔寨对柏威夏古寺的申遗工作再次诱发两国争议；2008年7月8日，加拿大魁北克第32届世界遗产大会正式将柏威夏古寺列为世界遗产名录，由此，柏威夏古寺的归属权问题再度成为焦点，两国领土争端逐步升级。同日，泰国境内民族主义情绪高涨，谴责外长诺巴敦无力，迫使其引咎辞职。泰国宪法法院判决"泰柬联合公报"④无效。7月15日，3名泰国抗议者越过边境检查站，试图进入柏威夏古寺宣布泰国拥有该寺主权，旋即被柬方逮捕。尽管柬方当天释放了这3名泰国人，但导致泰柬双方在边界线两侧加强了军事力量。⑤ 此后，尽管柬泰两国均表示将就紧张局势进行积极接触，和平解决争端，但双方军队仍形成对峙局面。由于柏威夏古寺的归属权问题迟迟未得以有效解决，致使双方军队频繁在柏威夏古寺附近的争议地区发生武装冲突（2008年10月3日、15日；2009年4月3日、5月21日）。⑥

历史上，泰国和柬埔寨两国都曾拥有过柏威夏古寺的所有权。公元6

---

① 有史家认为，柏威夏古寺"完全是一种误会。它本来是一个小问题，由于双方政客的自尊心作祟，弄得小题大做，结果双方都坚持要保卫这个寺的主权"。参见［泰］姆·耳·马尼奇·琼赛《泰国与柬埔寨史》，厦门大学外文系翻译小组译，福建人民出版社1976年版，第352页。也有学者认为，柏威夏古寺争端是历史和国内政治原因的结果，民族情绪中掺杂了政治斗争；邵建平《柬泰柏威夏古寺及其附近领土争端透析》，《学术探索》2009年第4期，第49—54页；武传兵、陈彬《柏威夏寺成功申遗引发柬泰领土争端再度升温》，《当代世界》2008年第9期，第26—27页。

② 新华社国际部编：《印度支那问题资料：柬埔寨问题大事记》（1954年7月—1972年底），新华社国际部编印1973年版，第13页。

③ 同上书，第23页。

④ 即双方于6月签署的关于支持柏威夏古寺申报世界文化遗产事宜，因事先未经国会批准，违反了泰国宪法。

⑤ "一度有约1 000名柬埔寨军人和500名泰国军人在柏威夏寺附近地区对峙，泰方还派兵进驻了柏威夏省边境地区的盖西卡吉利瓦拉寺和奥多棉吉省内的达莫安通寺。"参见武传兵等《柏威夏寺成功申遗引发柬泰领土争端再度升温》，《当代世界》2008年第9期，第26—27页。

⑥ http：//news. xinhuanet. com/ziliao/2008－07/29/content_ 8834506. htm.

世纪以前，以今天的柬埔寨为中心的扶南王国是中印半岛的大国，其势力远达今天的泰国南部及马来半岛北部地区。泰国孟人时代的国家（公元前后至十二三世纪）即为扶南的属国。后扶南式微，孟人国家独立。但是在柬埔寨的真腊时代，孟人国家始终摆脱不了属国的地位，其泰、掸族部族就处于南诏国和真腊国之间，"不是依附于南诏，便是从属于真腊"①。同样，柬埔寨也曾沦为泰国的属地。"公元 14 世纪中叶，真腊王朝被迫放弃吴哥之后，柬埔寨历史发生了重要的转折。一度繁荣强盛的吴哥帝国从历史上消失，真腊作为东南亚强国的地位宣告就结束"；"从 14 世纪中叶开始的整个 14 世纪，泰族人有两次对柬埔寨的入侵，并攻陷其都城吴哥"；"整个真腊被置于泰族人的统治之下。只有少数边远省份不承认泰国为宗主国，尚能保持一定程度的自治"②。1594 年洛韦城陷落后，柬埔寨沦为泰国的从属国。

东南亚地区的传统社会中缺乏现代国家形态中的主权概念及具有政治属性的国家边界，"不管是在泰国还是在柬埔寨似乎都没有人懂得柏威夏古寺的情况以及它作为历史古迹的重要性。更糟糕的是谁也不知道界线在哪里"③。柏威夏古寺"申遗"成功，无疑给柬埔寨人民带来了民族自豪感及历史归属感；但是，泰国方面则因政治动荡，将柏威夏古寺赋予一种政治意义，成为各冲突党派表现政治成就的工具。④ 延续至今，边界争端发展为当代民族主义运动或政治斗争的焦点之一。

第二，任意划分势力范围的殖民者是东南亚地区领土争端的始作俑者。

殖民者的介入是引发东南亚地区领土争端的根本原因。19 世纪 70 年代起，西方自由资本主义开始向垄断资本主义过渡，殖民国家纷纷加紧了其殖民扩张，并因此形成争夺势力范围的尖锐矛盾。

---

① 由于当时交通不发达、政权机构还不严密，这种从属和依附的关系很松散，从属的部落国家虽受宗主国的管束，要向宗主国进贡，并在战时服从调遣，但它们是各自为政的。参见中山大学东南亚史研究所主编《泰国史》，广东人民出版社 1987 年版，第 14、24 页。

② 但是，史学界关于其具体时间一直未有定论。根据编年史的记载，一次是 1353 年，一次在 1394 年。不过，1394 年这种说法后来被国内外学者否定了。之后形成的普遍看法是 1369 年。参见陈显泗：《柬埔寨两千年史》，中州古籍出版社 1990 年版，第 443、317、319、324 页。

③ ［泰］姆·耳·马尼奇·琼赛：《泰国与柬埔寨史》，厦门大学外文系翻译小组译，福建人民出版社 1976 年版，第 352 页。

④ 参见邵建平《柬泰柏威夏古寺及其附近领土争端透析》，《学术探索》2009 年第 4 期，第 49—54 页。

"在殖民地化以前,印度支那各国并没有明确的边界。横跨越、老、柬三国现在边境的地区是少数民族的生活区。在居住在平原的民族的历史上,殖民化之前,柬埔寨则一直处在受越南压迫和国土被蚕食的地位。后来法国之所以以印度支那殖民地化的据点——交趾支那为中心来划定边界线,无可否认,是由根据宗主国的安排,为了适应其军事、经济或文化的需要而制定的各项殖民政策而决定的。"① 1863 年,法国与柬埔寨签订《法柬条约》,将柬埔寨置于保护国地位;1867 年 7 月 19 日,法国又与泰国签订《暹法条约》,规定柬埔寨西部的两个省——马德望和吴国(即暹粒)仍归泰国所有,这两个省以及泰国其他省份的边界,凡是已经知道跟柬埔寨相连接的地区,均将在交趾支那政府所指定的法国官员的协助下,由柬埔寨标界委员会毫不迟延地予以准确划定,立好标柱或其他标志。② 关于马德望边界,"将由磅帕河构成";"到 1896 年 6 月为止,法柬最西边的哨所设在斯雷汤焦,实际上是在磅帕河的东岸"③。1904 年和 1907 年,法国又再次与泰国签订协议,确定了法国殖民地与泰国的边界。其中,在 1904 年的法国与泰国的协定中,泰国同意放弃莫卢波雷和巴沙(占巴塞)两省,以换取法国撤出尖竹汶。湄公河右岸将由琅勃拉邦国王管辖;法国同意放弃 25 公里中立地区,但未经法国政府同意,泰国军队不得配置外籍军官。④ 1904 年 4 月 8 日,英国和法国共同签署了"友好协议":凡位于湄公河东部和东南部的泰国领土以及所有邻近岛屿,都属于法国的势力范围,而位于上述地区的西部和暹罗湾地区,则属于英国的势力范围。两国据此指定了一个新的联合委员会划定柬埔寨和泰国的边界。蒙·查握德·乌隆作为泰方代表,贝尔纳中校则为法方代表,从 1904 年到 1907 年间,联合委员会通过实地勘察地界,把克叻(即达叻)从泰国分割出去,法国认为达叻是柬埔寨的省份,试图把柬埔寨的语言、法律和

---

① 两国现在的国家边界实际上源于 14 世纪。不过,在当时的边界上,越南和柬埔寨之间还夹着一个占婆国(占婆国一直延续至 17 世纪)。18 世纪后,两国的边界才连接起来。17—19 世纪中叶,越南日益强大,并成为争夺柬埔寨的另一强大的半岛国家。参见 [日] 菊池一雅《殖民制度的遗产——越南和柬埔寨的边界》,中山大学东南亚历史研究所译,《东南亚历史译丛》1979 年第 1 期,第 171—182 页。

② 《暹法条约》全文见 [泰] 姆·耳·马尼奇·琼赛《泰国与柬埔寨史》,厦门大学外文系翻译小组译,福建人民出版社 1976 年版,第 294—296 页。

③ [泰] 姆·耳·马尼奇·琼赛:《泰国与柬埔寨史》,厦门大学外文系翻译小组译,福建人民出版社 1976 年版,第 320 页。

④ 同上书,第 323—324 页。

风俗习惯强加给这块新领土,但是他们很快发现达叻人是地地道道的泰人,不可能被柬埔寨的语言和风俗习惯所同化。语言也就成了达叻人民和新的行政官员之间的障碍。马德望和菩萨之间的边界,因为通波山脉和加大莫美山脉中的斯德朗山在泰国境内,这是一块伸进马德望省境受外国领土包围的土地。而且位于鲁塞河右岸的加大莫美森林地区也被菩萨人说成是他们的,尽管他们拿不出任何足以支持他们要求的证据。马德望人则宣称那块伸进马德望省境的土地,尤其是位于鲁塞河左岸的土地是他们的。最后,在北部,联合委员会为了便捷,把兰洒划归法国一边。边界确定后,贝尔纳提出要以泰人居住的达叻和兰洒换取柬埔寨人居住的暹粒、诗梳风和马德望三省。① 为此,1907年3月23日,泰国和法国方面再次签订了一项新条约:泰国割让马德望、暹粒和诗梳风三省给法国,以换取兰洒地区和达叻省,以及所有位于伦灵以南直至库特岛为止的所有岛屿(包括库特岛在内)。②

简而言之,1904年到1907年间联合委员会的实地勘测工作是以扁担山脉的分水岭线为基准的,按此原则,柏威夏古寺就应在泰国境内。然而,泰国方面直到1907年仍缺乏地图绘制方面的知识,致使1907年在《暹法条约》中绘制附图时完全听凭贝尔纳中校的摆布,当时法国官员交给泰国政府的绘制地图中,柏威夏古寺就被划在柬埔寨境内。从地理位置上看,柏威夏古寺恰好就坐落在以景线到占巴塞为止的湄公河主航道为分水岭的泰国一边悬崖上。该寺高踞山顶,从边界的泰国这一边才能上去;从悬崖峭壁往下看,底下是柬埔寨平原。而且,"由于没有建立档案,条约的附图已经遗失"③。1940年9月11日,泰国要求法国按照国际惯例把从景线到占巴塞为止的湄公河主航道作为真正的边界。1941年3月11日法泰和约在东京签字:法国同意以湄公河的主航道(深水线)作为法泰之间的边界线,同意将湄公河右岸的两个省南掌和占巴塞归还泰国。法国

---

① [泰]姆·耳·马尼奇·琼赛:《泰国与柬埔寨史》,厦门大学外文系翻译小组译,福建人民出版社1976年版,第327—329页。
② 作为交换,法国方面放弃了它对法国臣民的司法权。按新条约的规定:凡是在1907年签订后登记的法国臣民将由泰国普通法庭审理,而在条约签订前登记的法国臣民则由国际法庭审理。[泰]姆·耳·马尼奇·琼赛:《泰国与柬埔寨史》,厦门大学外文系翻译小组译,福建人民出版社1976年版,第330页。
③ [泰]姆·耳·马尼奇·琼赛:《泰国与柬埔寨史》,厦门大学外文系翻译小组译,福建人民出版社1976年版,第353页。

还同意把1907年用武力侵占的三个省马德望、暹粒、诗梳风归还泰国，但是吴哥窟除外。①1946年11月11日签订华盛顿协定：1941年的东京协定宣告无效，并成立一个委员会专门审查1893年、1904年、1907年的条约。由于当时的英国和美国都坚持维持现状，因此泰国在1946年12月9日将领土归还法国，两国恢复了战前的正常关系。②

同样的问题也出现在同属半岛国家的越南与柬埔寨之间。1954年法国撤离印度支那之前，曾粗略确定过柬埔寨与越南的陆地边界。西哈努克曾于1967年同越南民主共和国建立外交关系，并允许越南人使用柬埔寨领土等。1975年，越南全国解放后，民柬政府要求越南撤出，遭到拒绝。1976年6月5日，越南出兵占领柬埔寨的威岛。经柬埔寨方面的多次抵抗和交涉后，越军被迫于8月撤出威岛，但仍继续占据柬埔寨边界的一些地区。1976年双方冲突再次升级。越南继续以蚕食、渗透方式，强占沿两国边境的有利地形和战略要地。1985年12月28日，民柬联合政府外交部发表声明，谴责越南与韩桑林政权签订的《边界划分条约》，认为其实质在于模糊两国边界，让越南向柬埔寨移民合法化，并向国际社会控诉越南侵占其领土：边界向北推进了4—5公里，吞并了新运河以南的柬埔寨领土；在沿2号公路的普农山区，边界又向柬埔寨一侧推进了1.5公里至2公里。③

海岛国家中，菲律宾与马来西亚之间的沙巴纠纷也是如此。沙巴即北婆罗洲，1878年为英国夺取，并于1881年组成英属北婆罗洲特许公司进行治理，公司每年付给苏禄王国5000元（后增加到5300元）。1885年，英国承认西班牙占有苏禄。菲律宾独立后，苏禄成为菲律宾领土的一部分。④1963年，沙巴、沙捞越、新加坡组成马来亚联邦。菲律宾对此极为不满，认为沙巴本来就是菲律宾苏禄苏丹1878年租让出去的，其主权本应归菲律宾。因此，菲律宾与马来西亚争论的焦点在于：北婆罗洲已在殖民时代割让给英国，由马来西亚继承了英国的主权，菲律宾则认为它只是

---

① 参见［泰］姆·耳·马尼奇·琼赛《泰国与柬埔寨史》，厦门大学外文系翻译小组译，福建人民出版社1976年版，第340页；陈显泗《柬埔寨两千年史》，中州古籍出版社1990年版，第604页。
② ［泰］姆·耳·马尼奇·琼赛：《泰国与柬埔寨史》，厦门大学外文系翻译小组译，福建人民出版社1976年版，第348页。
③ 满忠和：《柬越领土争端的由来》，《国际展望》1994年第7期，第12—14页。
④ 梁英明等：《近现代东南亚（1511—1992年）》，北京大学出版社1992年版，第442页。

租让给英国,因为苏禄每年都因此领取到了租金,因此菲律宾马卡帕加尔总统宣称沙巴是菲律宾领土的一部分,反对沙巴并入马来西亚。1963年、1968年,菲律宾曾两次因此与马来西亚断绝外交关系。2000年8月,菲律宾总统阿罗约明确表示:"对于主权的争议,我们同意找出解决方案。虽然解决这个问题须花较长的时间,不过菲律宾一朝也没放弃索取沙巴主权,将会随时准备索取它的主权。"①

再如,新加坡与马来西亚之间的白礁岛争议(起于2002年12月)。白礁岛(Pedra Branca,葡萄牙语中系"白色的礁石"之意,取义于石礁上终年可见的白色鸟粪),最早见于1583年荷兰航海家林斯霍藤所著的《早期东印度的葡萄牙航行者》一书。新马双方都宣称自己拥有在白礁岛水域及领空的主权。新加坡国会在12月25日针对该国副总理陈庆炎指责马来西亚军舰入侵新加坡水域的问题展开辩论。马来西亚国防部部长赛哈密认为,新加坡有两项选择,如果它拒绝妥协,那就开战。②

殖民时代势力范围的任意划分,加之东南亚地区特殊的地理环境,加剧了东南亚各国主权争端问题的复杂性。

第三,当代工业发展对自然资源及原材料的需求,进一步激化了东南亚地区的主权矛盾。

以争夺海域、海湾、大陆架为例,日益频仍的主权争端体现出当代海洋价值备受关注及经济全球化的历史现状。20世纪70年代以来,泰国湾、菲律宾巴拉望沿岸地区、马来西亚和印度尼西亚附近的苏拉威西海域发现了大量的石油和天然气,此后,东南亚地区至少有一半以上的国家在其近海发现储有石油和天然气资源。如泰国湾海域地区分布在越南、柬埔寨和泰国之间,三国相继提出对其区域主权的要求。泰国湾北部,柬埔寨和泰国声称对其大陆架的权利,主要集中在阁骨岛及周围地区;南部,越南和柬埔寨则声称对其大陆架的主权,主要在威岛、土珠岛和富国岛及周围区域;中部,三国则争执不下、互不相让。据估计,越南、柬埔寨和泰国三国在泰国湾的争议面积高达8000—50000多平方公里。③ 特别是越南和柬埔寨在海界、陆界划分上存在争端。越南以"蚕食""渗透"的方式,沿越南和柬埔寨两国边境的有利地形和战略要地,侵占了"勃利维

---

① [新加坡]《联合早报》2000年8月9日。
② [新加坡]《联合早报》2003年1月26日。
③ J. R. V. Prescott, *Boundaries and Frontiers*, Croom Helm Ltd., 1978, p. 160.

埃线"以北应属柬埔寨的大片海域。除此之外,越南、马来西亚、菲律宾与中国关于南中国海岛屿和海域的争端;印度尼西亚和澳大利亚大陆架争端等,此起彼伏,领土争端日渐成为东南亚地区国家间关系紧张、冲突频仍的主要因素。

马来西亚和印度尼西亚之间的利吉丹(Litigan)和西巴丹岛(Sipadan)争端是最突出的证明之一。① 直到20世纪80年代以前,利吉丹和西巴丹岛仍无常住人口,不过,随着旅游业的推进,两岛屿在20世纪80年代以后开始有人居住②,并引发频仍的主权争端。马来西亚与印度尼西亚双方都依据英国和荷兰于1891年6月20日签订的《划分荷属婆罗洲和处于英国保护下的国家之间的边界条约》。按照此条约,北纬4°10′系马来西亚和印度尼西亚的边界线,即"东部海岸线的边界线应当是沿着这条纬线继续向东进行,并穿越赛比迪克(Sebittik)岛;位于该纬线以北的岛屿部分属于英属北婆罗洲公司,而位于该纬线以南的属于荷兰"。印度尼西亚方面将北纬4°10′视之为划分该海域岛屿归属的界限,因为此线以南即为荷兰所有,印度尼西亚理所当然继承荷兰的属地;马来西亚方面则认为,该线只是划分婆罗洲东北部相关岛屿陆地的边界线,以及向东延伸的海域边界线。为此,双方就此条约中的归属权范围展开争论,并于1997年5月31日由马来西亚总理马哈蒂尔与印度尼西亚总统苏哈托将两岛屿的主权归属问题移交国际法院。③ 2002年12月17日,国际法院以16票对1票的绝对优势,将两岛的主权裁定给马来西亚。④ 然而,国际法院的决定传到印度尼西亚后,激起了印度尼西亚强烈的民族主义情绪。民族主义分子要求当时执政的梅加瓦蒂政府采取紧急措施保卫两岛及周边海域的主权。

海域争端一定程度上是继东南亚地区各国独立以来,民族国家发展进程中存在的一种普遍矛盾。东南亚地区民族国家因工业化建设的需要,转而越来越关注近海蕴藏的丰富油气和矿物资源及其开发和利用,经济利益

---

① 有关两岛的争议问题,参见朱利江《马来西亚和印度尼西亚岛屿主权争议案评论》,《南洋问题研究》2003年第4期,第60—70、94页。

② Donald E. Weatherbee, *International Relations in Southeast Asia: the struggle for autonomy*, Rowman & Littlefield Publishers, Inc., 2005, p. 130.

③ 请求国际法院在条约、协议及相关证据的基础上对两岛的归属权进行判决。该协议于1998年5月14日生效,并于同年11月2日提交国际法院。

④ 国际法院的理由是:印度尼西亚并非《维也纳条约法公约》(1969年)的缔约国。

的驱动使东南亚地区沿海各国对周边海域和大陆架倍加关注。尤其是1945年杜鲁门总统发表对毗连美国海岸的大陆架自然资源的管辖和控制权的公告后,东南亚地区各国纷纷开始提出自己对领海、毗连区和专属经济区的主权要求;1982年《联合国海洋法公约》(1994年11月正式生效)规定了沿海各国对海洋及洋底的主权和管辖权,东南亚地区各国对海洋及海底、大陆架等的主权及管辖权问题遂产生更大分歧。

综观东南亚地区的主权危机和困境,既是东南亚地区的历史传统的延续,也是殖民时代的历史遗留问题,同时也反映了民族国家发展进程中资源开发的当代表征。殖民时代的英国、法国、美国等殖民国家的势力范围划分及分而治之的统治方略,不仅给东南亚地区埋下了无穷的边界隐患,而且,也加剧了半岛国家与海岛国家之间在主权争端方面的差异性。当然,这种差异性的前提还在于:16世纪初,殖民国家入侵东南亚地区之前,半岛国家中缅甸、泰国、越南已形成中南半岛三国鼎立的局面。各自已存在一些中央集权的封建国家,具备相对较为完整的政治统治体系、有一支强大的军队,并积极对外扩张。但是,海岛国家却有些差异:虽建立过颇有影响的海上商业国家,如马六甲等,但因地域辽阔,岛屿众多,相互之间的地理隔绝使之相对松散,难以形成中央政权。客观上,半岛国家的领土边界始终存在着一定变数,国家的强大与否决定了其领土边界的进或退;海岛国家则不然,彼此间虽存在较强的经济交往,但政治上的介入却较少,彼此间相对较独立。此外,海岛国家与半岛国家的领土主权争端最大的差异性还体现在:海岛国家的争端区域在殖民者入侵之前,多为无人居住区或无明确的归属地。从而,使领土分歧的焦点集中于殖民国家势力范围的界定及其继承国之间的领土边界划分问题。

历史上,以民族国家为基础所确立的国际秩序,曾对20世纪以前《威斯特伐利亚和约》为基础的均势—权力均衡机制加以否定,一跃成为国际社会的风向标。其中,主权的理论与实践一直是《威斯敏斯特伐利亚条约》以来民族国家的至高性原则,同时,它也是一个不断变化中的概念,随着时代背景及历史条件而不断变化。[1] 然而,自第一次世界大战

---

[1] J. Samuel Barkin, & Bruce Cronin, The state and the nation: Changing norms and the rules of sovereignty in international relations, *International Organization*, 48 (1): 107–130.

结束以来,随着西方传统均势体系的瓦解①,有关主权和国家的传统观念开始适时地遭到西方学者的质疑,甚至一批"西方世界的国际法学家抛弃了关于主权和国家固有权利的旧教条"②。如法国协作主义的代表狄骥,站在社会学的立场提出了"主权虚构论",竭力否认主权是民族国家的特征,认为主权只是一个历史的产物,十七八世纪的主权是国王的财产,19世纪的主权之所以没有随着绝对主义的消失而消失,是因为革命时期的立法者们以国民性取代了王权,混淆了国家与国民的功能性差异。实际上,主权原则只不过是人们臆想出来的一种信仰,必将随着其产生条件的消失而消失。③"冷战结束以来,理论家和实践家们都把主权概念看作是最具批判性和最难以捉摸的论题之一。"④ 尤其是20世纪60年代以来,亚太地区因近海资源的利用与开发,在海域、大陆架划界问题上,引发种种歧义与争端。海域主权问题也因此再度成为人文社会科学领域激烈争论的焦点之一。西方理论界遂抛弃了阿尔弗雷德·塞耶·马汉以降,把海外军事扩张作为国家对外战略的焦点的"海权论"⑤,逐渐从对海域军事功能、交通运输功能的关注,转移到对近海油气、矿藏资源、能源储备等资源的开发与利用上。1982年《联合国海洋法公约》(1994年11月正式生效)颁布后,沿海各国相继对海域、大陆架划界问题提出质疑,客观上亦促使主权理论的丰富与完善,斯蒂芬·克拉斯纳(Stephen Krasner)曾经尝试把"主权"中的权力与控制两个要素加以区别,以便将之分为四种基本类型:"威斯特伐利亚体系主权""国内主权""相互依赖主权""国际法主权";其中"国际法主权"和"威斯特伐利亚体系主权"隶属于权力范畴,"互赖主权"则属控制范畴,而"国内主权"则兼而有之。对境外运

---

① 欧洲自1648年《威斯特伐利亚和约》所确立的以主权核心理念为基础的国际关系,经由十七八世纪资产阶级革命,以及"19世纪的欧洲统一于欧洲人的特性和帝国主义的事业,独立的欧洲国家在拥有相对平等权力的同时,也担心它们中间出现一个支配性的国家。为此,始终保持一种经典的均势平衡以维系国际体系"。参见[美]卡伦·明斯特《国际关系精要》,上海世纪出版集团2007年版,第33页。

② [美]M. 阿库斯特:《现代国际法概论》,商务印书馆1981年版,第19页。

③ [法]莱翁·狄骥:《宪法论》,钱广新编,商务印书馆1959年版。面对第一次世界大战以后国际体系的变化,狄骥力图警示人们避免利用主权的原则进行暴力革命。

④ [日]篠田英朗:《重新审视主权:从古典理论到全球时代》,戚渊译,商务印书馆2005年版,第3页。

⑤ 即把海外军事扩张视为国家对外战略的焦点,"海上力量决定国家力量,谁能有效控制海洋,谁就能成为世界强国"。参见[美]A. T. 马汉《海权对历史的影响》,安常容等译,解放军出版社2006年版。

动、国家权威、国际社会的认可、国内权力自治的控制,并不需要聚合在一起。实际上统治者往往以其中之一而反对其他。有时候,为获得国际社会的公认,国家会选择舍弃"威斯特伐利亚体系主权";国际组织成员国非控制境外运动不可;建立并实施有效的国内权威组织和控制权并非总能保证得到国际社会的认可,如果没有这些特征,乃至领土的特征,也阻止不了得以公认。① 斯蒂芬·克拉斯纳在为应对多变而灵活的全球化挑战,在主权概念与民族国家理论之间,采拟新的主权方式及民族国家新的原则与标准。同样,肯尼思·沃尔兹②、亚历山大·温特③、罗伯特·基欧汉④等当代较有影响的国际关系理论家,也主张打破主权的传统观念,建立一种新的多元化的"世界秩序"。肯·康卡、威廉·穆瓦等生态主义论者,以生态危机为主题,把海域空间视为公共资源的可利用范畴,谋求海洋法律和政治发展关系重新定位,主张限制各国主权,以保护更大的共同体利益。⑤ 尽管西方理论界拓展了研究视域,但是,他们模糊"主权"基本原

---

① "威斯特伐利亚体系主权"(Westphalian Sovereignty,系国家政治的最高权威权力,国家因此而成为唯一合法的政治实体。国家权力在其领域范围内对外独立自主,优于任何其他权力)、"国内主权"(Domestic Sovereignty,既指国家内的权威结构,又指国家的统治效率和控制权)、"相互依赖主权"(Interdependence Sovereignty,指政府在区域范围内调度与管理商品、资本、人力及意识形态的能力)、"国际法主权"(International Legal Sovereignty,指无论是否得到他国的认可,其法律上的独立领土实体受国际社会的相互承认)。参见 Stephen D. Krasner, *Problematic Sovereignty*: *Contested Rules and Political Possibilities*, Columbia: Columbia University Press, 2001, p. 2. Ch. 1, Problematic Sovereignty。

② 肯尼思·沃尔兹系新现实主义国际关系理论的代表,坚持认为主权是民族国家的核心原则,民族国家仍是国际关系中的关键角色。尽管国际社会仍处于一种无政府状态,但是其各行为主体间的合作与相互依存性明显增强,因此,必须对国际关系开展综合性的整体研究,重视研究世界经济与国际关系的相互作用和相互影响。参见[美]肯尼思·沃尔兹《国际政治理论》,上海人民出版社2003年版。

③ 亚历山大·温特系建构主义国际关系理论的代表,认为国家利益并非如现实主义所言由主权界定,而是由认同或身份来界定的,并受社会化和国际规范的巨大影响,不仅包括安全利益、政治利益、经济利益,还包含精神利益、国家自尊等在内。为此,消除主权主导下的国家强权观、霸权观,基于社会收益与成本基础上的国际规范,才能真正意义上实现国际社会的稳定。参见[美]亚历山大·温特《国际政治的社会理论》,上海世纪出版集团2000年版。

④ 罗伯特·基欧汉系新自由主义国际关系理论的代表,认为主权国家是国际政治中唯一重要的行为体,但是建立主权国家间的合作制度能够实现主权国家的绝对收益,实现所有行为体利益的最大化。参见[美]罗伯特·基欧汉《霸权之后》,苏长和等译,上海人民出版社2001年版。

⑤ Ken Conca, *Environmental Protection*, *International Norms*, *and State Sovereignty*: *the case of Brazalian Amazon*, 1995. 转引自[日]篠田英朗《重新审视主权:从古典理论到全球时代》,戚渊译,商务印书馆2005年版,第180、259—260页。

则的主观臆断,其动机和缺陷仍显而易见:(1)他们立足于西方的现实利益和价值立场,具有鲜明的"西方中心论"色彩。在混淆主权原则的国内意义与国际意义的同时,向世界范围推行西方的价值观。(2)争议主权问题的实质在于对资源的争夺及战略需求。(3)否认或弱化海域主权、国家主权,无疑为强势国家对弱势国家内政外交事务的干涉提供了借口,其结果将直接威胁到弱势国家的主权统一和国家利益。

第二节 国际移民与东南亚地区的主权困境

随着15世纪末欧洲民族国家的形成、殖民主义和工业化的发展,移民的流动速度越来越快、涉及的范围越来越广,至今移民问题已经变得非常普遍,没有哪一个民族国家可以回避。所谓"移民",是指"越过政治或行政单元的边界,并至少居留一段时间。国内移民指在同一国家之内从一个地方(省、地区或市)迁居另一个地方。国际移民则指跨越全球大约200来个国家相互间的边界而迁居另外一国"①。联合国教科文组织自第二次世界大战以来一直密切关注国际移民问题,不再将之视为简单的商品化劳动力,而致力于对其身份与文化在他者的社会环境中的塑造与定位、认同。② 国内外学术界立足于人口构成、历史传统、地缘环境、价值取向、经济发展等诸多方面,分别到社会学、人类学、历史学、经济学、政治学、地理学等多种学科中去关注移民问题的理论与实践研究。

东南亚地区也不例外,其复杂的民族国家,由土著民族和外来移民共同组成。其中,土著民族又可分为主体民族和少数民族两个部分;外来移民则分为殖民国家移民(及其后裔)和非殖民国家移民(及其后裔),以及当代以国际劳工形式出现的移民群体。东南亚地区移民随着殖民国家的入侵,形成了三次世界规模的移民浪潮:15世纪末至19世纪中叶的第一次移民、19世纪中叶至20世纪中叶的第二次移民,以及第二次世界大战

---

① [澳]斯蒂芬·卡斯尔斯:《21世纪初的国际移民:全球性的趋势和问题》,《国际社会科学杂志》(国际移民2000年)2001年第3期,第21—34页。本书以跨越政治单元边界的国际移民为研究对象。
② 联合国教科文组织投入了大量精力从社会、经济、文化和人权等不同角度,研究移民的两个不同却又相关的组成部分:国内迁移和国际迁移。参见[土耳其]塞利姆·铁木儿《国际移民的趋势变化和主要问题:教科文项目概览》,《国际社会科学杂志》(国际移民2000年)2001年第3期,第7—19页。

后至今的第三次移民。① 对于东南亚地区的民族国家而言，移民在融入主流社会、实现民族国家的民族认同与国家认同进程中，因其固有的生活方式、风俗习惯、价值取向等原因，以及东南亚地区较晚形成的民族国家形态在发展过程中，对土著民族实施的"原住民优先"原则及对移民实行同化与差别对待政策等因素，不可避免地与主流社会产生分歧和摩擦，乃至民族冲突、社会骚乱等。② 同时，也导致了国家主权方面的复杂性。本书探究东南亚地区国际劳工现象较为典型的菲律宾、印度尼西亚、马来西亚三国政府对国际劳工潮采取的不同态度及举措，管窥东南亚地区复杂的社会边界及主权边界。原因有三：其一，东南亚地区的华人问题研究成果如汗牛充栋，国内外学术界的优秀作品不胜枚举，在此可不再赘述；其二，菲律宾、印度尼西亚、马来西亚是东南亚地区较大的海岛国家，除具有优越的地理位置外，还具有许多共性：西方殖民者入侵之前尚未形成统一的国家政权；迟至20世纪上半叶才在民族解放的历史洪流中获得国家主权；民族国家建构上深受西方历史传统的影响等。研究三国政府对国际移民问题的不同态度及不同的制度回应，将有利于揭示当代历史条件下新的主权观念冲击；其三，国际劳工的输出与输入已然成为一个全球性问题。国内外学者对此问题的关注，主要集中于揭示国际劳工所引致的经济、社会伦理、文化政治等变化，强调其与主体民族之间的融合与认同，以及相关政策制定及其调整等问题。③ 但是，他们忽略了国际劳工的国际性移动过程中，对"主权观念"所产生的深远影响，以及国际移民群体对主权国家所形成的潜在冲击。

一 政府对国际劳工潮的制度回应

20世纪80年代，亚洲经济正处于快速增长阶段，国家间的非匀质性

---

① 曾少聪：《东南亚的国际移民与民族问题》，《世界民族》2006年第5期，第38—42页。

② 其中，华人问题最为典型。东南亚地区各国主要通过立法限制华人的各项权利、实施同化政策、鼓吹民族沙文主义、纵容原住民制造种族冲突、屠杀华人等方式，造成华人族群与主流社会的尖锐矛盾与冲突。周南京先生将东南亚各国的排华运动归纳为立法限制型、舆论煽动型、种族（民族）冲突型、驱赶屠杀型、强迫同化型、政治性排华型六种类型。见周南京《战后东南亚排华运动探索》，《风雨同舟：东南亚与华人问题》，中国华侨出版社1995年版，第438—439页。

③ 国际移民问题亦为联合国教科文组织关注。诸如公共委员会主席劳尔·乌尔苏亚教授、康奈尔大学的塞利姆·铁木儿、澳大利亚的斯蒂芬·卡斯尔斯等人，他们致力于移民所引致的社会变化及与公共政策之间的关系、国际移民导致的家庭变迁及性别变化，以及国际移民网络等方面的研究。国内学者则热衷于国际移民中的华人华侨，以及国际移民范畴的宏观叙事等研究。

结构特征导致各地区经济呈现非平衡性发展态势。东南亚地区内外出现大规模的人员流动,形成一次国际移民的高峰期。菲律宾、印度尼西亚和马来西亚三国相继出现国际劳工潮。不过,因历史地理原因及经济发展程度迥异,各国政府采取了不同的制度回应。

菲律宾是世界上最大的国际劳工输出国之一。尽管每年都会有大量来自中国、印度或斯里兰卡的移民涌入,但是,也会有上百万的菲律宾人移民到美国、加拿大和澳大利亚等国。20世纪70年代初以来,菲律宾政府积极加强与中东等海外地区的合作,较早地迎来国际劳工潮。在菲律宾政府的介入下,国际劳工输出事务备受关注,并获得了一些政策支持和制度保障。

1974年,马科斯政府出台《劳工法》(the Labour Code),旨在保护海外国际劳工的基本权益。随后,马科斯又责令海外事务发展委员会(the Overseas Employment Development Board)和国内海事管理委员会(the National Seamen Board)相继出台了一些补充政策,并创设劳工福利及培训资金(the Welfare and Training Fund)、国际劳工福利基金(1977年),对《劳动法》进一步补充和完善。1982年,菲律宾政府设立国际劳工外事局(the Overseas Employment Administration),接管了海外事务发展委员会和国内海事管理委员会(1987年为调整福利资金,又更名为海外劳工福利署(the Overseas Workers Welfare Administration)。国际劳工外事局主要是为菲律宾的出国打工者提供一系列的服务,包括出国前的目的国国情介绍、驻外领事馆联络等为移民排难解忧的相关业务。在菲律宾自由主义经济的影响下,政府于1995年正式颁布《移民劳工及海外菲律宾劳工法》(the Migrant Workers and Overseas Filipinos Act),旨在增进对输出国际劳工工作的管理,强调不应将输出国际劳工视为国家发展的手段,政府必须保障菲律宾国际劳工的基本权益。[1]

与菲律宾相比,印度尼西亚呈现另一个极端,国际劳工输出一直被视为解决国内人口过剩、贫穷、无地少地的一种手段。[2] 直到20世纪80年代初,印度尼西亚政府才开始关注国际劳工群体及其海外活动。1981年,

---

[1] Graziano Battistella, Philippine Migration Policy: Dilemmas of a Crisis, *Journal of Social Issues in Southeast Asia*, Vol. 14, No. 1 (1999): pp. 229-248.

[2] Riwanto Tirtosudarmo, The Indonesian State's Response to Migration, *Journal of Social Issues in Southeast Asia*, Vol. 14, No. 1 (1999): pp. 212-228.

印度尼西亚成立"人力资源供给协会"（Indonesian Manpower Supply Association）。这是面向中东地区输出印度尼西亚国际劳工的非官方组织。80年代中期，劳动部退休大臣阿德米拉尔·苏杜莫（Admiral Sudomo）曾就国际劳务输出问题撰写了专题报告，未引起政府重视；1984年，马来西亚政府因印度尼西亚人的非法涌入，导致社会混乱而试图与印度尼西亚政府进行交涉，不过，印度尼西亚政府对此只是勉强对马来西亚政府作出回应。直到第六个五年计划期间，印度尼西亚政府才真正开始关注国际劳工输出问题。新总理阿布杜尔·拉提也夫（Mr Abdul Latief）设立印度尼西亚国际劳工输出执行委员会（the Directorate of Export of Indonesian Workers，代替了原来的"国际劳工事务管理办公室"即 Biro of Foreign Employment Office）。随后，建立了"帕·比亚克"（Pt. Bijak）和"人力资源基础部"（the Indonesian Human Resources Foundation），前者系半官方性质的代理组织，专门负责对输出的印度尼西亚国际劳工进行工作方面的统筹与协调；后者则负责保障输出的印度尼西亚国际劳工的劳动薪金方面的事务等。实际上，政府在保障海外劳工权益方面的力度仍然微乎其微。① 直到90年代末，印度尼西亚政府所颁布并实施的《劳动法》中，也仅仅被业内人士释读为：政府拟加强对非政府组织及国际劳工行为进行管理，不得已采取的一种保障。②

马来西亚的国际劳工群体主要为输入型国际劳工。一方面，与菲律宾、印度尼西亚相比，马来西亚拥有一个相对较为开放的市场。马来西亚处于东南亚地区的中心，其优越的地理条件及多种种族构成及多元文化特征，使它更容易在历史和文化上亲近邻国菲律宾、印度尼西亚、泰国等。同时，其相对较发达的制造业、服务业，更容易吸引来自印度尼西亚、菲律宾、泰国、新加坡、中国等国的海外劳工。另一方面，在马来西亚经济的初级发展阶段，向国际劳工征税也是政府税收的一个重要来源。此项税收从1992年开始征收，到1996年时已增长两倍，从每年的215百万元增至430百万元。③ 每年有无数的印度尼西亚劳工为马来西亚的橡胶、油棕榈树种植园等工作、泰国的劳工则季节性地出现在马来西亚的甘蔗种植

---

① Riwanto Tirtosudarmo, The Indonesian State's Response to Migration, *Journal of Social Issues in Southeast Asia*, Vol. 14, No. 1 (1999): pp. 212 – 228.

② Ibid., pp. 212—228.

③ *New Straits Times*, 3 January 1998.

园。据人力资源部估计，仅1984年就大约有50万以上的国外劳工投入马来西亚的种植业和建筑业。①

对待国际劳工问题，较之菲律宾和印度尼西亚而言，马来西亚政府的回应明显缓慢得多。直到20世纪七八十年代，马来西亚政府还没有明确的移民政策出台。迟至90年代初因国际劳工输入量剧增引发诸多社会问题，马来西亚政府才不得不关注这些来自国外的国际劳工。政府责令副总理同时担任国外劳工部内阁委员会的首脑（the Cabinet Committee on Foreign Labour），高度关注国际劳工移民所导致的社会、经济等问题，并对国际劳工的出入境问题严加管制。1996年、1997年，政府又决定借鉴日本的国际劳工政策，以便有效降低本国对移入国际劳工的依赖。② 1997—1998年的经济危机期间，马来西亚曾计划解雇20万移入国际劳工（大多数为建筑业）。③ 在社会危机与经济危机的双重压力下，马来西亚政府也不得不直面国际劳工问题。

二　主权的挑战与政府的态度差别

第三次国际移民潮中有三种群体，即持续的殖民地移民、临时的劳工移民和难民④，东南亚地区的移民主要是"临时的劳工群体"，这是工业社会的变迁的结果。工业社会的变迁使劳动力逐渐由农业转向制造业、服务业，经济发达的地方往往出现本地劳动力价值过高的现象，劳动力因此在经济的发达地区与欠发达地区之间形成频繁的国际性移动。20世纪80年代中期，菲律宾、印度尼西亚、马来西亚三个国家相继迎来国际移民的高峰时期。但是，由于历史地理和经济的原因，菲律宾和印度尼西亚主要以国际劳工输出为主，马来西亚则以国际劳工输入为主。为此，菲律宾、印度尼西亚和马来西亚三国以不同的态度回应国际移民问题，究其原因，主要有两点：

第一，民族国家初建，对于国际劳工所担负的社会责任，各国在认识

---

① Patrick Pillai, The Malaysian State's Response to Migration, *Journal of Social Issues in Southeast Asia*, Vol. 14, No. 1 (1999): pp. 178-197.

② Ibid.

③ *New Straits Times*, 6 December 1997.

④ ［英］戴维·赫尔德等：《全球大变革：全球化的政治、经济与文化》，杨雪冬等译，社会科学文献出版社2001年版，第418—419页。其中，"临时的劳工移民"主要是指那些跨国家区域、空间流动的国际劳工群体。

上存在差异。

20世纪四五十年代,菲律宾、印度尼西亚、马来西亚分别摆脱美国、英国两大西方宗主国,建立起主权独立的民族国家。此前宗主国的殖民统治,并未致力于为殖民地培养政治决策者、经营管理者及专业技术人才;相反,还因长期的殖民统治,使殖民地社会长期处于低度发达的、不均衡发展的落后状态。尽快摆脱长久以来的殖民影响及其束缚,实现民族国家的社会转型,缩短与先进国家之间的发展差距,成为这些新兴民族国家的首要重任。因此,国际劳工不同程度地充当了三个新兴民族国家发展进程中的工具性角色。对于国际劳工所担负的社会责任,三国政府在认识上存在较大的差异。

国际劳工问题曾引发菲律宾国内激烈的争论。对于国际劳工所担当的社会责任,菲律宾各届政府的观念及其政策制定也是大不相同。马科斯治下的菲律宾政府,把国家间的合作视为恢复国民经济的有力举措,将国际劳工视为国家经济发展的主力。政府广泛介入菲律宾的经济活动,对国际劳工的出入境制度严加管理,同时取缔私人代理制,禁止代理商直接征用雇员、禁止汇寄外汇等。1986年科拉松·阿基诺出任总统后,却一再强调不能将国际劳工视为国家发展的手段。政府一方面旨在减少对经济的干涉;另一方面出台了一些政府层面鼓励国际劳工输出的政策,诸如实行代理制,代理人可征收安置费(即劳工一个月的薪水);代理人与劳工之间实行私人协议制(替代了原来的契约制)等。实际上,不管菲律宾政府对国际劳工问题的争论如何激烈,政府仍在客观上直接或间接地促进了国际劳工的海外输出。至1997年为止,菲律宾海外劳工已经超过了700000人,由官方渠道汇寄到菲律宾本国的资金达到5.7百亿美元。[①]

对印度尼西亚政府而言,输出国际劳工只不过是政府的权宜之计、经济与政治利益直接驱动之下的产物,犹如一种"缓和剂",能有效缓解新兴印度尼西亚民族国家对土地和资本的再分配性生产需求。实际上,印度尼西亚政府的这种施政理念可以追溯到荷兰殖民统治时期的"伦理"政策,其核心要义在于:兴修水利、从人口众多的爪哇岛移民到外岛、发展

[①] Graziano Battistella, Philippine Migration Policy: Dilemmas of a Crisis, *Journal of Social Issues in Southeast Asia*, Vol. 14, No. 1 (1999): pp. 229-248.

印度尼西亚教育，即"水利灌溉、移民和教育"①。长期的荷兰殖民统治，使近70%的印度尼西亚人口居住在占印度尼西亚土地总面积7%的爪哇和马都拉两个岛屿上，人口的增长过剩、分布过密是当时印度尼西亚社会发展的主要矛盾之一。为此，荷兰殖民者在继续向印度尼西亚广泛植入资本主义经济制度的同时，加大开发印度尼西亚外岛的力度，以便寻找到更为有利的投资场所及丰富的原材料基地。同时，荷兰殖民者辅之以移民政策。所谓"移民"，即指印度尼西亚人由爪哇和马都拉移居到外岛，既可由印度尼西亚本地人充当廉价劳工，为荷兰人换取高额的利润；也可以缓解印度尼西亚因人口过剩而引起的社会矛盾。此伦理思想对印度尼西亚社会产生了深远的影响，甚至延续到国家独立之后。

在印度尼西亚的政府行为序列中，国家意识形态与价值观念的建构一直是最为重要的部分。② 印度尼西亚社会的中央与地区分权、岛内外的二元化体系，以及源自殖民时代的人口过剩问题一直是民族国家发展的主导性障碍。因此，国际劳工的输出一直被当作一种经济发展的国家策略；一种缓解国内经济、社会矛盾的有效工具；一项不得已而为之的政府举措。

与菲律宾、印度尼西亚两国政府的态度相比，马来西亚政府对待国际劳工问题较为滞后。马来西亚政府对国际劳工群体的关注及其相关政策的出台，是经济发展和社会发展双重压力的结果。马来西亚所表现出的区位优势、相对经济繁荣、人口密度较低、人口较少等特点，极易导致东南亚地区因地方经济的不均衡性发展，而吸引马来西亚以外的其他国家将其过剩的劳动力输往这里。尽管国际劳工也给马来西亚政府带来许多负面影响，甚至，国际劳工所导致的社会威胁甚至比种族原因可能造成的危害更加严峻。③ 诸如过多低素质国际劳工的涌入，使国家无法从劳动密集型、低收入产业向高新技术和较高生产力方向过渡；大量涌入的国际劳工逐渐形成一个新的社会群体，在卫生、健康、教育、犯罪等公共领域造成新的社会危机。但是，马来西亚优越的地理位置及其初级市场的经济地位，使得政府一直将国际劳工视为与外国资本、技术和市场同样重要的发展因素，认为它们能较好地帮助国家恢复农业生产，并在有限的资源中实现了

---

① Riwanto Tirtosudarmo, The Indonesian State's Response to Migration, *Journal of Social Issues in Southeast Asia*, Vol. 14, No. 1 (1999): 212–228.

② Ibid.

③ *New Straits Times*, 11 August 1996.

小经济市场的高效成长。因此,对国际劳工问题一直不加以引导。

其次,国际劳工的主权、文化与身份认同危机,各国承受的社会压力不同。

菲律宾、印度尼西亚、马来西亚的三国都曾经是欧洲列强的殖民地,在民族国家建构上受到较大的影响,主权、文化与政治上的一致性成为它们建立民族国家的基本信念和原则。诞生于中世纪后期欧洲历史环境的"民族国家"形态,随着欧洲民族主义浪潮的推进,逐渐发展成为现代世界体系的基本政治单位和主要行为体。建立在宪政基础上的主权观念及文化认同、民族认同等宪政认同,以及民族单元与国家地域实体的重合与统一是民族国家形态特有的基本原则。但是,国际劳工在跨越国家主权边界的市场中游走,在异国他乡拥有与当地人不同的语言、不同的文化习俗及不同的宗教和政治体制传统,成为一支相对独立的客观力量。他们一方面通过向原住地汇寄金钱,客观上给自己的国家带回较高的经济回报;另一方面在移入国的法律中,他们往往被当作"外国人"而处于特殊的非公民地位。这种族群与移入国公民之间在种族特征、文化社会利益方面的巨大差异,客观上重新唤起了族群内部的民族意识,最终在异国他乡促成新族群的产生。因此,从民族国家的研究视角上看,国际劳工对传统民族国家的自主性权力体系提出了挑战,不仅对民族国家传统的国家主权形成潜在的威胁,而且由于国际劳工移民活动所形成的国际交流网络,对相关各国的经济关系、社会和政治体制,以及文化和民族认同都产生了极大的影响。

面对上述问题,"民主国家解决这个问题,倾向于赋予移民及其子女以公民身份。但同化政策的失败以及族群社区的增长都意味着这些公民往往并不就是国民。多民族社会从而出现,给民族认同提出种种重大挑战。作为对多样化价值观和需求的反应,国内的一些体制很有可能会随之发生变化"①。菲律宾、印度尼西亚和马来西亚三国则常常把限制移民入籍作为解决此问题的战略需要。不过,由于各国政府所承受的社会压力不同,其相应举措略亦有差异。

菲律宾因经济发展滞后、经济不景气,导致许多菲律宾人不得不背井离乡,越出国界,寻找发展的机会。"即使去年经济不景气,菲律宾仍取

---

① [澳]斯蒂芬·卡斯尔斯:《21世纪初的国际移民:全球性的趋势和问题》,风兮译,《国际社会科学杂志》(中文版) 2001 年第 3 期,第 21—34 页。

得 4.9% 增长率,这或许跟菲律宾最大的输出资源之一——人力人才息息相关……去年菲律宾海外员工共汇 160 亿美元回国,是菲律宾 GDP 的一大来源。"① 因此,如果政府没有足够的能力给在国外的国际劳工以有效的保护,那就极有可能遭到社会舆论的谴责。早在 1995 年,曾有一个菲律宾女劳工因谋杀而被新加坡政府判处绞刑。此案一发,导致菲律宾公众对移民问题产生前所未有的关注,并一度造成菲律宾与新加坡两国外交关系紧张。菲律宾政府在不断采取措施改善信息和保障系统的同时,甚至一度禁止本国劳工移民新加坡。次年,菲律宾率先在东南亚地区成立"移民研究网络(PMIRN)",政府通过有组织、有规模地展开对国际劳工群体的研究,客观上促进全社会对国际劳工群体的关注。为鼓励这些为国、为家振兴经济发展的国际劳工,1988 年阿基诺总统签署 276 号令(Proclamation No, 276),宣布每年的 12 月为"海外菲律宾人月"(Month of Overseas Filipinos)。通过举办各种活动、表彰优秀代表等方式,充分肯定国际劳工们对国家的贡献;2003 年 8 月,她又签署生效关于双重国籍的菲律宾共和国第 9225 号法令。实际上,如何提高输出国际劳工群体的合法性已经成为今天菲律宾国际对话的外交前哨。②

与菲律宾相比,印度尼西亚和马来西亚两国所承受的社会压力,与其说来自国际劳工本身,还不如说来自对国家政治、经济发展本身的战略需求。正如两国都建立了国际劳工社保基金。然而,印度尼西亚的社保基金只有 64 万亿盾(约合 70 亿美元),而马来西亚的达到 543 亿美元。③ 比较而言,马来西亚政府较好地促进了国际劳工的工会组织、社保公司与劳工之间的协作,有效地保障了国际劳工的基本权益。但是,对于印度尼西亚政府而言,经济利益和政治稳定两种因素,始终决定着政府对国际劳工的态度。无论是殖民地时期还是独立后,印度尼西亚政府经济和政治改革的主要动力都集中在国家优先发展的问题上。如果政治改革不能取得较快的经济成就,那么涌出国门(尤其是去马来西亚)的印度尼西亚人数将

---

① 林方伟:《嗨,别再叫我"Maria"!菲律宾专业人士改写蓝领标签》,[新家坡] 联合早报网 http://www.zaobao.com/(2009 - 06 - 08)。
② Graziano Battistella, Philippine Migration Policy: Dilemmas of a Crisis, *Journal of Social Issues in Southeast Asia*, Vol. 14, No. 1 (1999): 229 - 248.
③ 《据报道:印度尼西亚仅有约 9% 的劳工有社会保险》,http://www.chuguo.cn(2008 - 07 - 18)。

会一直增长下去。① 实际上，从1970年开始，印度尼西亚政府已经严格规定了包括现金存款、各种业务活动的许可证在内的一系列国际劳工输出、输入的条件。同时，政府通过《印度尼西亚共和国移民法》的宪政机制，直接将海外出行者及护照持有人纳入出入境法律中进行统一管理。

然而，受全球金融危机的影响，美国和欧洲市场的资本流动环境明显降低印度尼西亚的信贷增长，负债相对较高的印度尼西亚政府不得不及时调整资产负债表的结构，给予货币政策和财政政策以更大空间，以便保持经济的增长，因此，印度尼西亚政府只好再次直面国际劳工问题。据印度尼西亚人力和移民部2009年4月公布的数据显示，从2008年11月至2009年3月，印度尼西亚全国共有4.4万人失业，其中，回国的国际劳工将超过30万人。② 为此，印度尼西亚政府一方面积极与世贸组织达成开放劳动市场的协议；另一方面则最大限度控制国际劳工的合法入境规模，以便为更多的印度尼西亚人创造就业机会，更为有效地保障印度尼西亚人的社会经济利益。

马来西亚政府面临的来自国际劳工方面的社会压力主要源于：大量的非法中介和周边穷国涌入的非法劳工，以及有关国际劳工政策中内在的制度漏洞等方面。作为世界上最大的棕油生产国及出口国之一，马来西亚的服务业和种植业极为发达。长期以来，马来西亚也一直非常重视发展服务业，视之为经济成长的催化剂和新动力，继而拉动航运、保险、旅游、教育及保健、码头设施等行业的新增长。也正是在这些领域里，马来西亚政府一直需要外籍劳工予以补充。但是，近年来由于外籍劳工涌入过多，也相应地带来了一些社会问题。为此，马来西亚政府也很关注，并尝试着制定了一些较为严苛的移民法，如对非法入境者，政府将处以鞭笞、高额罚款或监禁等更严厉的惩罚。据报道：自马来西亚政府于2002年3月22日宣布凡滞留在马来西亚的非法外籍劳工如在限期内自动离境可免受处罚以来，已有25.3万非法外籍劳工离开马来西亚回国。其中，印度尼西亚人占82%，其余为印度、孟加拉国、菲律宾等国人。③

---

① Riwanto Tirtosudarmo, The Indonesian State's Response to Migration, *Journal of Social Issues in Southeast Asia*, Vol. 14, No. 1 (1999): 212-228.
② 《各国都得"扩大内需"》，人民网 http://paper.people.com.cn/ (2009-04-25)。
③ 《马来西亚将执行新移民法 25万非法外籍劳工离境》，中国新闻网 http://www.chinanews.com.cn/ (2002-07-30)。

时至 2009—2010 年之交，面对全球金融危机，马来西亚政府为了吸引投资，又颁布了旨在放宽移民条件，吸纳外援资金的新移民法：2009年 3 月由移民局颁布了《马来西亚·我的第二家园》政策修改方案，经大幅调整后的移民政策有六大好处：其一，允许 50 岁及以上的申请人在马来西亚寻找工作并申请工作许可证；其二，申请人的随行子女从原来的 18 岁变更为 21 岁，若主申请人父母的年龄超过 60 岁，也可以随申请人一起申请；其三，配偶是马来西亚国籍的申请人也被获准申请；其四，申请人可以注册公司并可以独立成为法人；其五，凡持有马来西亚房屋买卖合同或者租赁合同的申请人，同时具有马来西亚永久居住地址的，可以申请马来西亚长期居留临时身份证；其六，目前已经持有马来西亚工作允许证的人士，也被获准申请"第二家园"计划，并可以在当地进行申请。①这意味着马来西亚政府再次将国际劳工视为国家发展的工具性角色，并充分发挥政府职能，将国际劳工认同危机引发的社会压力转化为国家发展的社会动力。

经济全球化对民族国家主权要素的冲击，有目共睹。当代民族国家发展过程的国际劳工潮对主权的冲击性同样也是一个不可回避的问题。从菲律宾、印度尼西亚、马来西亚三个国家的个案来看，世界范围内经济发展的日趋国际化，以及信息、商品和资本等的跨国界交流、现代运输及交通技术的不断更新等因素，客观上促成越来越多的菲律宾人、印度尼西亚人、马来西亚人不断涌向他们理想的移入国，并日益形成一支庞大的国际移民网络。人们不得不承认：国际劳工潮是社会经济发展的必然结果，客观上推动了移入国与移出国双方社会经济的进一步发展。国际劳工及其后代与其祖籍国的亲友（或离散地的同一族群成员）之间的联络与沟通，对传统的民族国家理念提出了巨大挑战。民族国家文化与政治的一致性信念遭遇极大否定。作为民族国家的传统建构基础：共同的语言、文化、传统和历史等要素，似乎都变成一种强有力的神话。恰如马来西亚前总理马哈蒂尔所指出的："我们认为，人们将不那么重视种族，马来人会更有信心，竞争能力会加强，专业人士会增加，非土著会了解必须相互照顾，共

---

① 《马来西亚移民政策传出六项利好》，侨报网讯 http://www.usqiaobao.com（2009-04-14）。

同合作。"① 唯有放弃传统的偏见、种族上的歧视，才可能最大限度地实现多元社会的和谐族群关系。

小　结

东南亚地区民族国家发展进程中遭遇的困境与挑战非常严峻：

其一，受制于多元文化和多种民族的复杂社会难以避免的民族隔阂与民族矛盾的种种挑战，在民族认同与国家认同的发展过程中陷入前所未有的困境。

民族认同与国家认同及社会失范问题包含着极其复杂的社会、政治、经济、文化等背景，是东南亚地区各民族国家发展进程中遭遇的极其严重的内部困境。理论上，"国家的存在可以没有一个统一的民族，也可以是由几个不同的民族共同组成。而且，一个民族也可以和其他人口生活在同一个国家之内，或者与其他民族一起共存于一个国家之内，也可以分散居住在几个国家之中。有些国家的存在远远早于民族的存在，也有一些民族的历史远远早于今天的大多数国家的历史"。② 民族借助于国家的力量成为政治生活的主体。尽管民族本身并没有对外交往或对外斗争的政治职能，但是当一个民族和其他的民族之间发生矛盾与冲突，并威胁到民族的整体利益时，民族就会借助政治的手段来解决。从早期民族国家形成的历史进程，可以看到：其摧毁封建制度、建立统一的民族市场、使说同一种语言的人所居住的地域用国家形式统一起来的过程，也就是民族国家形态得以确立的过程。但是，包括东南亚地区在内的亚洲、非洲及拉丁美洲的民族国家大多经历过殖民国家的殖民统治，并通过争取民族独立、民族平等的斗争之后才得以确立。较早形成的民族国家，其民族认同的历程是一个缓慢又模糊的过程；而19、20世纪初新生的民族国家，其民族认同相对发展较快，是民族主义者鼓动社会成员的结果，这些民族主义者利用农民、商人、手工业者们对社会、政治状况的不满迅速地掀起全民族的运

---

① 《马哈蒂尔——马来西亚任期最久的总理》，[新加坡] 联合早报网 http://www.zaobao.com/（1994-10-08）。

② Hugh Seton-Watson, *Nations & States: an Enquiring into the Origins of Nations & the Polities of Nationalism*, London: Methuen, 1977, p. 1.

动。① 从构成上看，奠定这一民族运动的基础是民族意识、民族文化的同质性、民族认同等因素，而产生民族主义运动的深刻原因还在于，人们对国家权力、宗教、语言、社会的不满意程度以及经济的压力，等等。正是这些因素的存在促进了民族国家的诞生。然而，民族主义同样也容易在新的国家与社会的压力下，形成新的矛盾与冲突，从而衍变为新兴民族国家的分裂主义运动。

其二，东南亚地区的领土争端及国际移民问题引发的主权危机。

《威斯特伐利亚和约》（1648 年）所确立的主权原则及奥地利、俄国、普鲁士、英格兰和法兰西等欧洲国家集团为基础的均衡国际权力体系（甚至延续到 19 世纪初），不仅彻底否定过去君主专制统治的合法性，而且还推动过民族主义的兴起，使大众所认同的历史、语言、风俗和习惯，演变为一种情感联系，成为缔造国家的根本。主权的根本属性在于：权力的较量是一个极为激烈的竞争过程，最终获取对国家的支配权才是权力角逐过程中的一个重要目标。② 尽管经历了两次世界大战、"冷战"乃至全球化时代的历史演变，但是，其基本要义并未发生改变，不同的是，随着不同时代国家利益的不同，主权的需求也相应地发生了变化。

主权的危机与挑战从一个侧面揭示了东南亚地区各民族国家因经济发展滞后、政治体制欠完备、社会管理基础薄弱、欠缺国际竞争力等诸多原因的影响，而导致民族国家主权要素的难以维护。尤其，在海洋已为世界各国关注，并视之为提高综合国力和争夺长远战略优势的今天，诸如人口膨胀与生存空间、工业发展与资源储备等因素之间矛盾所引发的一系列全球性问题，更使得东南亚地区民族国家的发展面临着前所未有的困境与挑战。

---

① Hugh Seton-Watson, *Nations & States: an Enquiry into the Origins of Nations & the Politics of Nationalism*, London: Methuen & Co. Ltd, 1977, pp. 6 – 10.

② Mark Beeson, 'Sovereignty under siege: globalization and the state in Southeast Asia', *Third World Quarterly*, Vol. 24, 2003（2）: 357 – 374.

第四部分
东南亚地区民族国家建设的实践

　　经由法律、制度的纽带，民族国家形成全体成员联成一体、上下齐心、同仇敌忾的统一局面。它通过维护国家利益和公民权益，建立起自己的合法性统治，并使主权辖制下的公民产生足够的精神感召力和价值凝聚力。作为一种政治文明的重要载体与体现，民族国家仰赖于三种基本文明形态规训其秩序与规范：政治意识文明、制度文明和行为文明。其中，政治意识文明体现民族国家的精神状态、制度文明体现民族国家的规范要求、行为文明则体现民族国家的外在表现。正因为如此，民族与国家是两个迥然不同却又息息相关的历史命题，民族的盛衰与国家的兴亡密切相连，主权的获得只是民族国家出现的历史前提，而国家的建设则是缔造民族国家所面临的长期而艰巨的历史使命。

　　建立一个和谐强大的社会，几乎是每一个民族国家积极倡导与努力追求的奋斗目标。在理论上，依靠法律规范的力量、自主性的个体与道德观念的约束，能在社会内部及外部建立起以法律规范为基础的信任政治。国内，公民社会与信任政治之间亦仰赖于一种特殊的情感支撑，在民族国家范围内，这种情感的支撑往往表现在：作为不同的组成者，主流社会不再将少数民族群体看作是一种必然的危险，更不再对传统界定的成员资格与参与观念保持敌意；国际上，仰赖于对"主权"原则的尊重，国家与国家之间保持一种平等而自主的关系。从这种意义上看，民族国家的发展问题既是政治学研究的重要组成部分，也是历史学、社会学研究不可回避的组成。

　　第二次世界大战结束迄今的半个多世纪中，世界政治经济发生了巨大变化，其重心已在大西洋与太平洋之间发生位移。在有关"21世纪是太平洋世纪""21世纪是亚洲纪元"的论断之下,东南亚地区的发展与崛起越来越引人注目,越来越得到世界范围内各界人士的认同。"西方人习惯于教训亚洲人如何行事。这种情况现在快要结束了。亚洲国家正在变得强大起来,足以建立和维护它们的自主权。"[①] 东南亚地区中的一些民族国家针对发展过程中的两大困境与挑战作出了积极的应对:一个是来自国内的少数族群与主流社会之间的矛盾与冲突;另一个是来自国际层面,因国际竞争力较弱而遭遇主权危机。简而概之,东南亚地区民族国家的有益尝试可归纳为:国内,完善社会管理机制,建立与完善法律规范,进一步确立社会信任机制;国际,在保证国家主权的前提下,以国家联盟为基础,建立经济、政治、安全等方面的一体化合作与联盟。

---

① Bryce Harald,《国际先驱论坛报》1996年5月3日,转引自[德]安德烈·贡德·弗兰克《白银资本:重视经济全球化中的东方》,刘北成译,中央编译出版社2001年版,第28页。

第六章　泰国华人族群与主流社会融合的启示①

东南亚地区各民族国家对社会的现代改造过程，也是政治、经济、社会价值观念不断演进和发展的漫长过程。其中，少数民族群体与主流社会之间的矛盾与冲突严重地阻碍了民族国家的发展，其多族群社会的民族认同与国家认同问题成为民族国家现代社会转型中遭遇的最大障碍之一。

在东南亚，泰国华人被誉为"同化"程度最深的、问题最少的少数民族。② 泰国政府除1942—1944年期间规定华人不能从事某些职业，对华人进行限制外，以后从未发生过排华事件。③ 作为泰国主流社会的少数民族（又是一外来移居者），泰国华人与主流社会的相融经验有着深远的研究意义：一方面，它为学界关于民族性、民族主义等长期困扰的历史问题，提供一种新思考；另一方面，也为民族国家各族际间的协调发展提供可贵经验。目前，国内外关于泰国华人的研究，主要集中于以下两个方面：一是关注华人在泰国社会的历史源流与生活状况；二是从历史学、经济学、文化学等学科的视野，或进行对比研究，或展开个案分析，强调华人在泰国发展中的社会地位或历史，突出华人对泰国社会的政治认同、与泰族的融合。然而，对于华人与泰国主流社会融合制度的研究，却仍显不足。本书拟对华人族群与泰国主流社会在静态与动态上的融合进行分析，以便为多民族和谐社会的构建提供参考和借鉴。

第一节　静态融合：法律规范

法律规范是民族国家强制性的一种秩序规则。"权力只有通过权力才

---

① 岳蓉：《法律规范与社会信任：华人族群融入泰国主流社会的启示》，《贵州师范大学学报》2005年第2期，第52—55页。（人大复印资料全文转载，《民族问题研究》2005年第6期，第75—78页）

② 泰国国家安全院秘书长巴颂顺诗立《泰国少数民族调查研究报告》，《星暹日报》(1986-10-18)。

③ 成元生：《泰国华人融进当地社会》，《江海侨声》1999年第2期，第19页。

能加以控制。"这是人们熟知的一条公理。法律的"制衡性"不仅作为法的内质而存在,在国家现实中,它也以保持社会的相对公正、公平而存在。对于政府内部控制的权力机制而言,社会组织通过两种模式而存在:"在一种模式中,发布命令的权威是以一种等级化的秩序而构成的,这个制度中的每个部分都必须服从其上级;其顶端则是一个最高的实体。另一个模式则刻画了相互作用的独立的部门的一个网状结构,在这个结构中没有最高的权威。"① 作为民族国家的强制性法律规范,少数群体与主流社会之间的利益分界,在法律层面应该是模糊的,他们彼此在法律上是平等而同一的。

华族向泰国移民的历史渊源已久,甚至可以追溯到我国的宋朝、元朝时期。早自14世纪,泰华两族之间就已经开始实行通婚制,并因此形成一个特殊的社会阶层——华裔。据载,"1300年和1350年中国两批瓷器匠在素可泰和宋家洛定居,久之通婚同化"。② 在学界,以斯金纳为代表的学者将华人的泰化程度作为决定华人是否融入泰国社会的决定性标志。③ 在此标准下,一个拥有华裔血统的泰国侨居者,应在泰国拥有可认同的泰国名字、熟知泰语、共同融入泰国政府治下,并成为其中的一员,等等。④ 本文中的"华人族群",词义指代广泛,包含第一代、第二代、第三代侨民……甚至包含那些有中国血统,但已不会说汉语的华人。这一特殊群体通过商贾往来,逐渐融入泰国的主流社会,并在与主流社会的冲突与融合中,逐渐在文化上相互渗透、相互影响,逐渐形成泰国多元文化的重要组成;在经济上,他们亦借助其特有的吃苦耐劳传统,逐渐成为泰国独具强势的经济主体。

在泰国政治秩序中,华人并非作为一个孤立的群体被排斥在官僚体系之外。据《清实录》记载,1724年有闽粤等省徐宽等96人,"住居该国,历经数代,各有亲属";当地人"尊敬中国,用汉人为官属,理国政,掌

---

① [美] 斯科特·戈登:《控制国家:西方宪政的历史》,江苏人民出版社2001年版,第17页。
② 吴凤斌:《东南亚华侨通史》,福建人民出版社1993年版,第196—197页。
③ G. William Skinner, *Leadership and Power in the Chinese Community of Thailand*, Ithaca: Cornell University, 1957, p. 227.
④ 当然,常用的以"家庭出生论""血缘论"来界定华人对泰国社会之融入的观点也被纳入其中。参见 Boonsanong Punyodyana, *Chinese-Yhai Differential Assimilation in Bangkok: an Exploratory Study*, Ithaca: Cornell University, 1971, p. 3。

财赋"①。拉玛三世统治时代，曾有许泗漳移民泰南，他因开发泰南重镇拉廊有功被册封为子爵，后又因其对王室忠心耿耿，遂被晋封为披耶丹隆素扎立侯爵，担任拉廊城的总管；他的六个儿子也先后获封，甚至还被任命为普吉府的长官。许氏后来成为泰南显赫的著名家族。②泰国政府通过《国籍法》《移民法》等重要法规的颁布，一方面，对新移民进行强行限制，突出现有华人在泰国的特殊地位；另一方面，放宽入籍条件、简化入籍手续，在法律上，让华人享受与泰人一样的利益体系与法律规范。早在1913年，在泰国六世皇颁布的第一部泰国《国籍法》中，即已规定：凡在泰国出生者均为泰籍。即依据出生地原则，在泰国本土出生的华人后代自动转成拥有泰国国籍的合法公民。1973年，泰国制宪委员会决定将华人的参政范围放宽，规定在泰国出生，父母均为华侨的华裔也可享有与泰人同等的政治权利，包括选举权与被选举权在内。加入泰籍的华人与泰国公民一样，拥有一切政治权利和义务。1975年中泰建交之后，泰国政府进一步放宽了华人的入籍条件，规定：凡月收入在100美元以上；能说泰语；非政治犯的，可以申请加入泰籍。且，入籍后可以沿用中文名字，政府不强求其改为泰文名字。1979年，泰国政府颁布《移民法》，将国家每年移民的限额控制在100名以内。③

华人在利益体系与法律规范方面与泰人享受同样的待遇，从他们对泰国政治的参与即可得知。所有泰国现有的政党，华人泰人都可以参加，没有专门的华人政党，也没有专门的泰人政党。1965—1966年，泰国内阁19位成员中有12位系华裔；1983年大选后组成的政府中，4位副总理中就有2位是华裔，部长和部长助理中有7位是华裔；1986年的大选中有86位华裔当选为众议员，成为由147名议员组成的众议院中"最大的职业团体"；1987年3月由泰王普密蓬任命的由94人组成的参议院中，华裔达到20位；1991年，泰国人民代表共357人，其中华裔近百人，内阁阁员44人，有中国血统的占一半以上，包括总理差猜和多位副总理、部长、助理部长在内，担任内阁总理顾问或各部长顾问的华人为数更多。此外，各大政党中也出现不少华裔政治家，如针隆·诗曼（曾任正义党主

---

① 吴凤斌：《东南亚华侨通史》，福建人民出版社1993年版，第197—198页。
② 许肇琳：《泰国华人社区的变迁》，《华侨华人历史研究》1995年第1期，第46—57页。
③ 暨南大学东南亚研究所、广州华侨研究会：《战后东南亚国家的华侨华人政策》，暨南大学出版社1989年版，第91页。

席，华文名"卢锦河"）、川·立派（曾任民主党主席、总理，华文名"吕基文"）、披猜·叻达军（曾任副总理，华文名"陈裕才"），等等。① 泰国社会为华人的融入，提供了客观的、有效的保障平台，对华人在泰国社会享有与泰国公民同等的待遇给予了宪政意义上的肯定。诚如泰国政治家素可克里特·蒲拉摩耶（Kukrit Pramoj）所说："我们中的绝大多数人，包括我自己在内，在我们的家谱上，至少有一支来自中国人。"② 泰国著名侨领郑午楼博士在1982年世界郑氏宗亲恳亲大会上感叹道："我们海外宗亲除了爱护祖（籍）国之外，还要爱护居留国。因为我们在那里生存，创立事业，世代传下去，对那里的繁荣，我们一样关心，也一样要做出贡献。"③

法律规范是每一个民族国家重要的构建之维。它不仅是一项治国原则，而且也是一种秩序类型。泰人与华人在法律上的平等地位，使得两种族群在利益体系上具有趋同性、一致性。在此利益体系中，存在着经济利益、政治利益、文化精神利益、社会利益等。但是，国家利益是绝对的，没有一种利益能代替它而存在。泰国政府通过对华人族群的关注，引入多元利益在国内的竞争自由。从1956年泰国政府修改《国籍法》，进一步放宽入籍条件，到20世纪50年代后期，泰国已有95%的华侨加入泰国国籍。④ 在民族国家的身份认同上，加入泰籍的华人实现了与泰人身份上的一致性；在公民基本的权益上，华人与泰人之间在法律规范上被视为相同的人，同样被以法的方式所界定。

尊重法律的规训作用，将外来者纳入同一利益体系与法律规范的融合模式，正是泰国给予我们的重要启示之一。"由于泰国政府较早解决了华人的入籍和公民权问题，因此，泰国华人政治认同的转变也早于东南亚其他国家，并且较为顺利和彻底。"⑤ 利益的多元化促进了泰国社会的进步。在这里，符合人性和社会进步要求的利益体系得到了泰国宪法的根本保

---

① 洪林：《泰国政坛风云人物数华裔》，《泰中学刊》2000年10月号，转引自许梅《泰国华人政治生活的变迁》，《东南亚研究》2002年第2期，第16—20页。
② Elliott Kulick & Dick Wilson, *Time for Thailand Profile of a New Success*, Bangkok: White Lotus, 1996, p.77.
③ 转引自许肇琳《泰国华人社区的变迁》，《华侨华人历史研究》1995年第1期，第46—57页。
④ 许梅：《泰国华人政治生活的变迁》，《东南亚研究》2002年第2期，第16—20页。
⑤ 曹云华：《变异与保持——东南亚华人的文化适应》，中国华侨出版社2001年版，第225页。

障。在自由竞争中,利益与秩序因法律及法律普遍的有效执行,而给泰国民族国家的发展带来一种积极的、开放性的社会秩序。

第二节 动态融合:社会信任

普遍意义上的信任关系,是以契约、法律准则为基础保证而确立的相互关系。它直接关系到人际互动的基础。这种基于人际关系基础上的信任在社会实践中都是存在的、不可或缺的;信任在人与人之间充当互助互爱的桥梁,弥补了社会关怀的盲点和不足。华人在泰国社会秩序中的特殊地位与卓绝贡献,与他们在泰国主流社会之间建立起的社会信任有密切联系,这种社会信任以泰国宪政意义上的法律规范为基础,以华人族群与泰人主流社会的利益趋同为依托。

"华人与泰人在种族特征,甚至体格外表上都没有多大的区别,如果说存在差别的话,那就是华人在皮肤上比纯种的泰人更白一些。"[1] 通婚是华人融入泰国社会的最普遍、最有效的形式。通过通婚的方式,华人在泰国社会成家、立业,并与当地人构成一定的血缘关系和生产关系。据约翰·克劳福记述的19世纪20年代初在泰国的中国人:"在暹罗的中国人多半是从广东和福建两省迁移来的,但也有许多是从海南岛迁移来的,以及少数是从浙江等江南地区来的……中国人不带家眷。他们很快就和暹罗人通婚,双方彼此均毫无踌躇,甚至不论他们原有的宗教信仰如何,或是否有宗教信仰,他们也采取佛教拜神方式,上暹罗庙寺进香,并向僧侣依例布施。少数人甚至剃发为僧,出家修行。虽然这种生活方式和他们的勤勉性格是不相合的,更堪注意的是他们放弃了浪费金钱于竖立墓碑的偏好,而像暹罗人一样埋葬他们的死者。"[2]

尽管华人与泰人之间的通婚动机众说纷纭,莫衷一是,如斯金纳的分析:"泰国妇女愿意嫁给中国男子的原因也是存在的,在泰国社会,擅长商业活动的不是男子,而是妇女;毫无疑问,泰国妇女在商业方面的才能对勤勉的华人男子来说,简直大有裨益。……(另外)华人男子一般比

---

[1] G. William Skinner, *Chinese Society in Thailand: an Analytical History*, Ithaca: Cornell University, 1957, p. 128.

[2] 吴凤斌:《东南亚华侨通史》,福建人民出版社1993年版,第201页。

当地男子更出得起价钱、更善待和体贴自己的妻子。"① 但是，不管怎样，通婚的方式毕竟是华人融入泰国主流社会的一种努力。据曾三次航行东来的郭士立记述："中国人很想遵从暹罗人卑躬屈膝的习惯。有些人和暹罗人联姻以后，甚至抛弃了他们穿的短衣和裤子，变成一个十足的暹罗人。由于中国人的宽松的宗教和暹罗没有什么不同，中国人甚易遵从暹罗人的宗教仪式。如果他们有了子女，他们就常常剃掉他们的发辫，让他们当一个时期的僧侣。经过二代或三代，中国人显著的特征便逐渐整个消失，而一个那样顽固执于本国习俗的国民也就整个变成暹罗人了。"②

另外，泰国政府亦为华人加入其主流社会采取主动的接纳态度。拉玛五世曾明确表示："朕一贯主张在暹罗的华人和朕统治的国民应有相同的劳动和就业机会，朕不把他们（华人）当作外国人，而把他们视为这个王国的一个组成部分，分享它的繁荣和进步。"③ 泰国政府曾两次颁布并实施《民立学校条例》《强迫教育条例》（1918年、1922年），从法律的角度，将华人学校纳入泰国政府的公共体系进行统一监督和管辖，促使华人在文化上实现泰化。据1951年的泰国选举法规定，作为候选人的华裔，其父必须是泰人，至少应是第三代华裔；1957年的选举法遂放宽为：在泰国出生的华裔，有选举权者即有被选举权；到1983年大选时，选举法则规定，只要是合法的泰籍公民，均可以享有选举权与被选举权。泰国选举法通过若干的修改与甄定，最终确立华人在泰国政坛上与泰人完全同等的政治地位。1989年，泰国政府取消1949年到中国学习和工作的泰国华侨禁止返回泰国的法令。泰国政府通过对华人身份的肯定与认同，通过对华人群体的关注，为华人对泰国的国家认同与融入主流社会给予莫大的鼓舞。

此外，华人对泰国主流社会的成功融入，是双方共同努力、互动的结果。华人在泰国办学、办报。华侨崇圣大学、华文师范学院等，都是华人积极筹办和打造的高等学府。在泰国官方学府，如泰国法政大学、博仁大学，华人也努力开设中文系。《中华日报》《星暹日报》等6家华文报纸

---

① G. William Skinner, *Chinese Society in Thailand: an Analytical History*, Ithaca: Cornell University, 1957, pp. 127-128.
② 吴凤斌:《东南亚华侨通史》，福建人民出版社1993年版，第201—202页。
③ 许梅:《泰国华人政治认同的转变——动因分析》，《东南亚研究》2002年第6期，第47—55页。

更成为华人自由言论的表达基地。华人族群在泰国主流社会的进取努力，一方面，对于弘扬中华文化之精髓，增强华人族群与祖国的联系，大有裨益；另一方面，也以另一种心声，积极为当地政府的社会、政治、经济、文化的发展尽一份力。他们以其创造的社会财富回报泰国社会，支援泰人的国家建设。20世纪末，泰国爆发金融危机后，华人族群积极参与了政府发起的"泰助泰运动"。"1998年1月泰国华人金银珠璇公会一次捐款400万铢（约合10万美元），受到川·立派总理的表扬。最近泰国华人团体又捐款数百万铢给王室作为'免费午餐'基金，以帮助救济失业者和穷人。"[①]

信任源于文化，要实现民族国家内部各个族群之间的信任，法律规范无疑是其根本的保障。法律意味着强制，它在已划定的人际运作和制度运作的区域，规范了信任的关系；制度之下的信任则为个体间交往、公民社会的协调发展提供了根本的保障。在现代民族国家的发展中，关注自主个体的聚集、民族共识的形成，构成了社会道德与情感的认同基础，对于泰国政治秩序中的华人族群而言，这种认同不仅保证了泰国社会自近代以来的开放传统，而且也为泰国社会的长足发展提供了可能。

民族国家的发展离不开内部各族际间的互动合作与交流。社会是一个静态与动态协调发展的系统，无论东方与西方，国家或地区，社会发展的系统实际上还包括从社会个体的自愿行为到公共精神的一切发展范畴。在理论上，依靠法律规范的力量、自主性的个体与道德观念的约束，能在社会内部建立起以法律规范为基础的信任政治。公民社会与信任政治之间亦仰赖于一种特殊的情感支撑，在民族国家范围内，这种情感的支撑往往表现在：作为不同的组成者，主流社会不再将少数民族群体看作一种必然的危险，更不再对传统界定的成员资格与参与观念保持敌意。

---

① 成元生：《泰国华人融进当地社会》，《江海侨声》1999年第2期，第19页。

第七章　东南亚地区的一体化成就①

主权原则是民族国家体系中不可缺少的基本构成。第二次世界大战之后，国际竞争力较弱、仍处于贫困状态的东南亚地区各民族国家无比珍视新生主权在国际政治中的地位。反思之余，东南亚地区各民族国家通过区域内部及跨区域的双边或多边协调与合作，形成"一个统一的声音"的共同体。"东盟在亚太地区的政治经济事务中所扮演的角色日益凸现"②，并日益成为亚太地区具有独特影响力的国际组织，为世人瞩目。

所谓的"一体化"，是指区域内的所有人依赖于共同的制度或惯例，共同铸造并形成的一种共同感觉。③ 国际关系学界对"一体化"的理论研究可追溯到20世纪五六十年代，学者们以欧盟为蓝本进行的一体化研究，主要探讨地区和平、区域合作、地区功能及一些相关的实证性研究。④ "一体化"理论的核心源于社会有机体论，其思想渊源已久，甚至可追溯到19世纪西欧社会被誉为"社会学之父"的奥古斯特·孔德⑤。面对经历过法国大革命、工业革命、拿破仑战争及随后的维也纳体系的欧洲，巨大的社会变化使西欧各国原来的社会政治结构发生种种变化，孔德率先以"秩序"和"进步"两种基本思想贯穿于社会与政治现实之中。"秩序"意味着社会被视为一个有机的整体，包含着家庭、国家和宗教的机构与职

---

① 岳蓉：《东南亚地区的主权认同与区域认同及其根源探析》，《浙江师范大学学报》（社会科学版）2010年第5期，第16—20页。
② 曹云华：《世纪之交的东盟》，《东南亚研究》1998年第1期，第24—28页。
③ Karl W. Deutsch and Sidney A. Burrell, et al, *Political Community and the North Atlantic Areas: International Organization in the Light of Historical Experience*, Princeton: Princeton University Press, 1957, p. 5.
④ Ernst Hass, *Beyond the Nation State*, Stanford, CA: Stanford University Press, 1964; Roger D. Hansen, Regional Integration: Reflections on a Decade of Theoretical Efforts, *World Politics*, Vol. 21 (Jan. 1969): 242-271.
⑤ 奥古斯特·孔德（1798—1857年）是法国实证主义社会学的创始人，被誉为"社会学之父"。他出身于一个税吏家庭。曾担任圣西门的秘书，后因在政治、思想上都与圣西门发生了根本性的分歧而关系破裂。从1824年起，孔德开始创立自己的学派，他决意从实证知识出发去研究社会整体，以建立"社会学"。一生写下了许多著作，代表作为《实证哲学教程》《实证政治体系》。

能;"进步"则是社会体系的历史性发展。① 孔德的有机体论思想引导人们努力从错综复杂的社会关系、五光十色的人际因素和斑驳陆离的社会运动中,从社会的角度去解析政治现象,去分析政治系统和政治行为等政治因素。② 这种广泛涉及社会、文化、心理、经济、种族、社会地位等多层面的研究,注重将区域视为一个有机整体,不仅包含着复杂的机构设置、法律制度,更重要的是还应该有共同的认同感与归属感,以及有关公平、正义与道德的相关主题。它促使人们更加关注介于政治领域和社会领域之间活动的各种力量及其影响,并以政治秩序和社会秩序为基础,去揭示国家机构或政治活动对个体社会(乃至国际社会)所产生的深远影响。

然而,"作为一种以欧洲为中心的理论,这种对地区一体化所做的自由—多元的解释在第三世界那里被证明是不可应用的"③。20 世纪六七十年代,时值国际关系的大分化和大组合之机,东南亚地区的一体化进程开始形成。1967 年 8 月 8 日,印度尼西亚、菲律宾、马来西亚、新加坡和泰国五国在曼谷共同发表《曼谷宣言》(*ASEAN Declaration*),成立"东南亚国家联盟"(ASEAN,东盟),其宗旨在于建立一个谋求和平与发展的区域合作组织。1984 年文莱加入东盟,成为东盟的第 6 个成员国;随后,越南(1995 年)、老挝和缅甸(1997 年)、柬埔寨(1999 年)分别加入该组织。1997 年亚洲金融危机爆发后,围绕东盟自由贸易区及东盟地区论坛的区域组织的讨论成为理论界与各国热烈讨论的话题,且"更大范围"的合作问题日益被提到日程上来,从 1989 年的亚太经济合作会议(Asia-Pacific Economic Cooperation)、1992 年的东盟自由贸易区(ASEAN Free Trade Area)、1995 年的东盟区域论坛(ASEAN Regional Forum),到 1997 年的东盟和中国、日本、韩国共同提出的"10 + 3""东亚共同体"④(the East Asian Community),再到日本的"10 + 3 + 3"(再纳

---

① 孔德的学说反映了在资本主义已取代封建制度之后,资产阶级要求社会稳定、社会和平的意愿,以及资产阶级重现实、重实利的特性。同时,也反映出法国工业发展水平较低,以致自由主义经济主张和政治民主要求还未成为当务之急的时代课题。但是,他的实证主义的继承感与现实感,对后世则产生了长远的影响。

② [美] 安东尼·奥罗姆:《政治社会学:主体政治的社会剖析》,张华青等译,上海人民出版社 1989 年版,第 9 页。

③ [加拿大] 阿米塔·阿查亚:《建构安全共同体:东盟与地区秩序》,王正毅、冯怀信译,上海人民出版社 2004 年版,第 3 页。

④ 1999 年东盟与三国共同发表了《东亚合作联合宣言》(*Joint Statement on East Asia Cooperation*)。

入澳大利亚、新西兰和印度）构想①，东盟目前已发展为包括2个观察员国（东帝汶、巴布亚新几内亚），以及10个稳定的对话伙伴国（美国、中国、日本、印度、韩国、澳大利亚、欧盟、新西兰、加拿大和俄罗斯）的区域性国际组织。多年来，东南亚地区的"共同体建设"②，既是对传统民族国家理论的挑战，又是对弱小民族国家发展途径的一种有益尝试。

第一节　学术界的争论及东南亚地区的国家间相互依赖

东南亚地区历史上长期遭受西方殖民国家的殖民统治与侵略、掠夺，冷战时期又深受美国、苏联两大阵营的影响，使得各民族国家政治经济的发展极不平衡、社会资源严重匮乏且矛盾尖锐。1997年的亚洲金融危机更是给东南亚地区民族国家的发展带来了更大的挑战。因此，东南亚地区各民族国家的发展问题及其"东盟规范""东盟方式"的反思再度成为人文社会科学热烈探讨的对象。

对于东南亚地区跨民族国家的整合实践，学术界已在以下四个方面达成共识：（1）东南亚地区各国存在着许多共同的经历，诸如战争体验、亚洲价值观、共同制度、独特类型的资本主义及较大程度的经济一体化等。非殖民化过程、冷战及大国论战的结果在很大程度上促成了东盟的产生；（2）东盟的组织结构不同于此前的"东南亚条约组织"（SEANO）、"东南亚联盟"（ASA）或"马菲印联盟"（Maphilindo），其各成员国基于如下原则结盟：相互尊重独立、主权、平等、领土完整和各国的民族特性；每个国家都有权免于外来的干涉、颠覆和制裁，民族生存自由；不干涉彼此内政；以和平方式解决分歧或争端；放弃恐吓威胁及使用武力；实行有效合作③；（3）东盟的阶段性发展：从东盟的成立（1967年）至1982年为东盟的起始阶段，制度建设及机构设置、

---

① Speech by Prime Minister of Japan Junichiro Koizumi Japan and ASEAN in East Asia：A Sincere and Open Partnership – Singapore, January 14, 2002, http：//www.aseansec.org/2802.htm.

② 泰国学者库苏马·斯尼特翁瑟指出：东盟多年来一直致力的共同体建设就是其最大的成就。参见 Kusuma Snitwongse, Meeting the challenges of changing Southeast Asia, in Robert Scalapine, et al, eds., *Regional Dynamics*：*security*, *political and economic issues in the Asia – Pacific region*, Jakarta：Center for Strategic and International Studies, 1990, p.40。

③ *Overview Association of Southeast Asian Nations*, http：//www.aseansec.org/64.htm.

运作等初上轨道；1982—1990 年为第二个阶段，石油危机（1979—1980 年间的第二次危机）使东盟各国加强了彼此间的经济联系，进一步推动了一体化进程；1991—1993 年间，在经济全球化的冲击之下，融入亚太经合组织（APEC），积极主动地推进贸易、投资、经济和技术领域的合作与共建；1994—1999 年间，东盟日益成熟，并日渐转向亚太地区发展[1]；2000 年以来为最后一个阶段。2009 年 3 月，东盟第 14 届首脑会议在泰国海滨小城华欣闭幕，东盟国家领导人共同签署了《东盟共同体 2009—2015 年路线图宣言》，以及作为共同体三大支柱的安全共同体、经济共同体和社会文化共同体的相关文件。[2] 东南亚一体化进程的广阔前景更加明晰；(4) 东盟初建时以国家的安全、自由、独立和经济发展为宗旨，以区域合作换取生存的初衷在全球化时代更富有新的时代意义。

然而，对东南亚地区一体化的实质及前景问题的研究，学术界仍是歧义尚存，较有代表性的观点有三种：

第一种观点，认为东南亚地区跨民族国家的整合是一种地方保守主义的开始。[3]

东盟一体化进程不仅使东南亚地区的经济有别于世界其他地区的经济，而且还成了导致该地区与外部大国及国际金融界等产生摩擦的潜在因素。冷战时期的战略性互惠主义继续影响着东南亚各国，尤其凸显于贸易和经济建设方面的民族主义倾向。当世界政治经济的影响，尤其是美国方面的影响一再加剧时，东盟的保守主义必将再次抬头，将东南亚地区的一体化进程引向地方主义的发展方向。

---

[1] *Regional Integration, Trade and Conflict in Southeast Asia*, (Jan. 2007) http://www.iisd.org/. 张锡镇认为东盟经历了三个阶段：第一个是 1967 年东盟组织的成立，标志着东南亚国家开始真正建立联系，形成整体；第二个是 1993 年建立东盟自由贸易区，为东南亚地区共同市场的建立铺平了道路；第三个是 2003 年 10 月建立的东盟共同体，意味着东南亚地区一体化进程的较高程度发展。参见《东盟共同体发展趋势及其主要推动者》，《世界政治与经济论坛》2007 年第 1 期，第 1—5 页。

[2] 《东盟一体化进入关键期》，中国网 2009 年 3 月 2 日，http://www.China.com.cn/international/txt/2009-03/02/content_17355104.htm/。

[3] ［美］马克·比森:《东盟+3 和保守地方主义的兴起》，《南洋资料译丛》2003 年第 4 期，第 8—16 页。施葆琴基本上也持此保守主义倾向，指出东盟"在贸易和经济建设方面的民族主义倾向"。见施葆琴《东盟十年》(1967—1977)，《南洋资料译丛》1978 年第 2 期，第 1—16 页。

第二种观点，认为区域共同体只是一种虚幻性构想。①

长期以来，一体化的程度是用来衡量区域组织发展的标准，然而区域间合作更是一种政府间的国家合作，一体化只是一个过程，而非终点。② 东南亚区域间的贸易协定凌驾于任何区域内的冲突与争端之上，旨在促进经济合作及区域的经济增长。一体化的核心在于参与经济活动，而非介入国家间的政治冲突与争端。③ 尽管如此，仍有学者悲观地认为东盟一体化只是一种虚幻的国家联盟图像。东盟倡导的"开放性""民主性""经济驱动"等基本原则，在一体化的运作过程中都是难以达成的。以东盟为成员之一的"东亚共同体"方案为例，其方案是将澳大利亚、新西兰、印度乃至美国等，这些各方面都与传统的东亚国家有着巨大差异的国家吸纳进共同体，实际上，共同体所倡导的"开放性"本身，是以满足各自的私欲为直接目的的；"民主性"本身具有不可实践性的特点；"经济驱动"本身并不足以弥补共同体成员间经济基础的差异性，反而放大了经济力量的主导作用；与此相应的是不可能获得的"权力平衡"机制。那么，这种庞大的共同体建设也就不过是给予东亚区域以外有影响的国家在该区域内一种合法性存在的理由而已，整个共同体表现出的就只是一种虚幻的存在。

第三种观点，以新自由制度主义论者为代表，主张以东盟的制度化进一步推动东南亚地区的一体化进程。④

东南亚存在着多种不同进程的地区化与地区主义。东盟从一个冷战时

---

① 时至今日，广为流行的"东亚共同体"方案来自三个方面，即东亚展望小组、日本以及马来西亚分别提出的方案。见郑先武《"东亚共同体"愿景的虚幻性析论》，《现代国际关系》2007 年第 4 期，第 53—60 页；ASEAN needs to find new equilibrium, *The Straits Times*, 5 Aug. 1997. Miltton and Alejandro Reyes, Hurting in Hanoi, *Asianweek*, 25 (Dec. 1998): 28-38.

② H. Indorf, *Impediments to Regionalism in Southeast Asia*, Singapore: ISEAS, 1984, pp. 5-6.

③ Regional Integration, Trade and Conflict in Southeast Asia, (Jan. 2007) http://www.iisd.org/.

④ 参见［美］罗伯特·基欧汉、约瑟夫·奈《权力与相互依赖》，门洪华译，北京大学出版社 2002 年版；［印度尼西亚］哈迪·斯萨苏托洛《东盟经济共同体：其概念、成本和利益》，《南洋资料译丛》2005 年第 3 期，第 13—22 页；［加拿大］阿米塔·阿查亚《建构安全共同体：东盟与地区秩序》，王正毅、冯怀信译，上海人民出版社 2004 年版；Joseph A. Camilleri, *Regionalism in the New Asia - Pacific Order: the political economy of the Asia - Pacific region*, Vol. 2, Edward Elgar Publishing, Inc. 2003; BVI Tax Haven, The "ASEAN Way": towards regional order and security cooperation?, *Melbourne Journal of Politics*, http://goliath.ecnext.com/coms52/gi_0199—5443485/The-ASEAN-Way-towards-regional.html. 赵银亮《地区主义与东盟的制度变迁相关性分析》，《亚太经济》2006 年第 5 期，第 21—25 页；赵银亮《东盟地区治理进程中的制度构建》，《当代亚太》2006 年第 11 期，第 47—53 页。

期的联盟发展为后"冷战"时期的一个强调地区国家整合的统一组织,其间体现出诸多特点,诸如政治上的包容性体制、经济的一体化、基于变化局势的灵活性调整等。尽管东盟在制度上已有很大的革新,但是还不能作为超国家机构而存在。① 制度建构及规范举措,必将使东南亚地区朝着更加开放、更加自由、更加多元化的方向迈进。②

东南亚地区各民族国家独立以来,受制于"冷战"的左右,甚至成为超级大国争霸斗争的牺牲品。在国家利益、国家安全、国家发展等的巨大压力下,各民族国家尝试各种战略上的调整,以联盟对抗强大的两大"冷战"阵营:一方面,致力于促进区域经济一体化进程;另一方面,积极加强集体安全方面的合作。早在20世纪60年代之前,东南亚地区就已出现过国家之间的合作,但其合作对象主要是区域外的美国,而区域内的国家只有菲律宾和泰国参与,即"东南亚条约组织"(Southeast Asia Treaty Organization,1954年)。真正的东南亚地区国家之间的合作始于1961年的"东南亚联盟"(Association of Southeast Asia)及1963年的"马菲印度尼西亚组织"(Maphilindo Confederation),前者因菲律宾与马来西亚的北婆罗洲领土争端问题而解体;后者虽系以本土马来居民为主体的国家联盟,然终因每个国家都在力图影响其邻国而最终解体。直到1967年由马来西亚、印度尼西亚、菲律宾、泰国和新加坡五国共同建立的"东南亚国家联盟"(Association of Southeast Asia Nations,东盟),才真正意义上实现了东南亚地区的国家间合作。1967年《曼谷宣言》的颁布,标志着以政治上的中立及经济上的合作、以谅解解决区域内部争端的地区一体化进程正式启动。1971年,东盟在印度尼西亚首都发表的《吉隆坡宣言》,宣称将东南亚地区建设为"和平自由中立区"③;为抵制苏联的侵入,东盟于1973年确立"亚洲集体安全体系"。1976年在东盟第一届首脑会议上,共同签署了《东南亚友好合作条约》和《东盟协调一致宣言》。④ 2003年

---

① [印度尼西亚]哈迪·斯萨苏托洛:《东盟经济共同体:其概念、成本和利益》,《南洋资料译丛》2005年第3期,第13—22页。

② Seok-Young Choi, *Regionalism and Open Regionalism in the APEC Region* (Southeast Asia Series), Singapore: ISAS, 2004, Vol. 12.

③ Zone of Peace, Freedom and Neutrality Declaration Malaysia, 27 November 1971, http://www.aseansec.org/145.htm.

④ Declaration of ASEAN Concord Indonesia, 24 February 1976, http://www.aseansec.org/145.htm.

的《巴厘岛宣言》再次通过经济、安全和社会文化三大建设将东南亚地区连成一体。① 2005 年,东盟领导人提出了制定《东盟宪章》的规划,旨在使东南亚地区的一体化进程进入规范化、机制化的发展方向。② 数十年的"东盟规范""东盟方式"发展,已经在东南亚地区形成一股强大的力量,在亚太地区乃至国际事务中发挥着重要的作用。从 1994 年 7 月以来,东盟所倡导的地区论坛已成为亚太地区商讨安全形势、安全合作问题的平台;同时,东盟还从另一侧面利用国际社会中的大国矛盾,以"平衡者"的姿态,既使东南亚地区摆脱了大国的牵制,也使各大国之间因相互牵制而有效地实现了国际社会的和平与稳定。其特有的协商、对话机制已成为国际关系理论与实践的一种建构方式。③ 2008 年 12 月,《东盟宪章》生效后,东盟开始由一个相对松散的组织逐渐走向成熟。通过加快次区域合作及技术开发等途径,帮助越南、老挝、柬埔寨和缅甸四国加快融入一体化进程,从而缩小国家间差距、增强东南亚地区整体实力。

从东南亚地区的一体化进程历史来看,各民族国家之间是一种相互依赖的关系。

首先,东盟各参与国之间存在利害攸关的关系,东盟的发展有效地促进了东南亚地区的政治和经济上的稳定。

东南亚地区各民族国家初建时期,因经济的脆弱性、政治上强烈的自主意识,以及社会建构上的结构缺陷等因素,客观上要求彼此间必须保持一种相互依存及相互依赖的关系。"至关重要的是各国元首应该一起讨论各自国家的总设计,以便确定它们是否符合双边的利益和东盟的利益。"④ 如泰国,相对于其他东盟成员国而言,其"工业的互辅计划将是健康竞争的自然发展",理所当然的稻米供应者;印度尼西亚供应的则是石油。尽管担心泰国强硬的反共立场可能会使越南疏远,但是如果"东盟五个国家间的合作越加强,越南想孤立泰国这个前线国家就越困难"⑤。

---

① Declaration of ASEAN Concord Ⅱ. (Bali Concord Ⅱ.), http://www.aseansec.org/145.htm.

② The ASEAN Charter, http://www.aseansec.org/AC.htm.

③ Hank Lim and Matthew Walls, ASEAN after AFTA: What's next? *Dialogue + Cooperation*, Occasional Papers, Southeast Asia – Europe, 2005, Vol. 10, pp. 91—103.

④ [美] 罗德尼·塔斯克:《东盟各成员国对待东盟的态度——菲律宾》,《南洋资料译丛》1978 年第 2 期,第 24—26 页。

⑤ [美] 西蒙·斯科特·普卢默:《东盟各成员国对待东盟的态度——泰国》,《南洋资料译丛》1978 年第 2 期,第 17—18 页。

其次，东南亚地区的相互依存与相互依赖可有效抵御外部强国任何形式的干扰。

冷战时代来自两大对峙阵营的对抗，使东南亚地区的发展受到很大的干扰。从20世纪70年代起的"自由中立"到80年代的"区内和平"①战略，东盟力图摆脱任何来自外部强国的干涉，致力于"使东南亚地区作为一个免受外部强国以任何形式或方式干涉的和平、自由和中立区"，以得到应有的"承认和尊重"②。正如一位吉隆坡的官员所说，"东盟国家首先是应该增强自力更生的能力，把自己的国家整顿好，并且加强相互间的关系""最大限度地加强合作，并且能够尽量减少误解、疑虑和猜疑"③。每当菲律宾同另一个国家进行双边会商时，总会"觉得自己同时也代表东盟。这种做法有时会增强菲律宾人的力量，比如他们在与强大的邻邦日本打交道时就是这样"④。东南亚地区各国相互间的不满往往"在东盟的保护伞下消散"，"政治上的协调一致因部长们以及其他官员经常举行会议而得到加强"⑤。

最后，冷战时代结束后，世界和亚太地区的多极化趋势日趋明显，东南亚地区各国间强化相互的依赖性，可避免中国、日本、印度等亚太地区大国及时填补东南亚地区的"政治真空"⑥。

"我们生活在一个相互依赖的时代"⑦。经济全球化及地区一体化进程的冲击之下，"旧的国际格局正在崩溃，昔日的标语不再具有启示意义，

---

① 张锡镇：《东盟的大国均势战略》，《国际政治研究》1999年第2期，第120—127页。

② Zone of Peace, Freedom and Neutrality Declaration Malaysia, 27 November 1971, http://www.aseansec.org/145.htm. 中立政策对当时东南亚地区而言是一项极其重要的发展策略。参见 Richard Garratt Wilson, *The Neutralization of Southeast Asia*, New York, Washington, London: Praeger Publishers, 1975, Introduction。

③ [美] 西蒙·斯科特·普卢默：《东盟各成员国对待东盟的态度——马来西亚》，《南洋资料译丛》1978年第2期，第20—21页。

④ [美] 罗德尼·塔斯克：《东盟各成员国对待东盟的态度——菲律宾》，《南洋资料译丛》1978年第2期，第24—26页。

⑤ [美] 安东尼·罗利：《东盟各成员国对待东盟的态度——新加坡》，《南洋资料译丛》1978年第2期，第21—23页。

⑥ 一些中国学者也认为，由于两大阵营的撤出，新的力量尚未形成，东盟可以通过弥补东南亚地区的"政治真空"，实现摆脱外部势力的控制、自主发挥地区作用的目的。见张锡镇《东盟的大国均势战略》，《国际政治研究》1999年第2期，第120—127页；曹云华《世纪之交的东盟》，《东南亚研究》1998年第1期，第24—28页。

⑦ [美] 罗伯特·基欧汉、约瑟夫·奈：《权力与相互依赖》，门洪华译，北京大学出版社2002年版，第3页。

过去的解决办法也不再奏效。在经济、传播和人类共有的期望等层面，世界早已变得相互依赖了"①。东南亚地区以东盟为核心，将发展经济作为首要目标，以经济和科技为主要内容的"软实力"竞争替代了此前的政治和军事等"硬实力"②较量。正如《东盟宪章》所述：谨记东盟成员国及其人民之间，"由于地理位置、共同目标与共同命运而存在着互惠互利、相互依存的关系"③，"以制度来规避和调解国际争端、处理国际安全问题的东盟方式，已深深植入东盟决策者的脑海之中。东盟方式的行为规范和程序规范是东盟成员国之间交往所依赖的行为准则和处理方式"④。"亚太地区巨大的经济潜力和活力"及"你中有我，我中有你""一荣俱荣，一损俱损"的局面促使东南亚地区更加紧密地联系在一起。⑤

第二节 东南亚地区的主权认同与区域认同

理论上，拥有共同的种族、语言、文化、社会和历史等方面联系的区域，在国家的行动和态度等方面更容易增强国家间共有的身份认同感。⑥迄今为止，东南亚地区各国领导人为实现共同利益、共享区域安全，展开了一些颇具实用性的倡议和跨国界交往举措：自由贸易区计划⑦、集体安全防务，等等，通过各行为体之间频繁的互动生成、强化、内化一种控制性行为的规则，其思想源流在于以下两点。

第一，受西方启蒙思潮及理性主义思想的影响，东盟各国以主权认同

---

① 美国国务卿亨利·基辛格1975年1月24日在洛杉矶的讲演。转引自罗伯特·基欧汉、约瑟夫·奈《权力与相互依赖》，门洪华译，北京大学出版社2002年版，第3页。

② 在今天的国际关系研究中，"相互依赖理论"已经是使用得最为广泛的概念之一。其中，"软实力"与"硬实力"概念的出现，标志着新现实主义国际关系学派的确立。参见罗伯特·基欧汉、约瑟夫·奈《权力与相互依赖》，门洪华译，北京大学出版社2002年版。

③ ASEAN Charter, http://www.aseansec.org/AC-Singapore.pdf.

④ BVI Tax Haven, The "ASEAN Way": towards regional order and security cooperation?, *Melbourne Journal of Politics*, http://goliath.ecnext.com/coms52/gi_0199-5443485/The-ASEAN-Way-towards-regional.html.

⑤ 张锡镇：《东盟的大国均势战略》，《国际政治研究》1999年第2期，第120—127页。

⑥ Louis J. Cantori and Steven L. Spiegal, *The International Politics of Regions: a comprehensive approach*, Eaglewood Cliffs, N. J.: Prentice Hall, 1970, pp. 6-7.

⑦ 该计划被认为是实现地区发展的政治动力及东盟区域认同的一种有效途径。参见Koro Ramcharan, ASEAN and non-interference: a principle maintained, *Contemporary Southeast Asia*, vol. 22, No. 1 (Apr. 2000): 60-88。

为基础,实现东南亚地区的集体自主。

"像'西方'一样,'东方'这一观念有着自身的历史遗迹思维、意象和词汇传统,正是这一历史与传统使其能够与'西方'相对峙而存在,并且为'西方'而存在。"① 自《威斯特伐利亚条约》以来,"主权"一直被视为国家的至高原则,一方面它被赋予民族国家范围内存在构成最高政治及法律权威实体的特殊意义;另一方面也指明相对于其他的民族国家而言,每一个民族国家都有自主的管辖权。② 东南亚地区长期在殖民国家的统治阴影之中,直到第二次世界大战后的民族解放洪流才使其确立独立的民族国家地位,也正因为如此,它"是众多大国在政治上和地理上利益汇聚的地区。大国之间政策相互作用的频率和强度,以及它们在这一地区对一些国家的支配影响,必然对政治现实有着直接的影响。东南亚各国不能对世界大国施加影响,除非采取集体行动,直到形成一种内在的凝聚力。东盟间的合作代表着这种方向的一种努力,即成员国重新在新的大国均势中实现它们的理想和目标"③。同时,受西方启蒙思想及理性主义思潮的影响,东南亚地区通过加强国际社会规范,以期在道德基础上建立一种超国家的国际组织、完善国家间的法律及其职能、强调国家间的信任与合作,以理性战胜邪恶,最终建立起一种和平稳定的国际秩序,避免世界大国的再次侵入。

2007 年 11 月 20 日,在新加坡第 13 届东盟峰会上,各成员国共同签署了具有普遍法律意义的《东盟宪章》(全称为《东南亚国家联盟宪章》)。从东盟组织机构上看,"东盟峰会"是东盟的最高决策机构,每年召开两次,由各成员国的国家元首、政府首脑组成,由任东盟主席的成员国主持;东盟协调理事会则由各国外交部部长组成,至少每年举行两次会议;东南亚共同体理事会由东盟政治安全共同体理事会、东盟经济共同体理事会以及东盟社会文化共同体理事会组成,其属下是相关的各事务部部长级机构;东盟秘书长由东盟峰会委任,任期五年,不得连任,按国名英文字母顺序,在各成员国中挑选,以品格正直、具备工作能力和专业经验

---

① [美] 爱德华·W. 萨义德:《东方学》,王宇根译,生活·读书·新知三联书店 2000 年版,第 7 页。
② [美] 斯科特·戈登:《控制国家:西方宪政的历史》,应奇等译,江苏人民出版社 2001 年版,第 20 页。
③ 第二次东盟部长会议声明(Joint Communique Of The Second ASEAN Ministerial Meeting), Jakarta, 6 Aug. 1968. 参见 [加拿大] 阿米塔·阿查亚《建构安全共同体:东盟与地区秩序》,王正毅、冯怀信译,上海人民出版社 2004 年版,第 73—74 页; http://www.aseansec.org/1232.htm。

者为优,同时兼顾性别特点;东盟常任代表委员会,由各成员国委任一名具有大使级别的东盟常任代表担任,进驻雅加达。各成员国各自成立相应的秘书处,专门负责协调相关事务。此外,东盟还专门设立了旨在提高对东盟共同体的认同感、促进民间交流,以及加强社会各界人士合作的东盟人权机构、东盟基金会等专属机构。[①] 超越个体国家的联盟及国际制度的功能在于通过规范与相互约束达成和实施彼此的相互获利。不仅如此,加拿大学者阿米塔·阿查亚甚至认为"所有社会共同体都取决于行为的规范"[②]。国家与社会之间的价值通过"法律—理性""社会—文化"的过程,对不同的国家制定同样的行为要求,可在更大范围内创造出国家之间的相似的行为方式。其中,"法律—理性"规范来自于《威斯特伐利亚条约》以来国际体系的普遍原则,强调主权国家基础上的国际组织、地区组织的规范;"社会—文化"规范则更以参与者的历史与文化背景作为基础,强调彼此之间相互作用及其相应的社会化过程。因此,东南亚地区各国之间互动、社会化、规范及认同的建构过程中,以组织和制度为基础所创建的"东盟规范"或"东盟方式",成为一种业已改变国际政治的特殊力量,促进国家间的和平。

东南亚地区的跨国家整合过程是一种动态的过程。它将一些抽象的伦理、道德思想,通过法律规范的方式,以国家间互相认同主权的方式,实现共同集体的自主。从《东盟宣言》(曼谷,1967年)起,到《和平区、自由和中立宣言》(Zone of Peace, Freedom and Neutrality Declaration 吉隆坡,1971年)、《东盟国家协调一致宣言》(Declaration of ASEAN Concord. 巴厘岛,1976年)、《东南亚友好合作条约》(Treaty of Amity and Cooperation in Southeast Asia,巴厘岛,1976年)、《东盟南中海宣言》(ASEAN Declaration On The South China Sea 马尼拉,1992年)[③] 等,东盟的精力主要放在集体安全的层面,相应地,在关税、经济、政治等层面的一体化力度相对较弱。各成员国对于国家的主权原则都极为敏感。尤其在《东南亚友好合作条约》(巴厘岛,1976年)中直接写道:"缔约国彼此间的关系应以以下原则为指导: 1. 相互尊重彼此的独立、主权、平等、领土完

---

① http://www.aseansec.org/.
② 参见[加拿大]阿米塔·阿查亚《建构安全共同体:东盟与地区秩序》,王正毅、冯怀信译,上海人民出版社2004年版,第32—36页。
③ Archive, http://www.aseansec.org/106.htm.

整和民族特征；2. 每个国家有权保持其民族生存，不受外来的干涉、颠覆或压力；3. 互不干涉内政；4. 用和平手段解决分歧或争端；5. 放弃使用武力或武力威胁；6. 在缔约国家内实行有效的合作。"① 为此，面对1975年印度尼西亚对东帝汶的侵占行为，以及1986年菲律宾推翻马科斯政权的行动等类似问题时，始终保持沉默，只是呼吁当事国尽快以和平方式解决争端。然而，在对待美国、苏联强大的国际势力，以及东南亚地区间诸如越南对柬埔寨的入侵、印度尼西亚与马来西亚的边界争端等问题时，却始终保持"一种声音说话"，加强双边或多边的军事与安全合作，力求东南亚地区的稳定与集体自主。

第二，受经济全球化及地区一体化进程的影响，东盟各国以相互依赖及权力并存换取东南亚地区的共同发展。

从整个国际形势上看，20世纪六七十年代以后，随着第三世界的壮大及新兴国家的不断崛起，国际关系格局发生了重大变化。同样，国际社会的非国家国际关系行为主体的数目也日渐增多，除联合国外，各类国际组织、地区经济共同体、跨国公司等不断涌现，原有的美苏两极体系日趋向多极化。卡尔·多伊奇等一批美国学者率先以自然科学的严密、精确的研究方法来对人文社会学科进行科学的、经验的和定量的分析与研究。多伊奇曾在其代表作《国际关系分析》一书中指出，随着国际关系发展的多元化，民族国家不再是国际社会中唯一的行为者，应重视对非国家行为主体的研究。全球社会之间相互依存的领域与手段比以前大大增加，其手段不仅包括海陆空交通，更涉及全球政治、经济、文化、军事等各个方面，相互依存的幅度也在加深，范围在扩大。② 八九十年代以来，国际形势再次发生重大变化，尤其是高新技术的日新月异，传真机、国际互联网、信息高速公路、电子信箱和通信卫星等信息传播技术的飞速发展，把全世界各地区、各国家紧紧地连在一起。国际贸易、经济投资的相互依赖，文化、政治的相互交流、相互渗透，使国家与国家之间、人民与人民之间的接触与了解日益加深。东南亚地区的一体化进程也在新的历史条件下，被赋予新一轮历史使命。

20世纪90年代以来，东南亚地区的一体化进程出现新的发展导向，

---

① http://www.aseansec.org/1217.htm 及[澳大利亚]托马斯·艾伦《东南亚国家联盟》，郭彤泽译，新华出版社1981年版，第413页。

② 参见[美]卡尔·多依奇《国际关系分析》，世界知识出版社1992年版。

展开一系列的财政部长会议（AMM）等，尤其在第四届东盟首脑会议上（1992 年），东盟预期在 15 年内建成东盟自由贸易区（AFTA）。1997 年的亚洲金融危机之后，东盟峰会上一再"要求帮助解决有关国际货币基金交易和一般的国际金融等问题——国际货币基金组织受命对此作出报告；帮助增强国际货币基金组织解决货币危机的能力；呼吁大国经济（特别是美国、欧盟和日本）帮助解决经济危机；促进东南亚和东亚地区内部的贸易（尽可能使用当地货币）；保证东盟国家一直致力于营造开放的贸易与投资环境、进一步自由化，并单独和通过互相监督制度而集体地进行必要的改革"①。东盟达成诸如《东南亚无核武器区条约》（*Treaty on the Southeast Asia Nuclear Weapon-Free Zone*，曼谷，1995 年）、《东盟 2020 远景规划》（*ASEAN Vision 2020*，吉隆坡，1997 年），以及《第二次东盟协调一致宣言》（*Declartion of ASEAN Concord* Ⅱ，巴厘岛，2003 年）等协议、条约。② 此外，诸如由新加坡发起的《东盟环境能源持续发展宣言》（*ASEAN Declaration on Environmental Sustainability*，2007 年 11 月 20 日）、"健康信托基金"（Health Trust Fund，2007 年 11 月 2 日）等协议的通过，则是源于东盟国家经济高速增长之后日益壮大的中产阶级，它们的崛起迫使东盟国家不得不关注社会和民主等发展问题。③

民族国家是一个主权一元化的社会整体，能够独立地确立国家的利益，制定并执行国家的对外政策，其目标、行为和利益不同于任何国家内部社会力量和集团的利益。"东盟成员国坚持具有它们自己标记的地区主义的'独特'的特征，尤其是与西方区域制度（如欧盟）的法律—理性的制度主义相区别的，不只是东盟成员国对不干涉和不干预的法律规范的遵守，而且是共同一致的原则和实践。"东南亚地区"共同一致的原则和实践因带有一种地区文化风格而被合理化，而这种地区文化风格长期以来一直将共同一致推崇为东盟的工作方法"④。东南亚地区各国在特定的历

---

① ［新加坡］约翰·芬斯顿：《东盟在更加错综复杂时期面临的挑战》，《南洋资料译丛》2000 年第 2 期，第 8—18 页。
② 尤其在《东盟第二协调一致宣言》中提出的 2020 年未来共同体中不仅包括经济共同体、安全共同体，而且还包括社会和文化共同体。Archive，http：//www.aseansec.org/106.htm。
③ Social Welfare & Development，http：//www.aseansec.org/8558.htm & http：//www.aseansec.org/Ratification.pdf。
④ ［加拿大］阿米塔·阿查亚：《建构安全共同体：东盟与地区秩序》，王正毅、冯怀信译，上海人民出版社 2004 年版，第 35 页。

史条件下，能考虑多种政策方案的可行性及可能导致的结果，最终最大限度地选择了实现国家目标的最佳方案。

小　　结

面对20世纪70年代以来，工业革命的不断深化所导致的美国、欧洲、日本等国的跨国公司不断推进对世界市场的原材料、技术、管理及人力资源等的垄断，以及经济全球化的巨大冲击，东南亚地区民族国家的发展态势也随之更加复杂多变。为此，各民族国家都不得不推陈出新，尝试新的实践。从泰国对少数族群与主流社会的融合策略，以及东盟40余年来的实践来看，主要有如下的启示。

首先，华人族群融入泰国主流社会的成功启示，昭示着一种法律规范与社会信任并存的制度时代的重要意义。建立制度的目的，并非在于挤压人际运作的空间，而是为了减少人际运作中的主观随意性，使之成为一种普遍的价值尺度。泰国政府将华人这样一个少数民族族群，拽入政府的同一系统中，以法律去稳固并保障"制度面前人人平等"的方式，正是泰国排除民族国家发展巨大障碍的成功之处。在一个人际交往越来越匿名化的现代社会，合理化的制度安排，以及在此基础上建立的信任保障制度，无疑显得尤为重要。

其次，东盟数十年的历史实践，证明了主权基础上的集体合力所具有的历史意义。当"能源、资源、环境、人口"等问题与"传统外交议程的军事安全、意识形态和领土争端等问题并驾齐驱"的时候，"拥有最强大军事实力的国家支配着世界事务"的传统观点早已不足以解答民族国家的当代发展问题。[①] 东南亚地区40余年来的发展与努力，仍未能消除各成员国之间的较大差异，然而，东盟一直试图强化东南亚地区的经济、政治、社会等方面的一体化发展，致力于缩小富国与穷国之间的差距，以统一大市场的经济整合理念为主导，培育东盟共有的价值观和认同感。这对于冷战后多极化及日益全球化的国际社会而言，不能不说具有深远的意义。

---

① ［美］罗伯特·基欧汉、约瑟夫·奈：《权力与相互依赖》，门洪华译，北京大学出版社2002年版，第11、27页。

结束语

西方的历史实践中,"民族国家"概念并非仅仅被视为一种简单的政治概念与人文概念的语意重合。"民族国家"是一种特定的历史产物,诸如共同的民族文化体系及其与此相适应的民族认同;政治上的世俗王权替代宗教教权扮演主导性角色而表现出的至上权威;稳定的政治地域所表达的完整民族利益和国家利益的结合;国家功能上的对内所能实施的有效控制及对外具有的相应防御机制等因素,是民族国家形成及发展过程中极为重要的组成要素。其中,"主权观念"和"宪政原则"则是维系民族利益与国家利益密切结合的重要枢纽。然而,基于欧洲经验的民族国家理论,无论其缘起、发展,还是对其历史命运的探讨,都具有"欧洲为中心"的研究特点,存在着片面性与局限性。与东南亚地区的历史个案相比,大相径庭。

本书综合欧洲中心论及东南亚地区中心论的研究视角,在厘清东南亚地区民族国家的形成历史的基础上,立足于"主权观念"和"宪政原则"两个民族国家形态的基本构成要素,提出以下观点。

首先,"民族国家"概念是特定历史发展的产物,没有绝对的民族国家理论。由于特殊的历史原因,以及来自不同文化传统、政治结构、殖民统治和国际环境等因素的影响,东南亚地区民族国家的形成及发展过程具有历史的特殊性。

研究东南亚地区的民族国家形成及其发展问题时,不能一味照搬西方的国家理论或亚洲的传统国家理论。东南亚地区的"民族国家"一词往往被置于殖民统治与反殖民统治、国家独立的历史背景之中,与"现代化""反殖民主义""反帝国主义""民族主义""区域主义"等历史核心语汇联系在一起。对比"权力"(Power)一词在印度尼西亚语义与西方语义中的差异,即可见其端倪,如表3所示。

表 3　　　　　　　"权力"（Power）的四层词义比较①

西方语义	印度尼西亚语义
权力是抽象的。它是某种人际关系的特质。	权力是具体的。权力存在于真实世界中，不管谁掌控权力，它都真实地存在。
来源上，权力具有异质性（或多样性）。权力的构成极为复杂，或源于财富，或源于社会地位等。	来源上，权力具有同质性（或单一性）。权力都源自于赋予宇宙以生命的神圣力量。
积聚上，权力具有无限性。任何人无须剥夺他人的权力即可获得一系列的权力。	权力的大小是恒定的。一旦某人多拥有一份权力，相应地，其他人即少了一份权力。
伦理道德上，权力具有模糊性。具有合法身份的权力即为"好"的权力，而不具备合法身份的权力则为"坏"的权力。	权力无关乎道德问题。权力凌驾于善恶之上，不能因为一个人拥有权力的多寡，而判断其善或恶。因此，权力的合法性与权力的持有并无关联。

外来的西方语汇在遭遇东南亚地区各国的传统文化之后，即被内化为一种特殊的政治文化。所谓的"民族建构"（nation-building 或 nation formation）"国家建构"（state building 或 nation formation），东南亚地区各国实际上视之为一种"方案或政策"②。

其次，东南亚地区民族国家的缘起并非一种简单的社会变迁过程，而是由殖民国家组成的"他者"与东南亚地区各国的"我者"互为作用的历史过程。

东南亚地区民族国家的缘起与欧美列强的殖民活动息息相关。直到20世纪中叶及其后（特别是在第二次世界大战后），东南亚地区的民族国家形态才得以在各国人民要求主权独立（除泰国外）、反对帝国主义和反对殖民主义的斗争中逐渐形成和发展。从西方殖民者的视角上看，殖民的过程也是传播其"东方总是位于西方之后"文化序列的过程，在殖民统治的过程中，殖民国家不仅移植了西方语义中的"科学""技术""理性思维""繁荣与进步"等概念，也移植了"身份认同""主权""法理社会"等西方核心价值理念。从东南亚地区各国的历史现实来看，"帝国主

---

① Bendict R. O'Gorman Anderson, *Language and Power: Exploring Political Culture in Indonesia*, Ithaca: Cornell University Press, 1990, pp. 20–23.

② Nicholas Taring, *Regionalism in Southeast Asia: to foster the political will*, London & New York: Routledge, Taylor & Francis Group, 2006, p. 10. 另请参看 Wang Gungwu, ed., *Nation-Building: five Southeast Asian Histories*, Singapore: ISAS, 2005, p. 13; Damien Kingsbury, *South-East Asia: a Political profile*, Oxford: Oxford University Press, 2001, p. 418.

义""民族主义"等概念为东南亚社会精英阶层用以赢取民众的广泛支持。[①] 对于东南亚地区的民族国家建构而言,已经不再是经济、政治、社会发展等简单的显性问题,其间还涉及文化与心理的持久平衡等隐性的问题。它既包含着根植于欧洲历史场域的民族国家理论所内含的种种组成要素,同时又包含着不断诉求主权平等、民族和谐、协作发展、尊重正义和国际义务等当今的时代主题。

再次,东南亚地区民族国家形成的特殊历程,决定了其在从传统社会向现代社会的过渡中,始终难以与传统社会割裂,也难以与西方世界彻底割裂。这种两难困境在不同的政治结构、殖民统治和国际商业环境等因素的影响下,更加剧了民族国家发展过程中的复杂性和特殊性,尤其在法律规范、社会经济发展、民族融合、国际竞争等方面更具有突出体现。一方面,受制于多族群社会的民族认同与国家认同困境,以及社会失范;另一方面,复杂的历史地理生境、殖民时代的历史遗留问题,以及经济全球化进程中的国际移民问题等诸多因素,直接引发了东南亚地区各国的主权危机。主权的危机与挑战从一个侧面揭示了东南亚地区各民族国家因经济发展滞后、政治体制欠完备、社会管理基础薄弱、欠缺国际竞争力等诸多原因的影响,而导致民族国家主权要素的难以维护。尤其,在海洋已为世界各国关注,并视之为提高综合国力和争夺长远战略优势的今天,诸如人口膨胀与生存空间、工业发展与资源储备等因素之间矛盾所引发的一系列全球性问题,更使得东南亚地区民族国家的发展面临着前所未有的困境与挑战。

最后,建立一个和谐与强大的社会,几乎是每一个民族国家积极倡导与努力追求的奋斗目标。东南亚地区各民族国家也不例外。

东南亚地区的一些民族国家针对在民族国家发展过程中所产生的根本问题进行了一些有益的实践。从泰国对少数族群与主流社会的融合策略来看,华人族群对泰国主流社会的融入,昭示着一种法律规范与社会信任并存的制度时代的重要意义。建立制度的目的,并非在于挤压人际运作的空间,而是为了减少人际运作中的主观随意性,使之成为一种普遍的价值尺度。泰国政府将华人这样一个少数民族族群,拽入政府的同一系统中,以法律去稳固并保障"制度面前人人平等"的方式,正是泰国排除民族国

[①] Nicholas Tarling, *Regionalism in Southeast Asia: to foster the political will*, London and New York: Routledge, Taylor and Francis Group, 2006, p. 10.

家发展巨大障碍的成功之处。在一个人际交往越来越匿名化的现代社会，合理化的制度安排，以及在此基础上建立的信任保障制度，无疑显得尤为重要。另外，从东盟数十年的历史实践来看，证明了主权基础上的集体合力所具有的历史意义。东盟一直试图强化东南亚地区的经济、政治、社会等方面的一体化发展，致力于缩小富国与穷国之间的差距，以统一大市场的经济整合理念为主导，培育东盟共有的价值观和认同感。这对于冷战后多极化及日益全球化的国际社会而言，不能不说具有深远的意义。

  在理论上，依靠法律规范的力量、自主性的个体与道德观念的约束，能在社会内部及外部建立起以法律规范为基础的信任政治。国内，公民社会与信任政治之间亦仰赖于一种特殊的情感支撑，在民族国家范围内，这种情感的支撑往往表现在：在不同的组成者之间，主流社会不再将少数民族群体看作是一种必然的危险，更不再对传统界定的成员资格与参与观念保持敌意；国际，仰赖于对"主权"原则的尊重，国家与国家之间保持一种平等而自主的关系。从这种意义上看，民族国家的发展问题既是政治学研究的重要组成部分，也是历史学、社会学研究不可回避的组成。客观上，东南亚地区的民族国家形成及其发展历程，再次证明：国家的"主权"和国家不论大小一律"平等"的原则，是民族国家政治独立、经济发展、社会进步、国家安全，以及处理国际关系的基本原则。这一基本原则，即便在经济全球化时代仍然适用。主权原则不仅赋予其在现代民族国家经济发展、社会进步、国家安全，以及处理国际关系中的特殊作用，同时，也赋予民族国家的理论与实践极其重要的现实意义。法律规范与社会信任是解决民族国家内部矛盾与冲突的一种有益尝试，而以国家联盟为基础的经济、政治、安全一体化合作形态则是弱小民族国家维护主权完整、保障自身安全的一种有效模式。

参考书目

一　中文书目

1. ［新加坡］尼古拉斯·塔林主编：《剑桥东南亚史》，贺圣达等译，云南人民出版社2003年版。
2. ［法］A. 多凡·默涅：《柬埔寨史》，刘永焯译，暨南大学东南亚研究所1982年版。
3. ［美］D. G. E. 霍尔：《东南亚史》，中山大学东南亚历史研究所译，商务印书馆1982年版。
4. ［法］G. 赛代斯：《东南亚的印度化国家》，蔡华、杨保筠译，商务印书馆2008年版。
5. ［澳］J. D. 莱格：《苏加诺：政治传记》，上海外国语学院英语系翻译组译，上海人民出版社1977年版。
6. ［美］W. W. 罗斯托：《经济增长阶段：非共产党宣言》，郭熙保、王松茂译，中国社会科学出版社2001年版。
7. ［菲律宾］阿马多·格雷罗：《菲律宾社会与革命》，陈锡标译，人民出版社1972年版。
8. ［加拿大］阿米塔·阿查亚：《建构安全共同体：东盟与地区秩序》，王正毅、冯怀信译，上海人民出版社2004年版。
9. ［美］安东尼·D. 史密斯：《全球化时代的民族与民族主义》，龚维斌等译，中央编译出版社2002年版。
10. ［美］安东尼·吉登斯：《民族—国家与暴力》，胡宗泽等译，生活·读书·新知三联书店1998年版。
11. ［美］安东尼·史密斯：《民族主义：理论、意识形态、历史》，叶江译，上海世纪出版集团2006年版。
12. ［英］巴素：《东南亚之华侨》，郭湘章译，台北正中书局1974年版。
13. ［澳］贝却敌：《第二次印度支那战争：柬埔寨和老挝》，孙捷译，四海出版社1972年版。

14. ［美］本尼迪克特·安德森：《想象的共同体：民族主义的起源与散布》，吴叡人译，上海世纪出版集团2003年版。
15. ［缅甸］波巴信：《缅甸史》，陈炎译，商务印书馆1965年版。
16. ［美］查·爱·诺埃尔：《葡萄牙史》，南京师范大学翻译组译，江苏人民出版社1974年版。
17. 陈鸿瑜：《菲律宾的政治发展》，台湾商务印书馆1981年版。
18. ［越］陈辉燎：《越南人民抗法八十年史》，范宏科等译，生活·读书·新知三联书店1960年版。
19. 陈显泗：《柬埔寨两千年史》，中州古籍出版社1990年版。
20. 陈衍德：《对抗、适应与融合：东南亚的民族主义与族际关系》，长沙岳麓书社2004年版。
21. ［越］陈重金：《越南通史》，戴可来译，商务印书馆1992年版。
22. ［英］戴维·赫尔德：《民主与全球秩序：从现代国家到世界主义治理》，胡伟等译，上海世纪出版集团2003年。
23. ［英］戴维·赫尔德、安东尼·麦克格鲁主编：《治理全球化：权力、权威与全球治理》，曹荣湘等译，社会科学文献出版社2004年版。
24. ［印尼］迪·努·艾地：《印度尼西亚社会和印度尼西亚革命》，伍汉译，世界知识出版社1958年版。
25. ［英］厄内斯特·盖尔纳：《民族与民族主义》，韩红译，中央编译出版社2002年版。
26. ［美］弗朗西斯·福山：《历史的终结及最后之人》，黄胜强等译，中国社会科学出版社2003年版。
27. 复旦大学历史系编译：《日本帝国主义对外侵略史料选编》，上海人民出版社1983年版。
28. ［英］戈·埃·哈威：《缅甸史》（上、下册），姚梓良译，商务印书馆1973年版。
29. ［苏］格·伊·列文逊：《菲律宾》，魏林译，中国青年出版社1995年版。
30. ［菲］格雷戈里奥·F. 赛迪：《菲律宾革命》，林启森译，广东人民出版社1979年版。
31. ［菲］格雷戈里奥·F. 赛义德：《菲律宾共和国——历史、政府与文明》，吴世昌等译，商务印书馆1979年版。

32. 耿协峰：《新地区主义与亚太地区结构变动》，北京大学出版社 2003 年版。
33. 何勤华等主编：《东南亚七国法律发达史》，法律出版社 2002 年版。
34. 贺圣达、王文良、何平：《战后东南亚历史发展》（1945—1994 年），云南大学出版社 1995 年版。
35. 贺圣达：《东南亚文化发展史》，云南人民出版社 1996 年版。
36. 贺圣达：《缅甸史》，人民出版社 1992 年版。
37. 胡启生：《海洋秩序与民族国家：海洋政治地理学视角中的民族国家构建分析》，黑龙江人民出版社 2003 年。
38. 黄景明：《东南亚现势》，香港国际事务学院出版社 1980 年版。
39. 黄泽苍编：《荷属马来西亚》，上海商务印书馆 1921 年版。
40. ［美］霍华德·威亚尔达主编：《非西方发展理论——地区模式与全球趋势》，董正华等译，北京大学出版社 2006 年版。
41. 暨南大学东南亚研究所、广州华侨研究会：《战后东南亚国家的华侨华人政策》，暨南大学出版社 1989 年版。
42. 贾英健：《全球化背景下的民族国家研究》，中国社会科学出版社 2005 年版。
43. 金应熙主编：《菲律宾史》，刘迪辉译，河南大学出版社 1990 年版。
44. ［美］克利福德·格尔兹：《文化的解释》，纳日碧力戈等译，上海人民出版社 1999 年版。
45. 李一平等主编：《冷战以来的东南亚国际关系》，厦门大学出版社 2005 年版。
46. 梁英明、梁志明等：《近现代东南亚》（1511—1992 年），北京大学出版社 1994 年版。
47. 梁英明、梁志明等：《东南亚近现代史》，昆仑出版社 2005 年版。
48. 梁英明：《战后东南亚华人社会变化研究》，昆仑出版社 2001 年版。
49. 梁志明：《东南亚历史文化与现代化》，香港社会科学出版有限公司 2003 年版。
50. 梁志明主编：《殖民主义史·东南亚卷》北京大学出版社 1999 年版。
51. ［美］卢西恩·W. 派伊：《东南亚政治制度》，刘笑盈等译，广西人民出版社 1993 年版。
52. ［美］鲁塞尔·法菲尔德：《美国政策中的东南亚》，群力译，世界知识出版社 1965 年版。

53. ［美］罗伯特·沃尔特斯：《美苏援助：对比分析》，陈源等译，商务印书馆 1974 年版。

54. ［美］罗伯特·W. 杰克曼：《不需暴力的权力：民族国家的政治能力》，欧阳景根译，天津人民出版社 2005 年版。

55. ［美］罗伯特·基欧汉、约瑟夫·奈：《权力与相互依赖》，门洪华译，北京大学出版社 2002 年版。

56. 罗荣渠：《现代化新论：世界与中国的现代化进程》，北京大学出版社 1997 年版。

57. ［德］马克斯·韦伯：《经济与社会》，林荣远译，商务印书馆 1998 年版。

58. 马树礼编：《印度尼西亚独立运动史》，台北新闻天地社 1957 年版。

59. ［美］麦克尔·哈特、［意］安东尼奥·奈格里：《帝国：全球化的政治秩序》，杨建国等译，江苏人民出版社 2003 年版。

60. ［缅］貌丁昂：《缅甸史》，贺圣达译，云南省东南亚研究所 1983 年版。

61. ［澳］梅·加·李克莱弗斯：《印度尼西亚历史》，周南京译，商务印书馆 1993 年版。

62. ［泰］姆·耳·马尼奇·琼赛：《泰国与柬埔寨史》，厦门大学外文系翻译小组译，福建人民出版社 1976 年版。

63. 宁骚：《民族与国家：民族关系与民族政策的国际比较》，北京大学出版社 1995 年版。

64. ［德］诺贝特·埃利亚斯：《文明的进程》，王佩莉译，生活·读书·新知三联书店，1998 年版（上册）和 1999 年版（下册）。

65. ［美］诺姆·乔姆斯基：《新自由主义和全球秩序》，徐海铭、季海宏译，江苏人民出版社 2000 年版。

66. ［日］浦野起央：《21 世纪亚洲的选择》，梁云祥等译，中国社会出版社 2003 年版。

67. ［英］齐亚乌丁·萨达尔：《东方主义》，马雪峰等译，吉林人民出版社 2005 年版。

68. ［美］乔治·霍兰·萨拜因：《政治学说史》，盛葵阳译，商务印书馆 1990 年版。

69. 任美锷：《东南亚地理》，上海东方书社出版社 1952 年版。
70. ［美］萨德赛：《东南亚史》，蔡百铨译，台北麦田出版社 2002 年版。
71. ［埃及］萨米尔·阿明：《不平等的发展：论外国资本主义的社会形态》，高銛译，商务印书馆 1990 年版。
72. ［印尼］萨努西·巴尼：《印度尼西亚史》，吴世璜译，商务印书馆 1959 年版。
73. ［美］塞缪尔·P. 亨廷顿、琼·M. 纳尔逊：《难以抉择：发展中国家政治参与》，江晓涛等译，北京华夏出版社 1989 年版。
74. ［美］塞缪尔·P. 亨廷顿：《变化社会中的社会秩序》，王冠华等译，生活·读书·新知三联书店 1992 年版。
75. ［美］塞缪尔·P. 亨廷顿：《第三波：20 世纪后期民主化浪潮》，刘军宁译，生活·读书·新知三联书店 1998 年版。
76. 孙会军：《普遍与差异：后殖民批评视域下的翻译研究》，上海译文出版社 2005 年版。
77. 孙景峰：《新加坡人民行动党执政形态研究》，人民出版社 2005 年版。
78. ［苏］瓦·巴·科切托夫：《东南亚及远东各国近代现代史讲义》，东北师范大学历史系翻译室译，高等教育出版社 1960 年版。
79. 王民同等主编：《东南亚史纲》，云南大学出版社 1994 年版。
80. 王士录等：《从东盟到大东盟——东盟 30 年发展研究》，北京世界知识出版社 1998 年版。
81. 王锡伦编译：《近代世界殖民史略》，上海中华书局 1932 年版。
82. 王正毅：《地缘地带发展论——世界体系与东南亚的发展》，上海人民出版社 1997 年版。
83. 温北炎等：《后苏哈托时代的印度尼西亚》，世界知识出版社 2006 年版。
84. 吴凤斌主编：《东南亚华侨通史》，福建人民出版社 1994 年版。
85. ［越］武元甲：《越南民族解放战争》，越南外文出版社 1971 年版。
86. ［日］篠田英郎：《重新审视主权：从古典理论到全球时代》，戚渊译，商务印书馆 2005 年版。
87. 徐迅：《民族主义》，中国社会科学出版社 1998 年版。
88. 许宝强、罗永生选编：《解殖与民族主义》，中央编译出版社 2004 年版。

89. [法] 雅克·阿尔诺:《对殖民主义的审判》,岳进译,世界知识出版社1962年版。
90. [美] 伊曼纽尔·沃勒斯坦:《现代世界体系》,罗荣渠等译,高等教育出版社1998年版。
91. 以沛:《缅甸》,生活·读书·新知1959年版。
92. 易君、建青:《柬埔寨·老挝》,世界知识出版社1957年版。
93. 印度尼西亚情报部:《现代的印度尼西亚》,韦冈、陵原译,新知识出版社1956年版。
94. 印度尼西亚共产党历史研究所编:《印度尼西亚第一次民族起义》(1926年),艾兰译,世界知识出版社1963年版。
95. [美] 约翰·F. 卡迪:《东南亚历史发展》,姚楠等译,上海译文出版社1988年版;《战后东南亚史》,姚楠等译,上海译文出版社1984年版。
96. [新加坡] 约翰·芬斯顿主编:《东南亚政府与政治》,张锡镇等译,北京大学出版社2007年版。
97. [美] 约翰·罗尔斯:《正义论》,何怀宏等译,中国社会科学文献出版社2001年版。
98. [美] 约瑟夫·奈:《软力量:世界政坛成功之道》,刘晓辉等译,东方出版社2005年版。
99. 岳蓉、徐扬:《法律规范与社会信任:泰国行政变革的个案研究》,贵州人民出版社2007年版。
100. 岳蓉:《英国民族国家研究》,贵州人民出版社2004年版。
101. [加拿大] 詹姆斯·塔利:《陌生的多样:歧异时代的宪政主义》,黄俊龙译,上海世纪出版集团2005年版。
102. [美] 詹姆斯·C. 斯科特:《农民的道义经济学:东南亚的反叛与生存》,程立显等译,译林出版社2001年版。
103. 张锡镇:《当代东南亚政治》,广西人民出版社1995年版;《东南亚政府与政治》,台湾杨智文化出版公司1999年版。
104. 张肇强:《战后印度尼西亚的政治和经济》,世界知识出版社1956年版。
105. 中山大学东南亚史研究所主编:《泰国史》,广东人民出版社1987年版。

106. 周南京：《风雨同舟：东南亚与华人问题》，中国华侨出版社 1995 年版、《风云变化看世界：海外华人问题及其他》，香港南岛出版社 2002 年版。
107. 朱志和：《缅甸》，世界知识出版社 1957 年版。
108. 庄国土：《二战以后东南亚华族社会地位的变化》，厦门大学出版社 2003 年版。
109. 邹启宇主编：《泰国》，上海辞书出版社 1988 年版。

二　英文参考书目

1. Abdullan, Taufik, & Siddique, Sharon, *Islam and Society in Southeast Asia*, Singapore: ISAS, 1987.
2. Ahmad, Zakaria Haji, & Crouch, Harold, ed., *Military-Civilian Relations in South-East Asia*, Oxford, New York: Oxford University Press, 1985.
3. Alagappa, Muthiah, ed., *Political Legitimacy in Southeast Asia: the Quest for Moral Authority*, Stanford, California: Stanford University Press, 1995.
4. Alford, R. R. & Friedland, R., *Powers of Theory: Capitalism, the State & Democracy*, Cambridge: Cambridge University, 1985.
5. Allen, J. DE. V., Stockwell, A. J. & Wright, L. R., *A Collection of Treaties and Other Documents Affecting the States of Malaysia 1761—1963*, New York: Ocean Publication Inc., 1971.
6. Anderson, Bendict R. O'Gorman, *Language and Power: Exploring Political Culture in Indonesia*, Ithaca: Cornell University Press, 1990.
7. Anthony, Mely Caballero, *Regional Security in Southeast Asia: beyond the ASEAN Way*, Singapore: Institute of Southeast Asia Studies, 2005.
8. Antlöv, Hans, and Tønnesson, Stein, eds., *Imperial Policy and Southeast Asian Nationalism*, 1930—1957, Great Britain: Curzon Press, 1995.
9. ASEAN Secrietariat, *ASEAN Documents Series*, Jakarta: ASEAN Secretareat, 2005.
10. Ayabe, Tsuneo, ed., *Nation-State, Identity and Religion in Southeast Asia*, Singapore: Singapore Society of Asian Studies, 1998.
11. Beeson, Mark, ed., *Contemporary Southeast Asia: Regional Dynamics, National Differences*, New York: Palgrave Macmillan, 2004.

12. Berliner, Joseph S. , *Soviet Economy Aid: the New aid and Trade Policy in Underdeveloped Countries*, New York: Frederick A. Praeger, 1968.
13. Blanchard, Wendell, ed. *Thailand: its Pepole, its Society, its Culture*, New Haven: Hraf press, 1974.
14. Bloom, W. , *Personal Identity, National Identity and International Relations*, Cambridge: Cambridge University, 1990.
15. Brailey, Nigel J. , *Thailand and the Fall of Singapore*, Boulder and London: Westview Press, 1986.
16. Buss, Claude A. , *Asia in the Modern World: a History of China, Japan, South and Southeast Asia*, London: Collier-Macmillan Ltd. , 1964.
17. C. Riddell, Roger, *Foreign Aid Reconsidered*, Baltimore: the Johns Hopkins University Press, 1987.
18. Callahan, Mary P. , *Making Enemies: War and State Building in Burma*, Singapore: Singapore University Press, 2004.
19. Cantori, Louis J. and Spiegal, Steven L. , *The International Politics of Regions: a comprehensive approach*, Eaglewood Cliffs, N. J. : Prentice Hall, 1970.
20. Celoza, Albert F. , *Ferdinand Marcos and the Philippines: the Political Economy of Authoritarianism*, London: Westport, Connecticut, 1997.
21. Chandler, David P. , *A History of Cambodia*, Boulder, Colorado: Westview Press, 1983.
22. Charney, Michael W. , *Southeast Asian Warfare (1300—1900)*, Leiden, Boston: Brill, 2004.
23. Cobban, Alfred, *The Nation State and National Self-determination*, New York: Thomasy Crowell Company, 1969.
24. Connors, Michael Kelly, *Democracy and National Identity in Thailand*, New York and London: Routledge Curzon, 2003.
25. Cox, Robert W. , *Production, Power, and World Order: Social Forces in the Making of History*, Beijing: Peking University Press, 2006.
26. Daniels, Timothy P. , *Building Cultural Nationalism in Malyasia: Identity, Representation, and Citizenship*, New York & London: Routledge, 2005.

27. Delang, Claudio O., ed., *Living at the Edge of Thai Society: the Karen in the Highlands of Northern Thailand*, New York: RoutledgeCurzon, 2003.
28. Deutsch, Karl W. and Burrell, Sidney A., et al, *Political Community and the North Atlantic Areas: International Organization in the Light of Historical Experience*, Princeton: Princeton University Press, 1957.
29. Dewitt, David B., & Hernandez, Carolina G., eds., *Development and Security in Southeast Asia*, Vol. Ⅲ., *Globalization*, Aldershot, England: Ashgate Publishing Ltd., 2003.
30. Dhiravegin, Likhit, *Thai Politics: Selected Aspects of Development and Change*, Bangkok: Tri-Sciences Publishing house, 1985.
31. Dhiravegin, Likhit, *The Bureaucratic Elite of Thailand: A Study of Their Sociological Attributes, Educational Backgrounds and Career Advancement Pattern*, Bankok: Thai Khadi Research Institute Thammasat University, 1978.
32. Dvoyer, Denis, ed., *Southeast East Asian Development: Geographical Perspectives*, New York: Longman Scientific & Technical Longman Group UK Ltd., 1990.
33. Dyson, Kenneth H. F., *The State Tradition in Western Europe: a Study of an Idea & Institution*, Oxford: Martin Robertson, 1980.
34. Eisenstadt, S. N., *Patterns of Modernity*, London: Frances Pinter, 1987.
35. Embong, Abdul Rahman, *State-led Modernization and the New Middle Class in Malaysia*, New York: Palgrave, 2002.
36. Engelbert, Thomas and Schneider, Andreas, eds. *Ethnic Minorities and Nationalism in Southeast Asia*, Frankfurt am Main; Berlin; Bern; Bruxelles; NewYork; Oxford; Wien: Peter Lang Gembh, 2000.
37. Fifield, Russell H., *The Diplomacy of Southeast Asia* (1945—1958), New York: Harper and Brothers Publishers, 1958.
38. Frey, Marc, & Pruessen, Ronald W., & Yong, Tan Tai, eds., *The Transformation of Southeast Asia: International Perspective on Decolonization*, Armonk, New York: An East gate book, 2003.

39. Ghee, Lim Teck, *Social Integration Policies in Malaysia: A Review of Literature and Empirical Material*, Geneva: International Institute for Labour Studies, 1995.

40. Girling, John L. S., *Thailand: Society and Politics*, Ithaca and London: Cornell University Press, 1987.

41. Goh, Robbie B. H., *Christianity in Southeast Asia*, Singpore: ISAS, 2005.

42. Gomez, Edmund Terence, ed., *The State of Malaysia: Ethnicity, Equity and Reform*, London & New York: RoutledgeCurzon, 2004.

43. Gomez, Elmund Terence, ed., *Politics in Malaysia: the Malay Dimension*, London & New York: Routledge, Taylor & Francis Group, 2007.

44. Haas, David F., *Interaction in the Thai Bureaucracy: Structure, Culture, and Social Exchange*, Boulder, Colorado: Westview Press, 1979.

45. Hammer, Ellen J., *The Struggle for Indochina*, Stanford, California: Stanford University press, 1954.

46. Hanna, Willard A., *The Formation of Malaysia: New Factor in World Politics*, New York: American University Fifld Staff, Inc., 1964.

47. Hardt, Michael & Negri, Antonio, *Empire*, Cambridge, Massachusetts: Harvard University Press, 2000.

48. Hazra, Kanai Lal, *Thailand: Political History and Buddhist Cultural Influence*, Vol. I . *Political History*, India, New Delhi: Decent Books, 2000.

49. Hefner, Robert W., & Horvatich, Patricia, *Islam in an Era of Nation-State: politics and religious renewal in Muslim Southeast Asia*, Honolulu: University of Hawaii Press, 1997.

50. Hefner, Robert W., ed., *The Politics of Multiculturalism: Pluralism and Citizenship in Malaysia*, Singapore and Indonesia, Honolulu: University of Hawaii Press, 2001.

51. Herz, John H., *The Nation-state and the Crisis of World Politics: Essays on International Politics in the Twentieth Century*, New York: David McKay Company, Inc., 1976.

52. Heussler, Robert, *British Rule in Malaya* (1942—1957), Singapore: ISAS, 1985.

53. Hewison, Kevin, eds., *Political Change in Thailand: Democracy and Participation*, London and New York: Routledge, 1997.
54. Higgott, Richard, and Robison, Richard, eds., *Southeast Asia: Essays in the Political Economy of Structural Change*, London, Boston, Melbourne and Henley: Routlege & Kegan Paul, 1985.
55. Hill, David J., *A History of Diplomacy in the International Development of Europe*, Vol. II, London: Longmans, Green & Co., 1924.
56. Hitchcock, Michael, & King, Victor T., eds., *Images of Malay-Indonesian Identity*, Oxford, Singapore, & New York: Oxford University Press, 1997.
57. Horsman, M. and Marshall, A., *After the Nation State*, London: HarperCollins, 1994.
58. Hsiao, Hsin-Huang Michael, ed., *The Changing Faces of the Middle Classes in Asia-Pacific*, Taipei, Taiwan: Accademia Sinica, the Center for Asia-Pacific Area Studies, RCHSS, 2006.
59. Hutchinson, John, & Smith, Anthony D., eds., *Nationalism: Critical Concepts in Political Science*, Vol. V.-III., London & New York: Routledge, 2000.
60. Hwang, In-Won, *Personalized Politics: the Malaysian State under Mahathir*, Singapore: ISAS, 2003.
61. Ibrahim, Zawawi, ed., *Cultural Contestations: Mediating Identity in a Changing Malaysian Society*, London: ASEAN Academic Press, 1998.
62. Indorf, H., *Impediments to Regionalism in Southeast Asia*, Singapore: ISEAS, 1984.
63. John, Ronald Bruce St., *Revolution, Reform and Regionalism in Southeast Asia*, New York: Routledge, 2006.
64. Jomo, K. S., *Globalization, Liberalisation, Poverty and Income Inequality in Southeast Asia*, Paris: OECD, 2001
65. Jordan, Amos A., *Foreign Aid and the Defense of Southeast Asia*, New York: Praeger, 1962.
66. Kahn, Joel S., ed., *Southeast Asian Identities: Culture and the Politics of Representation in Indonesia, Malaysia Singapore, and Thailand*, Singapore

& London: ISAS, 1998.

67. Kassim, Yang Razali, *Transition Politics in Southeast Asia: Dynamics of Leadership Change and Succession in Indonesia and Malaysia*, Singapore: Marshall Cavendish, 2005.

68. Kell, Tim, *The Roots of Acehmese Rebellion*, 1989—1992, New York: Cornell University, 1995.

69. Kershaw, Roger, *Monarchy in South-East Asia: the Faces of Tradition in Transition*, London & New York: Routldege, Traylor & Francis Group, 2001.

70. Kheng, Cheah Boon, *Malaysia: the Making of a Nation*, Singapore: ISAS, 2002.

71. Kim, Khoo Kay, ed., *The History of South-East, South and Eastasia: Essays and Documents*, London: Oxford University, 1977.

72. King, Victor T., & Wilder, William D., *The Modern Anthropology of South-East Asia: an Introduction*, London & New York: RoutledgeCurzon, Taylor & Francis Group, 2003.

73. Kingsbury, Damien, *South-East Asia: a Political profile*, Oxford: Oxford University Press, 2001.

74. Kohama, Hirohisa, ed., *External Factors for Asian Development*, Singapore: ISAS, 2003.

75. Krasner, Stephen D., *Problematic Sovereignty: Contested Rules and Political Possibilities*, Columbia: Columbia University Press, 2001.

76. Kulick, Elliott &Wilson, Dick, *Time for Thailand Profile of a New Success*, Bangkok: White Lotus Co., Ltd, 1996.

77. Lee, Kam Hing, *The Sultanate of Aceh: Relations with the British*, 1760—1824, New York: Oxford University Press, 1995.

78. Leifer, Michael, ed., *Asian Nationalism*, London: Routledge, 2000.

79. Lerner, Daniel, & Schramm, Wilber (eds.), *Communication and Change in the Developing Countries*, Honolulu: the University Press of Hawaii, 1967.

80. Lerner, Daniel, *The Passing of Traditional Society*, New York: Free Press, 1958.

81. Levy, Marion J., Jr., *Modernization and the Structure of Societies: A Setting for International Affairs*, Princeton: Princeton University, 1970.
82. Lo, Fu-chen & Yeung, Yue-man, eds., *Emerging World Cities in Pacific Asia*, Tokyo, New York. Paris: United Nations University Press, 1996.
83. Lockhart, Grog, *Nation in Arms: the Origins of the People's Army of Vietnam*, Wellington: Allen and Unwin, 1989.
84. Mahajani, Usha, *Phillippine Nationalism: External Challenge and Filipino Response*, 1565—1946, St. Lucia: University of Queenland Press, 1971.
85. Man, W. K. Che, *Muslim Separatism: the Moros of Southern Philippines and the Malays of Southern Thailand*, Oxford: Oxford University Press, 1990.
86. Marr, David G. and Milner, A. c., eds., *Southeast Asia in the 9th to 14th Centuries*, Singapore: ISAS, 1986.
87. Marsh, Ian, ed., *Democratization, Governance and Regionalism in East and Southeast Asia: a Comparative Study*, New York & London: RoutledgeCurzon, Taylor & Francis Group, 2006.
88. McAlister, John T., Jr. ed., *Southeast Asia: the Political of National Integration*, New York: Random House, 1973.
89. McCarthy, Stephen, *The Political Theory of Tyranny in Singapore and Burma: Aristotle and the Rhetoric of Benevolent Despotism*, London & New York: RoutledgeCurzon, Taylor & Francis Group, 2006.
90. McClelland, David C., *Studies in Motivation*, New York: Appleton-Century-Crofts, 1995.
91. Mclenna, G., Held, D., & Hall, S., edited, *The Idea of the Modern State*, Milton Keynes, Philadelphia: Open University Press, 1984.
92. McMahon, Robert J., *Colonialism and Cold War: the United States and the Struggle for Indonesia Independence*, 1945—1949, Ithaca, New York.: Cornell University Press, 1981.
93. Mead, Kullada Kesboonchoo, *The Rise and Decline of Thai Absolutism*, London & New York: RoutledgeCurzon, Taylor & Francis Group, 2004.
94. Mehden, Fred R. von der, *Religion and Nationalism in Southeast Asia: Burma, Indonesia and the Philippines*, Madison, Milwaukee, & London:

the University Wisconsin Press, 1968.

95. Mehden, Fred R. von der, *South-East Asia (1930—1970): the Legacy of Colonialism and Nationalism*, London: Thames and Hudson Ltd., 1974.

96. Memmi, Albert, *The Colonizer and the Colonized*, Boston: Beacon Press, 1965.

97. Mills, Lennox A., *Southeast Asia: Illusion and Reality in Politics and Economics*, Minneapolis: University of Minnesota Press, 1964.

98. Miscamble, Wilson D, *George F · Kennan and the Making of American Foreign Policy*, 1947—1950, Princeton: Princeton University Press, 1992.

99. Montgomery, John D., *The Politics of Foreign Aid: American experience in Southeast Asia*, New York: Published for the Council on Foreign Relations by Praeger, 1962.

100. Mulder, Niels, *Southeast Asian Images: Towards Civil Society?* Chiang Mai: Silkworm Books, 2003.

101. Myung-Seok, Oh, & Hyung-Jun, Kim, eds., *Religion, Ethnicity and modernity in Southeast Asia*, Korea: Seoul National University Press, 1998.

102. Neher, Clark D., ed., *Modern Thai Politics*, Cambridge, Massachusetts: Schenkman Publishing Company, 1979.

103. Nolledo, Jose N., *The Constitution of the Republic of the Philippines Explained (English-Filipino Version)*, Metro Manila, Philippines: National Book Store, 1987.

104. Noranitipadungkarn, Chakrit, Elites, *Power Structure and Politics in Thai Communities*, Bangkok: The National Institute of Development Administration, 1981.

105. OECD Proceedings, *Foreign Direct Investment and Recovery in Southeast Asia*, Paris: Organization for Economic Co-operation and Development, 1999.

106. Ohmae, Kenichi, *The End of the Nation State: the Rise of regional Economies*, New York: The Free Press, 1995.

107. Owen, Norman G., ed., *The Emergency of Modern Southeast Asia: A*

New History, Honolulu: University of Hawai'i Press, 2005.

108. Pearson, H. F. , *A History of Singapore*, London: University of London Press, Ltd. , 1956.

109. Pearson, H. F. , *Singapore: a Popular History* (1819—1960), Singapore: Eastern University Press, Ltd. , 1961.

110. Peou, Sorpong, *Intervention and Change in Cambodia*, Singapore: ISAS, Thailand: Silkworm Books, 2000.

111. Perry, Martin, & Kong, Lily, & Yeoh, Brenda, *Singapore: a Developmental City State*, England: John Wiley & Sons Ltd. , 1997.

112. Pholsena, Vatthana, *Post-war Laos: the Politics of Culture, History and Identity*, Singapore: ISAS, 2006.

113. Pluvier, Jan, *Southeast Asia from Colonialism to Independence*, Kuala Lumper, 1974.

114. Purcell, Victor, *South and East Asia since* 1800, Cambridge: Cambridge University Press, 1965.

115. Putra, TunkuAbdul Rahman, *Malaysia: the Road to the Independence*, Kuala Lumpur: Pelamduk Publications, 1984.

116. Rafael, Vicente L. , *Contracting Colonialism: Translation and Christian Conversion in Tagalog Society under Early Spanish Rule*, Ateneo de Manila University, 2000.

117. Reddi, V. M. , *A History of the Cambodian Independence Movement* (1863—1955), Tirupati: Sri Venkateswara University, 1970.

118. Reid, Anthony, & Marr, David, eds. , *Perceptions of the Past in Southeast Asia*, Hong Kong: Heinemann Educational Books (Asia), Ltd. , 1979.

119. Reynolds, Craig J. , ed. , *National Identity and Its Defenders: Thailand Today*, Chiang Mai: Silkworm Books, 2002.

120. Rigg, Jonathan, ed. , *Southeast Asian Development: Critical Concepts in the Social Sciences*, vol. I. , London & New York: Routledge, Taylor & Francis Group, 2008.

121. Riggs, Fred W. , *Thailand: the Modernization of a Bureaucratic Polity*, Honolulu: East-West Center Press, 1966.

122. Rosaldo, Renato, ed., *Cultural Citizenship in Island Southeast Asia: Nation and Belonging in the Hinterlands*, Berkeley, Los Angles, London: University of California Press, 2003.

123. Ryan, N. J., *A History of Malaysia and Singapore*, London, New York, Melbourne: Oxford University Press, 1976.

124. Samuel, K. Tan, *The Filipino Muslim Armed Struggle*, 1900—1972, Filipinas: Filipinas Foundation, Inc., 1977.

125. Scalapine, Robert, et al, eds., *Regional Dynamics: Security, Political and Economic Issues in the Asia-Pacific Region*, Jakarta: Center for Strategic and International Studies, 1990.

126. Seton-Watson, Hugh, *Nations & States: an Enquiry into the Origins of Nations & the Politics of Nationalism*, London: Methuen & Co. Ltd, 1977.

127. *Shorter Oxford English Dictionary on Historical Principles*, (Third edition), Oxford: Clarendon Press.

128. Siffin, William J., *The Thai Bureaucracy: Institutional Change and Development*, Honolulu: East-West Center press, 1966.

129. Simon, Sheldon W., *War and Politics in Cambodia: a Communications Analysis*, Durham, North Carolins: Duke University Press, 1974.

130. SjÖholm, Fredik & Tongzon, Jose, ed., *Institutional Change in Southeast Asia*, London & New York: RoutledgeCurzon, Taylor & Francis Group, Stockholm School of Economics: The European Institute of Japanese Studies, 2005.

131. Skinner, G. William & Kirsch, A. Thomas, eds., *Change and Persistence in Thai Society*, Ithaca and London: Cornell University Press, 1975.

132. Skinner, G. William, *Chinese Society in Thailand: an Analytical History*, Ithaca: Cornell University, 1957.

133. Smith, A. D., *The Ethnic Sources of Nationalism, Ethnic Conflict & International Security*, Princeton: Princeton University, 1993.

134. Smith, Martin, *Burma: Insurgency and the Politics of Ethnicity*, White Lotus Co. Ltd., 1999.

135. Snitwongse, Kusuma, & Thompson, W. Scott, eds, *Ethnic Conflicts in*

Southeast Asia, Singapore: ISAS, 2005.

136. Steinberg, David Joel, Woodside, Alexander, et., eds., *In Search of Southeast Asia: a Modern History*, Oxford, New York: Oxford University Press, 1985.

137. Stokke, Olav, *Aid and Political Conditionality*, EADI Book Series 16, Frank CASS. London, 1995.

138. Stuart-Fox, Martin, *A History of Laos*, Cambridge: Cambridge University Press, 1997.

139. Suh, J. J., Katzenstein, Peter J. & Carlson, Allen, eds., *Rethinking Security in East Asia: Identity, Power, and Efficiency*, Stanford: Stanford University Press, 2004.

140. Suryadinata, Leo, ed., *Nationalism and Globalization: East and West*, Singapore: ISAS, 2000.

141. Sutton, Joseph L., ed., *Problems of Political and Administration in Thailand*, Indiana: Indiana University, 1962.

142. Takashi, Shiraishi & Patricio N. Abinales, *After the Crisis: Hegemony, Technocracy and Governance in Southeast Asia*, Kyodai Kaikan: Kyoto University Press, and Rosanna: Trans-Pacific Press 2005.

143. Tan, Kevin Y. L., *Constitutional Systems in Late Twentieth Century Asia*, Singapore: Singapore University Press, 1993.

144. Taring, Nicholas, *Regionalism in Southeast Asia: to Foster the Political Will*, London & New York: Routledge, Taylor & Francis Group, 2006.

145. Tarling, Nicholas, *Nationalism in Southeast Asia: 'If the People are with us'*, London & New York: RoutledgeCurzon, 2004.

146. Tarling, Nicholas, *Southeast Asia: a Modern History*, Oxford: Oxford University Press, 2001.

147. Tarling, Nicholas, *Imperialism in Southeast Asia: a Fleeting Passing Phase*, London: Routledge, 2001.

148. *The American Heritage Dictionary* (Second college edition), Boston: Houghton Mifflin Company, 1982.

149. Thomsen, Stephen, *Southeast Asia: The Role of Foreign Direct Investment Policies in Development*, Paris: OECD, 1999.

150. Tilly, Charles, ed., *The Formation of National States in Western Europe*, Princeton: Princeton University, 1975.
151. Tingsabadh, Charit, ed., *King Chulalongkorn's Visit to Europe: Reflection on Significance and Impacts*, Bangkok: Chulalongkorn University, 2000.
152. Trankell, Ing-Britt, & Summer, Laura, eds. *Facets of Power and its Limitations: Political Culture in Southeast Asia*, Sweden: UPPSALA, 1998.
153. Tsuji, Masanobu, *Singapore (1941—1942): the Japanese Version of the Malayan Campaign of World War Ⅱ.*, Singapore: Oxford University Press, 1988.
154. Turnbull, C. M., *A History of Singapore (1819—1988)*, Oxford, New York: Oxford University Press, 1989.
155. Vella, W. F, *The Impact of the West on Government in Thailand*, Berkeley: California University, 1955.
156. Verma, Vidhu, *Malaysia State and Civil Society in Transition*, Boulder, London: Lynne Rienner Publishers, 2002.
157. Wah, Francis Loh Kok, & Öjendal, Joakim, eds., *Southeast Asian Response to Globalization: Restructuring Governance and Deepening Democracy*, Copenhagen S, Denmark: NIAS Press, 2005.
158. Wake, Christopher, *The Politics of Colonial Exploitation: Java, the Dutch, and the Cultivation System*, Singapore: Singapore University Press, 1994.
159. Wang, Gungwu, ed., *Nation-Building: five Southeast Asian Histories*, Singapore: ISAS, 2005.
160. Watananguran, Pornsan, ed. *The Visit of King Chulalongkorn to Europe in 1907: Reflection on Siamese history*, Bangkok: Centre for European Studies, Chulalongkorn University, 2008.
161. *Webster's New Collegiate Dictionary*, Springfield, Massachusetts: G. & C. Merriam Company, 1973.
162. Weiss, Meredith L., & Hassan, Saliha, eds., *Social Movement in Malaysia: from Moral Communities to NGOs*, London, New York: Routledge

Curzon, 2003.

163. Weiss, Meredith L., *Protest and Possibilities: Civil Society and Coalitions for Political Change in Malaysia*, Stanford: Stanford University Press, 2006.

164. Wilson, David A., *Politics in Thailand*, Westport, Connecticut: Greenwood Press Publishers, 1962.

165. Wilson, Dick, *The Future Role of Singapore*, Oxford: Oxford University Press, 1972.

166. Wilson, Richard Garratt, *The Neutralization of Southeast Asia*, New York, Washington, London: Praeger Publishers, 1975.

167. Wolf, Jr. Charles, *Foreign Aid: theory and practice in Southeast Asia*, New Jersey: Princeton University, 1960.

168. Xuto, Somsakdi, ed., *Government and Politics of Thailand*, Oxford, New York: Oxford University Press, 1987.

169. Yamanaka, Keiko & Piper, Nicola, *Feminized Migration in East and Southeast Asia: Policies, Actions and Empowerment*, Geneva: United Nations Research Institute for Social Development, 2005.

三 中文期刊

1. 他差隆禄叻纳编:《泰国"国家主义的通告"》,《东南亚历史译丛》1984年第3期。

2. Г. И. 列文逊:《1946年菲律宾宣告独立的前提》,《南洋资料译丛》1959年第4期。

3. 《印度支那战争(柬埔寨/老挝/越南)》,《南洋资料译丛》2003年第3期。

4. B. 杰索普著:《国家理论的新进展——各种探讨、争论点和议程》,《世界哲学》2002年第1、2期。

5. G. P. 敏斯:《马来西亚——东南亚的一个新联邦》,《南洋问题资料译丛》1963年第4期。

6. M. 史密斯:《蒙固王》,《东南亚历史译丛》1986年第4期。

7. 安东尼·罗利:《东盟各成员国对待东盟的态度——新加坡》,《南洋资料译丛》1978年第2期。

8. 包茂宏：《论菲律宾的民族问题》，《世界民族》2004 年第 5 期。
9. 保罗·汉德利：《1987—1996 年泰国的政治和经济大致相同?》，《南洋资料译丛》2002 年第 1 期。
10. 曹云华：《世纪之交的东盟》，《东南亚研究》1998 年第 1 期。
11. 陈奉林：《近十年来国内东南亚殖民主义史研究述评》，《东南亚研究》2007 年第 3 期。
12. 陈健民：《论泰国 1932 年政变的性质》，《世界历史》1986 年第 7 期。
13. 陈开明：《泰国现代化进程中的南部穆斯林问题》，《世界民族》1999 年第 2 期。
14. 陈衍德：《东南亚的民族文化与民族主义》，《东南亚研究》2004 年第 4 期。
15. 成元生：《泰国华人融进当地社会》，《江海侨声》1999 年第 2 期。
16. 高岱：《英法殖民地行政管理体制特点评析（1850—1945 年)》，《历史研究》2000 年第 4 期。
17. 谷川荣彦：《战后东南亚民族解放运动的发展》，《南洋资料译丛》1974 年第 3 期。
18. 哈迪·斯萨苏托洛：《东盟经济共同体：其概念、成本和利益》，《南洋资料译丛》2005 年第 3 期。
19. 哈利逊，刘聘业译：《东南亚在葡萄牙殖民时期》，《南洋问题资料译丛》1957 年第 2 期。
20. 哈利逊：《东南亚在葡萄牙殖民时期》，《南洋资料译丛》1957 年第 2 期。
21. 贺圣达：《"泰体西用：近代泰国思想发展的特点"》，《东南亚》1996 年第 1 期。
22. 贺圣达：《关于朱拉隆功改革的指导思想》，《东南亚南亚研究》1988 年第 2 期。
23. 贺圣达：《朱拉隆功改革与泰国的现代化进程》，《世界历史》1989 年第 4 期。
24. 黄焕宗：《英国侵略马来西亚及其殖民政策》，《南洋问题研究》1991 年第 1 期。
25. 吉斯·M. 莱昂斯、迈克尔·马斯坦都诺：《国际干预、国家主权与国际社会的未来》，《国际社会科学杂志》（中文版），1994 年第 11 卷第

4 期。

26. 井上治：《走向分裂的印度尼西亚》，《南洋资料译丛》2002 年第 2 期。
27. 菊池一雅：《殖民制度的遗迹——越南和柬埔寨的边界》，《东南亚历史译丛》1979 年第 1 期。
28. 李安山：《论"非殖民化"：一个概念的缘起与演变》，《世界历史》1998 年第 4 期。
29. 李晨阳：《缅甸的克伦人与克伦人分离运动》，《世界民族》2004 年第 1 期。
30. 廖大珂：《试论荷兰东印度公司从商业掠夺机构到殖民地统治机构的演变》，《南洋问题研究》1987 年第 4 期。
31. 廖松安：《泰国穆斯林的分裂主义——"真主之路"》，《东南亚研究》1981 年第 1 期。
32. 林慧婷：《暗流汹涌：马来亚社会运动发展（1900—1941 年）》，《史汇》（台北"国立"中央大学历史研究所）2006 年第 10 期。
33. 刘玉遵：《试论泰国 1932 年政变》，《东南亚历史译丛》1979 年第 1 期。
34. 罗德尼·塔斯克：《东盟各成员国对待东盟的态度——菲律宾》，《南洋资料译丛》1978 年第 2 期。
35. 罗兰德·G. 西姆布兰：《菲律宾的美国军事基地》，《东南亚研究》1986 年第 2 期。
36. 马克·比森：《"东盟 + 3"和保守地方主义的兴起》，《南洋资料译丛》2003 年第 4 期。
37. 马小军：《泰国近代社会性质刍论》，《世界历史》1987 年第 5 期。
38. 马嬿：《析冷战时期及冷战后美国对东南亚的政策》，《国际观察》1999 年第 2 期。
39. 聂德宁：《魏晋南北朝时期中国与东南亚的佛教文化交流》，《南洋问题研究》2001 年第 2 期。
40. 帕苏克·冯派切特（Pasuk Phongpaichit）和克里斯·贝克：《90 年代泰国的政权转变》，《南洋资料译丛》2002 年第 1 期。
41. 任一雄：《沙立的民主尝试及其"泰式民主"》，《东南亚》2001 年第 3 期。

42. 任一雄:《稳定:经济与社会发展的基本前提——泰国权威政治的作用剖析》,《东南亚研究》2004 年第 6 期。

43. 塞利姆·铁木儿:《国际移民的趋势变化和主要问题:教科文项目概览》,(国际移民 2000 年),2001 年第 3 期。

44. 邵建平:《柬泰柏威夏寺及其附近领土争端透析》,《学术探索》2009 年第 4 期。

45. 施葆琴:《东盟十年(1967—1977)》,《南洋资料译丛》1978 年第 2 期。

46. 时殷弘:《1950 年美国远东政策巨变的由来》,《南开大学学报》1995 年第 5 期。

47. 斯蒂芬·卡斯尔斯:《21 世纪初的国际移民:全球性的趋势和问题》,《国际社会科学杂志》(国际移民 2000 年),2001 年第 3 期。

48. 韦红:《战后东南亚经济开发引发民族冲突诸因素分析》,《世界历史》2001 年第 6 期。

49. 武传兵等:《柏威夏寺成功申遗引发柬泰领土争端再度升温》,《当代世界》2008 年第 9 期。

50. 西靖胜:《有关当代马来西亚种族主义问题的探讨》,《南洋资料译丛》1986 年第 2 期。

51. 西蒙·斯科特·普卢默:《东盟各成员国对待东盟的态度——马来西亚》,《南洋资料译丛》1978 年第 2 期。

52. 西蒙·斯科特·普卢默:《东盟各成员国对待东盟的态度——泰国》,《南洋资料译丛》1978 年第 2 期。

53. 小塞西尔:《美国和中立主义国家:十年展望》,《美国政治和社会科学学院年报》1965(362):

54. 许梅:《泰国华人政治认同的转变——动因分析》,《东南亚研究》2002 年第 6 期。

55. 许肇琳:《泰国华人社区的变迁》,《华侨华人历史研究》1995 年第 1 期。

56. 殷亦祖编:《印度尼西亚华裔少数民族问题译文专辑》,《南洋问题资料译丛》1963 年第 3 期。

57. 于格·戴和特:《非殖民化与欧洲建设》,《浙江学刊》2007 年第 1 期。

58. 玉置充子：《泰国南疆伊斯兰恐怖组织与他信政权》，《南洋资料译丛》2005 年第 4 期。
59. 约翰·芬斯顿：《东盟在更加错综复杂时期面临的挑战》，《南洋资料译丛》2000 年第 2 期。
60. 岳蓉：《法律规范与社会信任：华人族群融入泰国主流社会的启示》，《贵州师范大学学报》2005 年第 2 期。
61. 岳蓉：《近代泰国国家形态特征》，《东南亚》2001 年第 2 期。
62. 曾少聪：《东南亚的国际移民与民族问题》，《世界民族》2006 年第 5 期。
63. 张顺红：《论英国的非殖民化》，《世界历史》1996 年第 6 期。
64. 张锡振：《泰国军事政变频繁的原因及其发展趋势》，《东南亚纵横》1992 年第 2 期。
65. 张锡镇：《东盟的大国均势战略》，《国际政治研究》1999 年第 2 期。
66. 张锡镇：《东盟共同体发展趋势及其主要推动者》，《世界政治与经济论坛》2007 年第 1 期。
67. 张映秋：《论泰国 1932 年"六·二四"政变》，《东南亚历史译丛》1979 年第 1 期。
68. 赵银亮：《地区主义与东盟的制度变迁相关性分析》，《亚太经济》2006 年第 5 期。
69. 赵银亮：《东盟地区治理进程中的制度构建》，《当代亚太》2006 年第 11 期。
70. 郑先武：《"东亚共同体"愿景的虚幻性析论》，《现代国际关系》2007 年第 4 期。
71. 郑一省：《东盟国家间领土边界争端的成因及影响》，《东南亚研究》2005 年第 2 期。
72. 周弘：《对外援助与现代国际关系》，《欧洲》2002 年第 3 期。
73. 周平：《对民族国家的再认识》，《政治学研究》2009 年第 4 期。
74. 朱利江：《马来西亚和印度尼西亚岛屿主权争议案评论》，《南洋问题研究》2003 年第 4 期。

四 英文期刊

1. Russell H. Fifield, "The Concept of Southeast Asia", *South-East Spctrum*,

No. Ⅳ, (Oct. 1975): 42 – 51.

2. Jürgen Rüland, "The Nature of Southeast Asian Security Challenges", *Security Dialogue*, Vol. 36, No. 4, (2005): 545 – 563.

3. R. S. Milne, "The Politics of Privatization in the ASEAN States", *ASEAN Economic Bulletin*, Vol. 7, No. 3, (Mar. 1991): 322 – 334.

4. Peter A. Jackson, "The Performative State: Semi-coloniality and the Tyranny of Images in Modern Thailand", *SOJOURN*, Vol. 19, No. 2 (2004): 219 – 253.

5. Kathleen Weekley, "The National or the Social? Problems of Nation-Building in Post-World War Ⅱ. Philippines", *Third World Quarterly*, Vol. 27, No. 1 (2006): 85 – 100.

6. Edward van Roy, "Sampheng: from Ethnic Isolation to National Integration", *JSISA*, Vol. 23, No. 1 (2008): 1 – 29.

7. Yong Mun Cheong, "The Indonesian Army and Functional Group, 1957—1959", *JSISA*, No. Ⅶ, No. 1 (Mar. 1976): 92 – 118.

8. Olver B. Pollak, "Crisis of Kingship: Dynasticism and Revolt in Burma, 1837—1852", *JSISA*, No. Ⅶ, No. 2 (Sep. 1976): 187 – 196.

9. James Ansil Ramsay, "Modernization and Centralization in Northern Thailand, 1875—1910", *JSISA*, No. Ⅶ, No. 1 (Mar. 1976): 16 – 32.

10. Andrew D. W. Forbes, "Thailand's Muslim Minorities: Assimilation, Secession, or Coexistence?" *Asian Surey*, Vol. 22, 1982 (11): 1056 – 1073.

11. Clark D. Neher, "Political Succession in Thailand", *Asian Survey*, Vol. 32, No. 7. (July, 1992): 585.

12. David Webster, "From Sabang to Merauke: Nationalist Secession Movements in Indonesia", *Asia Pacific Viewpoint*, Vol. 48, 2007 (1): 85 – 98.

13. Eric Taglicozzo, "Border permeability & the state in Southeast Asia: contraband and regional security", *Contemporary of Southeast Asia*, No. 23, No. 2 (2001): 254 – 265.

14. F. Sjöholm, "The challenge of combining FDI and regional development in Indonesia", *Journal of Contemporary Asia*, Vol. 32, No. 3, (2002): 381 – 393.

15. Fifield, Russell H. , "Southeast Asian Studies: Origins, Development, Future", *JSISA*, No. Ⅶ, No. 2 (Sep. 1976): 151 – 161.
16. Graziano Battistella, "Philippine Migration Policy: Dilemmas of a Crisis", *JSISA*, Vol. 14, No. 1 (1999), pp. 229 – 248.
17. Hank Lim and Matthew Walls, "ASEAN after AFTA: What's next?" *Dialogue + Cooperation, Occasional Papers, Southeast Asia-Europe*, 2005, Vol. 10: 91 – 103.
18. J. Samuel Barkin, & Bruce Cronin, "The state and the nation: Changing norms and the rules of sovereignty in international relations", *International Organization*, 48 (1): 107 – 130.
19. James H. Lebovic, "National Interests and US Foreign Aid: the Carter and Reagan Years", *Journal of Peace Research*, Vol. 25, 1988 (2): 115 – 135.
20. Koro Ramcharan, "ASEAN and non-interference: a principle maintained", *Contemporary Southeast Asia*, Vol. 22, No. 1 (Apr. 2000): 60 – 88.
21. M. Godfrey, et al. , "Technical assistance and capacity development in an aid-dependent economy: the experience of Cambodia", *World Development*, 2002, 30 (3): 355 – 373.
22. Mark Beeson, "Sovereignty under siege: globalization and the state in Southeast Asia", *Third World Quarterly*, Vol. 24, 2003 (2): pp. 357 – 374.
23. Riwanto Tirtosudarmo, "The Indonesian State's Response to Migration", *JSISA*, Vol. 14, No. 1 (1999): 212 – 228.
24. Roger D. Hansen, "Regional Integration: Reflections on a Decade of Theoretical Efforts", *World Politics*, Vol. 21 (Jan. 1969): 242 – 271.
25. Scholte, Jan A. , "Global Capitalism and the State", *International Affairs*, 73 (July 1997): 427 – 445.
26. James P. Ongkili, "The British and Malayan Nationalism, 1946 – 1957", *JSISA*, No. V. , No. 1 (Mar. 1974): 255 – 277.
27. Peter A. Jackson,, "The Thai Regime of Images", *SOJOURN*, Vol. 19, No. 2 (2004): 181 – 218.
28. Miltton and Alejandro Reyes, "Hurting in Hanoi", *Asiaweek*, 25 (Dec. 1998): 28 – 38.
29. Joseph S. Nye, "Soft Power", *Foreign Policy*, Issue 80, (Fall, 1990):

153 – 171.

五 网站

1. http：//ref. idoican. com. cn/（中国工具书资源全文数据库）

2. http：//www. un. org/（联合国网站）

3. http：//www. chinanews. com. cn/（中国新闻网）

4. http：//news. xinhuanet. com/（新华网）

5. http：//paper. people. com. cn/（《人民日报》海外版）

6. http：//www. china. com. cn/（中国网）

7. http：//www. zgchb. com. cn/（中国测绘新闻网）

8. http：//www. nst. com. my/（新海峡时报）

9. http：//fpc. state. gov/（美国国务院）

10. http：//www. aseansec. org/（东盟官网）

11. http：//www. asnlf. net（亚齐解放运动网页）

12. http：//www. iisd. org/（国际可持续发展研究所网站）

13. http：//www. nad. go（印度尼西亚政府官网）

14. http：//www. state. gov/r/pa/（美国官方网站）

15. http：//www. zaobao. com/（新加坡联合早报）

16. http：//www. usqiaobao. com（侨报网讯）

17. http：//www. publiclaw. cn/（北京大学公法网）

后　　记

　　拙著即将付梓，不禁感慨。

　　一为学问君。某日，女儿读到王国维先生的学问"三境说"，问我到了哪个境界？是呀，到了哪个境界呢？该书系 2006 年度立项的国家社科基金西部项目最终成果，至今十年已逝。这十年里，上了一些课、做了一些课题、带了一些学生，日子平静而悠长。每天，遭遇困惑、解决困惑，直至静等花开。境界问题，远非我能所求。

　　二为母亲大人。2013 年注定不平静。得知母亲身患癌症当日，微博里宣称："心若向阳，不畏悲伤"。然而，母亲当真仙去时，还是禁不住悲伤。从此，世间再没有人在最柔软处拨动心弦。失眠担当起夜凉如水……

　　三为来日方长。"琴瑟在御，莫不静好。"再过两年，女儿展动羽翅，奔向自由前程。幸福么？没想过。

　　祖孙三代，各安天命。一如是，过往不念、当下不杂、未来不惧。

　　感谢贵州师范大学，能让我完成出书的心愿；感谢田文女士的辛勤劳作；感谢那些我未知的、默默审稿的专家们。

岳　蓉

2016 年 8 月